Walter Homolka

Das Jüdische Eherecht

Das Jüdische Eherecht

von

Walter Homolka

W DE G RECHT

De Gruyter Recht · Berlin

∞ Gedruckt auf säurefreiem Papier,
das die US-ANSI-Norm über Haltbarkeit erfüllt.

ISBN 978-3-89949-452-5

Bibliografische Information der Deutschen Nationalbibliothek

Die Deutsche Nationalbibliothek verzeichnet diese Publikation in der Deutschen Nationalbibliografie; detaillierte bibliografische Daten sind im Internet über <http://dnb.d-nb.de> abrufbar.

Printed in Germany
Einbandgestaltung: Martin Zech, Bremen
Konvertierung/Satz: OLD Media OHG, Neckarsteinach
Druck und Bindung: Hubert & Co., Göttingen

Für Dr. Peter Ritter

Zwischen dem Schwachen
und dem Starken ist es
die Freiheit, die unterdrückt,
und das Gesetz, das befreit.
Jean-Jacques Rousseau

Vorwort

Das Judentum lebt von der engen Beziehung und fruchtbaren Spannung zwischen den Geboten, der Halacha, und der Erzählliteratur, der Aggada. Beides gehört durch die Geschichte hindurch zusammen: die machtvolle Präzision des Religionsgesetzes und die Poesie der Aggada, die uns Gott emotional greifbar zu machen scheint.

In diesem Buch steht das jüdische Religionsgesetz in seiner Vielgestalt und seiner ganz eigenen Schönheit im Zentrum: mit seinen Wurzeln in der Hebräischen Bibel und der rabbinischen Tradition, seinen Mechanismen und Entwicklungsmöglichkeiten sowie mit seinen verschiedenen Positionen und Anschauungen im Hinblick auf einen jüdischen Alltag, der seine Prägung und Ausrichtung von der Religion her erfährt.

Dabei geht es zunächst um das Jüdische Recht insgesamt und seine Entwicklung in den verschiedenen Strömungen des Judentums. Und es gibt keinen Rechtsbereich, der sich für eine exemplarische Einführung in das Jüdische Recht besser eignen würde als das jüdische Eherecht. Dieses Rechtsgebiet ist heute noch dasjenige, das die Rabbiner in ihrer Praxis am meisten beschäftigt. Und im Staat Israel ist das jüdische Familienrecht bis heute maßgeblich für die Regelung von Eheschließung und Scheidung zwischen Juden.

Die erste Anregung zu diesem Buch bekam ich 2006 durch meine Arbeit als Gastprofessor am Kanonistischen Institut an der Juristischen Fakultät der Universität Potsdam. Im Sommersemester 2008 konnte ich im Rahmen einer Potsdamer Lehrveranstaltung über jüdisches Eherecht wesentliche Erkenntnisse für dieses Buch gewinnen. Schließlich kam der Band während des 35. Theologischen Studienjahrs an der Abtei Dormitio in Jerusalem mit einer Vorlesung über „Das Jüdische Recht – Gottes Gerechtigkeit auf Erden" im Januar 2009 zum Abschluss. Auch der Prozess der Ausarbeitung des Textes vollzog sich nicht ohne vielerlei Anregung und Hilfe. Ich denke hier besonders an Herrn Hartmut Bomhoff, ohne dessen jahrelange Unterstützung dieses Buch nie fertig geworden wäre. Viel schulde ich schließlich meinem Lehrer, Rabbiner Prof. Dr. Walter Jacob. Rabbiner David J. Fine, Rabbiner Dr. Tovia Ben-Chorin, Landesrabbiner Jonah Sievers, Udo Richter, Susanne Marquardt, Hanna Caspi, Prof. Dr. Admiel Kosman und Dr. Michael Schremmer sei ebenfalls sehr gedankt. Dr. Gabriel Miller war mit seiner Webseite www.juedisches-recht.org an vielen Stellen hilfreich.

Mit der Veröffentlichung dieses Buches möchte ich mich bei der Philosophischen Fakultät der Universität Potsdam für die Berufung zum Honorarprofessor im Jahr 2007 herzlich bedanken.

Potsdam, März 2009

Inhaltsverzeichnis

Vorwort ... VII
Einleitung *von Rabbiner Prof. Dr. Walter Jacob* ... XIII

1 Das Jüdische Recht: Eigenart und Entwicklung in der Geschichte 1

1.1 Ursprung und Fundamente des Jüdischen Rechts ... 2
1.1.1 Die klassischen Quellen des Jüdischen Rechts ... 2
1.1.2 Das Verhältnis des biblischen und des rabbinischen Rechts zueinander ... 7
1.1.3 Nachtalmudische Entwicklungen ... 8
(1) Kommentare ... 9
(2) Kodifikationen ... 10
(3) Rechtsentwicklung durch Responsum, *takkana* und *minhag* ... 11

1.2 Das Jüdische Recht als Einheit in der Vielfalt jüdischer Strömungen 12
1.2.1 Orthodoxes Judentum ... 13
1.2.2 Liberales Judentum ... 15
1.2.3 Konservatives Judentum ... 20
1.2.4 Die Halacha als dialektischer Prozess ... 22

1.3 „Gesetz des Landes" und Jüdisches Recht ... 23
1.3.1 Geschichtliche Entwicklung ... 24
1.3.2 Das Jüdische Recht im Staat Israel ... 25
1.3.3 Das Jüdische Recht als Inbegriff jüdischer Ethik und Gerechtigkeitssuche ... 28

2 Voraussetzungen und Hindernisse für die Eheschließung ... 33

2.1 Das Problem der Polygamie ... 34

2.2 Ehevoraussetzungen ... 39

2.3 Eheverbote ... 42
2.3.1 Ehen zwischen Verwandten ... 42

Exkurs: Die Leviratsehe ... 43

2.3.2 Eheverbote zur Förderung der Sittlichkeit ... 46
2.3.3 Kollektive Eheverbote ... 46
(1) Mamserim ... 46
(2) Findelkinder und uneheliche Kinder ... 48
(3) Karäer ... 49
(4) Nichtjuden (Mischeheverbot) ... 50

Exkurs: Wer ist Jude? ... 52

(5) Ehebeschränkungen für *kohanim* (Nachkommen Aarons) 56
2.3.4 Zeitlich begrenzte Ehehindernisse 58

3 Die Verlobung (*schidduchin*) und ihr vertraglicher Status im Jüdischen Recht 61

3.1 Einleitende Bemerkungen 61

3.2 Inhalt und Stellenwert des *schidduchin* 62

3.3 Rechtsfolgen bei einem Bruch des Verlöbnisses 63

3.4 Rechtfertigungsgründe für den Bruch des *schidduchin* 66

4 Antrauung (*kidduschin*) und Heirat (*nissuin*) 69

4.1 Der *kidduschin* 71
(1) *Kidduschebia* (Antrauung durch Beischlaf) 72
(2) *Kidduschesche tar* (Antrauung mittels Dokument) 72
(3) *Kiddusche kessef* (Antrauung durch Geld) 73
4.1.1 Zeit, Ort und ritueller Ablauf der Trauung 74
4.1.2 Zeugen und Öffentlichkeit 79
4.1.3 Die Übergabe des Eherings 83
4.1.4 Die *ketubba* 87

4.2 Der *nissuin* 91

4.3 Zum Problem der Anerkennung der Zivilehe 94

4.4 Hochzeitsfeier und „Zeit der Freude" 97

4.5 Eheliche Rechte und Pflichten 98
4.5.1 Allgemeine Rechte und Pflichten 98
4.5.2 Eheliches Güterrecht 100
4.5.3 Beischlaf 101
4.5.4 Fortpflanzung 103

Exkurs: Gleichgeschlechtliche Ehe 104
(1) Die Position der Orthodoxie 104
(2) Die Position des liberalen Judentums 106
(3) Die Position des konservativen Judentums (Masorti) 109

5 Auflösung der Ehe durch Scheidung (*geruschin*) oder Tod 113

5.1 Grundsätzliches zur Ehescheidung im Judentum 114

5.2 Voraussetzungen der Scheidung 115
5.2.1 Biblische Grundlagen und historische Entwicklung 115
5.2.2 Mögliche Scheidungsgründe vonseiten des Mannes 116
5.2.3 Mögliche Scheidungsgründe vonseiten der Frau 118

5.2.4 Die Erzwingung der Scheidung durch das Rabbinatsgericht...... 120

5.3 Das Scheidungsverfahren.................................... 121

5.4 „Bis dass der Tod uns scheidet“............................. 123

Exkurs: Das Problem der *aguna* (*von Adrian M. Schell*) 125

5.5 Die liberale Position zu den Problemfeldern des jüdischen Scheidungsrechts.. 132

5.6 Wiederheirat.. 134

Anhang... 137

1 Solemnizing a Marriage Between a Kohen and a Convert (CJLS 1996)... 139
2 Solemnizing the Marriage Between a Kohen and Divorcee (CJLS 1996)... 142
3 Entwurf zum Ehevertrag 1810 (Königreich Westphalen) 148
4 Commitment Ceremonies for Heterosexual Couples (CCAR 2003/04) 152
5 On Homosexual Marriage (CCAR 1996)......................... 157
6 Resolution on Same Gender Officiation (CCAR 2000) 184
7 Homosexuality, Human Dignity & Halakhah (CJLS 2006)........ 186
8 The Halakhah of Same-Sex Relations in a New Context (CJLS, dissenting opinion 2006)............................... 242

Abbildungen... 275

Glossar zum Jüdischen Eherecht............................... 289

Abkürzungsverzeichnis 303

Literatur.. 306

Register 320

Einleitung

Das Judentum ist eine Religion des Gesetzes. Aus der Halacha, dem Jüdischen Recht, erwächst die Motivation sowohl für das persönliche wie für das kollektive Verhalten. Ihre Wurzeln reichen zurück bis zur Tora. Durch einen sich über Jahrtausende erstreckenden Interpretationsprozess hat sich das Jüdische Recht weiterentwickelt, um stets aufs Neue den Bedürfnissen der jüdischen Gemeinschaft in der jeweiligen Gegenwart gerecht zu werden. Theologische Erwägungen waren Teil dieses Prozesses, sind aber nicht ausschlaggebend. Deshalb ist jeder Versuch, das Judentum zu verstehen, zum Scheitern verurteilt, wenn er sich nicht auch mit der zentralen Bedeutung des Jüdischen Rechts auseinandersetzt.

Die jüdischen Ehe- und Scheidungsgesetze sind von besonderem Interesse, da sie heute noch praktische Verbindlichkeit für alle Juden haben. Insofern unterscheidet sich das jüdische Eherecht sehr deutlich von anderen Bereichen des Jüdischen Rechts, die seit der Emanzipation der Juden im 19. Jahrhundert nur noch wenig oder gar keine Anwendung mehr finden. Gesetze wie diejenigen, die geschäftliche und private Transaktionen regeln, waren nur so lange in Kraft, wie die jüdische Gemeinde als eine separate Körperschaft betrachtet wurde. Mit den Umbrüchen im Gefolge der Französischen Revolution und des Napoleonischen Zeitalters änderte sich dieser Status jedoch, und die den Juden von christlichen und islamischen Herrschern über die Jahrhunderte hinweg auferlegte Ausgrenzung, die dazu führte, dass die jüdische Gemeinschaft weitgehend nach ihren eigenen Regeln lebte, fand ein Ende. Die Schaffung eines weltlichen Rechtssystems in praktisch allen modernen Staaten setzte also dem geistlichen Recht für alle Religionen Grenzen. Das Familienrecht war davon jedoch weniger betroffen als andere Rechtsbereiche.

Deshalb hat sich das jüdische Familienrecht innerhalb der vom Nationalstaat gesetzten Grenzen weiterentwickelt. Bis zum Ende des 19. Jahrhunderts wurden diese Grenzen noch enger gezogen, da Ehen und Scheidungen durch den Staat geregelt und registriert wurden. Die jüdische Gemeinschaft befolgte natürlich diese weltlichen Gesetze, während sie ihre eigenen Einschränkungen und Regeln hinzufügte. Das wurde von den orthodoxen, liberalen und konservativen jüdischen Gemeinden, die sich in der Epoche nach der Emanzipation entwickelten, in jeweils eigener Weise erreicht.

Das biblische und rabbinische Fundament für die in diesem schmalen Band beschriebenen Gesetze und Bräuche bleiben bestehen, auch wenn bis heute Verfeinerungen und auch grundlegende Veränderungen vorgenommen werden. Dazu kommt es durch den Mechanismus von Fragen, die an rabbinische Experten gerichtet werden, die durch ihre Responsen moderne Interpretationen liefern, wie es schon ihre Vorgänger über die Jahrhunderte hinweg getan haben. Wie bei allen Rechtssystemen zeigen solche Neuinterpretationen äußere soziologische und politische Einflüsse, drücken aber auch die persönlichen Anschauungen und Neigungen der Autoren aus, und sie spiegeln auch die unterschiedlichen Lebensbedingungen der jüdischen Gemeinden in den verschiedenen Ländern wider. Da sich solche Veränderungen laufend vollziehen, ist das von Walter

Homolka so gut beschriebene System fließend und in ständiger Entwicklung. Es ist wichtig, sich daran zu erinnern, dass das Jüdische Recht und besonders das jüdische Familienrecht sowohl in den orthodoxen als auch in den progressiven Gemeinden sehr lebendig ist und zu andauernden Diskussionen führt.

Dieses Buch lädt ein zur Beschäftigung mit einem komplexen, aktuellen und spannenden Gebiet des Jüdischen Rechts. Weil im Judentum die Familie im Mittelpunkt steht, ist auch das Eherecht ein zentraler Bestandteil der Ausbildung und späteren Arbeit von Rabbinern. Die Aufgabe, die Rabbiner Walter Homolka sich gestellt hat, ist nicht einfach, da sich dieses Rechtssystem über einen Zeitraum von mehr als 2000 Jahren entwickelt hat. Er legt hier einen Überblick vor, der nicht mit unnötigen technischen Einzelheiten belastet ist, sondern ein klares Bild der Entwicklung und des derzeitigen aktuellen Standes des Rechts bietet. Die umfangreiche Bibliographie am Ende des Buches enthält umfassende zusätzliche Quellenangaben. Die Lektüre dieser ausgezeichneten Zusammenfassung ermutigt dazu, den weiterführenden Lektürehinweisen zu folgen und sich in die detaillierten historischen, juristischen oder anthropologischen Studien zu vertiefen, die sich mit den zahllosen Details des jüdischen Eherechts und den damit zusammenhängenden Bräuchen beschäftigen. Überdies enthält der Anhang sonst schwer zugängliche Texte im Original.

Dieses Buch geht jedoch viel weiter, da es auch deutlich die Unterschiede im Jüdischen Recht benennt, die in den letzten beiden Jahrhunderten durch die Aufteilung in orthodoxes und progressives Judentum entstanden sind. Es wäre irreführend, sich nur mit dem einen und nicht mit dem anderen zu beschäftigen, denn der weit überwiegende Teil der jüdischen Weltbevölkerung gehört dem liberalen oder konservativen Judentum an, ist also nicht orthodox. Walter Homolkas Buch beschreibt diese Denominationsunterschiede im Eherecht erstmals sehr eindeutig und ermöglicht damit ein besseres Verständnis der unterschiedlichen rechtlichen Rahmenbedingungen und ihrer jeweiligen Grundlage. Es stellt die unterschiedlichen Entwicklungswege deutlich dar und vermerkt auch die jeweils etwas anderen Wege, die von den bedeutenden jüdischen Gemeinschaften Nordamerikas, Israels und Europas eingeschlagen wurden.

Diese ausgezeichnete Studie von Walter Homolka wird für ein gutes Verständnis eines bedeutenden Bereichs des Jüdischen Rechts sorgen. Rabbiner und Rabbinatsstudenten werden davon profitieren. Aber das Buch ist ebenso ein wertvoller Beitrag zur vergleichenden Rechtswissenschaft, sowohl für die religiös wie für die säkular ausgerichtete. In unserer modernen pluralistischen Gesellschaft ist es wichtig, dass wir einander verstehen, und zwar nicht nur philosophisch und theologisch, sondern auch in rechtlicher Hinsicht. Es ist zu hoffen, dass der vorliegende Band zu Klarheit und Verständnis beiträgt über einen bedeutenden, wenn auch komplexen Teil des modernen Jüdischen Rechts.

Rabbiner Prof. Dr. Walter Jacob
Präsident des Abraham Geiger Kolleg an der Universität Potsdam
und des Solomon B. Freehof Institute for Progressive Halakhah Pittsburgh – Tel Aviv

1 Das Jüdische Recht: Eigenart und Entwicklung in der Geschichte

Das Jüdische Recht ist nicht das Recht eines Staates, sondern eines Volkes: des Volkes Israel. Dieses Volk hat in seiner mehr als 3000-jährigen Geschichte nur selten einen eigenen Staat mit politischer Souveränität gehabt. Der überwiegende Teil der jüdischen Geschichte war durch das Leben unter fremder Herrschaft und vor allem auch in der Diaspora gekennzeichnet: Juden lebten und leben in vielen verschiedenen Ländern und Kulturen und in ganz unterschiedlichen Herrschafts- und Rechtssystemen. Diese haben zwar immer wieder auch Einfluss auf die Entwicklung des Jüdischen Rechts genommen, aber dennoch hat es über die Jahrhunderte hinweg seine Eigenständigkeit bewahren können. Maßgeblich dazu beigetragen hat die Tatsache, dass die jüdischen Gemeinden oft eine – in Abhängigkeit von Zeit und Ort unterschiedlich stark ausgeprägte, aber meist relativ weitgehende – Autonomie in Rechtsangelegenheiten genossen. Diese rechtliche Autonomie und die dadurch erforderliche praktische Anwendung des Rechts gewährleisteten, dass es sich stetig fortentwickelte.

Ein anderer Grund dafür, dass das Jüdische Recht seine Eigenständigkeit und Eigenart bis heute bewahrt hat, ist jedoch noch weitaus wesentlicher und fundamentaler: Es beruht nicht auf der Autorität eines irdischen Gesetzgebers, sondern gründet in letzter Instanz im Bund des Volkes Israel mit Gott. Seine ursprüngliche Quelle und sein eigentlicher Kern ist daher die göttliche Offenbarung, wie sie in der Tora und in den anderen Büchern der Hebräischen Bibel ihren Niederschlag gefunden hat.

Die biblischen Begriffe für Recht sind *mischpat* und *din*. Dabei ist es kaum möglich, die Bedeutungen beider Ausdrücke klar gegeneinander abzugrenzen. Das Wort *mischpat* meint unter anderem das „Recht" als ein System von Gesetzen und Vorschriften, welches das bürgerliche Recht, das Strafrecht und das religiöse Recht gleichermaßen umfasst. Es regelt die Beziehung der Menschen untereinander und die Beziehung der Menschen zu Gott.[1] Das Wort *din* hingegen wird in Dtn 17:8 auf den Kontext des zwischenmenschlichen Rechts bezogen. In diesem Sinne wird der Begriff auch später im Talmud verwendet, wobei dort zwischen dem Vermögensrecht (*dine mamonot*), dem Familienrecht (*dine mischpacha*), dem Strafrecht (*dine nefaschot*) und dem Staatsrecht (*dine ha-malchut*) unterschieden wird. Die *dine mamonot* umfassen alle vermögensrechtlichen Fragen. Hierzu gehört auch das Zivilprozessrecht sowie der vermögensrechtliche Teil des Eherechts und des Erbrechts, ferner die Bestimmungen, die Geldstrafen (*kenass*) betreffen. Zu den *dine mischpacha* werden alle Gesetze zu Fragen der Ehe und Familie sowie des Personenstands gezählt. *Dine nefaschot* sind jene Gesetze, die sich mit der Bestrafung von Personen (außer Geldstrafen) und dem Verfahren im Strafprozess beschäftigen. Die *dine ha-malchut* regeln Fragen, die den Staat,

1 *Menachem Elon*, Jewish Law – History, Sources, Principles, Bd. 1, Philadelphia 1994, 105 ff. Vgl. EJ 1971, Bd. 12, 110–151 (Art. Mishpat Ivri); JL, Bd. 4, 1262–1275 (Art. Jüdisches Recht).

Krieg und Frieden, die Einsetzung des Königs und der Richter, die Bodengesetzgebung, das Heiligtum sowie das Vermögen der Gemeinschaft und des Heiligtums (*hekdesch*) betreffen. Aber auch der Begriff *din* schließt durchaus die Regeln für das Verhältnis zwischen den Menschen und Gott ein – so wie überhaupt eine Scheidung von religiösem und profanem Recht (entsprechend der römischen Unterscheidung von *fas* und *ius*) dem Jüdischen Recht fremd bleibt.

Nach der Epoche seiner biblischen Grundlegung ist die Zeit zwischen der Zerstörung des Zweiten Tempels (70 n. d. Z.) und dem Beginn des 3. Jahrhunderts für die Entwicklung des Jüdischen Rechts besonders bedeutsam. In dieser Periode wird das tradierte Recht in einer neuen Weise geordnet und systematisiert, und dadurch bildet sich ein neuartiges Jüdisches Recht heraus, das fortan als „Halacha" bezeichnet wird. Das Wort *halacha* ist eine Ableitung von dem hebräischen Verb *halach* (gehen). Dass es zu einer Bezeichnung für die Gesamtheit des Jüdischen Rechts geworden ist, gründet sich auf die metaphorische Deutung von Ex 18:20: „[...] ihnen aber die Gesetze und die Lehren einschärfst und ihnen den Weg bekannt machst, welchen sie gehen sollen und was sie zu tun haben". Die Halacha ist demnach „der zu gehende Weg". Das Wort *halacha* (Pl. *halachot*) kann dann in der Folge, abhängig vom Kontext, ebenso das gesamte Jüdische Recht bezeichnen wie auch eine spezifische Vorschrift, ein auf eine bestimmte Sache bezogenes Gesetz.[2]

Als Gesamtheit des jüdischen Normensystems umfasst die Halacha Rechtsfragen des Lebens in all seinen Erscheinungen und damit auch das jüdische Eherecht. Dieses steht in einer engen Beziehung vor allem zum Vermögens- und Familienrecht und berührt bisweilen auch den Bereich des Straf- und des Staatsrechts. Und überhaupt ist für ein angemessenes Verständnis des jüdischen Eherechts ein Einblick in die Grundlagen des Jüdischen Rechts im Ganzen unerlässlich. Daher werden in diesem einleitenden Kapitel in einem ersten Abschnitt sein Ursprung und seine Fundamente dargestellt. Bei der praktischen Anwendung des Jüdischen Rechts spielen zwei Faktoren eine besondere Rolle: zum einen die unterschiedlichen Auffassungen, die in den verschiedenen Strömungen innerhalb des Judentums über die leitenden Prinzipien der Rechtsanwendung bestehen, und zum anderen sein Verhältnis zum „Gesetz des Landes", also zu dem jeweils geltenden Recht des Staates, in dem es praktiziert wird. Diesen beiden Themen sind die beiden anderen Abschnitte des Kapitels gewidmet.

1.1 Ursprung und Fundamente des Jüdischen Rechts[3]

1.1.1 Die klassischen Quellen des Jüdischen Rechts

Aus der skizzierten Eigenart des Jüdischen Rechts ergibt sich, dass es als Ganzes auf einem biblischen Fundament ruht. Die erste und wichtigste schriftliche

---

2 *Peretz Segal*, Jewish Law during the Tannaitic Period, in: N. S. Hecht / B. S. Jackson / S. M. Passamaneck (Hrsg.), An Introduction to the History and Sources of Jewish Law, Oxford 1996, 101–140.

3 Eine ausführliche Darstellung der Geschichte des Jüdischen Rechts gibt *Menachem Elon* in: Jewish Law, passim. Vgl. *Menachem Fisch*. Legislation and Legal Norm Development in Jewish Law, in:

Quelle des Jüdischen Rechts überhaupt ist daher die Hebräische Bibel und in ihr insbesondere die Tora (Pentateuch, Chumasch oder fünf Bücher Mose). Die traditionelle jüdische Auffassung zählt in den fünf Büchern der Tora insgesamt 613 Rechtsvorschriften, sogenannte *mitzwot*; sie bilden die Basis aller späteren jüdischen Rechtskodifikationen und des jüdischen Rechtssystems überhaupt. Die ersten Texte, in denen eine Tora des Mose erwähnt wird (2Kön 14:6, 2Chr 25:4), beziehen sich auf König Amazja, der im frühen 8. Jahrhundert lebte. Es ist jedoch nicht sicher, ob das Gesetzbuch, an dem dieser König von Juda nach dem (wesentlich später niedergeschriebenen) biblischen Bericht sein Handeln ausrichtet, tatsächlich schon mit der Tora in ihrer späteren kanonischen Gestalt identisch ist. Spätestens in der ersten Zeit nach dem babylonischen Exil, also in der Zeit Esras (5. Jh. v. d. Z.), der als Priester und Schriftkundiger in der Tora des Mose geschildert wird, erscheint die Tora jedoch deutlich als niedergeschriebener Rechtskodex, der von Priestern ausgelegt und angewendet wird: „So lasen sie aus dem Buch der Weisung Gottes vor mit Erläuterung und Darlegung des Sinnes, dass sie das Gelesene verständlich machten" (Neh 8:8). Man geht davon aus, dass die damals als „Tora des Mose" oder „Tora Gottes" bezeichneten Bücher mehr oder weniger mit dem Pentateuch in seiner heutigen Gestalt übereinstimmen.

Die Tora enthält nicht nur einzelne Gebote, sondern darüber hinaus verschiedene Sammlungen von Rechtsvorschriften. Beispiele dafür sind das sogenannte Bundesbuch (Ex 20:23–23:19), das sogenannte Heiligkeitsgesetz (Lev 17–26) oder die Zehn Gebote. Das Bundesbuch enthält kultische, ethische und rechtliche Regelungen; in Ex 21:1–22:16 stehen dabei (ähnlich wie beispielsweise in Dtn 15:12–18, 19:11–13, 21:1–25:13) Vorschriften im Vordergrund, die das Verhältnis zwischen einzelnen Individuen regeln. Die in Lev 17–26 gesammelten Gesetze lassen sich überwiegend, aber nicht ausschließlich dem sakralen Recht zuordnen. Die Zehn Gebote, die in zwei Erzählungen (Ex 20:1–17 und Dtn 5:6–21) erscheinen, sind moralische Forderungen an das Individuum und können nicht als „Gesetze" im eigentlichen Sinne bezeichnet werden, da sie keine Sanktionen bei Nichteinhaltung des Gebots vorsehen.

Die nächste autoritative literarische Quelle des Jüdischen Rechts sind die Propheten (Nevi'im) und Hagiographen (Ketuvim), auch wenn sie im Vergleich zur Tora nur wenige juristisch relevante Abschnitte enthalten. Dabei kann es um so unterschiedliche Dinge gehen wie das Erwerbsrecht (Ruth 4; Jer 32), das Königtum (1Sam 8; 1Kön 21), Fragen der Bürgschaft (Spr 6:1–5) oder die (individuelle bzw. kollektive) Haftung bei Rechtsverstößen (2Kön 14:6).

In der nachbiblischen Zeit ist die Epoche zwischen der Zerstörung des Zweiten Tempels (70 n. d. Z.) und dem Abschluss des Talmud (ca. 600 n. d. Z.) für die Entwicklung des Jüdischen Rechts von besonderer Bedeutung: In ihr entstehen die klassischen Quellen des Jüdischen Rechts, von denen – bis zum heutigen Tage – das Studium desselben und jegliche praktische Rechtsfindung ausgeht:

Periodica de Re Canonica 96,3–4 (2007), 401–417 [Prima Consultazione Romana sul Diritto Ebraico e Canonico – Erste römische Konsultation zum jüdischen und kanonischen Recht, 9.–11.10.2006, Pontificia Università Gregoriana].

die Mischna, die Tosefta und die beiden Talmude, der palästinische (oder Jerusalemer) und der babylonische Talmud, sowie die halachischen Midraschim.

Das Wort „Midrasch" leitet sich von dem hebräischen Verb *darasch* her, das „suchen" und „fragen" bedeutet. Mit diesem Wort wird beispielsweise das Handeln Esras (Esr 7:10) beschrieben: „Denn Esra hatte sein Herz darauf gerichtet, der Weisung des Ewigen nachzugehn und sie zu üben und in Jisrael Gesetz und Recht zu lehren." Bereits in der Bibel wird also eine Verbindung zwischen der Auslegung des biblischen Wortes und der Rechtsfindung hergestellt. *Midrasch* (Pl. *midraschim*) heißt demnach in erster Linie „Forschung, Studium", aber auch „Auslegung" und „Lehre". Der Begriff bezeichnet im engeren Sinne die Auslegung von Büchern der Hebräischen Bibel ganz allgemein und dann auch die verschiedenen Sammlungen dieser Interpretationen, die im Wesentlichen zwischen 70 und 300 n. d. Z. in Palästina entstanden sind. Als „halachische Midraschim" wird eine Untergruppe der Midraschim bezeichnet, nämlich diejenigen, die sich auf Texte aus der Tora beziehen, und zwar vornehmlich auf die Bücher Exodus, Levitikus, Numeri und Deuteronomium.

Die Mischna ist eine Sammlung von Gesetzen bzw. ein Gesetzeskodex in hebräischer Sprache, der um 200 n. d. Z. kompiliert worden ist. Das Wort *mischna* stammt von dem hebräischen Verb *schanah* ab, welches „wiederholen, lernen" (aram. *matnita*) bedeutet. Die einzelnen *halachot* wurden zunächst für lange Zeit mündlich tradiert und später dann in den Akademien gesammelt und schriftlich fixiert. Man nimmt an, das die Klassifizierung der *halachot* und die Anordnung derselben nach einer thematischen Abfolge bereits vor der Zerstörung des Zweiten Tempels im Wesentlichen abgeschlossen war. Die endgültige Ausgestaltung der Mischna wird traditionell Jehuda ha-Nasi (ca. 135 – ca. 220 n. d. Z.) zugeschrieben. Nach ihrem Abschluss wurde die Mischna zum zentralen Bezugspunkt für die jüdische Rechtsfindungspraxis. Es war fortan nicht mehr möglich, ein Gesetz anzuwenden, ohne die Mischna zu Rate zu ziehen.

Die Mischna besteht aus sechs Ordnungen (*sedarim*), von denen jede einzelne einen Bereich des Gesetzes repräsentiert. Die Ordnungen sind: „Saaten" (*zeraim* – landwirtschaftliches Recht, das sich nur auf den Anbau in Israel bezieht), „Feste" (*moed* – religiöse Feiertage), „Frauen" (*naschim* – Familienrecht im weiten Sinne), „Beschädigungen" (*nezikin* – Zivilrecht, Strafrecht), „Heiliges" (*kodaschim* – Gesetze hinsichtlich des Kultes und der Tempelsteuern), „Reinheiten" (*toharot* – Gesetze, die sich auf die rituelle Reinheit von Personen, Gegenständen und Orten beziehen). Die Ordnungen sind wiederum in Traktate (*masechtot*) unterteilt, die Traktate in Kapitel (*perakim*), die Kapitel in *mischnajot* (Pl. von *mischna*) – die kleinste Einheit in der Mischna. Das Wort *mischna* kann demnach sowohl den gesamten Kodex als auch einen einzelnen Paragraphen darin bezeichnen. Diese Struktur der Mischna bestimmte die Systematisierung des Jüdischen Rechts für die kommenden Jahrhunderte.

Das nächste wichtige Werk des Jüdischen Rechts ist die Tosefta, die etwa zur selben Zeit wie die Mischna[4] entstanden ist und deren Endredaktion wahr-

---

4 Die Epoche bis ca. 200 n. d. Z. bezeichnet man traditionell als die Zeit der Tannaiten („Rezitatoren des Rechts"). – Für einen epochengeschichtlichen Überblick vgl. *Melvin Konner*, Unsettled – An Anthropology of the Jews, New York 2003.

scheinlich in das späte 3. und frühe 4. Jahrhundert fällt.[5] Der Begriff *tosefta* ist von dem Verb *jasaf* abgeleitet und bedeutet „Sammlung, Hinzufügung". Die Tosefta ist ebenfalls eine Sammlung von Gesetzen. Sie stimmt in ihrer Gesamtstruktur zum größten Teil mit der Mischna überein, und auch der Text weicht mitunter nur wenig von dem der Mischna ab. Jedoch sind die Gesetze innerhalb eines Kapitels anders angeordnet. Es gibt ferner Rechtsvorschriften und Themen, die in der Mischna nicht oder in einer anderen Version vorkommen. Die Tosefta nennt manchmal Autoritäten als Urheber von Gesetzen, die von der Mischna anonym überliefert werden, oder sie schreibt die Gesetze anderen Rabbinen zu, als die Mischna dies tut, und widerspricht der Mischna darin, welches die geltende, anzuwendende Halacha sei. Sie enthält darüber hinaus zusätzliches erzählendes (haggadisches) und auslegendes (midraschisches) Textmaterial.

Das prinzipielle Verhältnis von Mischna und Tosefta zueinander wird noch diskutiert. Die Frage, ob es sich um zwei Gesetzessammlungen verschiedener, miteinander konkurrierender Rechtsschulen handelt oder die Tosefta eine zeitgenössische Ergänzung und Vervollständigung der kurz zuvor abgeschlossenen, bereits zu autoritativem Status gelangten Mischna darstellt, ist noch nicht entschieden.

In den drei Jahrhunderten, die der Redaktion der Mischna folgen, entstanden zwei weitere zentrale Werke des Jüdischen Rechts, die den Grundstein für alle spätere halachische Literatur legten. Dieses sind der palästinische oder Jerusalemer Talmud, der im Land Israel geschaffen und im 5. Jahrhundert abgeschlossen wurde, sowie der babylonische Talmud, den die Rabbinen Babylons im 6. Jahrhundert vollendeten. Das Wort *talmud* meint „Lehre, Belehrung, Studium". Beide Talmude haben die Interpretation der Mischna zum Ziel und entstanden durch einen langen Prozess des Lernens und Lehrens der früheren halachischen Schriften und insbesondere der Mischna. Während die Mischna eine thematisch gegliederte Sammlung knapp formulierter Regeln darstellt, enthalten die Talmude diskursive Kommentare und Analysen zu ihnen, die als Gemara (von aramäisch *gemar*: „lernen", „vollenden") bezeichnet werden.

Für beide Talmude stellt die Mischna das gemeinsame Fundament dar. Der palästinische und der babylonische Talmud unterscheiden sich jedoch deutlich hinsichtlich ihrer Sprache und ihres literarischen Charakters sowie in Bezug auf das aufgenommene Quellenmaterial, die kommentierten Mischna-Traktate und den Umfang dieser Kommentare.

Die Feststellung derjenigen Gestalt der Mischna, die dem palästinischen Talmud zugrunde liegt, ist schwierig; denn seine ursprüngliche Fassung enthielt keinen Mischna-Text, sondern nur Zitate und Anspielungen innerhalb der Gemara selbst. Erst in späteren Handschriften wurde der zuvor durchlaufende Text entsprechend den Texteinheiten der Mischna aufgebrochen, und der Mischna-Text wurde jeweils kapitelweise vor den der Gemara gesetzt.[6] Somit stellt der Mischna-Text des palästinischen Talmuds, so wie er in Handschriften und Drucken überliefert ist, nicht jenen Text dar, den die Rabbinen zur Zeit der Entstehung des palästinischen Talmuds diskutierten.

5 *Günter Stemberger*, Einleitung in Talmud und Midrasch, München [8]1992, 154–162.

6 *Stemberger* 178.

Der palästinische Talmud umfasst die ersten vier Ordnungen der Mischna: „Saaten" (*zeraim*), „Feste" (*moed*), „Frauen" (*naschim*), „Schäden" (*nezikin*) und Teile des Traktats „Unreinheit" (*nidda*) aus der Ordnung „Reinheiten" (*toharot*). Er kommentiert damit 39 von 63 Traktaten der Mischna. Die These, dass es ursprünglich zu allen sechs Ordnungen Gemara gegeben habe, wird durch Fragmente des palästinischen Talmuds widerlegt, die in der Genisa von Kairo gefunden wurden. Die Ordnungen „Heiliges" (*kodaschim*) und „Reinheiten" (*toharot*) waren wohl nie im palästinischen Talmud enthalten, obwohl sie auch studiert wurden, wie aus Textstellen im palästinischen Talmud und auch aus Zitaten palästinischer Gelehrter im babylonischen Talmud hervorgeht. Das Fehlen einiger Traktate aus den vorhandenen Ordnungen wird hingegen späterem Textverlust zugeschrieben.

Traditionell gilt Jochanan bar Nappacha (gest. 279 n. d. Z.), ein Schüler von Rabbi Jehuda ha-Nasi, als Verfasser des palästinischen Talmuds. Aber bereits spätmittelalterliche Gelehrte haben bemerkt, dass diese Datierung auf Schwierigkeiten stößt. Im palästinischen Talmud werden nämlich Rabbinen des 4. Jahrhunderts und Ereignisse aus derselben Epoche erwähnt. Heute nimmt man als Zeit der Endredaktion des palästinischen Talmuds die erste Hälfte des 5. Jahrhunderts und Tiberias in Galiläa als deren Ort an. Bei dieser Redaktion handelt es sich um eine systematische Überarbeitung des Textes, die jedoch nicht einheitlich und zentral geschah. Wie man sich diese Redaktionstätigkeit im Einzelnen vorzustellen hat, ist noch nicht abschließend geklärt.[7]

Auch der babylonische Talmud basiert auf der Mischna und kommentiert 36 und einen halben von den 63 Traktaten der Mischna. In den Ordnungen „Saaten" (*zeraim*) und „Reinheiten" (*toharot*) gibt es nur für die Traktate „Lobpreisungen" (*berachot*) und „Unreinheit" (*nidda*) Gemara. In den anderen Ordnungen fehlt diese wiederum nur zu einzelnen Traktaten. Die traditionelle Erklärung für das weitgehende Fehlen von Gemara zu den beiden genannten Ordnungen ist, dass deren Gesetze mit Ausnahme der beiden tatsächlich kommentierten Traktate in der Praxis ihre Bedeutung verloren hatten: Die landwirtschaftlichen Gesetze waren vorwiegend an das Land Israel gebunden, die Reinheitsvorschriften aufgrund des fehlenden Tempelkultes nicht mehr durchführbar.

Obwohl der babylonische Talmud weniger Traktate der Mischna behandelt als der palästinische, ist er um vieles umfangreicher als dieser. Er integriert sehr viel mehr Material als der palästinische Talmud und enthält neben vielen Midraschim, die in Palästina eine eigene Literaturgattung bilden, zahlreiche narrative Texte (der aramäische Sammelbegriff lautet *aggada*) wie Sagen und Legenden, Erzählungen über Rabbinen und historische Erinnerungen. Weiterhin beinhaltet der babylonische Talmud Wissensstoff aus verschiedenen naturwissenschaftlichen Bereichen. Man kann also sagen, dass er „weniger ein geschlossenes Buch als vielmehr eine im Aufbau an [der] M[ischna] orientierte Nationalbibliothek des babylonischen Judentums" ist.[8]

---

7 Vgl. auch *Berachyahu Lifshitz*, The Age of the Talmud, in: An Introduction to the History and Sources of Jewish Law, 169–195.

8 *Stemberger* 193.

Die traditionelle Auffassung führt den babylonischen Talmud vorrangig auf Rav Aschi (335–427) zurück, der ihn niedergeschrieben und noch einmal selbst überarbeitet habe. Dieser Text sei dann einige Jahrzehnte später endgültig abgeschlossen worden, sodass der babylonische Talmud ab 500 n. d. Z. „versiegelt" gewesen sei. Tatsächlich ist aber davon auszugehen, dass sich die Entstehung des Textkorpus über einen längeren Zeitraum erstreckt, also bereits erheblich früher begonnen hat. Der babylonische Talmud schöpft aus einer Vielzahl von Quellen, die in unterschiedlichen Vorformen bereits zur Verfügung standen. Der so gewachsene Text wurde wahrscheinlich noch im 6. und 7. Jahrhundert erheblich überarbeitet und ergänzt: Nachdem man die Beteiligung der Rabbinen dieser Epoche (der sogenannten Saboräer) an der Entstehung des babylonischen Talmud zunächst auf die „Feinarbeit literarischer Endredaktion" beschränkt hatte, geht man inzwischen davon aus, dass sie einen wesentlichen Anteil an dessen Bearbeitung haben.[9] Mit dem frühen 8. Jahrhundert gilt dann die Redaktionsgeschichte des babylonischen Talmuds als endgültig abgeschlossen, nicht jedoch seine Textgeschichte. Obwohl der babylonische im Gegensatz zum palästinischen Talmud im Laufe der Zeit zum maßgeblicheren der beiden Talmude wurde, galt er lange als ein „offenes" Buch, dessen Text korrigiert, erklärt und mit Einfügungen versehen werden konnte.[10]

Bereits die Vorsteher der Akademien in Babylonien (die sogenannten Geonim) legten fest, dass Rechtsfälle nach dem babylonischen Talmud zu entscheiden seien. Moses Maimonides (ca. 1135–1204) unterstrich diesen Lehrsatz, indem er erklärte, dass es die Pflicht eines jeden Juden sei, dem babylonischen Talmud zu folgen, da sich ganz Israel diesem unterworfen habe.[11] Seit dieser Zeit wird versucht, Begründungen für rechtliche Regelungen am babylonischen Talmud auszurichten. Der babylonische Talmud entwickelte sich so zu dem von den Gelehrten am intensivsten studierten gesetzlichen Referenzwerk des Jüdischen Rechts überhaupt, während der im Vergleich weniger ausführliche, schwerer verständliche palästinische Talmud nicht die gleiche Bedeutung erlangte.

1.1.2 Das Verhältnis des biblischen und des rabbinischen Rechts zueinander

Im Jüdischen Recht wird zwischen dem mündlichen Recht (*tora sche-be-al pe*) und dem schriftlichen Recht (*tora*) unterschieden. Der Begriff *tora sche-be-al pe* bezeichnet das Recht, das außerhalb der Hebräischen Bibel niedergelegt ist, und umfasst nicht nur die Mischna, die halachischen Midraschim und beide Talmude, sondern die gesamte Halacha in allen ihren historischen Erscheinungsformen.[12] Die Rabbinen leiteten aus Lev 26:46 („Dies sind die Gesetze, Rechte und Lehren [*torot*, Pl. von *tora*], die der Ewige auf dem Berg Sinai durch Mosche gegeben hat als einen Bund zwischen ihm und den Kindern Jisraels") ab, dass Gott Israel zwei Toras gegeben hat, eine schriftliche und eine mündliche. Diese

9 *Stemberger* 205–206; *Lifshitz* 178.

10 *Lifshitz* 178; *Stemberger* 108.

11 *Lifshitz* 179.

12 *Elon*, Jewish Law, 191.

Offenbarung beinhaltet die Feinheiten der Bibelexegese, die Interpretationen der Schriftkundigen und das, was diese später schufen.[13] Demnach ist die Halacha eine Manifestation des am Sinai offenbarten Rechts, und Aufgabe der Rabbinen ist es, dieses stets aufs Neue zu beleuchten, zu ergänzen und in angewandtes Recht zu transformieren.[14]

Eine weitere Unterscheidung zwischen zwei Arten von Halacha ist die zwischen der Halacha *de-oraita* und der Halacha *de-rabbanan*. Der aramäische Begriff *de-oraita* bezeichnet ganz allgemein Gesetze, die aus der Tora stammen, *de-rabbanan* Vorschriften, die den rabbinischen Gelehrten zugeschrieben werden. Die Trennlinie zwischen beiden Begriffen zu ziehen ist jedoch schwierig, weil die Kriterien dafür, welche Gesetze der Tora und welche den Rabbinen zuzuordnen sind, komplexer Natur sind. So umfasst *de-oraita* mit Einschränkungen nicht nur die Gesetze, die in der Tora zu finden sind, sondern auch solche, die mittels Midrasch aus der Tora abgeleitet werden. Gleichermaßen sind an einen Satz in der Tora angelehnte Gesetze als Halacha *de-oraita* zu betrachten. Hierzu gehören auch einige *halachot*, die *halacha le-Mosche mi-Sinai* (Halacha an Mose vom Sinai) genannt werden.[15] Zu dieser Kategorie gehören Gesetze, deren Interpretation auf einer Tradition beruht, die sich auf die Gesetzgebung an Mose am Sinai zurückführen lässt und die von den Rabbinen ausdrücklich als biblischen Ursprungs betrachtet wird.[16] Zur Gruppe *de-rabbanan* werden Gesetze gezählt, die von Gelehrten durch Erlass oder auf andere Art geschaffen und erneuert wurden. Und auch wenn diese sich manchmal auf einen Satz in der Tora stützen, werden sie trotzdem keineswegs unbedingt als *de-oraita* eingeordnet.

Die Diskussion darüber, welche Vorschriften als *de-oraita* und welche als *de-rabbanan* anzusehen sind, gehört nicht nur der Vergangenheit an, sondern wird auch heute noch geführt; denn die Zuordnung zu einer der beiden Seiten ist für die praktische Rechtsfindung durchaus von Belang. Im Zweifelsfall folgt man beispielsweise der strengen Auslegung eines Gesetzes, weil es als biblisch eingestuft wird, und umgekehrt erlaubt der rabbinische Ursprung einer Vorschrift im Zweifelsfall eine mildere Auslegung derselben. Die Rabbinen selbst betrachteten freilich ihre Gesetze generell als ebenso rechtskräftig bindend und wirkungsvoll wie das biblische Recht.[17]

1.1.3 Nachtalmudische Entwicklungen

Die nachtalmudische Phase des Jüdischen Rechts wird in drei historische Abschnitte unterteilt:[18]

13 bT Meg 19b. Bezug ist hier Dtn 9:10.

14 *Elon*, Jewish Law, 192–193.

15 *Yitzhak Goldfine*, Einführung in das Jüdische Recht. Eine historische und analytische Untersuchung des Jüdischen Rechts und seiner Institutionen, Hamburg 1973, 45.

16 *Elon*, Jewish Law, 204–207, 209.

17 *Elon*, Jewish Law, 215.

18 Vgl. *Elon*, Jewish Law, 1101–1102.

- die Talmud-Kommentare und Responsen der Geonim (700 – ca. 1050 n. d. Z.)
- die Kodifikationen der Rischonim (ca. 1050 – ca. 1600 n. d. Z.)
- die Kommentare und Responsen der Acheronim (ca. 1600 n. d. Z. bis heute).

Die Zeit zwischen dem Abschluss des Talmud und dem Auftreten der Rischonim, der „frühen" oder auch „ersten" Gelehrten im 11. Jahrhundert, wird als die gaonäische Zeit bezeichnet. Der Name ist von dem Titel Gaon (Pl. Geonim, wörtlich „Exzellenz") abgeleitet, der jenen Autoritäten vorbehalten war, welche die Akademien von Sura und Pumbedita in Babylonien leiteten. Die gaonäische Periode endet nach allgemeiner Auffassung im Jahr 1038 mit dem Tod des Rav Hai, der Gaon von Pumbedita war.

Die Geonim brachten eine hinsichtlich ihres literarischen Charakters, der Fülle der behandelten Themen und der innovativen Ansätze ganz eigenständige Rechtsliteratur hervor, die man in vier Gattungen unterteilen kann, welche das Bild der nachtalmudischen Rechtsliteratur von den Geonim über die Rischonim bis zu den Acheronim, den späteren Gelehrten bis zum heutigen Tag, prägen: Kommentare zum Talmud, kodifizierende Arbeiten, Responsen und halachische Abhandlungen.

(1) Kommentare

Aus der Zeit der Geonim seien das Werk *Sche'elot* von Achaj aus Schabbecha und die Gesetzessammlung *Halachot gedolot* des Simon aus Kajara genannt. Einer der letzten Geonim, Rav Hai, hat besondere Werke über spezielle Rechtsgebiete (Kauf und Verkauf sowie den Eid) geschrieben. Zur gaonäischen Periode Frankreichs und Deutschlands zählt die Tradition auch – wenngleich in einem gewissen Widerstreit zur genannten zeitlichen Klassifikation – Rabbi Schlomo ben Jitzchak (1040–1105), der unter dem Akronym „Raschi" berühmt wurde. Sein Kommentar wurde zu einem Klassiker und „unverzichtbaren Bestandteil des Talmuds".[19] Raschis Ziel war es, deutlich zu machen, wie die Texte der Mischna und Gemara richtig zu lesen seien. Sein Talmudkommentar gewann den Charakter gültigen Rechts.

Noch zu den Zeiten von Raschis Schülern wurde die Kommentarreihe „Tosafot" (nicht zu verwechseln mit der Tosefta) begonnen, die dann über volle zwei Jahrhunderte hinweg – bis ins 13. Jahrhundert – fortgesetzt werden sollte. In heutigen gedruckten Talmudausgaben findet man jedoch neben dem Kommentar Raschis und den Tosafot auch noch weitere Kommentare. Einer davon stammt von Eliahu ben Schlomo Zalman (1720–1797), der als der „Gaon von Wilna" bekannt geworden ist. Er zählt neben Raschi zu den bedeutendsten Talmudgelehrten überhaupt.

19 Vgl. *Elon*, Jewish Law, 1116–1117.

(2) Kodifikationen

Wann immer Kodifikationen unternommen wurden, setzte sofort eine rege Entwicklung der Rechtsliteratur ein. So eliminierte das *Sefer Halachot* des Rabbi Jitzchak Al-Fasi (Akronym: Rif) aus dem 11. Jahrhundert die haggadischen Teile des Talmud und die Aspekte, die wegen der Zerstörung des Jerusalemer Tempels nicht mehr relevant waren. Dabei folgte er in der Anordnung den Talmudtraktaten und behielt auch noch das Aramäische bei. Die Arbeit des Rif inspirierte Weiterentwicklungen wie die *Mischne Tora* des Moses Maimonides[20] (ca. 1135–1204; Akronym: Rambam). Die *Mischne Tora* („Wiederholung der Tora"[21]) (nach Dtn 4:34 auch *Jad ha-Chasaka* [„Die starke Hand"]) ist der erste große jüdische Rechtskodex nach der Mischna und den beiden Talmuden und entstand innerhalb von zehn Jahren, ungefähr zwischen 1170–1180.[22] Er besteht aus 14 Büchern – die Zahl 14 hat im Hebräischen dasselbe Schriftbild wie das Wort *jad* (Hand) –, von denen sich besonders das vierte (*Sefer Naschim*) mit dem Eherecht beschäftigt. Obwohl bereits Zeitgenossen des Maimonides die große Bedeutung der *Mischne Tora* für die Systematisierung des Jüdischen Rechts anerkannten, kritisierten sie, ebenso wie auch spätere Gelehrte, das methodische Vorgehen des Maimonides: Sie warfen ihm vor, dass er die Rechtsvorschriften in apodiktischer Weise vorbringe, ohne seine Quellen zu nennen und die Lehrmeinungen früherer Autoritäten darzulegen.[23] Nachvollziehbarkeit und Beweisführung seien aber für die praktische Rechtsfindung von zentraler Bedeutung. Die in Hebräisch abgefasste *Mischne Tora*, die auch alle (etwa durch Zerstörung des Tempels) obsolet gewordenen Rechtsfelder umfasst, entwickelte sich zur autoritativen Quelle des Jüdischen Rechts schlechthin, die wiederum zahlreiche Kommentare initiierte, von denen sich viele mit den von Maimonides benutzten talmudischen Quellen beschäftigen.

In Spanien wurde durch den bedeutenden Gelehrten Rabbi Ascher ben Jechiel (geb. ca. 1250 in Westdeutschland und gest. ca. 1327 in Toledo; Akronym: Rosch) ein weiteres klassisches Werk des Jüdischen Rechts verfasst: die *Piske ha-Rosch* („Entscheidungen des Rosch"). In diesem Buch kommt die wichtige Auffassung zum Ausdruck, dass die Entscheidungen früherer Rechtsgelehrter nicht per se höhere Autorität besitzen als die Auslegungen der jeweiligen Zeit. Jeder Gelehrte habe das Recht, einer Meinung der vorangegangenen Autoritäten zu widersprechen.

Der dritte Sohn des Rosch, Rabbi Jakob ben Ascher (ha-Tur; 1270–1343) schuf seinen eigenen Ansatz zur Kodifikation, und zwar im *Sefer ha-Turim* („Buch der Säulen"). Der Autor bringt diejenigen Halachot, die zu seiner Zeit noch aktuell waren, in knapper Zusammenfassung, ohne Nennung von Urheber und talmudischer Quelle. Auch beschränkte sich seine Darstellung nicht allein auf talmudisches Material, sondern bezog auch spätere Rechtstexte mit ein. Im An-

20 Moses Maimonides (1135–1204) lebte in Spanien, Fez und Kairo.

21 Der Begriff „Mischne Tora" entspricht dem griechischen „Deuteronomion". So wie Mose die Tora im Buch Deuteronomium wiederholt hat, so wiederholt Maimonides die Halacha in seiner Zeit: *Elon*, Jewish Law, 1197.

22 Vgl. *Elon*, Jewish Law, 1188.

23 *Goldfine*, Einführung in das Jüdische Recht, 82.

schluss daran stellt er jedoch die Meinungsverschiedenheiten zu den jeweiligen Themenkreisen dar und benennt auch die Kontrahenten. Von den vier *turim* ist *tur Even ha-Ezer* für das Eherecht relevant.

Die Arbeiten des Rosch, Rambam und ha-Tur bildeten ihrerseits die Basis für den letzten großen Kodex des Jüdischen Rechts, den *Schulchan Aruch*[24] („Gedeckter Tisch") des Josef Karo (1488–1575), der erstmals 1564/65 in Venedig gedruckt wurde. Der *Schulchan Aruch* besteht aus vier Teilen, dessen dritter mit dem Titel *Even ha-Ezer* („Stein der Hilfe") dem Eherecht gewidmet ist. Karo traf bei divergierenden Meinungen der drei Gelehrten eine Entscheidung darüber, welche er für gültig hielt, und komprimierte damit die Vielfalt der Positionen. Sein Werk wurde mit der Zeit als abschließende Kodifikation des Jüdischen Rechts betrachtet. Erst mit den Glossen von Moses Isserles[25] (Rama; ca. 1525–1572), die Karos Werk auch für die aschkenasischen Juden anwendbar machte, wurde der *Schulchan Aruch* zum Leitfaden für das orthodoxe Judentum.[26]

(3) Rechtsentwicklung durch Responsum, takkana *oder* minhag

Ab dem 16. Jahrhundert, mit dem Erscheinen des *Schulchan Aruch*, nahm die Kreativität und Vielfalt in dem kontinuierlichen Prozess der Erneuerung des Jüdischen Rechts ab. Infolge des Buchdruckes war dieser Kodex bald weit verbreitet und relativ leicht zugänglich. Von nun an wurde die Übereinstimmung mit dem *Schulchan Aruch* zum Kriterium dafür, was als Jüdisches Recht zu gelten habe. Dadurch tat sich allmählich eine Kluft zwischen dem jüdischen Gesetz und dem Alltagsleben auf, die in der Folge nicht zuletzt durch die etwa gleichzeitig einsetzende Aufklärung immer größer wurde.

Im Wesentlichen wurden die Veränderungen im Jüdischen Recht durch folgende Faktoren beschränkt:

1. durch die Überzeugung, dass es auf einer göttlichen Offenbarung beruht, wodurch es im Prinzip nicht verändert werden kann;
2. durch den Umstand, dass das Jüdische Recht seit der Zerstörung des Tempels nur in Form eines „Präzedenzrechts" (also durch die Orientierung an den Entscheidungen einzelner Richter oder Gerichtshöfe auf der Grundlage ihrer Interpretation der relevanten autoritativen Quellen und Beispiele) voranschreiten konnte, weil es keine jüdisch geprägte Staatlichkeit mehr gab;
3. durch die eher konservative Haltung, die bei den Vertretern des rabbinischen Rechts besonders während der letzten Jahrhunderte vorherrschte und die sich auf das Prinzip berief, wonach „ein späterer Gerichtshof die Entscheidung eines früheren Gerichtshofs nicht annullieren kann, es sei denn, er ist ihm an Weisheit und Anzahl überlegen".[27]

---

24 Vgl. *Elon*, Jewish Law, 1309–1422.

25 Moses Isserles lebte in Krakau. Seine *Haggadot ha-Raw* („Glossen des Meisters") wurden auch „ha-Mappa" („das Tischtuch") genannt.

26 Zu Isserles vgl. *Elon*, Jewish Law, 1359–1365.

27 M Ed 1:5.

Die genannten Einschränkungen verhinderten jedoch nicht die Weiterentwicklung der Halacha. Auch wenn die Durchsetzung des *Schulchan Aruch* das Ende der klassischen Periode jüdischer Rechtskodifikation bedeutete, so setzte sich doch der jüdische Rechtsdiskurs in den unterschiedlichen Strömungen des modernen Judentums fort.

Für die praktische Anwendbarkeit des Jüdischen Rechts war es unerlässlich, zwischen widersprüchlichen Lehrmeinungen zu entscheiden. Lokale Autoritäten waren vielfach nicht in der Lage, komplexe rechtliche Sachverhalte angemessen zu behandeln. Daher richteten Gemeinden, Rabbiner oder auch einzelne Personen ihre Fragen an die führenden Gelehrten ihrer Zeit. Die Fragen wurden in Heften oder kleinen Büchern gesammelt und verschickt und dann in ebensolcher Form beantwortet. So entwickelte sich über Jahrhunderte eine reichhaltige und umfangreiche Literatur, in der Antworten („Responsen") auf die rechtlichen und intellektuellen Fragen der jeweiligen Epoche zu finden sind.[28] Hier ein Beispiel, bei dem es um ein Grundprinzip der Rechtsfindung geht: Bei Rabbi Jehoschua Falk Katz (1555–1614) heißt es in seiner Auslegung zu *Tur Choschen Mischpat* („Reihe des Brustschilds des Rechts"):[29]

„‚Er spricht wahrhaft Recht um der Wahrheit willen' (bT Meg 15b) – will sagen: Er spricht Recht entsprechend dem Ort, der Zeit und den Gegebenheiten, damit er zu einem wahren Urteil gelange [...] Er spricht nicht immer ganz genau das Recht, wie es in der Tora steht, denn manchmal muss der Richter mildernde Umstände walten lassen, entsprechend dem Ort, der Zeit und den Gegebenheiten. Tut er dies nicht, so ist er zwar ein in der Wahrheit des Gesetzes kundiger Richter, aber seine Anwendung des Rechts auf den vorliegenden Fall entspricht nicht den wahren Gegebenheiten." Zusätzlich können Rechtsautoritäten in ihren Amtsbezirken *takkanot* erlassen, Anordnungen, mit denen Rechtsetzung geschieht. Diese kann örtlich begrenzt auch durch *minhag* (Gewohnheitsrecht) geschehen.

1.2 Das Jüdische Recht als Einheit in der Vielfalt jüdischer Strömungen

Die Aufklärung und die auf ihr basierende rechtliche Gleichstellung (Emanzipation), die vom Ende des 18. Jahrhunderts an in den europäischen Staaten vollzogen wurde, brachten die Teilhabe und Teilnahme der Juden an der modernen europäischen Kultur mit sich. Die aktuellen Fragen und Herausforderungen führten zu heftigen Auseinandersetzungen unter den Juden Europas, aber auch Nordamerikas, die das ganze 19. Jahrhundert hindurch andauerten. Schließlich bildeten

28 Zur Entwicklung der Responsenliteratur vgl. *Elon*, Jewish Law, 1472.

29 *Tur* ist eine Verkürzung von *Arba'ah turim* („Vier Reihen"), dem Titel des Hauptwerks von Rabbi Jakob ben Ascher ben Jechiel. Er ist der Sohn des Rosch und lebte zwischen 1270 und 1343 in Deutschland und Spanien. Der Kommentar *Beit Jisra'el* von Jehoschua Falk ist abgedruckt in: *Ja'aqov ben Asher*, Arba'ah turim, Königsberg 1861–1862. Die Übersetzung stammt vom Verfasser.

sich drei jüdische Grundströmungen heraus, die das Jüdische Recht unterschiedlich anwenden und weiterentwickeln sollten. Eine dieser Richtungen, das neoorthodoxe Judentum, nahm die Abnahme an jüdischer Observanz seit Beginn der Aufklärung zum Anlass, die Gesetze und Doktrinen des rabbinischen Judentums streng und in möglichst weiten Teilen zu befolgen. Die Bewegung, die die Lehren des rabbinischen Judentums zu überdenken und in der Praxis umzuarbeiten begann, wird als jüdische Reformbewegung oder auch als liberales oder progressives Judentum bezeichnet. Sie hat ihre Wurzeln im Deutschland des frühen 19. Jahrhunderts und breitete sich in den 1840er Jahren nach Nordamerika und Großbritannien aus. Heute gibt es auf allen Kontinenten liberale Gemeinden. Diese sind seit 1926 in der Weltunion für Progressives Judentum (World Union for Progressive Judaism) geeint. Ein konservativer und trotzdem nach Erneuerung strebender Zweig des Judentums bildete sich wenig später und ebenfalls in Deutschland in Form des sogenannten positiv-historischen Judentums heraus. Diese konservativen Gemeinden sind heute weltweit in der „Masorti"-Bewegung zusammengeschlossen (*masorti* ist die hebräische Bezeichnung für „traditionell").

1.2.1 Orthodoxes Judentum

Die Tora und ihre Bedeutung für das jüdische Leben stehen im Zentrum des orthodoxen Judentums. Nach Auffassung der Orthodoxie ist die Tora das von Gott offenbarte Wort, das er vor über 3000 Jahren am Berg Sinai gesprochen hat. Die Tora ist die *tora min ha-schamajim*[30], die Tora vom Himmel. Sie enthält Gottes Worte, wie er sie Mose diktiert hat, und deshalb darf sie nicht verändert werden.[31] Das Prinzip der Unantastbarkeit bezieht das orthodoxe Judentum auch auf das mündliche Gesetz, das nach wie vor mit der „mündlichen Tora" identifiziert wird, die Mose neben der „schriftlichen Tora" ebenfalls am Berg Sinai offenbart worden sei. Als solche enthalte sie den Schlüssel zum vollen Verständnis der „schriftlichen Tora". Diese zweifache Tora beinhaltet demnach das von Gott direkt offenbarte schriftliche und mündliche Gesetz. Die Quintessenz dieser Auffassung besteht also darin, dass einerseits die Gesetze als unabänderlich gedeutet und gewertet werden und andererseits alle Entscheidungen, die sich auf neue Situationen in anderen Epochen beziehen, ihnen dennoch entsprechen sollen. Das orthodoxe Judentum lehnt die Auffassung ab, nach der das mündliche Gesetz es ermöglicht, den Wortlaut der Tora im dynamisch-geschichtlichen Wandel zu interpretieren und weiterzuentwickeln.

Orthodoxe Juden müssen daher der Tora wortgenaue Treue erweisen und daran festhalten, dass jedes Wort, jedes Gesetz und jedes Gebot der Bibel bindend

---

30 Vgl. M Sanh 10:1.

31 „Such was the case for post-Enlightenment Orthodox rabbis. In their seeking of religious guidance in Jewish legal texts, innovation was not generally a desideratum, and, even when permitted, it was rarely admitted. The trend was expressed in the extreme in the well-known aphorism of the Hatam Sofer (the Hungarian Rabbi Moses Sofer, né Moses Schreiber, 1762–1839): ‚This is the general rule: the new is forbidden from the Torah in any place and in any time.'" *Aaron D. Panken*, The Rhetoric of Innovation – Self-Conscious Legal Change in Rabbinic Literature, Lanham MD 2005, xv.

ist. Und dasselbe gilt dann auch für die Vorschriften der mündlichen Tora, also der Interpretation des biblischen Textes in der jüdischen Tradition, denen die gleiche Bedeutung als göttliche Offenbarung und damit die gleiche Unantastbarkeit zukommt wie der schriftlichen Tora. Alle 613 Gebote und Verbote der Tora haben den gleichen Stellenwert, und kein Mensch hat das Recht, das eine Gebot über das andere zu stellen. So sind also Ritualgesetze, wie zum Beispiel die Speisegebote, und Moralgesetze wie das Gebot der Nächstenliebe von gleicher Wichtigkeit, und ein orthodox religiöser Jude muss beide gleich ernst nehmen und beherzigen.

Ähnliches gilt auch für die rabbinischen Auslegungen dieser Gebote. Die Gesetze und Gebote der Tora sind bindend – und zwar genau so, wie sie die Rabbinen ausgelegt und erläutert haben.

Rabbiner Joseph B. Soloveitchik (1903–1993) hat jeden Juden dazu aufgefordert, ein *isch halacha* zu werden, ein „Mann des Gesetzes". Er glaubte, dass die Wichtigkeit der Halacha nicht bewiesen und begründet werden müsse, weil sie das Gesetz Gottes sei. Da sie unsere Gefühle und Instinkte im Zaum halte, bringe uns die Halacha näher zu Gott; sie lege Regeln fest, die wir aus eigenem Willen, Verlangen oder Wünschen nicht aufheben könnten.

Es gibt allerdings auch im orthodoxen Judentum Versuche, die wortgetreue Auslegung mit einer modernen Weltansicht zu verbinden. Soloveitchik ist etwa der Hinweis wichtig, dass die Halacha sich mit Entdeckungen und Erkenntnissen über den Menschen und die Welt beschäftigt, sogar mit der Erd- und Weltraumforschung durch die moderne Naturwissenschaft. Ziel der Halacha sei es, unser schöpferisches Tun im Universum mit der Schöpferkraft Gottes zu vereinigen. Außerdem bestehen Ansätze, die buchstäbliche Deutung der *mitzwot* mit einem moralischen Idealismus in Verbindung zu bringen. Der Präsident der orthodoxen New Yorker Yeshiva University, Rabbiner Samuel Belkin (1911–1976), lehrte, dass alle *mitzwot* einen höheren moralischen Zweck verfolgten, auch wenn der Mensch diesen nicht immer erkennen könne. Das Verbot von Schalentieren auf dem jüdischen Speisezettel klinge einfach, könne aber mit einer hohen moralischen Bedeutung verknüpft sein, die wir nicht sehen. Manchen orthodoxen Rabbinern gehen solche Erläuterungen der Sinnhaftigkeit von Vorschriften der Halacha allerdings schon zu weit. Für sie reicht es, zu wissen, dass diese Gesetze den Willen Gottes widerspiegeln. Das allein sei Grund genug, das Religionsgesetz zu ehren und ihm zu folgen. Zu Veränderungen des Gesetzes gebe es keinen Anlass. Auch die Abnahme an jüdischer Observanz in der Moderne weist nach orthodoxer Meinung nicht auf die Notwendigkeit hin, das Judentum auf einen modernen Stand zu bringen, sondern vielmehr darauf, dass die Juden zu ihren Pflichten zurückgeführt werden müssten. Nicht das System also, sondern das Volk sei im Irrtum. Gelegentliche Neuinterpretationen stünden nur den *gedole ha-dor*, den größten Weisen und Gelehrten einer Generation, zu.

So kann das orthodoxe Judentum gemäß seiner eigenen Bestimmung wenig dafür tun, die Schwierigkeiten zu mildern, die das rabbinische Eherecht in einigen seiner Regelungen für moderne Juden darstellt. Einige orthodoxe Juden jedoch hoffen, dass eines Tages der Sanhedrin (Hoher Rat) wieder eingesetzt werden wird und dann mehr substanzielle Veränderungen im Gesetz möglich sein werden, als dies gegenwärtig der Fall ist.

1.2.2 Liberales Judentum

Viele Juden glauben nicht nur an den Wert der Tradition, sondern ebenso an die Notwendigkeit von Änderungen, um die traditionelle Praxis in Einklang mit der jeweiligen aktuellen Situation zu bringen. Aus diesem Grund entstand im 19. Jahrhundert, als die Juden in Deutschland zum ersten Mal ihren Glauben frei von Einschränkungen durch die Obrigkeit leben konnten, das liberale Judentum. Das liberale Judentum versteht sich als Erbe der fast 4000 Jahre alten religiösen Erfahrung der *toledot*, der Geschichte als Kette der Überlieferung, die mit der Offenbarung am Sinai beginnt. Es strebt danach, die Tradition zu erhalten und zu entwickeln, also die Erkenntnisse aus der Vergangenheit mit der Wirklichkeit unserer Gegenwart zu verbinden. Das Judentum hat nämlich nicht nur eine reiche Geschichte, sondern es ist zugleich eine Herausforderung für heutige Jüdinnen und Juden, diese Tradition in moderne Bezüge zu stellen. Andere Ausdrucksformen des Judentums stehen gleichberechtigt daneben, denn sie verfolgen dasselbe Ziel, wenngleich auch auf andere Art und Weise.

Das wichtigste Merkmal des liberalen Judentums ist seine Einstellung zur Offenbarung am Berg Sinai. Zentral ist die Überzeugung von der Geschichtlichkeit der göttlichen Offenbarung und der jüdischen Tradition, welche auch im liberalen Judentum jede halachische Entscheidung prägt. Das heißt: Die Tora enthält zwar das Wort Gottes, es ist jedoch in ihr in menschliche Worte gefasst. Ihre Heiligkeit besteht in dem, was sie bezeugt, nicht in der Art und Weise, wie sie es darstellt. Sie bezeugt die religiöse Botschaft, die von der damaligen und den später folgenden Generationen daraus gehört wurde und die jeweils neu ausgelegt werden muss. Daher ist dieses Buch eine immer neue Quelle inspirierender Texte und praktischer Anleitungen. Es gilt, sich eingehend mit ihr zu befassen und jeden ihrer möglichen Aspekte zu untersuchen. Doch die Tora bleibt eben ein von Menschen geschaffenes Buch, das Irrtümer und Kopierfehler in sich enthält, das infrage gestellt und revidiert werden kann und dessen Aussagen in einigen Aspekten durchaus veraltet sind. Es ist deshalb unvermeidlich, es kritisch zu prüfen. Nur so lässt sich herausfinden, welche Abschnitte einen göttlichen Wesenszug tragen und auch heute zu uns sprechen. Manche Teile sind weniger ergiebig als andere, und die Annahme der Unabänderlichkeit ist eine nicht zu rechtfertigende Beschränkung der rabbinischen Autorität. Die Tora ist aus liberaler jüdischer Sicht ein autoritativer Text, ihr gebührt Aufmerksamkeit und Würdigung, sie besitzt aber keine letzte Autorität.[32]

32 „To us the law is human, but nobly human, developed by devoted minds who dedicated their best efforts to answering the question ‚What doth the Lord require of thee?' Therefore, we respect it and seek its guidance. Some of its provisions have faded from our lives. We do not regret that fact. But as to the laws that we do follow, we wish them to be in harmony of tradition." *Solomon B. Freehof*, Reform Responsa, Cincinnati 1960, 21.

Der Prozess der Offenbarung ist im liberalen Judentum ein fortschreitender (also „progressiver") Prozess, in dem Menschen beständig danach streben, Gottes Willen zu verstehen. Keine Generation hat das alleinige Anrecht auf das korrekte Verständnis des Willens Gottes, sondern jede hat ihre Einsichten, die von den folgenden Generationen vertieft und erweitert werden können. Auch die Hebräische Bibel ist das Produkt eines langen Prozesses religiöser Entwicklung, zu der sowohl die göttliche Offenbarung als auch das menschliche Denken etwas Wesentliches beigetragen haben. Der menschliche Anteil ist es, welcher den geistigen Horizont und die gesellschaftlichen Bedingungen der jeweiligen Zeit widerspiegelt. Daher widersetzt sich das liberale Judentum der traditionellen Sicht, wonach jedes Wort der Tora – sei es nun der schriftlichen oder der mündlichen – als etwas betrachtet werden soll, das in seinem Wortlaut eine zeitunabhängige göttliche Autorität besitzt. Für das liberale Judentum sind Bibel und Talmud, wie gesagt, zwar autoritative Quellen des Judentums, jedoch nicht jedes einzelne darin enthaltene Wort. Es wird von diesen Schriften geleitet, aber berücksichtigt auch das moderne Denken und die aktuellen Umstände. Es fühlt sich frei (und sogar verpflichtet), alte Gebote abzuändern und, wo nötig, zu kürzen, wenn sie nicht mehr ihrem ursprünglichen Zweck gerecht werden oder mit dem modernen Wissen oder dem ethischen Gefühl der Gegenwart kollidieren. Später wird noch deutlich werden, dass sich das liberale Judentum sich auf dieses Recht berufen hat, um eine Anzahl wichtiger Veränderungen durchzuführen, unter anderen auch in den Gesetzen und Prozeduren, die Ehe und Scheidung betreffen.[33]

Neben der Überzeugung vom historisch-progressiven Charakter der Offenbarung wird die liberal-jüdische Einstellung zur Halacha außerdem durch eine vergleichende und interdisziplinäre Herangehensweise bestimmt. Die Grundsätze des liberalen Judentums decken alle Gebiete jüdischen Lebens ab und berücksichtigen die Entwicklung der Halacha, sie führen aber nicht notwendigerweise zu den traditionellen Schlussfolgerungen.[34] Das liberale Judentum zieht die Halacha stets in Betracht und sieht sie als wichtigen Ausgangspunkt für die Entscheidungsfindung. Absolut bindend ist die Halacha jedoch im liberalen Ju-

33 „In the formative period of Reform Judaism, in both Europe and America, Reform scholars and thinkers sought to explain and justify in halakhic terms the innovations they introduced into Jewish religious observance. They did this out of their conviction that this ‚new' Judaism was a direct continuation of the rabbinic religion that was the common heritage of all Jews. Thus they wrote responsa which attempted to demonstrate that their innovations in Jewish ritual, such as prayer in the vernacular, the use of instrumental music at services, and the placing of the bimah at the front rather than in the center of the sanctuary, were entirely consistent with Jewish law." *Mark Washofsky*, Jewish Living – A Guide to Contemporary Reform Practice, New York 2001, xix. Vgl. *Walter Homolka / Jonathan A. Romain*, Progressives Judentum – Leben und Lehre, München 1999.

34 Solomon B. Freehof: „We make our contact with the great rabbinic intellectual tradition, see wherin it can help us. If we find cases in which the rabbinic tradition does not fit with life, then those cases will have to take their chances with life as everything else does. I follow the tentative formula that the halakha is our guidance and not our governance." *Solomon B. Freehof*, Reform Judaism and the Legal Tradition – The Tintner Memorial Lecture (Association of Reform Judaism), New York 1961, 10; vgl. auch *Freehof*, Reform Responsa, 22, 75, 218.

dentum nicht. Denn bei der Suche nach einer zeitgemäßen jüdischen Antwort werden in gleicher Weise auch andere erkenntnistheoretische Kriterien herangezogen: das Gewissen, die Vernunft, philosophisch-ethische Überlegungen, der heutige Wissensstand von Natur- und Gesellschaftswissenschaften etc.[35] Von all diesen Komponenten hängt es mit ab, ob das traditionelle Religionsgesetz auch im liberalen Judentum als Richtschnur Anwendung findet.[36] Daher werden die Meinungen der Rabbinen zwar in aktuelle Überlegungen liberaler Rabbiner mit einbezogen, gelten aber nicht als verbindlich.

Die Methodik des liberalen Zugangs zur Halacha unterscheidet sich hierbei von den hermeneutischen Regeln der Orthodoxie, ist ihnen aber andererseits verwandt, und auch ihre Funktion ist ähnlich. Sie beruht auf dem Grundsatz, zuerst die jeweils traditionelle Sicht zu bedenken – auch dann, wenn man dieser letztlich nicht zustimmen kann, weil sie nicht der aktuellen Situation entspricht. Die Entscheidungen der heutigen Rabbiner müssen die individuelle Situation berücksichtigen und wollen vermeiden, dass die Befolgung eines Gesetzes schädliche Auswirkungen hat. Dabei wird nach dem Prinzip der Priorisierung verfahren. Wichtigere Grundsätze werden über weniger wichtige gestellt. Zum Beispiel kann der Gebrauch des Telefons, mit dem man mit seiner Familie in Kontakt bleibt, das traditionelle Verbot außer Kraft setzen, am Schabbat Elektrizität zu nutzen.

Selbst wenn ein Gebot im liberalen Judentum in gleicher Weise beachtet wird wie in der Orthodoxie, so geschieht dies oft mit einer anderen Begründung. Manche Regelungen werden nicht angewandt, wenn nach liberalem Verständnis eine andere Prioritätensetzung angemessen ist. So hält die orthodoxe Halacha in einem Zeitalter, in dem es selbstverständlich weibliche Staatsoberhäupter gibt, daran fest, dass Frauen nicht als Zeuginnen geeignet seien.[37] Ein anderes Beispiel ist das Verbot, einen Regenschirm zu öffnen, wenn es am Schabbat regnet. Nach orthodoxem Verständnis entspricht dies der am Schabbat verbotenen Errichtung eines Zeltes. Als gleichermaßen problematisch gilt es, eine gehbehinderte Person am Schabbat in einen Rollstuhl zu setzen, denn die Spuren, die die Räder auf dem Boden hinterlassen, seien dem Schreiben ähnlich[38] – und damit ist auch das Rollstuhlfahren am Schabbat eine verbotene Tätigkeit. Diese Beispiele erklären, warum so viele Juden seit dem Zeitalter der Emanzipation ganz im Sinne der traditionellen Dynamik der jüdischen Lehre darum bemüht sind, eine aktuelle

---

35 Progressive Halakhah „will therefore require the co-operation, not only of Halakhists, but of historians and theologians, and of experts in relevant secular disciplines such as medicine, psychology, sociology, jurisprudence, etc. It will lay special emphasis on moral law, which is the most enduringly valid and the most universally relevant. But it will also concern itself with civil law, which may guide us as we seek to make a Jewish contribution to the amelioration of society. And it will attend to ritual matters in so far as they call for legislation." *John D. Rayner,* Jewish Religious Law – A Progressive Perspective, New York/Oxford 1998, 42.

36 *Jonathan Cohen,* On the Standard of Holiness in Jewish Law, in: *Walter Jacob* (Hrsg.), Beyond the Letter of the Law – Essays on Diversity in the Halakhah, Pittsburgh 2004, 142–155.

37 M Schebu 4:1.

38 M Schab 7:2; bT Schab 49b.

Halacha zu entwickeln und damit dem jüdischen Auftrag zu folgen, sich in jeder Generation die Tora neu zu erschließen.

So hat das liberale Judentum die veraltete Definition der Arbeit am Schabbat revidiert, Frauen von allen Einschränkungen befreit, die Gebete um Erneuerung des Opferkultes gestrichen – um nur einige Beispiele zu nennen. Es geht bei alldem jedoch nicht darum, einfach ein Regelwerk durch ein anderes zu ersetzen. Trotz der allgemeinen Annahme, diese Reformen hätten lediglich dazu gedient, das Judentum zu modernisieren, liegt ihnen ein tieferer Sinn zugrunde: Es gilt, die ursprüngliche Situation wiederherzustellen, in der das jüdische Gesetz dem jüdischen Volk dient, seinen Bedürfnissen entspricht und ein Leitfaden für den Alltag ist. So werden die Lösungen der Vergangenheit mit den Anforderungen der Gegenwart verknüpft. Als man zum Beispiel in den achtziger Jahren erkannte, dass die Beerdigung eines tot geborenen Kindes ohne jegliches Trauerritual für die Eltern sehr schmerzlich sein kann, führte man auch für diesen Fall ein Bestattungsritual ein. Ein wesentliches Merkmal des liberalen Judentums ist folglich die Flexibilität im Hinblick auf menschliche Bedürfnisse und Gefühle, aber auch der Verzicht auf Hilfskonstruktionen, die helfen sollen, den orthodoxen Schein zu wahren.[39]

Bei allem Konsenswillen ist das liberale Judentum bestrebt, die Individualität des Einzelnen anzuerkennen und zu fördern. So ist man zwar einerseits in Fragen von gemeinschaftlichem Interesse, etwa bei Statusfragen und Gottesdienstformen, auf Landesebene oder im Rahmen eines kulturellen Gefüges in der Regel um Einheit bemüht, was einer weitgehenden Übereinstimmung der Bräuche in allen liberalen Gemeinden eines Landes zugutekommt. Aber andererseits lässt das liberale Judentum doch Ausnahmen und Abänderungen zu, die besonders in persönlichen Angelegenheiten wichtig werden. So geben die Rabbiner Anleitungen bezüglich der individuellen Beachtung der Kaschrut oder des Schabbats, doch die eigentliche Gewissensentscheidung liegt beim Einzelnen selbst – nicht in erster Linie deshalb, weil es ja ohnehin unmöglich wäre, die Einhaltung der Vorschriften zu erzwingen, sondern weil letztlich jeder selbst die religiöse Verantwortung für sich trägt. Es ist die Pflicht des Einzelnen, sein Leben im Wissen um die jüdische Tradition, in persönlicher Integrität und in Verbundenheit mit der Gemeinschaft zu führen. Dies kann zu Unterschieden bei individuellen religiösen Handlungsweisen führen. Es gibt nach liberaler Auffassung keinen Grund, warum die religiöse Ausrichtung des Lebens innerhalb dieses Rahmens für alle und jeden identisch sein sollte, solange das religiöse Leben in einer anerkannten jüdischen Struktur geführt wird. Das Verhältnis von persönlicher Freiheit und gemeinschaftlicher Identität muss dabei immer wieder neu ausbalanciert werden. Jeder Jude hat das Recht darauf, seine Religiosität auf seine eigene Weise auszudrücken, aber auch die Pflicht, dem „Regelwerk" zu entsprechen, das das Volk Israel im übertragenen Sinne ausmacht.

Das liberale Judentum ist sich seit seiner Entstehung der Schwierigkeit bewusst, Gottes Willen im Alltagsgeschehen zu begreifen, und es betrachtet die

39 So können sich streng orthodoxe Juden beispielsweise einen *eruw* einrichten, einen abgegrenzten öffentlichen Bezirk, in dem das Verbot des Tragens am Schabbat aufgehoben ist.

menschlichen Bemühungen darum als heilige Aufgabe, der man nach besten Kräften nachkommen soll. Diese Aufgabe spiegelt sich in Leo Baecks Bemerkung „Liberal zu sein ist so viel schwerer"[40] wider – schwerer, weil man anders als die Orthodoxie keine fertigen Antworten hat und im Hinblick auf die religiöse Lebensführung individuelle Gewissensentscheidungen treffen muss. Die Auseinandersetzung mit solchen Fragen zwingt den Einzelnen, Prioritäten zu setzen, und bringt Tag für Tag die Herausforderung mit sich, darüber zu reflektieren, wie man sich denn am besten verhält. Das liberale Judentum ist also weit davon entfernt, „bequem" zu sein, wie Kritiker oft behaupten. Stattdessen verkörpert es die wörtliche Bedeutung des Wortes „Israel" – „der mit Gott ringt" (nach Gen 32:29) – und ist ein ständiger Versuch, die höchsten Ideale mit den Gegebenheiten des Alltags zu verbinden und inmitten der modernen Gesellschaft bewusst jüdisch zu leben. So konnte der bedeutende liberale Halachist Moshe Zemer folgern: „Letztlich haben wir gelernt, dass es nicht nur ein Recht, sondern ein Gebot der Stunde ist, Neuerungen einzuführen, um unserem Volk seine vom Religionsgesetz herrührenden Leiden zu erleichtern. Die Dezisoren müssen sich der veränderten Lebensrealität unserer Generationen stellen, wie Rabbi Albo es schon vor über 500 Jahren forderte: ‚Die mündlichen Überlieferungen, die Mosche am Berg Sinai empfing, sind in der schriftlichen Lehre nur vage angedeutet, damit die halachischen Autoritäten jeder Generation entsprechend der jeweiligen Situation zu neuartigen Auslegungen gelangen können.'"[41]

Die Grundsätze und Entscheidungen des liberalen Judentums heute sind weniger das Ergebnis einer systematischen Neuordnung jüdischen Glaubens und Lebens, sondern sie sind zumeist als Antwort auf eine konkrete Fragestellung entstanden. Ihr gemeinsamer Grund ist jedoch ein allgemeines theologisches Prinzip, im Lichte dessen das liberale Judentum an die Überlieferung herantritt: das Recht, die Tradition im Sinne der fortschreitenden Offenbarung zu verändern. Der große zeitgenössische Halachist des liberalen Judentums, Walter Jacob, hat die Aufgabe und Rolle der Beschäftigung mit der Halacha durch die Zentralkonferenz amerikanischer Rabbiner und ihre religionsgesetzliche Kommission 1983 so beschrieben: „We have looked at Halacha in a different and, we believe, more creative way than other Jewish groups. We have not looked to the Orthodox for approval; rather, our response and the guides which we have written have linked the past to the present and sought to make Halacha meaningful to new generations [...] The roots of Reform Halacha lie partially in our nineteenth-century past, for we have been provided with firm halachic foundations through the efforts of Geiger, Frankel, Loew, and others. They are, however, more deeply rooted in the distant rabbinic past. On occasion we may be as radical as those Tana-im and Amora-im who created Rabbinic Judaism, and thereby created [Judaism] anew. Frequently, we will find

40 Leo Baeck (1873–1956), Autor von *Das Wesen des Judentums* (1905), ist einer der bekanntesten Repräsentanten des liberalen Judentums im 20. Jahrhundert. Er wirkte bis zu seiner Deportation ins Konzentrationslager Theresienstadt im Jahr 1943 als liberaler Gemeinderabbiner in Berlin. Nach Ende des Zweiten Weltkriegs emigrierte er in die Vereinigten Staaten. Von 1938 bis 1956 war er Präsident der World Union of Progressive Judaism (WUPJ).

41 *Moshe Zemer*, Jüdisches Religionsgesetz heute – Progressive Halacha, Neukirchen 1999, 210.

appropriate solutions within the tradition, broadly perceived. The authority of the Central Conference of American Rabbis and its Responsa Committee lies in its ability to persuade and reach a consensus. Halachic discussions will bring us closer to consensus and agreement on basic principles. As often in the past, we will proceed inductively, and specific statements will evolve into general principles."[42]

1.2.3 Konservatives Judentum

Das konservative Judentum sucht nach einem Mittelweg zwischen der orthodoxen Position der *tora min ha-schamajim* und dem liberalen Judentum.[43] Es hatte seinen Ursprung ebenfalls im Deutschland des 19. Jahrhunderts, wo es stark von dem aus Prag stammenden Dresdner Oberrabbiner Zacharias Frankel (1801–1875) geprägt wurde. Mit einer Gruppe gemäßigter Reformer gründete dieser 1854 das „Jüdisch-Theologische Seminar" von Breslau und wurde dessen erster Rektor. Die dort gelehrte nichtorthodoxe Variante des traditionellen Judentums sollte bald unter dem Namen „positiv-historisch" bekannt werden. „Positiv" war sie, weil sie im Gegensatz zur damaligen klassisch-jüdischen Reformbewegung in Deutschland Halacha und *mitzwot* traditionell bewahren und Hebräisch als liturgische Gebetssprache in den Synagogen beibehalten wollte. „Historisch" war sie, weil sie anerkannte, dass sich das Judentum mit seinen Gesetzen und Institutionen über die Jahrhunderte hinweg entwickelt und verändert hat. Deshalb sei es für ein richtiges Verständnis des Judentums von entscheidender Bedeutung, diese historischen Entwicklungen zu studieren. So wenig Frankel die Möglichkeit der Veränderung und Weiterentwicklung im Judentum ausschließen wollte, so entschieden lehnte er andererseits prinzipielle Eingriffe in die Tradition ab. Am Jüdisch-Theologischen Seminar, das bis 1938 bestand, wurde die historisch-kritische Methode zwar im Umgang mit dem Talmud angewandt, nicht aber für die fünf Bücher Mose selbst.

Trotz ihres historisch-positiven Ansatzes akzeptieren bis auf wenige Ausnahmen fast alle konservativen Denker die Vorstellung, dass das Volk Israel die Tora unmittelbar von Gott empfangen hat. Einige glauben, dass diese Offenbarung ein einmaliger Akt in der Geschichte gewesen ist, während andere die Offenbarung als einen andauernden Prozess betrachten, in dem jede Generation sich mehr und mehr das Wort Gottes erschließt. Jedoch wenden sich die meisten konservativen Juden gegen die orthodoxe Auffassung, jedes einzelne Wort in der Tora sei unabänderlich. Gleichwohl gelten sowohl die mündliche als auch die

---

42 *Walter Jacob* (Hrsg.), American Reform Responsa – Collected Responsa of the Central Conference of American Rabbis, 1889–1983, New York 1983, xvi, xviii.

43 *Elliot N. Dorff*, Jewish Law in the Conservative/Masorti Movement, in: Periodica de Re Canonica 96,3–4 (2007), 639–652 [Prima Consultazione Romana sul Diritto Ebraico e Canonico – Erste römische Konsultation zum jüdischen und kanonischen Recht, 9.–11.10.2006, Pontificia Università Gregoriana]; *Daniel J. Elazar / Rela Mintz Geffen*, The Conservative Movement in Judaism – Dilemmas and Opportunities, Albany 2000.

schriftliche Tora im Kern als göttlich inspiriert. Ohne diese Vorstellung hat der Glaube für konservative Juden keine Basis.

Im Gegensatz zu orthodoxen Positionen sind konservative Denker jedoch der Ansicht, dass die Offenbarung ein wechselseitiger Prozess ist, ein Dialog zwischen Gott und dem Menschen. Der Kern göttlicher Wahrheit darf nicht geleugnet werden. Doch die Art, in der wir über diese Wahrheit in Tora und Talmud nachdenken, ist zutiefst menschlich, birgt Irrtümer in sich und enthält Gedanken und Vorstellungen, die an ihre Zeit gebunden sind. Auf dieser Ebene sind also sehr wohl Änderungen möglich. Aus konservativer Sicht sind die Bibel und die jüdischen Religionsgesetze unsere Antwort auf Gottes Willen, sich uns bekannt zu machen. Die *mitzwa* ist eine menschliche Interpretation und Anwendung göttlicher Prinzipien in der jeweiligen Gegenwart. Konservative Juden folgen ohne Weiteres solch grundlegenden und wesentlichen Prinzipien wie der Einhaltung des Schabbats und der Feiertage, den Kaschrut-Regeln, der jüdischen Eheschließung und Ehescheidung, der Notwendigkeit einer soliden jüdischen Ausbildung, dem Studium der hebräischen Sprache und der ethischen Glaubenslehren. Sie sind sich zugleich aber auch der Notwendigkeit bewusst, einige jüdische Regeln unserem Alltag anzupassen. Sie befürworten es, dass man die Synagoge besucht, und deshalb dürfen Gottesdienstbesucher dorthin auch fahren, wenn sie zu weit von der Synagoge entfernt wohnen, um zu Fuß zu gehen. Außerdem haben konservative Rabbiner in den Eheschließungs- und Ehescheidungsgesetzen einige wichtige Änderungen durchgeführt. So fanden sie zum Beispiel eine Lösung für das Problem jener Frauen, deren Ehemann nicht in eine Scheidung einwilligen will oder kann. In einem solchen Fall löst ein jüdisches Gericht (*bet din*) unabhängig von dem traditionell notwendigen Scheidebrief (*get*) die Ehe.

Die Frage, wem das Recht zukommt, Gesetze zu ändern und auf welcher Grundlage, ist auch für das konservative Judentum schwer zu beantworten. Rabbiner Salomon Schechter (1847–1915)[44] war der Ansicht, dass das Religionsgesetz für das Judentum deshalb so wichtig sei, weil keine Bewegung überleben könne, die sich ausschließlich auf hehre Gedanken stützt. Aber er glaubte, dass die lebendige Gemeinschaft aller Juden – einschließlich der Propheten, Psalmisten, Weisen und Rabbinen – über die Generationen hinweg das letzte Wort haben müsse, was am jüdischen Gesetz geändert werden solle und was nicht: Das Volk als ganzes und seine Lebensform bestimmen die Interpretation der Tora. Schechter befasste sich auch mit dem Zeitgeist und mit säkularer Wissenschaft – gemäß dem Satz aus dem Mischna-Traktat Abot 2:19: „Eigne dir das Wissen an, um dem Abtrünnigen entgegentreten zu können!"

Auch der große Talmud-Gelehrte Louis Ginzberg (1873–1955), der Gründer der American Academy of Jewish Research, betonte, dass das jüdische Gesetz nie

44 Der in Rumänien geborene Gelehrte gehört neben Frankel zu den Pionieren der heutigen konservativen Bewegung. Über Wien, Berlin und Cambridge kam er nach New York, wo er am Jewish Theological Seminary lehrte. Mit der Errichtung des Jewish Theological Seminary of America (JTS) im Jahr 1887 in New York hatte sich die konservative Bewegung in Nordamerika ihr geistiges Zentrum geschaffen.

eine tote Materie oder eine starre Konstante war. Es entwickelte und änderte sich und hielt mit der jeweils neuen sozialen und wirtschaftlichen Situation Schritt. Gemäß Robert Gordis, einem Ginzberg-Schüler, ist „Wachstum das Gesetz des Lebens, und das Gesetz ist das Leben des Judentums". Gordis (1908–1992) sieht die Offenbarung als einen Prozess und bietet dafür ein Bild an: Die heutige Tora geht auf Mose zurück, so wie eine Eiche aus einer Eichel hervorgeht. Auf diese Weise ermöglichen jene Regeln, die vor unserer Zeit entstanden sind, dass wir Regeln für unsere eigene Zeit festlegen. Gordis glaubt aus vier Gründen an die Notwendigkeit der Halacha:

1. Sie verbindet den Menschen mit dem Universum, in dem er lebt.
2. Sie lehrt sie ethische und soziale Werte.
3. Sie macht das Leben schöner und reicher.
4. Sie verbindet jeden Juden mit dem jüdischen Volk und der Gemeinschaft.[45]

Im Allgemeinen steht in der konservativen Bewegung die Unantastbarkeit von Halacha und *mitzwot* im Mittelpunkt. Über die Herangehensweise bei Änderungen und über deren Ausmaß gehen die Meinungen auseinander: Einige befürworten ein entschiedeneres Vorgehen, während andere das Vorgehen innerhalb der konservativen Bewegung als zu unsensibel kritisieren. Alle konservativen Rechtausleger teilen aber die Ansicht, dass das jüdische Gesetz modulierbar sei. Innerhalb der konservativen Bewegung ist es die Aufgabe des „Committee on Jewish Law and Standards (CJLS)" und der „Rabbinical Assembly", diese Änderungen vorzunehmen.

1.2.4 Die Halacha als dialektischer Prozess

In allen drei Richtungen des Judentums zeigt sich das Bemühen, dem Jüdischen Recht „treu" zu sein, auch wenn sich die Auffassung, was die Halacha ist, zu allen Zeiten verändert und fortentwickelt hat. Das ist nicht erstaunlich, wenn man bedenkt, dass sich darin ein Grundzug widerspiegelt, der die Geschichte des jüdischen Volkes von Anfang an prägt: Diese Gemeinschaft hat den Glauben der jüdischen Erzväter und Erzmütter mit der Lehre vom Sinai in Einklang gebracht, mit dem Idealismus der Propheten, mit den pragmatischen Einzelentscheidungen der Rabbinen. Sie hat die sozialen Bedingungen verschiedener Epochen berücksichtigt und auf zeitgenössische Lebensstile und Einstellungen reagiert, auch wenn sie sich ihnen nicht zwangsläufig angepasst hat. Dies zeigt sich vor allem in der talmudischen Zeit, in der halachische Prinzipien lebhaft diskutiert und kritisch geprüft wurden. Bräuche, die nicht mehr durchführbar waren, wurden erfolgreich abgeschafft, und zwar durch einen Interpretationsprozess, der dem Wortsinn des Toratextes andere Bedeutungen verlieh. So wurde die Todesstrafe, die in der biblischen Literatur für zahlreiche Delikte vorgesehen ist, schließlich an so viele

45 *Walter Homolka / Gilbert Rosenthal*, Das Judentum hat viele Gesichter – Die religiösen Strömungen der Gegenwart, Bergisch Gladbach 2006, 114.

Bedingungen geknüpft, dass es ob dieser Hürden unmöglich wurde, sie zu vollstrecken. In ähnlicher Weise löste man den Satz „Auge für Auge, Zahn für Zahn" (Ex 21:24) von jeglicher körperlichen Vergeltung ab und bezog ihn vielmehr auf einen rein finanziellen Ausgleich. Später wandte man rabbinische Beschlüsse an, um Gesetze außer Kraft zu setzen, die negative Auswirkungen für das Gemeinwesen haben. Zum Beispiel machte es Hillels *Prosbul* möglich, dass Kredite auch nach dem „Schabbatjahr" – das ist die Zeit des Brachliegens der Felder, die nach dem biblischen Text für jedes siebte Jahr vorgeschrieben ist – zurückgezahlt werden müssen und nicht verfallen, wie es die Bibel gebietet. Als weiterer Beleg dafür, wie sehr das traditionelle Judentum in der Vergangenheit Veränderungen gebilligt hat, sei darauf hingewiesen, dass im 2. Jahrhundert die Schabbatgottesdienste nur eine Stunde dauerten, dass der Tora-Abschnitt in die Landessprache übersetzt wurde, dass die Gebete in jeder Gemeinde variierten, dass die Männer keine Kopfbedeckung trugen, dass es ihnen erlaubt war, mehr als eine Ehefrau zu haben,[46] und dass sie im Gottesdienst offenbar nicht getrennt von ihren Frauen saßen.

Auch über Veränderungen bei der Befolgung des religiösen Rechts gab es über die Jahrhunderte immer wieder eine breite Debatte, die sich nach der Aufklärung zwischen den drei Grundströmungen des Judentums fortsetzte. Viele Entscheidungsträger berücksichtigten bei einem Rechtsentscheid ausdrücklich die realen Gegebenheiten. Für manche Situation gab es auch keine auf der Logik beruhende Herleitung mittels der halachischen Methode (also durch Rückgriff auf ein in der Tradition vorhandenes Gesetz). Dann wurden radikal neue Ansätze ins Jüdische Recht eingeführt. Jehuda ha-Nasi sah sich zum Beispiel gezwungen, die ganze halachische Grundlage der Gesetze zum Schabbatjahr zu verändern, um das Volk vor dem Verhungern zu bewahren. Moshe Zemer verweist darauf, dass vom Mittelalter bis zum heutigen Tag große Rechtsgelehrte wie Moses Isserles (1525–1572) und David Zwi Hoffmann (1843–1921) aus halachischer Verantwortung heraus Gesetze modifizierten, die ihnen zu streng erschienen. Die buchstabengetreue Durchsetzung des Rechts war für sie eine Profanierung des göttlichen Namens.[47] Daraus entwickelten sich zuerst geographische Unterschiede in der Observanz, z. B. zwischen den Aschkenasim (den Juden Deutschlands, Osteuropas und Nordamerikas) und den Sefardim (den Juden des Orients und Südeuropas) und später die genannten Unterschiede zwischen liberalen, konservativen und orthodoxen Juden.[48]

1.3 „Gesetz des Landes" und Jüdisches Recht

Im 3. Jahrhundert v. d. Z. formulierte der babylonische Gelehrte Samuel das Prinzip „Dina de-malchuta dina" – aramäisch für „Das Gesetz des Landes ist Gesetz". Es verdankt sich den historischen Gegebenheiten des babylonischen Exils

46 Die Einehe, die schon vorher in Mitteleuropa Usus gewesen sein dürfte, wurde nach traditioneller Annahme erst um 1040 von Rabbi Gerschom ben Juda festgeschrieben.

47 *Zemer* 209.

48 Vgl. *Homolka / Rosenthal* passim.

und hat vier klassische Belegstellen im Talmud.[49] Als biblische Belegstellen, dass Juden die Gesetze ihrer nichtjüdischen Obrigkeit beachten sollten, wird nachträglich Neh 9:37 herangezogen (vgl. auch Jer 29:4).[50] Das Konzept „Dina de-malchuta dina" entfaltet sich in der rabbinischen Literatur und ist wesentlich für das Verständnis des jüdischen Eherechts. Denn es bedeutet, dass sich Juden in zivilen Angelegenheiten (*dinim*) – jedoch nicht bei rituellen Verboten (*issurim*) – der Rechtsprechung des Landes, in dem sie leben, unterwerfen, soweit es nicht im Widerspruch zu den religiös-sittlichen Gesetzen des Judentums steht. Diese Anerkennung der jeweiligen staatlichen Gesetze galt zunächst vor allem für das Vermögensrecht und insbesondere für die Steuergesetzgebung. Später weitete sich die Bedeutung des Grundsatzes „Dina de-malchuta dina" auf weite Bereiche des täglichen Lebens aus.

1.3.1 Geschichtliche Entwicklung

Die Juden besaßen abhängig von Raum und Zeit stets ein sehr unterschiedliches Maß an Rechtsautonomie. Das Spektrum des Geltungsbereichs des Jüdischen Rechts reicht von staatlicher Souveränität zu biblischen Zeiten über eine relative Rechtsautonomie als griechische oder römische Provinz in der Antike bis hin zu einer nur einige Teilbereiche umfassenden rechtlichen Eigenständigkeit in der Diaspora.

Der Staat, der über ein institutionelles Monopol bezüglich der Rechtssetzung und Rechtsprechung verfügt, ist ein vergleichsweise junges Phänomen: In der Antike und in den muslimischen und christlichen Staatswesen des Mittelalters blieben eine Vielzahl von Rechtsbereichen den einzelnen religiösen, ethnischen, sozialen oder ökonomischen Gemeinschaften überlassen. Das änderte sich mit der Herausbildung des modernen Staates in der Neuzeit und dann vor allem mit der Französischen Revolution: In ihren Gefolge trat auch außerhalb Frankreichs – freilich meist in einem längeren Prozess – die moderne bürgerliche Gesellschaft an die Stelle der alteuropäischen ständischen Gesellschaft.

Eine Konsequenz dieser Entwicklung bestand darin, dass die jüdischen Gemeinden, so wie andere Rechtspersonen auch, ihre juristische Autonomie weitgehend verloren, die sie zuvor genossen hatten. Rechtsbereiche, die zuvor nach dem Jüdischen Recht verhandelt wurden, gelangten unter die Gerichtsbarkeit des Staates. Dadurch, dass der moderne Staat im 19. Jahrhundert seinen ausschließlichen Anspruch auf die Gesetzgebung konsequent durchsetzte und – über die Einführung eines allgemeinen, für alle geltenden Zivilrechts hinaus – auch die rechtliche Gestaltung von Ehe und Familie mehr als bisher an sich zog, wurde das Jüdische Recht (ähnlich wie das kanonische Recht der katholischen Kirche) in seiner praktischen Anwendung und Anwendbarkeit stark zurückgedrängt.

Dennoch kommt das Jüdische Recht innerhalb der Gemeinden bis zum heutigen Tage zur Anwendung. Im Generalreglement für die Juden in Preußen, das

49 bT Ned 28a, bT Git 10b, bT BK 113a, bT BB 54b–55a.

50 EJ 1971, Bd. 6, 515–5 (Art. Dina de-malkhuta dina).

Friedrich der Große 1750 erließ, war noch ausdrücklich vorgesehen, dass für bestimmte innerjüdische Angelegenheiten nach den Bestimmungen des mosaischen Gesetzes zu entscheiden sei. Auch das Allgemeine bürgerliche Gesetzbuch Österreichs (ABGB) sowie das frühere russische Gesetzbuch sahen die Anwendung des Jüdischen Rechts vor, und zwar ausdrücklich auch auf dem Gebiet des Eherechts. Damals wie heute galt jedoch: Die Mitglieder der jüdischen Gemeinschaft können keine Ehe schließen, die mit dem Landesgesetz im Widerspruch steht.[51] Jedenfalls gilt: Das jüdische Eherecht kann nur innerhalb der Grenzen angewandt werden, die das Landesgesetz setzt. Und selbst innerhalb dieser Grenzen kann es nicht zwangsweise durchgesetzt werden. Die jüdischen Autoritäten können keinen Juden dazu zwingen, eine jüdische Ehe einzugehen oder eine jüdische Scheidung zu akzeptieren. Sie können niemanden davon abhalten, zivilrechtlich zu heiraten oder sich scheiden zu lassen. Lediglich ex negativo ist das jüdische Eherecht durchsetzbar, etwa wenn die zuständige jüdische Autorität sich im Einzelfall einer jüdischen Ehe widersetzt oder eine jüdische Scheidung verweigert. In diesem Sinne können jüdische Gerichte zurückweisen, was das staatliche Recht erlaubt; sie können aber nicht gestatten, was durch den Staat verboten wurde.

Infolge der gesellschaftlichen Umbrüche und politischen Entwicklungen seit der Aufklärung und besonders im Laufe des 19. Jahrhunderts hat das rabbinische Eherecht also einen erheblichen Teil seiner praktischen Wirksamkeit verloren – teils dadurch, dass sein Anwendungsbereich beschnitten wurde, teils dadurch, dass der alternative Rückgriff auf das staatliche Recht auch für Mitglieder der jüdischen Gemeinschaft zur Option gemacht wurde.

1.3.2 Das Jüdische Recht im Staat Israel

Davon unabhängig zu betrachten ist die Situation in den Gebieten des heutigen Israel von der osmanischen Zeit bis in unsere Gegenwart:[52] Während für auslän-

51 Bisher waren in Deutschland kirchliche oder andere religiöse Trauungen nur nach einer vorherigen standesamtlichen Eheschließung erlaubt. Bei einem Verstoß hiergegen lag seitens des Geistlichen eine Ordnungswidrigkeit gemäß §§ 67, 67a Personenstandsgesetz vor. Mit dem Personenstandsreformgesetzt von 2007 wurden mit Wirkung ab 1. Januar 2009 beide Paragraphen aufgehoben. Damit wird die religiöse Trauung eines zivilrechtlich nicht verheirateten Paares nicht mehr als Ordnungswidrigkeit sanktioniert. Der Wegfall der Standesamt-Pflicht für die Eheschließung bedeutet, dass kirchliche oder andere religiöse Eheschließungen zukünftig auch dann durchgeführt werden dürfen, wenn das Paar nicht standesamtlich verheiratet ist. Allerdings hat die religiöse Ehe keinerlei zivile Rechtsfolgen. Nur eine vor dem Standesamt geschlossene Ehe ist eine gesetzlich anerkannte Ehe im Sinne des § 1350 Bürgerliches Gesetzbuch ist. Eine religiöse Trauung begründet keine Fürsorgepflichten der Partner, benachteiligt den Vater beim Sorgerecht für Kinder, hat keine unterhalts-, steuer-, und erbrechtlichen Folgen. Insbesondere besteht kein Anspruch auf Hinterbliebenenrente.

52 EJ 1971, Bd. 12, 145–151 (Art. Mishpat Ivri); *Shimon Shetreet*, Between Three Branches of Government – The Balance of Rights in Matters of Religion in Israel, Jerusalem 2001, 9 ff; *ders.*, The Relationship Between Religion and State from a Jewish Viewpoint in Comparative Perspectives: Selected Issues,

dische Staatsangehörige deren nationale Gesetze Gültigkeit haben, unterliegen israelische Staatsangehörige in Familienrechtsfragen den Gesetzen ihrer jeweiligen Religionsgemeinschaft. Diese Rechtslage wurde aus der Zeit der osmanischen Herrschaft über das heutige Israel (1517–1917) übernommen.[53] Als Palästina britisches Mandatsgebiet wurde, änderte sich auf Anweisung des Völkerbundes an dieser Rechtslage nichts. Die „King's Order in His Council" von 1922, praktisch die Verfassung Palästinas während der Mandatszeit, unterstellte Personenstandsfragen dem persönlichen Recht der Parteien. Die Gründung des Staates Israel 1948 hat diese Regelung aus der Mandatszeit nicht grundlegend verändert. Im heutigen Staat Israel gilt also das Familienrecht der jeweiligen Religionsgemeinschaft der Parteien.[54] Besonders das Gesetz über die Gerichtsbarkeit der Rabbinatstribunale hinsichtlich Ehe und Scheidung von 1953 (Rabbinical Courts Jurisdiction [Marriage and Divorce] Law) stellt klar, dass das Jüdische Recht in allen Eheschließungs- und Scheidungsangelegenheiten von Juden mit Wohnsitz im Staat Israel als persönliches Recht anzuwenden sei: von Rabbinatsgerichten ebenso wie von Zivilgerichten. Dennoch spielt das staatliche Recht in die Behandlung von Personenstandsfragen hinein, zum Beispiel bei Klagen über Schadensersatz bei Verlöbnisbruch. Das wirft die Frage auf, in welchem Umfang Entscheidungen religiöser Gerichte auch nach staatlichem Recht verbindlich sind. Außerdem ist zu unterscheiden zwischen der materiellen Wirksamkeit der Eheschließung nach dem Jüdischen Recht und der Registrierung dieser Eheschließung durch den Staat Israel, der damit von der Existenz dieser Ehe formal Kenntnis nimmt. Für Juden im Staat Israel fallen diese beiden Vorgänge zusammen; sie umfassen die Untersuchung der Ehefähigkeit, die Eheschließung und die Ausstellung der Ehedokumente.[55] Damit ist von besonderer Bedeutung, welche Rabbiner als „marriage registrars" zugelassen sind. 1980 wurde dem Israelischen Oberrabbinat die Aufgabe übertragen, über die Befähigung zur Eheschließung zu entscheiden.[56] Damit wurden faktisch Rabbiner und Rabbinerinnen der konservativen und liberalen Richtung in Israel von der Möglichkeit ausgeschlossen, staatlich anerkannte Eheschließungen vorzunehmen.[57] Dagegen klagte die jüdische Reformbewegung in Israel vor dem Obersten Gerichtshof, weil sie sich durch diese Registrierungspraxis in ihrer freien

---

in: Periodica de Re Canonica 96,3–4 (2007), 589–617 [Prima Consultatione Romana sul Diritto Ebraico e Canonico – Erste römische Konsultation zum jüdischen und kanonischen Recht 9.–11.10.2006, Pontificia Università Gregoriana]. *Meike Gotham*, Die Rechtsnation und ihr Staat – Die Geltung des jüdischen Ehe- und Scheidungsrechts in Israel, Hamburg 2004, 51 ff; *Steven V. Mazie*, Israel's Higher Law – Religion and Liberal Democracy in the Jewish State, Lanham MD 2006, 165 ff.

53 *Yitzhak Goldfine*, Herkunft und Quellen des gegenwärtigen israelischen Rechts – Eine rechtshistorische und rechtsvergleichende Studie auf dem Gebiete der Rechtsrezeption, Frankfurt am Main 1967, 11 ff.

54 *Yitzhak Goldfine*, Jüdisches und Israelisches Eherecht, Hamburg 1975, 1 ff.

55 *Gotham* 70.

56 § 2 (6) Chief Rabbinate of Israel Law.

57 Allerdings wird den Karäern in Israel dieses Recht der eigenständigen Eheschließung zugebilligt. Ihre selbständige Möglichkeit, Ehen zu registrieren, wurde 1979 durch das Urteil im Fall „Marzuk gegen den Innenminister" erstritten (H.C. 35/70 Marzuk v. Minister of the Interior 24 [II] Piskei Din 628). Entscheidungsgrund war, dass Karäern andernfalls eine Eheschließung in Israel unmöglich

Religionsausübung beeinträchtigt sah und die Beteiligung des orthodoxen Oberrabbinats an der Zulassungsentscheidung für staatliche „marriage registrars" als unangemessen empfand. In der Entscheidung von 1989[58] kommt die Ansicht der Richter zum Ausdruck, dass das Gericht an das „Chief Rabbinate of Israel Law" von 1980 gebunden sei, die das religiöse Recht für maßgeblich erklärt habe. Dabei sei es wichtig, eine einheitliche Auslegung der Halacha in Israel sicherzustellen, schon um im Fall einer Ehestreitigkeit nicht weitere Probleme vor den zuständigen Rabbinatsgerichten zu schaffen, die das Jüdische Recht nach orthodoxer Auslegung anwenden würden. Hier wird die Spannung deutlich, die in Israel durch die Existenz von Zivilgerichten und Rabbinatsgerichten besteht, auch wenn religiöse Gerichte nur im Ehe- und Scheidungsrecht zuständig sind und diese selektive Zuständigkeitszuweisung durch den staatlichen Gesetzgeber erfolgt ist.[59] Damit ist klar geregelt, dass der Staat über der Religion steht, gleichzeitig wird aber einer jüdischen Denomination die Interpretationshoheit über das Jüdische Recht zugestanden. Außerdem werden nicht selten für den gleichen Sachverhalt verschiedene Normen angewendet.[60] Da eine Verfassung fehlt, die Religionsfreiheit und Trennung von Staat und Religion vorschreiben würde, kommt es so immer wieder zu Konflikten. Besonders problematisch ist, dass der Staat Israel keine Zivilehe kennt. Das hat zur Folge, dass viele Israelis dem orthodoxen Religionsrecht dadurch ausweichen, dass sie eine Zivilehe im Ausland eingehen, und zwar nicht nur dann, wenn ein Eheverbot besteht oder eine Mischehe zwischen Juden und Nichtjuden eingegangen werden soll.[61] Die problematische Situation im israelischen Familienstandsrecht hat dazu geführt, dass die nichteheliche Lebensgemeinschaft zu einer rechtlich weitgehend gleichwertigen Alternative geworden ist. Im Urteil „Nassis v. Yuster"[62] definierte der Oberste Gerichtshof 1970 die Voraussetzungen dafür: 1. eine eheähnliche Lebensgemeinschaft, 2. das Führen eines gemeinsamen Haushalts. Spätere Entscheidungen gehen dann jedoch nicht mehr von dieser strikten Definition aus. Insbesondere sei die subjektive Einschätzung der Betroffenen wichtig. Eine nichteheliche Lebensgemeinschaft kann sogar dann vorliegen, wenn

---

wäre. Juden der nichtorthodoxen Richtungen dagegen haben theoretisch die Möglichkeit, vor dem orthodoxen Rabbinat die Ehe einzugehen, soweit nicht individuell ein Ehehindernis besteht.

58 H.C. 47/82 Fund of the Movement of Progressive Judaism in Israel v. Minister of Religions 43 (II) Iskei Din 661 (1989).

59 Die Zuständigkeitsfrage ist nicht eindeutig geregelt. Vgl. *Shimon Shetreet*, Justice in Israel: A Study of the Israeli Judiciary, Dordrecht/Boston/London 1994, 279 ff. So hat eine jüdische Frau bei Unterhaltsfragen die Möglichkeit, sich entweder an das Distrikts- oder das Rabbinatsgericht zu wenden. Ein Mann kann Unterhalt überhaupt nur vor einem Zivilgericht einklagen, weil ihm nach religiösem Recht kein Unterhalt zusteht.

60 *Gotham* 90–91.

61 Im Ausland geschlossene Mischehen müssen in Israel registriert werden. Damit müssen in Israel auch Ehen ins Melderegister aufgenommen werden, die nicht dem jeweiligen religiösen Recht entsprechen. Vgl. H.C. 143/62 Funk-Schlesinger v. The Minister of the Interior 17 Piskei Din 225 (1963). Damit wird die Tendenz deutlich, dass höchstgerichtliche Entscheidungen der Maßgeblichkeit religiösen Rechts enge Grenzen setzt. Allerdings ist die Rechtsprechung dazu nicht einheitlich.

62 C.A. 621/69 Nassis v. Yuster 24 (I) Piskei Din 617 (1970).

einer der Partner ehelich gebunden ist.[63] Nichteheliche Lebensgemeinschaften sind seit den achtziger Jahren der Ehe weitestgehend gleichgestellt, unter Umständen sogar bessergestellt (etwa gegenüber Ehen mit Gütertrennung): Es besteht grundsätzlich die Vermutung der Gütergemeinschaft[64], das Recht auf Annahme des Nachnamens des nichtehelichen Lebenspartners[65], das Recht zur gesetzlichen Erbfolge[66] und auf Unterhalt aus dem Nachlass. Ein genereller Unterhaltsanspruch existiert allerdings nicht; er kann jedoch vertraglich geregelt werden. „Mit der Anerkennung der nichtehelichen Lebensgemeinschaft haben Gesetzgebung und Rechtsprechung eine eheähnliche Rechtsinstitution geschaffen, die jeder – auch anderweitig Verheiratete – als Alternative zur Ehe wählen kann. Sie steht insbesondere auch denjenigen zur Verfügung, die das religiöse Eherecht an einer Eheschließung hindert."[67] So setzt der Staat Israel im jüdischen Ehe- und Scheidungsrecht die orthodoxe Auslegung der Halacha absolut und höhlt deren Anliegen gleichzeitig wieder aus, um den Problemen zu entgehen, die sich daraus ergeben.

1.3.3 Das Jüdische Recht als Inbegriff jüdischer Ethik und Gerechtigkeitssuche

Die historische Skizze und der Blick auf den heutigen Staat Israel sollen jedoch nicht den Eindruck erwecken, als sei das Verhältnis des Jüdischen Rechts zum staatlichen Recht in jüngerer Zeit bloß defensiv und durch einen stetigen Rückzug gekennzeichnet. Vielmehr ergibt es sich aus der eingangs beschriebenen Eigenart des Jüdischen Rechts, dass es sich auch – nach einer Formulierung, die wir Leo Baeck verdanken – allein aus ethischer Pflicht heraus den staatlichen Regelungen widersetzen kann und unter Umständen sogar muss. Das Jüdische Recht muss kraft seiner eigenen Fundamente in der Lage sein, etwaigen Missbräuchen oder Perversionen des staatlichen Rechts, wie sie etwa zur Zeit des NS-Regimes gegeben waren, standzuhalten und ihnen etwas entgegenzusetzen. Und die jüngste Geschichte lehrt auch, dass das Eherecht von derartigen Zusammenbrüchen des Rechtsstaats keinesfalls unbetroffen bleibt.

Baeck machte auch deutlich, dass die jüdische Ehe in erster Linie eine göttliche Institution ist.[68] Ihre Geltung ist, wie die des Jüdischen Rechts im All-

63 So wurde einer verheirateten Frau, die jahrelang mit einem Beamten zusammengelebt hatte, nach dessen Tod ein Anspruch auf Witwenrente zuerkannt (C. A. 384/61 State of Israel v. Pasler 16 Piskei Din 102 (1962). Dies zeigt ein weiteres Konfliktfeld mit dem jüdischen Eherecht auf. Entgegen der Anliegen des religiösen Rechts hat der Oberste Gerichtshof das individuelle Recht auf ein selbstbestimmtes Privatleben höher bewertet als die Aufrechterhaltung jüdisch-religiöser Rechtsnormen.

64 H.C. 52/80 Shachar v. Friedman 38 (I) Piskei Din 443 (1984); C.A. 749/82 Mutson v. Widerman 43 (I) Piskei Din 278 (1989).

65 H.C. 693/91 Efrat v. Minister of the Interior 47 (I) Piskei Din 749.

66 §§ 55 und 57 (c) Succession Law 1965.

67 *Gotham* 159.

68 *Leo Baeck*, Fragen des jüdischen Ehegesetzes (1929), in: Leo Baeck Werke, *Albert H. Friedlander* et al. (Hrsg.), Bd. 6, Gütersloh 2005, 504–507.

gemeinen, religiös begründet. Der Glaube, nicht der staatliche Zwang ist entscheidend, wenn es darum geht, die Durchführung des Rechts zu sichern. Es beansprucht absolute Anerkennung und findet seinen Halt in Gott selbst als dem Gesetzgeber. Seine Verbindlichkeit wird dadurch noch verstärkt, dass die in ihm gründende Pflicht selbst dort noch wirkt, wo der weltlichen Macht die Mittel zu ihrer Durchsetzung fehlen. Demgemäß kann auch, falls eine Bestrafung vor dem „menschlichen Gericht nicht erlaubt" ist (*patur be-dine adam*), noch eine Bestrafung vor dem „himmlischen Gericht" (*be-dine schamajim*) eintreten.

Diese Rückbeziehung des Rechts auf Gott hat auch inhaltliche Konsequenzen, und zwar im Sinne einer harmonischen Verbindung von Strenge und Milde. Das Jüdische Recht will die Mittellinie finden zwischen strengem Anspruch und gütigem Nachgeben – eine Mittellinie, die das formalere, sozusagen ethikfernere staatliche Recht nicht unbedingt in derselben Weise zu treffen vermag. Dies bedeutet auch, dass die Einstellung zum Recht, die in der lateinischen Sentenz „Fiat iustitia, pereat mundus" („Das Recht geschehe, mag dabei auch die Welt untergehen") zum Ausdruck kommt, dem Jüdischen Recht fremd ist. Hier gilt vielmehr der Grundsatz, dass das Recht um des Menschen willen da ist, nicht aber der Mensch um des Rechts willen. An die biblische Mahnung „Beachtet meine Gesetze und meine Rechte, durch die der Mensch, wenn er sie ausübt, ewiges Leben erhält" (Lev 18:5) knüpfte ein Rechtsgelehrter die Bemerkung, dass die Anwendung des Rechts zum Leben führen soll, nicht aber zum Untergang.[69] So enthalten die Bestimmungen über die Arbeiter und den Arbeitsvertrag sowie über das Darlehen, das Pfandrecht und das Erlassjahr (*schemitta*) eine Fülle von sozialen Gedanken, welche die Tendenz zeigen, bei Interessenkollisionen einen Ausgleich zugunsten der wirtschaftlich Schwachen herbeizuführen. Dieser von frühester geschichtlicher Zeit an sich zeigende Sinn für soziale Gerechtigkeit wurde dann von den Propheten neu belebt. Späterhin hat der Talmud das Recht in diesem Geiste vielfach erweitert und den Anforderungen einer neuen Zeit angepasst. Die Tatsache, dass die Rechtskenntnis sich nicht auf einen kleinen Kreis von Kundigen beschränkte, sondern zum geistigen Eigentum weiter Volksschichten gehörte, begünstigte die Ausgestaltung dieses sozialen Rechts zusätzlich. Der besondere Wert, den das Judentum auf die Pflege des Rechts legt, ergibt sich im Übrigen auch aus dem Umstand, dass das Studium der Tora den Juden generell zur religiösen Pflicht gemacht wird. Bei alldem gilt: Einmal dem Volk gegeben, ist das Recht, wenngleich göttliches Recht, sozusagen auch der Gottheit selbst entzogen – es soll nun an die Nachkommen weitertradiert werden: „Du sollst sie deinen Kindern einschärfen und immer davon reden, wenn du zu Hause sitzt oder auf Reisen bist, wenn du dich niederlegst und wenn du aufstehst" (Dtn 6:7; 11:19). Eine Intervention der Gottheit hinsichtlich der Anwendung des Rechts kennt das Judentum nicht, sondern es soll durch den Menschen allein verwirklicht werden.[70] Das jüdische Prozess-

---

69 bT Sanh 74a.

70 *Walter Homolka*, Offenbarung und Ethos im Judentum, in: Küng, Hans / Walter Homolka. Weltethos aus den Quellen des Judentums, Freiburg i. Br. 2008, 28–53.

recht kennt keine übernatürlichen Beweise. So wurde einem Rechtslehrer, der sich in einem Rechtsstreit auf eine übernatürliche Stimme berufen wollte, erwidert: „Das Gesetz ist nicht im Himmel."[71] In anderen Worten: Die Wirklichkeit des Jüdischen Rechts ist göttlich, aber sie ist keine *tora min ha-schamajim*, keine Tora vom Himmel. Alle Menschen sind in gleicher Weise dem religiösen Recht unterworfen, womit jeder staatlichen und nichtstaatlichen Gewalt und Willkür vorgebeugt ist.

Diese einzigartige Verknüpfung von religiösem und weltlichem Recht hat bisweilen zu einer Beeinflussung des weltlichen Rechts geführt, wie sie etwa im Römischen Recht, das *ius* und *fas* scharf trennt, nicht möglich gewesen wäre. Sie prägte außerdem in erheblichem Maße die Entwicklung des jüdischen Eherechts, für das seit jeher sein sittlich-religiöser Zweck eine wesentliche Rolle gespielt hat. Als Quelle der gesamten jüdischen Normenwelt gehört es zum besonderen Kulturgut des Judentums und regelt u. a. den Vollzug von Ritual und Kultus. Diese Rechtsfelder wiederum haben der Ausgestaltung des Rechtssystems starke Impulse verliehen. Die wichtigste Konsequenz der für das Judentum typischen Verbindung von Religion, Ethik und Recht ist ein stets wacher Sinn für soziale Gerechtigkeit.

Dieser Einfluss ethischer Gesichtspunkte auf das Jüdische Recht zeigt sich auch in der Auffassung, dass man auf Ansprüchen nicht beharren sollte, die sich aus einer strengen Auslegung der Tora (*din tora*) ergäben, sondern besser Milde und Verzicht walten lassen sollte. Im Talmud wird sogar behauptet,[72] dass die Zerstörung Jerusalems darauf zurückzuführen sei, dass man das Recht zu streng angewandt und eng ausgelegt habe, statt Nachsicht zu üben. Neben dem Rechtsanspruch (*schurat ha-din*) findet sich eine Sphäre der Verhältnismäßigkeit im Rahmen des Rechts (*bifnim mi-schurat ha-din*). „Das Recht soll nicht den Berg durchbohren", sondern es soll mit Augenmaß und Menschlichkeit angewandt werden.

Eine grundlegende Einsicht stand also stets im Zentrum des jüdischen Glaubenslebens: die ethisch-sittliche Aufgabe der Jüdinnen und Juden, sich in einem stetigen Prozess der Läuterung Gottes Anforderungen zu stellen und sein Reich auf Erden Wirklichkeit werden zu lassen. Denn die Verbindung des Menschen mit Gott wird begründet und gefestigt durch die Einhaltung der Weisungen, der *mitzwot*, die Gott in seiner Tora aufgestellt hat. Gerechtigkeit ist demgemäß die Gnadengabe Gottes, mit der er die Welt nach seinem Willen ordnet. Der Prozess der fortlaufenden Interpretation dieses göttlichen Willens und die aktuelle Anwendung der daraus entstandenen Rechtsnormen sind die traditionell vornehmsten Aufgaben des Rabbiners als des jüdischen Rechtsgelehrten. Der Rabbiner handelt in der Einsicht, dass selbst göttlich inspiriertes Recht nicht unabänderlich zu sein braucht, sondern die Offenbarung sich weiter entfaltet im Diskussionsprozess über diese Normen und ihre Gültigkeit heute. Der spanische Religionsphilosoph Josef Albo (ca. 1380 – ca. 1445) formuliert dies so: Weil die Tora Gottes unmöglich so vollständig ist, dass sie für alle Zeiten ausreichen

71 bT BM 59b.

72 bT BM 30b.

könnte, und weil es so viele Einzelheiten gibt, die sich im Leben der Menschen und in den Gesetzen ändern, und weil zu viele Kräfte wirken, als dass sie alle in ein Buch passten – deshalb sind die mündlichen Überlieferungen, die Mose am Berg Sinai empfangen hat, in der schriftlichen Lehre nur vage angedeutet, damit die halachischen Autoritäten jeder Generation der jeweiligen Situation entsprechend zu neuartigen Auslegungen gelangen können.[73]

Die Grundlage jüdischer Ethik ist das Gebot der Nachfolge, der *imitatio dei*.[74] Weil der Mensch im Angesicht Gottes geschaffen ist, hat er die Verantwortung und auch die Möglichkeit, ihm nachzufolgen. Wir sollen uns nicht einbilden, wir seien Gott und könnten, gewissermaßen in einer Art Allmachtswahn, unseren Willen zum Gesetz erheben – obwohl wir das praktisch oft genug tun. Aber wir haben den Auftrag, Gottes Gerechtigkeit, Barmherzigkeit und Liebe durch unser Handeln in die Welt zu bringen. Dabei sind diese Begriffe nicht als Gegensätze zu verstehen, sondern sie sind im Gegenteil geradezu synonym: In der jüdischen Auffassung ist Gerechtigkeit Barmherzigkeit und Liebe.

> „Wie lieb ist deine Weisung,
> Sie ist mein Sinnen alletag.
> […]
> Aus deinen Fügungen erlern ich Einsicht.
> Drum hass' ich jeden Pfad des Lugs.
> Als Leuchte meinem Fuße ist dein Wort,
> und Licht für meinen Pfad.
> Ich schwör's und will es halten:
> Zu wahren deines Rechtes Vorschriften.
> Bin tief gebeugt, o Ewiger,
> Belebe mich nach deinem Wort!
> Nimm huldvoll, Ewger, meines Mundes Großmut,
> Und deine Rechtsvorschriften lehre mich!"[75]

Es ist also von entscheidender Bedeutung, dass Halacha und Ethik nicht auseinandergerissen, sondern in eine fruchtbare gegenseitige Beziehung zueinander gesetzt werden. Der ethische Imperativ der *imitatio dei* ist die eigentliche Basis der Halacha und der hauptsächliche Berührungspunkt zwischen göttlicher und menschlicher Sphäre: „Thus, if because of changing conditions the specific laws no longer express the ethical values which Tradition teaches (these ethical values, it must be stressed, are rooted in the Tradition), we have the responsibility to revise the laws, rather than allow them to fall into destitude."[76]

Diese für das Judentum wesentliche Korrelation von Ethik und Halacha macht es also erforderlich, die Tradition immer wieder auf den Prüfstand zu stellen und Lö-

73 *Josef Albo*, Sefer ha-ikkarim 3:23.

74 Dtn 28:9.

75 Ps 119:97.104–108.

76 *Seymour Siegel*, Ethics and the Halakhah, in: Seymour Siegel (Hrsg.), Conservative Judaism and Jewish Law, New York 1977, 1231–1232.

sungen zu finden für ethische Fragen, die sich aus der Anwendung des Religionsgesetzes ergeben. Lösungsbeispiele für solche Fragen finden sich auch und gerade im Gebiet des jüdischen Eherechts – beispielsweise das Verbot der Polygamie durch den *Cherem de-rabbenu Gerschom*[77] oder die Gleichberechtigung von Mann und Frau im Trauungsakt nach der Praxis des liberalen Judentums. Andere Probleme bleiben zwischen den verschiedenen Richtungen des Judentums strittig. Ein klassisches Beispiel ist das Problem der *aguna*, der „gebundenen Frau", das sich mit der Möglichkeit der Eheannullierung durch ein Rabbinergericht lösen ließe. Diesbezüglich hat sich bisher jedoch keine allgemeingültige Regelung finden lassen.

Diese Beispiele haben bereits mitten in den Bereich des jüdischen Eherechts hineingeführt. Bevor dessen Regelungen im Einzelnen besprochen werden, sollen jedoch an dieser Stelle noch einmal zwei Punkte festgehalten werden, die bei der Beschäftigung mit ihm stets zu berücksichtigen sind:

1. Es gibt zwar sehr wohl *ein* Jüdisches Recht, d.h. *die* Halacha, welche für alle Juden gleichermaßen Bedeutung hat. Aber es gibt nicht einen Weg, sie auszulegen. Das Judentum lebt von der Vielfalt der Auffassungen, die in ihm vertreten werden. Es gibt *viele* richtige Interpretationen und *viele* Wege, die Halacha und also auch das jüdische Eherecht zu verstehen. Nicht zuletzt aus der unterschiedlichen Interpretation des Jüdischen Rechts ergibt sich die Auffächerung des Judentums in die verschiedenen Strömungen mit ihrer jeweiligen Deutung der Halacha.[78]

2. Im Unterschied zum „positiven" (d.h. positivistischen) Recht ist das Jüdische Recht kein festes Regelwerk, in dem die Frage der Gerechtigkeit einen Problembereich darstellen würde, der streng genommen jenseits der Sphäre des „positiven" Rechts läge. Vielmehr steht im Jüdischen Recht die Frage der Gerechtigkeit im Ursprung allen Fragens nach dem Recht. Sie geht grundsätzlich mit dem Recht einher: *Zedek u-mischpat*, „Recht und Gerechtigkeit" (Spr 2:9), sind im Judentum seit jeher als Einheit gesehen und gemeinsam gefordert worden. Der verbindende Charakter der jüdischen Rechtstradition von Abraham über die Propheten bis zu den Rabbinen und heutigen Gelehrten des Jüdischen Rechts ist gerade die unaufhörliche Suche nach Gerechtigkeit. Jeder Rabbiner und jede Rabbinerin soll für sich nach bestem Wissen und Gewissen versuchen, den göttlichen Willen so auszulegen, dass das Psalmwort sichtbare Gestalt gewinnt:

> „Des Ewgen Weisung ist's, vollkommen,
> die Seele labend;
> Des Ewgen Warnung ist's, bewährt,
> den Toren witzend;
> Des Ewgen Fügungen: Gerecht,
> das Herz erfreuend;
> Des Ewigen Gebot ist's, lauter,
> die Augen hellend."[79]

77 Vgl. u. 2.1 mit Anm. 43.

78 Vgl. *Gilbert S. Rosenthal / Walter Homolka*. Das Judentum hat viele Gesichter, Bergisch Gladbach 2006.

79 Psalm 19:8–9.

2 Voraussetzungen und Hindernisse für die Eheschließung

Die Ehe ist im Judentum ein religiöses Institut, das göttlicher Satzung unterliegt. Das jüdische Eherecht hat die Aufgabe, diesen religiösen und ethischen Idealen einen Rahmen zu geben. Dementsprechend zeigt es im Verlauf seiner Entwicklung eine Tendenz, die Ehe aus dem Gebiet des privaten Vertragsrechts zur ethischen Frage zu erheben und ihren sittlichen Charakter zu betonen. Die auf solchen Sittlichkeitsprinzipien aufgebaute Ehe bildet für die Propheten sogar ein Gleichnis für die enge Verbindung Gottes mit Israel.[1] Deshalb hat das Judentum die Ehe stets als gut und wünschenswert sowie als göttlich sanktioniert betrachtet und hat – von wenigen Ausnahmen abgesehen – in der Ehelosigkeit nie einen höheren Stand gesehen.

Die jüdische Ehe ist kein Sakrament im christlichen Sinn, sie ist eine *mitzwa*, die Erfüllung eines religiösen Gebots. Und sie ist eine *berit*, ein heiliger Bund, der heilige Pflichten mit sich bringt. Die Ehepartner sind einander, der Allgemeinheit und Gott gegenüber verpflichtet, ihre Beziehung treu sowie in Liebe und gegenseitigem Respekt zu gestalten und ihr Heim zu einem „kleinen Heiligtum"[2] zu machen, das erfüllt ist von der Schönheit des Heiligen.[3]

Für die Ehe können drei Ziele formuliert werden: Erstens dient sie der menschlichen Fortpflanzung.[4] Denn Gott will, dass die Erde bewohnt sei,[5] und er hat einen Plan für das Wirken des Menschen in der Geschichte. Außerdem dient die Ehe dem Leben in glücklicher Gemeinschaft, denn „es ist nicht gut, dass der Mensch allein bleibe"[6]. Das Familienleben an sich kann als drittes Ziel der Ehe gelten. Ehe und Familie gelten als die Grundlage der Gesellschaft. „Darum verlässt der Mann seinen Vater und seine Mutter, und hängt an seinem Weibe."[7]

Heute ist es freilich in den meisten Ländern mit Ausnahme des Staates Israel so, dass Ehe und Familie durch ein umfassendes staatliches Normensystem geregelt sind. Sehr präzise sagt es Leo Baeck: „Wie wir kein eigenes bürgerliches Recht mehr haben, haben wir streng genommen auch kein Eherecht mehr. Wir haben nur noch ein Trauungsrecht, aber kein Eherecht. Was vollzogen wird, ist keine Copulatio, sondern nur eine Benedictio. Es ist nicht mehr ein Rechtsakt, der vollzogen wird, sondern fast nur ein homiletischer Akt, bei uns und bei den Orthodoxen."[8] Und doch wohnt der Ehe auch für Baeck ein Geheimnis inne: „Wo das Geheimnis mitspricht, können wir nicht zugunsten des Staates abdanken. Das

1 Z. B. Hos 1–3: Die Geschichte Hoseas spiegelt das Leiden Gottes an der Untreue Israels wider.
2 Ez 11:16.
3 Z. B. Ps 29:2.
4 Gen 1:28.
5 Jes 45:18.
6 Gen 2:18.
7 Gen 2:24.
8 *Baeck* 505.

Verborgene, Heilige greift so tief in das Eheliche hinein, dass wir diesen Bereich nicht dem Profanen überlassen dürfen. Zweitens: für uns ist ein Wesentliches der Gemeinschaftsfaktor. Es gibt kein Judentum ohne jüdische Gemeinschaft, und die Zelle der Gemeinschaft ist die Familie und dadurch die Ehe. Um der Gemeinschaft willen müssen wir an der jüdischen Ehe festhalten, müssen wir darum auch die Tradition festhalten."[9]

Wenn auch die rechtliche Bindung für Staatsbürger jüdischen Glaubens durch die Zivilehe bereits gegeben ist – die jüdische Eheschließung behält sinnstiftende Symbolkraft, und so hat das religiöse Familienrecht im Judentum heute noch große Bedeutung. Alle Fragen, die sich auf die Eheschließung sowie den Bestand und die Auflösung einer Ehe beziehen, werden im Jüdischen Recht sehr genau geregelt. Dabei werden zwei wesentliche Elemente unterschieden: die geschlechtliche und die wirtschaftliche Verbindung zwischen Mann und Frau.

2.1 Das Problem der Polygamie

Heute ist in vielen Staaten die Monogamie vorherrschend: Ein Mann darf nur eine Frau haben und eine Frau nur einen Mann. Das war jedoch nicht immer und überall so. Polygynie und Polyandrie haben in der Vergangenheit existiert, und in manchen Gesellschaften existieren sie bis zum heutigen Tage.[10]

Im Jüdischen Recht unterscheidet man hinsichtlich der Polygamie zwei Fälle:
a) den Fall einer Frau, die einen anderen Mann heiratet, obwohl sie noch verheiratet ist;
b) den Fall eines Mannes, der eine zweite Frau heiratet, obwohl er noch verheiratet ist.
Die zweite Eheschließung der Frau hat, wenn ihre erste Ehe nicht durch den Tod des Mannes oder durch Scheidung beendet wurde, nach dem Jüdischen Recht keine Gültigkeit. Damit gilt auch für sie die allgemeine Regel, dass eine verheiratete Frau, die mit einem anderen Mann Beziehungen unterhält, danach für beide, ihren Ehemann und den anderen Mann, verboten[11] ist: Beide müssen ihr den Scheidebrief (*get*) geben. Nach der Übergabe des *get* darf sie weder der eine noch der andere heiraten,[12] und zwar auch dann nicht, wenn einer der beiden stirbt. Deswegen werden die Einzelheiten des Ehebruchs in der Scheidungsurkunde festgehalten. Wenn es dem Ehebrecher aber trotzdem gelingen sollte, die Ehebrecherin zu heiraten, so ist die Ehe gültig. Die Tatsache, dass sie mit dem Ehebre-

9 *Baeck* 505.

10 Zur Polygamie im Judentum vgl. *Walter Jacob*, The Slow Road to Monogamy, in: Walter Jacob / Moshe Zemer (Hrsg.), Marriage and Its Obstacles in Jewish Law, Tel Aviv/Pittsburgh 1999, 57–76.

11 Der Begriff für Scham, Blöße oder Schande ist in der Hebräischen Bibel *'erwa* (Lev 18–20). In bT Jeb 3b bezeichnet *'erwa* dann all jene Frauen, die zur Ehe verboten sind.

12 ShA, EH 17:56.

cher verheiratet ist, bleibt jedoch ein stets aktualisierbarer Scheidungsgrund.[13] Nach dem Text der Hebräischen Bibel ist im Falle des Ehebruchs mit einer verheirateten Frau sogar für beide Beteiligten die Todesstrafe vorgesehen.[14]

Eine weitere tief greifende Folge der Ehe einer noch verheirateten Frau mit einem zweiten Mann ist, dass die Kinder aus der zweiten Ehe, die geboren wurden, als die erste Ehe noch nicht geschieden war, *mamserim me-deoreita* (Kinder aus einer verbotenen Ehe) sind. Für die *mamserim* gelten besondere Regeln vor allem hinsichtlich der ihnen selbst erlaubten Ehepartner (vgl. u. 2.3).

Diese Regeln intendieren die Erhaltung der jüdischen Familie und sind absoluter Natur. Sie gelten unabhängig davon, ob die Frau absichtlich, fahrlässig oder unwissentlich gehandelt hat. So hat die Frau z. B. auch die Folgen zu tragen, wenn sie erneut geheiratet hat, nachdem ihr durch zwei Zeugen vorgetäuscht wurde, dass ihr erster Mann tot sei.[15]

Anders verhält es sich, wenn ein verheirateter Mann eine zweite Frau heiratet: Die Polygynie ist in Bibel und Talmud ebenso erlaubt wie in den Kulturen, mit denen das Volk Israel zu dieser Zeit in Kontakt stand.[16] Jede von mehreren Frauen des Mannes besitzt denselben rechtlichen Status, wie wenn sie allein mit ihrem Mann verheiratet wäre. Und für jede dieser Frauen kann ihre Ehe nur durch Scheidung oder den Tod des Ehemannes beendet werden.

Während es Polyandrie im Judentum nie gab, kam die Polygynie also in biblischer Zeit und auch noch viele Jahrhunderte später vor, besonders in den jüdischen Gemeinden des Mittelmeerraums bzw. im islamischen Kulturkreis.

Jakob, der Stammvater des Volkes Israel, war mit zwei Frauen verheiratet, Lea und Rachel,[17] und dasselbe gilt für Mose (es sei denn, die „Kuschitin“[18] muss mit seiner ersten Frau Zippora identifiziert werden, wie es manche Kommentatoren nahelegen). Andere biblische Personen, die mehr als eine Frau heirateten, sind Gideon[19], Elkana[20], Salomon[21] und Jojada[22]. Vor allem aber gehen einige der Gesetze im Pentateuch offenbar davon aus, dass ein Mann zwei oder mehr Frauen ehelichen konnte.[23] Daraus lässt sich jedoch nicht ableiten, dass die Polygynie allgemein üblich gewesen wäre. Denn nur Wohlhabende konnten sich mehr

13 Und zwar ein Scheidungsgrund, der einen Scheidebrief (*get*) erzwingen kann.

14 Lev 20:10.

15 ShA, EH 17:56.

16 bT Jeb 65a; MT Ishut 14:3; ShA, EH 1:9; 76:7.

17 Gen 29.

18 Num 12:1.

19 Ri 8:30.

20 1Sam 1:2.

21 1Kön 11:3.

22 2Chr 24:3.

23 Lev 18:17–18; Dtn 17:17; 21:15. Allerdings wurde die gleichzeitige Ehe mit Mutter und Tochter oder mit zwei Schwestern verboten (Lev 18:17–18). Auch durften die Rechte des Erstgeborenen der ersten Frau nicht zugunsten von Nachkommen weiterer Frauen eingeschränkt werden (Dtn 21:15 ff).

als eine Frau leisten.[24] Außerdem scheinen viele populäre Passagen der Bibel die Monogamie vorauszusetzen, so die Schöpfungsgeschichte[25] oder das „Lob der tüchtigen Frau" (*eschet chajil*) in den Sprüchen[26]. Beachtenswert ist auch, dass der Hohepriester, zumindest nach der rabbinischen Auslegung des betreffenden Verses,[27] verpflichtet war zu heiraten – aber nur eine einzige Frau.[28] Das Bild wäre nicht vollständig ohne den Hinweis, dass die meisten talmudischen Gelehrten Polygynie akzeptierten,[29] auch wenn in der umfangreichen rabbinischen Literatur nur wenige konkrete Fälle überliefert sind.[30] Diskussionen, die das Eherecht betreffen, gehen fast immer von der Monogamie als der Regel aus.[31] In Palästina – allerdings nicht in Babylon – war Bigamie sogar ein Scheidungsgrund,[32] und im Targum zum Buch Ruth wird argumentiert, dass Bigamie Unfrieden im Hause stifte.[33] Dass dieses Ideal der Monogynie existierte, garantierte aber nicht notwendigerweise seine praktische Umsetzung. Wenn sich im Judentum schließlich eine Tradition der Monogamie entwickelte, ist dies auch auf den Einfluss der griechischen und römischen Kultur und der christlichen Kirche zurückzuführen, die die monogame Ehe bevorzugten. Der oströmische Kaiser Justinian verbot die Polygamie bereits im 6. Jahrhundert, aber nur mit begrenztem Erfolg.[34]

Neben der Ehe kennt das biblische Recht auch das Konkubinat (*pilegschut*) als besondere Form der Polygynie. Unter rechtlichem Aspekt war die sogenannte *pilegesch* von der Ehefrau durch die Form der Eheschließung und hinsichtlich bestimmter güterrechtlicher Ansprüche unterschieden und hatte einen niedrigeren Status. Das Konkubinat blieb jedoch eine Möglichkeit etwa für den Fall, dass die Ehefrau eines Mannes lange Jahre in der Ferne weilte und er nach den Landesgesetzen keine Scheidung durchführen durfte.[35] Dies gilt gerade für spanische und provençalische Gelehrte wie Abraham ben David von Posquières (1125–1198), Solomon ben Aderet (1235–1310), Ascher ben Jechiel (1250–1327) und Menachem ben Solomon Meiri (1249–1316). Auch Nachmanides (1194–1270) akzeptierte Konkubinen. Moses Isserles (1520–1572) erlaubte Konkubinen, solange sie die Gebote der *mikwe* beachteten. Ihm war die Frage der rituellen Reinheit also wichtiger als die nach der Monogamie.[36] Danach ebbte die Diskussion zu dem Thema ab. Im Mittelmeerraum kam das Konkubinat nach dem 16. Jahrhundert außer Gebrauch,

24 *Jacob*, The Slow Road to Monogamy, 59.
25 Gen 1–2.
26 Spr 31:10–31.
27 Lev 21:13.
28 I. B. 17:13.
29 bT Suk 27a; bT Jeb 15a,b; 44a. In einigen Fällen lebten die zweiten Frauen in anderen Städten (bT Jeb 37b; Joma 18b; vgl. *Jacob*, The Slow Road to Monogamy, 62).
30 bT Jeb 15a, 37b, Joma 18b.
31 Ausnahmen: M Ket 10:5, bT Pes 113a, bT Jeb 44a.
32 bT Jeb 65a.
33 Targum zu Ruth 4:6; vgl. Megilat Rut, Tel Aviv 2004.
34 *Joshua Starr*, The Jews in the Byzantine Empire, Athen 1939, 144.
35 *Eliyahu Hazan*, Responsen Ta'alumot Lev, III § 32.
36 Isserles zu ShA, EH 26,1.

hielt sich aber bis Anfang des 19. Jahrhunderts als Phänomen. Rabbiner Jacob Emden (1697–1776) war die einzige aschkenasische Autorität der Neuzeit, die das Konkubinat als Möglichkeit des jüdischen Bevölkerungswachstums empfahl. Doch er fand bei den rabbinischen Größen seiner Zeit keinen Widerhall.[37]

In den vom Islam geprägten mittelalterlichen jüdischen Gemeinden wurde die Polygamie hingegen weithin akzeptiert.[38] Maimonides, der sich dabei auf eine Bemerkung im Talmud berief,[39] gestattete etwa einem Mann, bis zu vier Frauen zu heiraten, aber nicht mehr[40] – eine Regel, die auch im Islam gültig ist. Der Gelehrte Jitzchak Al-Fasi, seit 1089 Oberhaupt der Akademie in Lucena (Andalusien), musste sich mit einer Frage zur Bigamie auseinandersetzen, und zwar mit dem Fall, dass eine der beiden Frauen, in der Regel die jüngere, durch den Mann bevorzugt wird. Zwar hielt er das für eine unwiderlegliche Erfahrung, doch bestand er darauf, dass die andere Frau von ihrem Gatten sexuell nicht vernachlässigt werden dürfe. Falls eine der Frauen es ablehnte, unter dem gemeinsamen Dach zu wohnen, und der Ehemann eine zweite Wohnung einrichtete, sollte er seine ehelichen Pflichten in beiden Häusern erfüllen.[41]

Im Mittelalter hat sich die Polygynie auch noch im aschkenasischen Raum als Problem dargestellt, denn die spätere jüdische Rechtsliteratur berichtet, der Rabbiner Gerschom ben Juda aus Mainz habe um 1040 einen Rat einberufen, der ein Dekret erlassen habe, durch das die Vielehe den Juden in Europa unter Strafe des Bannes verboten worden sei. Dieses ist in der jüdischen Tradition als *cherem* (Banndekret) des Rabbenu Gerschom bekannt geworden. Ruth Berger beschreibt diesen legendären Erlass des Rabbenu Gerschom als einen Entwicklungsprozess, der für das sefardische Judentum keine Gültigkeit erlangte.[42] Leider ist der Wortlaut des Erlasses selbst nicht erhalten, und daher besteht über die zeitliche und räumliche Geltung dieser *takkana* (Verordnung) keine Einigkeit.[43] Dass die Monogamie in Aschkenas zur Norm wurde, wird etwa dadurch belegt, dass der aschkenasische Übersetzer von Rabbiner Eliezer Papo (1785–1826) sich im 19. Jahrhundert nicht zu helfen wusste und dort, wo der in Sarajewo gebürtige Papo die Möglichkeit der Bigamie bei Kinderlosigkeit erwähnt, in seiner Übersetzung stattdessen den Besuch eines Wunderrabbis empfiehlt.[44]

---

37 EJ 1971, Bd. 6, 724.

38 *Jacob*, The Slow Road to Monogamy, 64.

39 bT Jeb 44a.

40 MT Ishut 14:3–4; ShA, EH 1:9.

41 *Michael Borgolte*, Kulturelle Einheit und religiöse Differenz – Zur Verbreitung der Polygynie im mittelalterlichen Europa (Vortrag vom 21. März 2003 im Centrum medievistických studií in Prag).

42 *Ruth Berger*, Sexualität, Ehe und Familienleben in der jüdischen Moralliteratur (900–1900), Wiesbaden 2003, 156–157.

43 ShA, EH 1:10–11; *Ze'ev W. Falk*, Jewish Matrimonial Law in the Middle Ages, London 1966 führt gewichtige Gründe dafür an, die an der traditionellen Annahme, Rabbi Gerschom sei als der Autor des Dekrets anzusehen, zweifeln lassen (1, 13–34).

44 *Berger* 158.

Auch Ascher ben Jechiel (1250–1328), der mit seiner Biographie eine Brücke zwischen Deutschland und Spanien bildet, betrachtete die Monogamie bereits als Normalfall. Doch aus den zeitgenössischen Responsen von Solomon ben Aderet (1235–1310) können wir ersehen, dass dies in Spanien oder der Provence damals keineswegs der Fall war. Wir können davon ausgehen, dass die Polygynie in weiten Teilen des sefardischen Judentums üblich gewesen ist und in islamisch dominierten Gesellschaften lange weiterexistiert hat, wobei es aber beispielsweise innerhalb des Osmanischen Reiches deutliche Unterschiede zwischen christlich geprägten Milieus sowie arabischen und nichtarabischen islamischen Gesellschaften gab. Während das kulturell isolierte, ländliche jemenitische Judentum noch in neuester Zeit mit zwanzig Prozent einen hohen Prozentsatz polygyner Ehen aufwies, galt die Polygynie in Saloniki bereits im 16. Jahrhundert als nichtexistent.[45] Der Staat Israel hat die Polygynie schließlich auch für seine sefardischen Staatsbürger abgeschafft. Einwanderer vor allem aus dem Jemen mussten sich für eine Ehefrau entscheiden; den anderen gegenüber blieben sie allerdings unterhaltspflichtig.[46]

Die heute vorherrschende Meinung ist, dass die Anordnung des Rabbenu Gerschom zeitlich unbegrenzt gewesen sei. Nach einer Regel des Jüdischen Rechts kann ein Rabbinergericht die Entscheidungen eines anderen Rabbinergerichts nur aufheben, wenn es in größerer Besetzung tagt und (vor allem) wenn es eine weiter reichende Zuständigkeit besitzt. Diese Möglichkeit ist jedoch heute nur im Staat Israel gegeben: In der Diaspora besitzt jedes rabbinische Gericht Autonomie.[47]

Bezüglich des räumlichen Geltungsbereichs gilt, dass die Regelung überall Anwendung findet – außer an Orten, von denen erwiesen ist, dass sie dort nie akzeptiert und ausgeführt worden ist, wie z. B. in Nordafrika. Generell kann man also sagen, dass diese Regel von den meisten jüdischen Gemeinden im Orient nicht angenommen wurde, wohingegen sie in allen europäischen (aschkenasischen) Gemeinden ohne Ausnahme gilt. Bei Zweifeln darüber, ob diese Regel an einem bestimmten Ort gilt, tritt die Annahme in Kraft, dass sie in Geltung ist, solange nicht das Gegenteil erwiesen ist.

In diesem Zusammenhang können verschiedene Probleme entstehen. Was geschieht, wenn jemand an einen Ort kommt, an dem diese Regelung gilt, während sie an seinem früheren Aufenthaltsort keine Gültigkeit hatte, oder umgekehrt? Im konkreten Beispiel gesprochen: Welche Regelung ist anzuwenden, wenn ein marokkanischer Jude nach Großbritannien kommt oder ein britischer Jude nach Marokko? Bei der Lösung solcher Probleme kommen zwei elementare Regeln zur Anwendung:

---

45 *Berger* 158–159.

46 *Ben-Zion Schereschewsky*, Dinei Mishpachah, Jerusalem 1984, 72 ff, 213. *Paltiel Dykan*, Dinei Nissu'in Wegeirushin [Law of Marriage and Divorce : according to the statutes of Israel and Precedents of rabbinical and civil courts], Tel Aviv 1956, 153.

47 „Welche Autorität besitzt ein rabbinisches Gericht, für ein anderes Land Entscheidungen zu treffen, wo wir doch kein höheres rabbinisches Gericht (bet din gadol) wie früher mehr haben?", fragt Rabbiner Jacob Emden in der zweiten Hälfte des 18. Jahrhunderts. Vgl. *Zemer* 66.

1. Die Verordnung hat eine personelle Wirkung, d.h. der Ursprungsort des Mannes ist maßgeblich. In unserem Beispiel ist es also dem britischen Juden verboten, in Marokko eine zweite Frau zu heiraten.

2. Die Verordnung hat lokale Gültigkeit, d.h. die Traditionen und Gewohnheiten des jeweiligen Ortes sind maßgebend. Deshalb darf der marokkanische Jude ebenfalls keine zweite Frau heiraten, wenn er nach Großbritannien kommt. Das Verbot ist absolut; es gilt also auch, wenn die erste Frau des Mannes ausdrücklich ihr Einverständnis zu einer zweiten Ehefrau gegeben hat. Dadurch ist zwar nicht ausgeschlossen, dass die zweite Ehe gültig ist. Sie gilt jedoch als verbotene Ehe, und somit kann die erste Frau jederzeit einen Scheidebrief (*get kefia*) vom Gericht verlangen, der ihr nicht verweigert werden darf. Die beiden genannten Regeln gelten freilich nur für eine neue Eheschließung: Wenn die Ehe mit der zweiten Frau noch an einem Ort geschlossen worden ist, wo sie erlaubt war, ist der Ehemann der beiden Frauen nicht verpflichtet, sich von einer der beiden scheiden zu lassen.

Im aschkenasischen Judentum dürfte dieses Thema 1807 in umfassender Weise diskutiert worden sein: Unter dem Vorsitz des Straßburger Oberrabbiners, des aus Trier gebürtigen Joseph David Sintzheim, hatte das von Napoleon einberufene Grand Sanhédrin zwölf Fragen der jüdischen Tradition zu erörtern, von Polygamie bis Wucher, um so die Integrationsfähigkeit des Judentums zu beweisen.[48] Grundsätzlich gilt für das moderne jüdische Verständnis das, was Rabbiner Abraham Geiger (1810–1874) dazu befand: „Das Judentum lehrt die Ehe des einen Weibes mit einem Manne, die Monogamie. Wenn auch hier und da Ausnahmen erscheinen, so sind es eben Ausnahmen, so ist es eben, dass das Gesetz nicht geradezu einschreitend eingreifen mag zu einer Zeit, wo ringsumher die entgegenstehende Sitte beherrschend war; aber dem tiefen Wesen des Judentums entspricht allein die Monogamie, entspricht allein die Innigkeit zwischen Mann und Weib. Es ist daher ganz natürlich, daß in der späteren Zeit, als auch die äußeren Einflüsse anders wurden, in Europa ein Lehrer auftrat [Gerschom von Mainz, Anm. d. Verf.], der den Bann aussprach gegen jeden, der das Naturgesetz des Judentums verletzen wollte."[49]

2.2 Ehevoraussetzungen

Wer eine Ehe eingehen möchte, muss nach dem Jüdischen Recht bestimmte Voraussetzungen erfüllen. Dazu gehört an erster Stelle die Geschäftsfähigkeit, also die rechtliche Fähigkeit, einen wirksamen privatrechtlichen Vertrag abzuschließen. Taubstumme, Unzurechnungsfähige und Minderjährige (*cheresch, schote wekanan*) können also im Prinzip keine gültige Ehe eingehen. Nach dem Talmud

48 *Carsten Wilke*, Der Freibrief des Despoten. Zum 200. Jahrestag der Lehrbeschlüsse des großen Sanhedrin, in: Kalonymos 10,1 (2007), 4–8.

49 *Abraham Geiger*, Das Judentum und seine Geschichte, zitiert nach: *Walter Homolka*, Die Polygamie im Judentum. Nach Sitte und Recht, in: Cheschbon 3,4 (1982), 25–29.

muss die Frau der Eheschließung zustimmen;[50] allerdings wurde Schweigen als Zustimmung gewertet. Da die Ehen häufig von den Eltern arrangiert wurden und die Eheschließung traditionell einseitig war, das heißt vom Mann ausging,[51] beugte sich die Tochter deren Wahl, zumal zur talmudischen Zeit Mädchen häufig schon im Alter von zwölf Jahren oder sogar jünger in die Ehe gegeben wurden. Durch den Ehevertrag ging sie aus der Obhut ihres Vaters in die ihres Ehemannes über. Ein Minderjähriger kann zwar selbst keine Ehe schließen, doch konnte der Vater einer minderjährigen Tochter diese vor der Einführung der Zivilehe im Extremfall ohne ihr Wissen und ohne ihre Zustimmung in die Ehe geben. Diese „Frühehe" wird aber bereits in talmudischer Zeit abgelehnt;[52] auch kann die Minderjährige mit Erreichen der Volljährigkeit der Eheschließung widersprechen. Weiterhin ist die Ehefähigkeit an bestimmte körperliche Voraussetzungen gebunden: Bekannte Zeugungsunfähigkeit infolge von Kastration ist beispielsweise ein absolutes Ehehindernis.[53]

Jedes Rechtssystem legt ein Mindestalter für die Ehe fest. Dieses Alter hat in den verschiedenen historischen Epochen und in den einzelnen Ländern variiert und variiert noch immer. Generell ist das Alter, das als Voraussetzung der Heiratsfähigkeit galt, im Verlauf der Jahrhunderte stetig angestiegen. In Deutschland tritt die Ehemündigkeit beispielsweise mit der Volljährigkeit im Alter von 18 Jahren ein. Nur unter bestimmten Voraussetzungen, über deren Erfüllung ein Familiengericht entscheidet, kann die Ehe auch schon mit 16 Jahren eingegangen werden.

Im traditionellen Jüdischen Recht besteht hinsichtlich des Mindestalters für die Eheschließung ein Unterschied zwischen Jungen und Mädchen. Ein Junge ist bis zum Alter von 13 Jahren ein Minderjähriger, ein *katan*.[54] In dieser Zeit kann er keine gültige Ehe eingehen; eine von ihm geschlossene Ehe wäre nichtig.[55]

Danach, im Alter von 13 Jahren und einem Tag, wird er ein „Sohn der Pflicht" (*bar mitzwa*) und damit religiös mündig, ein *gadol*. Dem Jungen kommen nun alle Rechte und Pflichten eines Erwachsenen zu, einschließlich des Rechts, eine Ehe zu schließen. Es scheint aber trotzdem nicht üblich gewesen zu sein, dass Jungen unmittelbar mit dem Erreichen des Erwachsenenalters eine Ehe eingingen. Die Mischna empfiehlt dafür das Alter von 18 Jahren;[56] der Talmud erwähnt die Zeit „von 16 bis 22"[57], „von 18 bis 24"[58] oder „unter 20"[59] als ideales Heiratsalter. Der

50 bT Qid 2b.
51 *Goldfine*, Eherecht, 29.
52 bT Qid 41a; ShA, EH 37:8.
53 Dtn 23:2; ShA, EH 5:1.
54 MT Ishut 2:10.
55 MT Ishut 4:7; ShA, EH 43:1.
56 M Abot 5:21.
57 bT Qid 30a.
58 bT Qid 30a.
59 bT Qid 29b.

Schulchan Aruch sagt, dass ein junger Mann im Alter von 18 Jahren heiraten solle, am besten noch früher, ganz sicher jedoch im Alter von 20 Jahren.[60]

Ein Mädchen ist nach dem rabbinischen Gesetz bis zur Vollendung des zwölften Lebensjahrs eine Minderjährige, eine *ketana*. Danach ist sie ein junges Mädchen, eine *na'ara*, und von jetzt an wird sie als eine Erwachsene, eine *gedola*, betrachtet. Von einem Alter von zwölfeinhalb Jahren und einem Tag an ist sie keine *na'ara* mehr, sondern wird zur *bogeret*, zur Frau.[61] Normalerweise darf ein Mädchen nicht heiraten, solange sie keine *bogeret* ist. Allerdings konnte in talmudischer Zeit – als Ausnahme von dieser Regel – ein minderjähriges Mädchen von seinem Vater verheiratet werden. In diesem Fall machte die Zustimmung bzw. der Wille des Vaters eine solche Ehe gültig, die sonst ungültig gewesen wäre.[62] Genauso konnte ein Waisenmädchen durch den Beschluss eines Gerichts verlobt werden, während sie noch minderjährig war. In beiden Fällen hatte das Mädchen allerdings, sobald sie eine *na'ara* war, das Recht, die Ehe abzulehnen, indem sie vor zwei Zeugen eine entsprechende Erklärung abgab (*mi'un*).[63] Die Ehe minderjähriger Mädchen wurde jedoch bereits in talmudischer Zeit abgelehnt[64] und schließlich verboten.[65]

Mängel der physischen Gesundheit stehen generell der Gültigkeit einer Ehe nicht im Wege. Bei der Ehe eines Hermaphroditen (*tumtum*) war diese Gültigkeit jedoch zweifelhaft, solange eine Uneindeutigkeit der Geschlechtsorgane vorlag und der halachische Status nicht geklärt werden konnte,[66] und eine derartige Ehe verlangte nach einer Auflösung durch Scheidung.[67] Auch ein Eunuch darf als Unfruchtbarer keine Jüdin heiraten, wohl aber eine Proselytin.[68] Dies beruht auf dem biblischen Gesetz, wonach ein Mann, dessen Genitalien zerstört oder versehrt sind, der Gemeinde des Ewigen nicht beitreten soll.[69] Das liberale Judentum übergeht diese Vorschrift jedoch und lässt auch in solchen Fällen eine Eheschließung zu. Ist der Mann aber von Geburt an oder durch Krankheit bekanntermaßen zeugungsunfähig, so ist dies kein Hinderungsgrund für eine Heirat.[70]

Eine Person, die geisteskrank ist, wird grundsätzlich als unfähig erachtet, in rechtswirksamer Weise ihre Zustimmung zu geben; sie gilt als jemand „ohne Persönlichkeit“ im rechtlichen Sinne. Sie darf daher keine Ehe eingehen. Personen, die an einer lediglich temporären Geisteskrankheit leiden, dürfen jedoch in luziden Momenten heiraten.[71] Taubstumme stellten in alter Zeit ein besonderes

60 ShA, EH 1:3.

61 MT Ishut 2:1–2.6. Vgl. *Ben-Zion Schereschewsky*, Marriage, in: Menachem Elon (Hrsg.), The Principles of Jewish Law, Jerusalem o. J., 359.

62 MT Ishut 3:11–13; ShA, EH 37:1.4.

63 MT Ishut 4:8.

64 bT Qid 41a.

65 MT Ishut 3:19; ShA, EH 37:8.

66 MT Ishut 4:11.

67 MT Ishut 4:11.

68 MT Isure bi'ah 16:1; ShA, EH 5:1.

69 Dtn 23:2.

70 ShA, EH 5:10.

71 MT Ishut 4:9; ShA, EH 44:1–2.

Problem dar. Doch der Talmud gestattete ihnen unter Vorbehalten, eine Ehe einzugehen – im Vertrauen auf ihre Fähigkeit, per Zeichensprache zu kommunizieren.[72] Schließlich schränkt auch Trunkenheit, die über ein bestimmtes Maß hinausgeht, die Fähigkeit zur freien Zustimmung ein. Eine in diesem Zustand geschlossene Ehe ist daher ungültig.[73]

Diese Regelungen beruhen auf dem allgemeinen Grundsatz, dass die Ehe die freiwillige Einwilligung beider Partner verlangt. Aus demselben Grunde ist die Ehe auch ungültig, wenn die Zustimmung der Frau erzwungen worden ist.[74] Falls die Zustimmung des Mannes auf Zwang beruht hat, sehen einige Autoritäten jedoch die Ehe zwar als gültig an, verlangen aber, dass sie aufgelöst wird.[75]

Die hier genannten Vorschriften des traditionellen Jüdischen Rechts sind allerdings in ihrer Bedeutung dadurch stark beschränkt, dass sie in der Regel mit bestehenden staatlichen Gesetzen konkurrieren.

2.3 Eheverbote

2.3.1 Ehen zwischen Verwandten

Nach dem Jüdischen Recht sind Ehen zwischen nahen Verwandten grundsätzlich verboten.[76] Dabei wird zwischen zwei Gruppen von Verwandten unterschieden: den *arajot* und den *schenijjot*. Zu Ersteren gehören alle Personen, die nach der Bibel in sexueller Hinsicht tabu und damit auch für eine Eheschließung verboten sind: Ein Mann soll die „Scham" (*'erwa*) seiner Mutter, Stiefmutter, Tochter[77], Enkelin, Schwester, Stiefschwester, Tante usw. „nicht aufdecken".[78] Eine nach diesem biblischen Verständnis inzestuöse Heirat ist ungültig,[79] und Nachkommen aus einer solchen Verbindung gelten als *mamserim*.[80]

Die Rabbinen haben diese Verbote dann in verschiedene Richtungen erweitert. Diejenigen Verwandten, auf die sich diese Erweiterungen beziehen, werden *schenijjot* genannt.[81] Eine Ehe zwischen *schenijjot* nach rabbinischem Verständnis ist

72 bT Jeb 112b; MT Ishut 4:9; ShA, EH 44:1.

73 MT Ishut 4:18. Der Grad der Trunkenheit, der die freie Zustimmung ausschließt, wird (in Anlehnung an Gen 19:30–36) als „Trunkenheit Lots" bezeichnet.

74 MT Ishut 4:1; ShA, EH 42:1.

75 MT Ishut 4:1; ShA, EH 42:1.

76 Lev 18:6–20; 20:10–21; Dtn 27,20–23; bT Jeb 3a; MT Isure bi'ah 1–2; ShA, EH 15.

77 Die Tochter wird zwar in der Bibel nicht explizit erwähnt. Das Verbot wird jedoch daraus abgeleitet, dass die Enkelin verboten ist. Vgl. auch bT Jeb 3a.

78 Die biblischen Quellen dieser Verbote sind die bereits genannten Texte Lev 18:6–20 und 20:10–21 sowie Dtn 27:20–23.

79 MT Ishut 4:12; ShA, EH 15:1.

80 Vgl. u. 2.3.3.1; MT Isure bi'ah 15:1; ShA, EH 4:13.

81 Für eine vollständige Liste der hier betroffenen Verwandtschaftsgrade vgl. z. B. MT Isure bi'ah 1–2; ShA, EH 15; EJ 1971, Bd. 8, 1316–1318 (Art. Incest); *Joseph H. Hertz*, Pentateuch und Haftaroth, Bd. 3

ebenfalls inzestuös. Trotzdem wird sie als gültig betrachtet und muss daher geschieden werden.[82] Die Nachkommen einer Verbindung zwischen *schenijjot* gelten nicht als *mamserim*.[83] Ihnen werden also keine weiteren Beschränkungen in ihren Rechten auferlegt.

Aufs Ganze gesehen kommt es hinsichtlich der Beschränkungen für die Heirat mit Verwandten kaum zu Konflikten zwischen dem Jüdischen Recht und der jeweiligen staatlichen Gesetzgebung. Allerdings gibt es doch auch immer wieder Unterschiede, bei denen sich die Frage stellt, welche Position das Jüdische Recht bzw. die verschiedenen Strömungen innerhalb des Judentums dann einnehmen – auch wenn grundsätzlich das Prinzip Anwendung findet, wonach das „Gesetz des Landes Gesetz" ist.[84] Das englische Recht verbietet beispielsweise die Ehe eines Mannes mit seiner Nichte, die die Rabbinen nicht nur erlaubten, sondern empfahlen.[85] Das deutsche Recht, das nur Ehen zwischen Verwandten in gerader Linie sowie zwischen vollbürtigen und halbbürtigen Geschwistern verbietet, sähe etwa für eine Heirat zwischen der Witwe des Onkels väterlicherseits und ihrem Neffen keinerlei Hindernis, das Jüdische Recht aber sehr wohl.[86] Gleiches gilt für einen Mann, der die Witwe seines Bruders ehelichen möchte. In zivilrechtlicher Hinsicht ist diese Ehe erlaubt, während die Bibel[87] sie mit Ausnahme des besonderen Falles der Leviratsehe ablehnt.

Exkurs: Die Leviratsehe

Obwohl die Bibel die Ehe zwischen einer Witwe und dem Bruder ihres Mannes grundsätzlich als inzestuös verbietet, lässt sie doch eine Ausnahme von dieser Regel zu. Im Buch Deuteronomium heißt es: „Wenn Brüder zusammenwohnen und einer von ihnen stirbt, ohne einen Sohn zu hinterlassen, so soll die Frau des Verstorbenen keinen Fremden außerhalb der Familie heiraten. Ihr Schwager soll ihr beiwohnen, sie zur Frau nehmen und die Bruderehe vollziehen. Der erste Sohn, den sie gebiert, soll den Namen des verstorbenen Bruders beibehalten, damit dessen Name nicht in Jisrael untergehe."[88]

(Leviticus), Berlin 1938, 186; *Moses Mielziner,* The Jewish Law of Marriage and Divorce in Ancient and Modern Times – and Its Relation to the Law of the State, Cincinnati ²1901, 33–41; *Asher Gulak,* Yesode ha-mishpat ha-'ivri – Seder dine mamonot be-Yiśra'el 'al pi mekorot ha-Talmud veha-poskim, 4 Bde., Berlin 1922, Bd. 3, Kap. 1; CCAR, Rabbi's Manual 1961, 127–128; *Solomon B. Freehof,* Reform Jewish Practice and its Rabbinic Background, 2 Bde., Cincinnati 1944/1952, Bd. 1, 56–60.

82 MT Ishut 4:14; ShA, EH 15:1.

83 MT Isure bi'ah 15:1; ShA, EH 14:1.

84 Vgl. o. 1.3.

85 bT Sanh 76b; T Qid 1:4; MT Isure bi'ah 2:14; ShA, EH 2:6. Der Text, auf den man sich dabei beruft, ist Jes 58:7.

86 Lev 20:20.

87 Lev 18:16 und 20:21.

88 Dtn 25:5–6.

Eine solche Ehe wird auf Hebräisch als *jibbum* (von *jawam*, Schwager) und auf Deutsch als Leviratsehe (von lateinisch *levir*, Schwager) bezeichnet. Nach rabbinischer Interpretation des biblischen Gesetzes ist sie nur verpflichtend, wenn der Mann keine Kinder hatte, weder männliche noch weibliche, auch nicht aus einer vorangegangenen Ehe, oder wenn seine Kinder gestorben sind und es keine Enkel[89] gab oder wenn, obwohl seine Frau zur Zeit seines Ablebens schwanger war, das Neugeborene vor Ablauf von 30 Tagen gestorben ist.[90] Und selbst in diesen Fällen entfaltet das Gesetz nur dann Wirkung, wenn der verstorbene Mann zur Zeit seines Todes einen Bruder hatte, ob erwachsen oder noch minderjährig.[91] Gibt es mehrere Brüder, fällt die Verpflichtung in erster Linie auf den Ältesten.[92]

Der historische Ursprung dieser Einrichtung ist unklar. Es scheint, dass in früheren (vor-deuteronomischen) Zeiten die Pflicht, die Witwe zu ehelichen, durch jeden männlichen Verwandten des Mannes erfüllt werden konnte, nicht unbedingt nur durch den Bruder. Man kannte diese Pflicht als *ge'ula* (Auslösung, Lösungspflicht, Erlösung).[93] Ein gutes Beispiel ist Ruth, die zentrale Gestalt des gleichnamigen biblischen Buches. Denn Boas, der hier die *ge'ula* vollzieht, ist zwar ein Verwandter des verstorbenen Gatten, nicht aber dessen Bruder. Möglicherweise bestand der Zweck des deuteronomischen Gesetzes darin, eine ältere Praxis einzudämmen und die Verpflichtung ausschließlich dem Schwager aufzutragen.

Auch der Satz „wenn Brüder zusammenwohnen" kann als eine Einschränkung gesehen werden und vielleicht ein Hinweis darauf sein, dass das Gesetz nur in einem patriarchalen Haushalt und zu Lebzeiten des Patriarchen wirksam war, nämlich wenn ein verlobter Sohn starb. Dann war ein anderer Sohn verpflichtet, die Braut des Verstorbenen zu ehelichen.[94]

Unabhängig davon verfolgte die Einrichtung der Leviratsehe zwei Ziele: zum einen das, den Namen und Besitz des Verstorbenen zu erhalten, indem man dafür sorgte, dass er einen Erben hatte (auch wenn im rabbinischen Recht der *jawam* zum unmittelbaren Begünstigten, also zum Erben von seines Bruders Besitz gemacht wurde) und zum anderen das Ziel, die Witwe zum Nutzen der Familie und zu ihrem Schutz in der Familie zu halten.

Dennoch entwickelte sich bereits in biblischer Zeit eine ablehnende Haltung gegenüber der Leviratsehe, vielleicht weil nicht selten Polygamie die Folge war, weil Schwager und Schwägerin manchmal nicht gewillt waren, einander zu heiraten, oder weil sie eine Situation herbeiführte, die gefährlich nah am Inzest war.[95] So enthält dasselbe Gesetz im Deuteronomium, das zur Leviratsehe auffordert, die folgende Ausnahmeklausel: „Will aber der Mann seine Schwägerin

89 MT Jibum 1:3.

90 MT Jibum 1:5.

91 MT Jibum 1:6. Der Verstorbene und der Bruder müssen einen gemeinsamen Vater haben, wenn dieses Gesetz zur Anwendung kommen soll: MT Jibum 1:1.7.

92 ShA, EH 161:4.

93 Lev 25:25; Ruth 3:9.12; 4:7.14. Vgl. auch *Louis M. Epstein*, Marriage Laws in the Bible and the Talmud, Cambridge 1942, 84–85 und 88–89.

94 *Epstein*, Marriage Laws, 87.

95 Lev 18:16 und 20:21; bT Jeb 39b.

nicht heiraten, so geht sie hinauf ins Tor zu den Ältesten und spricht : ‚Mein Schwager weigert sich, seines Bruders Namen in Jisrael zu erhalten. Er will mich nicht zur Bruderehe.' Die Ältesten der Stadt sollen ihn rufen lassen und mit ihm reden. Wenn er dann auftritt und spricht: ‚Ich mag sie nicht nehmen', dann trete die Schwägerin hinzu im Angesicht der Ältesten, ziehe ihm den Schuh vom Fuß, speie vor ihm aus und spreche: ‚So geschehe demjenigen, der seines Bruders Haus nicht erbauen will.' Alsdann soll er in Jisrael den Namen führen ‚Haus der Barfüßers'."[96] Diese Zeremonie, die als *chaliza* bezeichnet wird – was „(den Schuh) ausziehen" bedeutet –, eröffnet eine Möglichkeit, von der Verpflichtung zur Leviratsehe loszukommen, und gibt der Witwe die Freiheit, einen anderen zu heiraten.

In nachbiblischer Zeit bestanden zwischen den verschiedenen Gemeinden in verschiedenen Epochen Meinungsverschiedenheit darüber, was wohl zu bevorzugen sei – der *jibbum* oder die *chaliza*. Bereits in der Mischna gibt es Anhaltspunkte für einen Wandel hin zur Bevorzugung der *chaliza*[97] – eine Haltung, die sich später in den aschkenasischen Gemeinden durchsetzen sollte. Die sefardischen Juden des Mittelalters praktizierten dagegen generell die Leviratsehe, die im Orient auch heute noch vorkommt. In Europa und Amerika wird sie als Verpflichtung jedoch entschieden abgelehnt. Die *chaliza* ist nur noch im orthodoxen Judentum für eine Witwe obligatorisch, wenn die beschriebene Situation eingetreten ist und sie nochmals zu heiraten beabsichtigt; diese Regelung ist aber wiederholt von staatlicher Seite infrage gestellt worden, so 1902 in Russland, als in St. Petersburg eine Rabbinerkommission einberufen wurde, um das jüdische Familienrecht mit dem neuen russischen Zivil-Gesetzbuch in Einklang zu bringen.[98]

Das liberale Judentum lehnte die *chaliza* bereits im 19. Jahrhundert ab und hat sie mit der Begründung abgeschafft, dass die Zeremonie bedeutungslos geworden sei. Die Parteien würden unnötigerweise in eine Pflicht genommen, die heute ihre Relevanz verloren habe. Außerdem sei die Zeremonie selbst primitiv und demütigend. Darüber hinaus resultieren aus der Verpflichtung zur *chaliza* vielfach Not und Ungerechtigkeit: Oft lebt der einzige Schwager in einer weit entfernten Gemeinde, oder er kann nicht gefunden werden, verweigert die *chaliza* oder kommt nicht infrage, weil er minderjährig ist. In all diesen Fällen ist die Witwe nach der orthodoxen Auslegung des Jüdischen Rechts dazu verurteilt, ohne eigenes Verschulden unverheiratet zu bleiben.

Rabbiner Abraham Geiger (1810–1874) forderte bereits die Übernahme zivilrechtlicher Urteile deutscher Gerichte durch die Rabbiner: Die nach jüdischem Ritus geschlossene Ehe solle aufgehoben sein, „sobald der Ehemann vom Staat für tot und verschollen erklärt werde; sobald der Staat die rechtskräftige Scheidung ausspreche; sobald der Schwager, welcher die *chaliza* auszuüben habe, nicht aufzufinden sei oder der Frau des verstorbenen Bruders Hindernisse in den Weg

96 Dtn 25:7–10.

97 M Bek 1:7.

98 Die Welt, Nr. 44/1902, 7.

zu legen suche".[99] Geigers Forderungen wurden bereits auf den Rabbinerversammlungen von Braunschweig (1844), Frankfurt am Main (1845) und Breslau (1846) beraten, doch zuerst von ausgewanderten Rabbinern in den USA umgesetzt. Schließlich empfahl die Zweite Israelitische Synode, die 1871 in Augsburg stattfand, eine unterlassene *chaliza*-Zeremonie nicht mehr als Heiratshindernis zu werten: „Die Vorschrift der Thora wegen der Chaliza hat, da bei uns die Leviratsehe nicht mehr statthaft ist, und da auch der Gedanke, welcher der ganzen Vorschrift zu Grunde liegt, unserem religiösen wie socialen Bewußtsein entfremdet ist, ihre Bedeutung verloren, eventuell: die Unterlassung der Chaliza ist kein Ehehindernis für die Wiederverehelichung einer Witwe."[100] Einen ähnlichen Beschluss hatte zuvor bereits die 1869 in Philadelphia tagende Konferenz liberaler Rabbiner getroffen und erklärt, dass die Vorschrift der Leviratsehe und eventuell der *chaliza* jede Bedeutung, Relevanz und bindende Kraft verloren habe.[101] Auch im konservativen Judentum wird die *chaliza* nicht mehr praktiziert.

2.3.2 Eheverbote zur Förderung der Sittlichkeit

Eine zweite Gruppe von Eheverboten hat den Zweck, die Sittlichkeit zu fördern. So darf ein Mann die von ihm geschiedene Frau nicht erneut heiraten, wenn sie inzwischen eine andere Ehe eingegangen ist, die dann wieder durch den Tod des zweiten Ehemannes oder die Scheidung von diesem aufgelöst wurde.[102] Außerdem darf (wie bereits erwähnt) eine Frau, die des Ehebruchs überführt worden ist, weder ihre bisherige Ehe weiterführen noch den Ehebrecher heiraten.[103] Ebenso ist einem Mann die Ehe mit einer Frau untersagt, für die er als Vertreter bei einer Scheidung aufgetreten ist oder auch als Einzelzeuge bei der Feststellung des Todes ihres Ehemanns.[104] In diesen Zusammenhang gehört auch die Regel, dass eine Frau, die bereits zweimal unter ungeklärten Umständen verwitwet ist, keine weitere Ehe mehr eingehen soll. Diese Vorschrift wurde jedoch bereits seit dem frühen Mittelalter nicht mehr durchgesetzt.

2.3.3 Kollektive Eheverbote

(1) Mamserim

Die kollektiven Eheverbote beziehen sich auf Angehörige ganz bestimmter gesellschaftlicher Gruppen, mit denen eine Jüdin bzw. ein Jude grundsätzlich kei-

99 *Abraham Geiger*, Die Stellung des weiblichen Geschlechtes in dem Judenthume unserer Zeit, in: Wissenschaftliche Zeitschrift für jüdische Theologie 1 (1837), 1–14.

100 Bericht über die zweite Synode, Allgemeine Zeitung des Judentums 35,30 (1871), 591–594, 592.

101 *Mielziner* 58; *CCAR*, Rabbi's Manual 1961, 135.

102 Dtn 24:1–4; ShA, EH 10:1.

103 *Isaac Klein*, A Guide to Jewish Religious Practice, New York 1979, 385.

104 ShA, HM 33–35; ShA, EH 12:1.

ne Ehe eingehen darf. Zu diesem Personenkreis zählen zum einen die bereits oben erwähnten *mamserim*.[105] Der Vers im Deuteronomium: „Ein Schandfleck [*mamser*] (der in Ehebruch oder Blutschande erzeugt worden ist) soll nicht in die Gemeinde des Ewigen kommen, selbst nach dem zehnten Glied soll er nicht in die Gemeinde des Ewigen kommen können"[106] wurde so verstanden, dass ein *mamser* nie einen makellosen Juden heiraten darf. Was genau aber ist ein *mamser*? Es bleibt unklar, was der Terminus in biblischer Zeit bedeutete. Möglicherweise bezeichnete der Ausdruck ursprünglich einen heidnischen Stamm.[107] Eine andere Mutmaßung geht dahin, dass damit die Nachkommen einer Mischehe gemeint waren.[108] Nach der späteren Definition der Rabbinen ist ein *mamser* ein Nachkomme aus einer inzestuösen Verbindung mit den *arajot* (nicht jedoch den *schenijjot*).[109]

Ein *mamser* ist also nicht mit einem illegitimen (also außerehelichen) Kind im Sinne der traditionellen europäischen Rechtsordnungen gleichzusetzen. (Der Begriff der Illegitimität in diesem Sinne existiert im Jüdischen Recht überhaupt nicht.) Ein Kind, das außerehelich entstanden ist, ist in der Regel kein *mamser*, und ein *mamser* ist nicht unbedingt außerehelich entstanden. Für die Verbindung mit *arajot* gilt allerdings, wie erwähnt, dass Kinder aus dieser verbotenen Beziehung *mamserim* sind.

Das Kind eines *mamser* bzw. einer *mamseret* (so lautet die weibliche Form) hat denselben Status wie sein Vater bzw. seine Mutter und trägt damit einen Makel, der sich ewig fortsetzt.[110] Heiratet aber ein *mamser* eine Nichtjüdin, entspricht der Status des Kindes dem der nichtjüdischen Mutter. Es gilt nicht als *mamser* und kann durch Konversion zum Judentum den Status eines Proselyten annehmen. Dass der Vater ein *mamser* ist, spielt in diesem Fall also keine Rolle. Im umgekehrten Fall bleibt das Kind einer *mamseret* und eines nichtjüdischen Vaters aber als Kind einer jüdischen Mutter ein *mamser*.

Wen darf nun ein *mamser* oder eine *mamseret* heiraten, wenn legitime Juden als Ehepartner nicht infrage kommen? Die Antwort lautet: ein *mamser* und eine *mamseret* dürfen miteinander die Ehe eingehen, und beide dürfen ebenfalls eine Proselytin bzw. einen Proselyten heiraten, denn diese gelten im Sinne dieses Gesetzes nicht als Teil der „Gemeinde des Ewigen".[111] Deshalb ist ihnen auch die Ehe mit Nichtjuden erlaubt.

Was aber ist, wenn ein Zweifel besteht, ob jemand ein *mamser* ist oder nicht? In diesem Fall darf er einerseits keine legitime Jüdin heiraten, denn er könnte ein *mamser* sein. Andererseits darf er auch keine *mamseret* heiraten, weil er ja ein

105 Dtn 23:3; ShA, EH 4:1; MT Ishut 4:12; ShA, EH 15:1. Vgl. auch *Ben-Zion Schereschewsky*, Mamzer, in: Menachem Elon (Hrsg.), The Principles of Jewish Law, 435–438.

106 Dtn 23:3; vgl. ShA, EH 4:1.

107 Nämlich die Bewohner Aschdods: vgl. Sach 9:6; *Epstein*, Marriage Laws, 160.

108 bT Jeb 23a.45a.

109 M Jeb 4:13; MT Isure bi'ah 15:1; ShA, EH 4:13. – Zu diesen Begriffen vgl. o. 2.1.

110 bT Jeb 76b; MT Isure bi'ah 15:1; ShA, EH 4:1.18.19.

111 ShA, EH 4:22.

makelloser Jude sein könnte. Also muss er sich auf die Heirat mit Proselyten beschränken.[112]

Diese Gesetze, zu deren Aufrechterhaltung die orthodoxen jüdischen Autoritäten sich verpflichtet fühlen, laufen nach Auffassung des liberalen Judentums dem modernen ethischen Empfinden zuwider. Man hat daher die rabbinische Rechtsprechung bezüglich der *mamserim* abgeschafft und vertritt die Auffassung, dass die Kinder nicht wegen der Sünden ihrer Eltern bestraft werden dürfen und ihnen kein unnötiges Leid zugefügt werden soll. Denn: „Väter sollen nicht für Kinder und Kinder nicht für Väter hingerichtet werden."[113] Ähnlich lehnt der Prophet Ezechiel die Lehre ab, wie sie in dem Sprichwort impliziert ist: „Die Väter haben saure Trauben verzehrt, und also haben die Zähne der Kinder Schaden genommen." Stattdessen erklärt er: „Die Seele, die sündigt, sie soll sterben."[114] Nach einer Meinung im Talmud[115] revidiert Ezechiel hiermit die frühere Überzeugung, wonach Gott „das Verbrechen der Väter ahndet an ihren Kindern".[116] Auch im konservativen Judentum spielt das Thema *mamserut* inzwischen keine Rolle mehr: Das Committee on Jewish Law and Standards (CJLS) der Rabbinical Assembly der konservativen Bewegung hat im März 2000 erklärt, dass konservative Rabbiner keine Auskünfte über den möglichen *mamserut*-Status eines Gemeindemitgliedes einholen und Indizien dafür nicht gelten lassen sollen, sodass diese Kategorisierung gänzlich unwirksam wird.[117]

(2) Findelkinder und uneheliche Kinder

Weitere Ehebeschränkungen, die in einem engen Zusammenhang mit dem Problem der *mamserim* zu sehen sind, betreffen auch ein Findelkind (*asufi*)[118] und ein uneheliches Kind (*schetuki*)[119], dessen Vater man nicht kennt. In beiden Fällen geht man davon aus, dass die Eltern des jeweiligen Kindes ebenfalls Juden sind, wenn der betreffende Ort mehrheitlich von Juden bewohnt wird. Bei dem Findelkind ist damit aber noch nicht klar, ob der Vater, die Mutter oder beide Elternteile *mamserim* sind oder nicht, weswegen das Kind als „zweifelhafter *mamser*", als *safek mamser*, eingestuft wird. Dies hat (wie oben dargestellt) entgegen der Tora, doch infolge rabbinischer Verbote zur Konsequenz, dass es später weder eine legitime Jüdin heiraten darf noch eine *mamseret* (bzw. umgekehrt, wenn es ein Mädchen ist).[120] Gibt es jedoch Anzeichen dafür, dass das Kind legitime Eltern hat, werden

112 ShA, EH 4:24–36.

113 Dtn 24:16.

114 Ez 18:4.

115 bT Mak 24a.

116 Ex 20:5.

117 *Elie Kaplan Spitz*, Mamzerut, in: Rabbinical Assembly / Committee on Jewish Law and Standards. Responsa of the CJLS, 1991–2000, New York 2002, 558–586 (EH 4.2000a).

118 M Qid 4:2, ShA, EH 4:30.

119 M Qid 4:2.

120 B. Qid 73a.

dem Kind künftig keinerlei Heiratsbeschränkungen auferlegt. Als Indiz für eine jüdische Herkunft wurde es dem Findling zugutegehalten, wenn es in Zeiten von Hunger und Armut vermutlich aus Not ausgesetzt wurde, wenn man es etwa bei der Synagoge ausgesetzt hatte und ihm so die Chance geben hatte, dass es von Juden gefunden wird, und wenn es als Junge beschnitten war. Heutzutage sind Findelkinder, deren Eltern sich nicht ausfindig machen lassen, aber höchst selten, und in diesen Fällen ist davon auszugehen, dass sie zur Mehrheitsgesellschaft zählen und es sich in der Diaspora bei ihnen um Nichtjuden handelt.

Ein Kind, dessen Vater unbekannt ist, wird sehr wahrscheinlich als „zweifelhafter *mamser*" eingestuft. Wenn die Mehrheit der in einem Ort lebenden Juden aber einen „makellosen" Status besitzt, nimmt man an, dass der Vater des Kindes diesen ebenfalls besitzt. Derartige geschlossene jüdische Milieus sind heute aber außerhalb Israels selten; es handelt sich dabei zumeist um überschaubare orthodoxe Gemeinschaften, sodass diese Frage einen eher theoretischen Charakter hat. Außerdem kann die Mutter grundsätzlich jederzeit den Verdacht zerstreuen, ihr Kind sei ein *mamser*, indem sie erklärt, dass der Vater ein legitimer Jude oder ein Nichtjude ist.

(3) Karäer

Halachische Probleme gibt es auch hinsichtlich der Ehe mit Karäern.[121] Das rabbinische Recht erkennt zwar die karäische Hochzeit als gültig an; hinsichtlich des Verfahrens bei der Scheidung bzw. der Scheidungsurkunde gibt es jedoch grundlegende Zweifel, weil diese nicht der Form entspricht, die im Jüdischen Recht vorgeschrieben ist. Die Folge davon ist, dass geschiedene karäische Frauen weiterhin als verheiratet betrachtet werden und ihre Kinder aus einer zweiten Ehe *mamserim* sind. Deshalb wird grundsätzlich für aller Karäer der Status des *safek mamser* angenommen, und im *Schulchan Aruch* wird die Eheschließung mit Karäern kategorisch verboten. In dieses Verbot spielt aber womöglich auch die historische Konkurrenz zwischen gaonäischem Judentum und Karäertum hinein, die sich auch in liturgischen Änderungen zur gegenseitigen Abgrenzung widerspiegelt.[122] Trotzdem haben verschiedene Autoritäten des Jüdischen Rechts die Heirat zwischen Juden und Karäern mit den unterschiedlichsten Begründungen immer wieder erlaubt, zumal die Ablehnung der Karäer nicht durchgängig und einheitlich war.[123] Heute gelten die gut 30.000 Karaäer in Israel für den Staat als Juden, für das Oberrabbinat jedoch als Sektierer. Vor einem ähnlichen Statusproblem standen die Bene Israel aus Indien und die Falascha, die schwarzen Juden aus Äthiopien, nach ihrer Einwanderung nach Israel; das israelische

---

121 Karäer sind die Angehörigen einer im 8. Jh. entstandenen jüdischen Sekte, die den Talmud und die mündliche Überlieferung ablehnt. Sie entwickelten ihre eigenen Gesetze und Bräuche.

122 *Abraham Z. Idelsohn*, Jewish Liturgy and Its Development, New York 1932, 302 ff.

123 *Menachem Elon*, Hakikah datit be-huke medinat Yiśra'el uva-shefitah shel bate mishpat u-vate ha-din ha-rabaniyim, Tel Aviv 1968, 180.

Oberrabbinat sieht aber inzwischen keine Hindernisse für die Eheschließung mit Angehörigen dieser Gruppen, die sich seit jeher als Teil von *klal Jisrael*, der umfassenden jüdischen Gemeinschaft, begreifen. Die Samaritaner wiederum, die sich bereits zur Zeit der Tannaiten von *klal Jisrael* losgelöst haben, bilden eine eigenständige Religionsgemeinschaft und gelten für den Staat Israel wie für das Oberrabbinat als Nichtjuden.

(4) Nichtjuden (Mischeheverbot)

Ein Problem, das in der Praxis ungleich häufiger vorkommt als die zuletzt behandelten Fälle, ist das Problem der Mischehe, also der Heirat zwischen Juden und Nichtjuden.

Nach mosaischem Recht war die Ehe mit allen kanaanitischen Völkern verboten.[124] Dieses Verbot wurde dann auf fast alle Fremdvölker ausgeweitet und ist die Basis für das generelle Verbot der Ehe mit Nichtjuden – es sei denn, der potenzielle Ehepartner tritt zum Judentum über.

Eine deutliche Vorliebe für endogame Ehen ist sicherlich eine mehr oder weniger universelle menschliche Neigung. In ihren frühen Ausprägungen beruhte sie wohl vor allem auf Gesichtspunkten, die auf die Familie und den Stamm bezogen waren, sowie auf politischen, wirtschaftlichen und kulturellen Motiven. Ein Beispiel aus der Frühzeit sind die Patriarchen, die ihre Frauen unter ihresgleichen wählten.[125] In späterer Zeit wurden in Israel die religiösen Bedenken gegen die Exogamie zunehmend explizit und vorrangig. Die Mischehe wurde als Bedrohung des Judentums betrachtet. Das Buch Deuteronomium verbietet Mischehen mit den sieben kanaanäischen Nationen mit der Begründung: „... denn er würde deinen Sohn von mir wegführen, dass sie anderen Göttern dienten."[126] Während das Buch Deuteronomium auch Ammoniter und Moabiter[127] als Ehepartner ausdrücklich ablehnt, ist die Haltung den Edomitern und Ägyptern gegenüber eine andere: „Den Adomi sollst du nicht scheuen, denn er ist dein Bruder. Den Mizri sollst du nicht scheuen, denn du bist ein Fremdling in seinem Land gewesen. Die Kinder, die sie im dritten Glied zeugen, sollen in die Gemeinde des Ewigen kommen können."[128]

Esra und Nehemia erweiterten in der Zeit nach dem Exil das Eheverbot auf alle nichtjüdischen Nationen.[129] Tatsächlich war nach dem babylonischen Exil eine neue Situation entstanden, weil es nun zunehmend geschah, dass einzelne Nichtjuden den jüdischen Glauben annahmen. Durfte ein Jude nun eine Konvertitin heiraten? Esra meinte: Nein. Doch der Autor des Buches Ruth, das vielleicht aus Protest gegen Esras Politik geschrieben ist, meinte: Ja. Ist Ruth eine „Konver-

124 Esr 9:12 ff; 10:10 ff.
125 Gen 24 und 28.
126 Dtn 7:4.
127 Dtn 23:4.
128 Dtn 23:8–9.
129 Esr 9:1–4; 10:10–11; Neh 13:1–3.23–27.

titin"? Das Buch Ruth ist eine kurze Erzählung über eine Moabiterin, die einen Juden heiratet, Witwe wird und dann zu ihrer Schwiegermutter Naomi spricht: „Dein Volk ist mein Volk, und dein Gott ist mein Gott."[130] Sie wird als Jüdin angenommen und heiratet anschließend Boas, einen Verwandten Naomis.

In nachbiblischer Zeit dominierte im Hinblick auf die Ehe mit Nichtjuden Esras Sichtweise; die Ehe mit Proselyten war jedoch – außer für Priester (*kohanim*) – erlaubt.[131] Das zeigt noch einmal, dass die Bedenken gegenüber der Mischehe rein religiöser Natur waren und ihre Relevanz verloren, sobald der Nichtjude konvertierte.

Die Ehe zwischen der Moabiterin Ruth und Boas warf deswegen eine besondere Schwierigkeit auf, weil das biblische Verbot der Mischehe mit Ammonitern und Moabitern besonders streng war. Im Buch Deuteronomium heißt es nämlich: „... kein Amoni oder Moawi soll in die Gemeinde des Ewigen kommen, selbst nach dem zehnten Glied soll nimmermehr jemand von ihnen in die Gemeinde des Ewigen kommen."[132] Dieser Vers wurde zunächst so aufgefasst, dass das Eheverbot mit Ammonitern und Moabitern selbst dann Gültigkeit besaß, wenn sie zum Judentum konvertierten. Später galt das Verbot lediglich für männliche Ammoniter und Moabiter; somit war Ruth von dieser Regel ausgenommen.[133] Und da die Nachkommen dieser Völker nicht mehr eindeutig identifizierbar waren, seit „Sanherib, der König Assyriens, erstanden war und alle Völker untereinander vermischt hatte",[134] setzte sich im rabbinischen Recht die Auffassung durch, dass die Ehe eines Juden – sofern er kein *kohen* ist – mit einem Proselyten nicht zu beanstanden ist. Die Ehe eines jüdischen Partners mit einem nicht konvertierten Partner ist hingegen ungültig.[135]

Der in diesem Zusammenhang entscheidende Ausdruck *goj* konnte je nach dem Kontext „Volk" bedeuten, aber auch „Nichtjude", „Heide" oder „Götzendiener". Die Entstehung des Christentums und später des Islam warf dann die Frage auf, ob nicht die Anhänger dieser sich auf die jüdische Überlieferung beziehenden Religionen in einem anderen Lichte betrachtet werden sollten. Tatsächlich vertraten mehrere jüdische Autoritäten des Mittelalters die Auffassung, Christen und Muslime sollten *nicht* als Götzendiener betrachtet werden,[136] und diese Sicht setzte sich dann auch allgemein durch. Am Widerstand gegenüber der Mischehe änderte sich dadurch jedoch nichts.

Mit der Emanzipation und der Möglichkeit der Zivilehe wurden Mischehen zwischen Juden und Christen immer häufiger, und man hat durchaus einige Versuche unternommen, die offizielle Haltung zu diesem Problem zu verändern. So erklärte der von Napoleon 1807 einberufene Grand Sanhédrin, dass Ehen

130 Ruth 1:16.

131 M Qid 4:1.

132 Dtn 23:4.

133 M Jeb 8:3; vgl. MT Isure bi'ah 12:18 und ShA, EH 4:2.

134 M Jad 4:4; vgl. MT Isure bi'ah 12:25 und ShA, EH 4:10.

135 MT Ishut 4:15.

136 Vgl. auch *Freehof*, Reform Jewish Practice, Bd. 1, 63–64 und *Solomon B. Freehof*, Recent Reform Responsa, Cincinnati 1963, 68–69.

zwischen Juden und Nichtjuden zivilrechtlich gültig seien. Und obwohl diese Ehen aus religiöser Sicht nicht zulässig waren, sollten sie künftig keinen „Bannfluch“[137] mehr nach sich ziehen. Entsprechend beschloss die Braunschweiger Rabbinerversammlung im Jahre 1844: „[...] die Ehe eines Juden mit einer Christin, die Ehe mit Angehörigen monotheistischer Religionen überhaupt, ist nicht verboten, wenn den Eltern von den Staatsgesetzen gestattet ist, die aus solcher Ehe erzielten Kinder auch in der israelitischen Religion zu erziehen.“[138] Jedoch konnte sich diese Entscheidung des Grand Sanhédrin nicht zur mehrheitlichen Haltung im zeitgenössischen Judentum zur Frage der Mischehe entwickeln. Das konservative Judentum erkennt nur die Ehe zwischen zwei Juden als *kidduschin* an. Das heutige liberale Judentum rät, ebenso wie das orthodoxe und konservative, eindringlich von einer Mischehe ab – weil Mischehen die jüdische Gemeinschaft schwächen. Liberale Juden erkennen allerdings an, dass in einer offenen Gesellschaft solche Ehen vorkommen. In diesen Fällen sollte der jüdische Partner ermutigt und unterstützt werden, seine Verbindung mit der jüdischen Gemeinde aufrechtzuerhalten und seine Kinder als Juden zu erziehen.

Ob eine religiöse Segnung von Mischehen dennoch erlaubt werden sollte, ist vor allem in Nordamerika Thema. Einzelne Mitglieder der liberalen Central Conference of American Rabbis (CCAR) sind bereit, bei solchen Hochzeiten zu amtieren. Aber die Konferenz als solche hat sich wiederholt gegen eine derartige Praxis ausgesprochen. Ähnlich halten es auch die liberalen jüdischen Gemeinden in der restlichen Welt.

Exkurs: Wer ist Jude?

Da die Ehe mit Nichtjuden aus der Perspektive des rabbinischen Rechts ungültig ist und man aus religiösen Gründen von ihr abrät, stellt sich auch in diesem Zusammenhang immer wieder die Frage, wer eigentlich Jude ist.

Grundsätzlich gibt es drei Wege, den Status eines Juden zu erlangen. Erstens ist man Jude, wenn man jüdische Eltern hat. Hier besteht das einzige Problem darin, was geschieht, wenn ein Jude dem Judentum entsagt und eine andere Religion annimmt. Nach dem rabbinischen Gesetz verliert ein solcher Jude dann alle Rechte als Jude, hört aber nicht gänzlich auf, Jude zu sein. Dieser Auffassung liegt das Prinzip zugrunde, nach dem ein Jude, „selbst wenn er sündigt, noch immer Jude“ ist.[139] Entsprechend ist die Ehe eines Juden mit einem Apostaten gültig, muss aber durch einen Scheidebrief aufgelöst werden.[140] Ebenso wird ein Apostat, der zum Judentum zurückkehrt, als *ba'al teschuwa* behandelt, als reuiger Sünder, und nicht als Nichtjude, der konvertieren möchte. Das liberale Judentum vertritt hingegen den Standpunkt, dass ein Apostat durchaus als Nichtjude

137 *Mielziner* 47; *Philipson* 20.

138 Protocolle der ersten Rabbiner-Versammlung, in: *Michael A Meyer*. Antwort auf die Moderne – Geschichte der Reformbewegung im Judentum, Wien 2000, 201.

139 bT Sanh 44a. Vgl. *Freehof*, Reform Jewish Practice, Bd. 1, 140–144 und Bd. 2, 78–81.

140 MT Ishut 4:15; ShA, EH 44:9.

betrachtet werden solle – es sei denn, der Abfall vom Judentum ist unter Zwang erfolgt. Dann bedarf es nur einer formalen Abkehr von der Apostasie, und er kann unmittelbar dadurch ins Judentum zurückkehren.

Zweitens kann der Status als Jude dadurch erworben werden, dass ein Elternteil Jude ist. In biblischer Zeit scheint dabei der Vater der bestimmende Faktor gewesen zu sein. Ein Beispiel ist Rechabeam, der König von Juda, der einen jüdischen Vater hatte – Salomon – und eine ammonitische Mutter – Na'ama.[141] Genauso hatten Ahasja und Jehoram, zwei Könige von Israel, in Ahab einen jüdischen Vater und in Jesebel eine phönizische Mutter.[142] Die Rabbinen legten jedoch später das gegenteilige Prinzip zugrunde, wonach das Kind in seinem Status der Mutter folgt.[143] Sie leiteten dies von dem Vers im Deuteronomium ab: „... denn er würde meinen Sohn von mir wegführen, dass sie anderen Göttern dienten."[144] Möglicherweise ging man davon aus, dass der Einfluss der Mutter auf ein Kind stärker sei als der des Vaters. Und vielleicht spielte auch die schwerer zu bestimmende Vaterschaft eine Rolle. Jedenfalls setzte sich die Auffassung durch, dass das Kind einer Mischehe nach der Mutter geht.

Heute jedoch schafft dieser Grundsatz nicht selten eine sonderbare Situation. Denn es kommt vor, dass das Kind eines jüdischen Vaters und einer nichtjüdischen Mutter als Jude erzogen wird oder das Kind eines nichtjüdischen Vaters und einer jüdischen Mutter als Nichtjude. Mit anderen Worten: Der Einfluss des Vaters ist manchmal stärker als der der Mutter. Dennoch behandeln das orthodoxe und konservative Judentum im ersten Fall das Kind als Nichtjuden und im zweiten Falle als Juden, unabhängig von der jüdischen Erziehung. Davon abweichend hat sich die Central Conference of American Rabbis am 15. März 1983 dazu entschlossen, auch Kinder eines jüdischen Vaters und einer nichtjüdischen Mutter als Juden zu akzeptieren, wenn dem Kind eine jüdische Erziehung gewährt wird und es *bar mitzwa* oder *bat mitzwa* geworden ist.[145] Diese Position räumt der biologischen Abstammung nach wie vor eine große Bedeutung ein, beruht aber auf der Einsicht, dass neben der Abstammung auch die eigene Erziehung, das soziale Milieu und die eigene Entscheidung eine wichtige identitätsstiftende Wirkung haben. Das liberale Judentum Europas außerhalb Nordamerikas hat sich dieser Position nicht angeschlossen, erleichtert den Eintritt von Menschen mit jüdischem Vater aber ganz erheblich.

Der dritte Weg zum Judentum ist der Übertritt.[146] In der Antike nahmen Menschen nicht selten die Religion eines fremden Landes an, wenn sie sich auf die Dauer dort niederließen. Auch die Übernahme des Judentums durch Nichtjuden wurde nach dem babylonischen Exil ein häufigeres Phänomen. Ob die Konver-

---

141 1Kön 14:21.

142 1Kön 22:52; 2Kön 3:1 und 9:22.

143 M Qid 3:12; MT Isure bi'ah 15:4; ShA, EH 8:5.

144 Dtn 7:4; vgl. auch bT Qid 68b.

145 *Washofsky,* Jewish Living, 134–141.

146 Zum Übertritt vgl. genauer *Walter Homolka / Esther Seidel,* Nicht durch Geburt allein – Übertritt zum Judentum, München 1995.

sion von irgendwelchen Formalitäten begleitet war, ist unbekannt. So sagt Boas zu Ruth einfach: „Möge der Ewige dir dein Tun vergelten und dir voller Lohn werden vom Ewigen, dem Gott Jisraels, unter dessen Fittichen du Zuflucht zu suchen gekommen bist."[147] Der sogenannte Deuterojesaja spricht von den „Fremden, die sich Gott anschließen". Ihre Opfer, sagt er, werden angenommen, denn: „Wird ja mein Haus ein Haus des Betens heißen für alle Völker."[148] Und die Psalmen aus dieser Zeit erwähnen jene, „die Gott fürchten" – wohl Konvertiten –, als eine eigene Gruppe neben dem Hause Aarons und Israels.[149]

In griechisch-römischer Zeit nahm die Zahl der Übertritte zum Judentum zu, und die hellenistisch-jüdische Literatur illustriert mit vielen Beispielen das Bedürfnis, das Judentum in die nichtjüdische Welt zu tragen. Besonders die Pharisäer waren eifrige Missionare: „Ihr zieht über Land und Meer, um einen einzigen Menschen für euren Glauben zu gewinnen", sagt das Neue Testament.[150] Die gesamte rabbinische Literatur zeigt großes Interesse an Proselyten und steht ihnen – von wenigen abfälligen Bemerkungen abgesehen[151] – wohlwollend gegenüber. Die Bibelverse, die zur Güte gegenüber dem Fremden (*ger*) aufrufen, wurden von den Rabbinen auf die Proselyten bezogen. Sie zitierten besonders gern die Aussage im Buch Deuteronomium, dass Gott „den Fremdling (*ger*) liebt"[152], und leiteten daraus ab, dass Proselyten Gott ebenso lieb und teuer sind wie geborene Juden.[153] Die Rabbinen hießen also – mit sehr wenigen Ausnahmen wie z. B. Rabbi Eliezer[154] – Proselyten willkommen: „Die Tore sind offen zu jeder Stunde, und ein jeglicher, der eintreten will, mag dies tun."[155] Und sie waren sehr erfolgreich darin, Konvertiten zu gewinnen.[156]

Die Rabbinen waren es auch, die ein festgelegtes Verfahren für die Zulassung von Proselyten entwickelten. Es umfasste drei Riten: die *mila*, also die Beschneidung (bei männlichen Proselyten), dann die *tewila*, also das vollständige Eintauchen in ein rituelles Bad, und schließlich das *korban*, die Darbringung eines Opfers. Das letzte der drei Elemente verlor mit der Zerstörung des Tempels im Jahr 70 n.d.Z. seine Bedeutung und wurde nicht mehr praktiziert.[157] Über die Frage, ob die Konversion ungültig ist, wenn das Tauchbad oder die Beschneidung nicht stattgefunden hat, findet man dann im Talmud lebhafte Debatten.[158]

---

147 Ruth 2:12.

148 Jes 56:6–7.

149 Pss 22:24; 115:11.13; 118:4; 135:20.

150 Mt 23:15 (nach der Einheitsübersetzung).

151 Vgl. *Bernard J. Bamberger*, Proselytism in the Talmudic Period, Cincinnati 1939, 161–165 und die dortigen Angaben, besonders bT Qid 70b; vgl. auch MT Isure bi'ah 13:18 und allgemein *Peter Schäfer*, Jesus im Talmud, Tübingen 2007.

152 Dtn 10:18.

153 *Homolka / Seidel*, 45.

154 *Homolka / Seidel*, 50.

155 ExR 19:4.

156 *Bamberger* 274.

157 Vgl. MT Isure bi'ah 13:5.

158 bT Jeb 46a; vgl. pT Qid 3:14. Vgl. ferner *Bambergers* vollständige Diskussion dieser Frage, 45–52.

Schließlich setzte sich die Rechtsauffassung durch, nach der beide Rituale wesentlich sind.[159]

Bei einer Konversion spielt heute neben der Prüfung der Integrität des Kandidaten und eingehendem Religionsunterricht vor allem die erfolgreiche Integration in die jüdische Gemeinde eine wesentliche Rolle. Vor dem Rabbinergericht werden Wissen, Motivation und Integrationsfähigkeit einer Prüfung unterzogen und der Kandidat schließlich aufgenommen. Der letzte Schritt ist das rituelle Tauchbad; bei Männern erfolgte vorher die Beschneidung.[160] Der Übertritt wird üblicherweise in Gegenwart von drei Rabbinern vollzogen.[161] Einmal konvertiert, genießt der Proselyt alle Rechte eines Juden und muss entsprechend behandelt werden. Es gilt im Übrigen als Sünde, ihn mit seiner nichtjüdischen Vergangenheit zu konfrontieren.[162] Allerdings erlaubt das orthodoxe Recht die Heirat eines *mamser* mit einem Proselyten[163] und konterkariert damit diese Gleichstellung in gewisser Hinsicht.

Im Mittelalter wurde die Konversion von Nichtjuden zum Judentum zur Seltenheit, denn in vielen Ländern war sie bei Todesstrafe verboten. Das Judentum verlor damit viel von seinem einstigen missionarischen Impetus. Erst die bürgerliche Emanzipation der Juden machte die Zulassung von Proselyten wieder möglich.

Die orthodoxen jüdischen Gemeinden heute raten tendenziell eher von Konversionen ab, insbesondere dann, wenn eine beabsichtigte Heirat mit einem jüdischen Partner als Beweggrund angegeben wird. Nach der orthodoxen Auffassung ist derjenige, „der um der Heirat willen konvertiert, kein echter Konvertit".[164] Wenn ein Nichtjude also einen jüdischen Partner heiraten möchte oder geheiratet hat und sich um einen Übertritt bemüht, wird seine Ernsthaftigkeit angezweifelt, und die Chancen, angenommen zu werden, sind gering. Von solchen Kandidaten wird jedenfalls verlangt, dass sie einen intensiven Einführungskurs durchlaufen und über einen längeren Zeitraum hinweg ein streng orthodoxes Leben führen; erst dann hat ihre Bewerbung überhaupt ernsthafte Chancen. Die Zahl der Konvertiten ist daher in den orthodox-jüdischen Gemeinden gering.

Im Gegensatz dazu vertreten das liberale und das konservative Judentum die Meinung, dass die Konversion zum Judentum erleichtert werden sollte. Mindestens sollten aber keine Hindernisse aufgebaut werden, wenn der Kandidat es mit seinem Wunsch ernst meint, den jüdischen Glauben anzunehmen und sich

---

159 MT Isure bi'ah 13:6.

160 Dies gilt auch im liberalen Judentum; vgl. *Washofsky*, Jewish Living, 142–147.

161 Nach ShA, YD 268:3 ist es erlaubt, auch gebildete Laien und andere Funktionsträger der Gemeinde in das *bet din* einzubeziehen.

162 *Bamberger* 158–161 und die dort zitierten Texte.

163 Vgl. ShA, EH 4:22, und *Homolka / Seidel*, 49.

164 bT Jeb 24b; pT Qid 4:1 (65b). Diese Sicht wird jedoch von Raw zurückgewiesen, der sagt, dass solche Konvertiten willkommen geheißen werden sollten, weil sie es ernst meinen können. Nach *Bamberger* 32–33: „Raws Erklärung ist anerkanntes Recht – zwangsläufig, denn Motive können nicht präzise bestimmt werden [...] Das jüdische Gesetz ist willens, jeden Konvertiten ohne zusätzliche genaue Überprüfung seiner Motive anzuerkennen."

mit der jüdischen Gemeinschaft zu identifizieren. Die Absicht, einen Juden zu ehelichen, gilt nicht als Hinweis auf mangelnde Ernsthaftigkeit, sondern eher als ein guter Grund für eine Konversion, wenn auch als ein unzureichender, wenn es der alleinige Grund ist.

(5) Ehebeschränkungen für kohanim *(Nachkommen Aarons)*

Eine weitere Gruppe von Ehehindernissen betrifft nur diejenigen Juden, die als Nachkommen der alten Tempelpriester gelten und die damit ihre Abstammung auf Aaron, den Bruder des Mose, zurückführen. Das hebräische Wort für „Priester" lautet *kohen* (Pl. *kohanim*).

Zur Zeit des Tempels lag die Hauptfunktion der Priester darin, die täglichen Opfer darzubringen und so zwischen dem Volk und seinem Gott zu vermitteln. Jegliche Art von ritueller Verunreinigung konnte ihr Opfer ungültig werden lassen. Daher waren den Priestern besondere Regeln hinsichtlich ihrer persönlichen rituellen Reinheit auferlegt. Diese Regeln schlossen unter anderem bestimmte Einschränkungen im Hinblick auf ihre Ehe mit ein. So lesen wir im Buch Levitikus: „Sie sollen ihrem Gott heilig sein und den Namen ihres Gottes nicht entweihen. Denn sie sind Personen, welche die Feueropfer des Ewigen, die Opferspeise ihres Gottes, darbringen, daher müssen sie heilig sein. Keine Hure [*sona*], keine entweihte Person [*chalala*] sollen sie heiraten, auch keine Frau, die von ihrem Mann verstoßen worden ist [*geruscha*], sollen sie heiraten ..."[165]

Wer sind diese Frauen, die den Priestern verboten sind? Eine *sona* ist eine „Dirne", das heißt eine Frau, bei der ein unerlaubtes sexuelles Verhalten vermutet wird. Als *sona* wurde nach dem rabbinischen Verständnis zum einen jede Nichtjüdin eingestuft, da „Nichtjude" vielfach gleichbedeutend war mit „Götzendiener". Götzendienern unterstellte die jüdische Tradition generell ein unmoralisches und nachlässiges Sexualverhalten. Weiterhin verstanden die Rabbinen unter dem Begriff *sona* auch Proselytinnen, deren sexuelles Gebaren vor der Konversion nicht als einwandfrei galt, sowie Jüdinnen, die sexuelle Beziehungen zu einem Mann hatten, den zu heiraten ihnen untersagt war, das heißt zu einem Nichtjuden oder zu einem „verbotenen" Verwandten. Als *sona* galt auch jede Jüdin, die eine sexuelle Beziehung mit einem *chalal* unterhalten hatte, also einem Mann, der aus einer Ehe stammte, die ein Priester nach den für ihn geltenden besonderen Vorschriften nicht hätte eingehen dürfen.[166]

Eine *chalala* ist laut dem rabbinischen Recht eine Tochter aus einer Ehe, die Priestern nach den für diese geltenden speziellen Regeln verwehrt ist, oder eine Frau, die trotz der Regeln, die sie einem *kohen* verbieten, eine sexuelle Beziehung zu einem solchen unterhalten hat.[167]

165 Lev 21:6–7.

166 MT Isure bi'ah 17:1; 18:1–2; 19:11; ShA, EH 6:1.8. Jede Ehe, die gegen die Eheverbote für Priester verstößt, ist gültig, muss jedoch aufgelöst werden. Die Scheidung ist zwingend. Die Nachkommen aus einer solchen Ehe werden als *chalal* bzw. *chalala*, nicht aber als *mamser* bzw. *mamseret* bezeichnet.

167 MT Isure bi'ah 19:1; ShA, EH 7:12.

Eine *geruscha* galt ebenfalls als ungeeignet zur Ehe mit einem Priester. Dieser Ausdruck bezeichnet eine „verstoßene" Frau, also eine Ehefrau, die von ihrem Mann aus der Ehe entlassen worden war. Vorausgesetzt ist dabei die Rechtslage früherer Zeiten, als die Scheidung ein einseitiger Schritt vonseiten des Ehemanns war.[168]

Für den Hohepriester gab es zusätzliche Ehebeschränkungen. Er sollte auch keine Witwe[169] zur Frau nehmen, sondern sollte „eine Frau in ihrer Jungfräulichkeit"[170] heiraten. Die Rabbinen legten diese Stelle so aus, dass der Hohepriester nicht nur eine *na'ara* ehelichen müsse, sondern dass er außerdem auch nur eine einzige Frau heiraten dürfe. Weiterhin war ihm aufgetragen, jedenfalls zu heiraten, also nicht zölibatär zu leben.[171]

Als wahrscheinlich gilt, dass die Priester anfangs nur Ehen mit Frauen aus anderen Priesterfamilien eingingen. Die Pharisäer mit ihrer stark egalitären Einstellung und ihren Vorbehalten gegenüber der Priesterkaste setzten später jedoch fest, dass Priester Frauen aus allen israelitischen Stämmen heiraten durften,[172] konnten aber das biblische Gesetz, dass die Heirat mit einer Hure, einer Befleckten und einer Geschiedenen verbot, natürlich nicht umstoßen. Tatsächlich blieb dieses Gesetz selbst nach der Zerstörung des Tempels durch die Römer im Jahre 70 n. d. Z. wirksam, denn das rabbinische Judentum gab die Hoffnung auf den Messias, der kommen und den Tempel wiederaufbauen würde, nicht auf. Die Aufgabe der Priester wäre es dann gewesen, den wiederhergestellten Opferkult durchzuführen. Aus diesem Grunde bleiben die vorgenannten Ehebeschränkungen unter orthodoxen Juden bis zum heutigen Tage in Kraft, auch wenn der Priesterstatus im Einzelfall nicht mehr bewiesen werden kann und heute auf bloßer Annahme beruht.[173] Ein *kohen* darf also nach orthodoxer Auffassung nach wie vor keine Geschiedene oder Proselytin heiraten. Die Frage, ob er die Tochter aus einer Mischehe ehelichen darf, wird seit der Antike diskutiert[174] und ist eigentlich niemals wirklich entschieden worden. Der allgemeine Trend im Jüdischen Recht geht heute dahin, eine solche Ehe prinzipiell abzulehnen, sie aber post factum als gültig zu akzeptieren.[175] Das konservative Judentum hat 1996 die Ehe zwischen *kohanim* und Proselyten sowie Geschiedenen erlaubt.[176]

Im Gegensatz zum orthodoxen Judentum hat das liberale Judentum die oben genannten Gesetze gemeinsam mit allen anderen Unterscheidungen zwischen

---

168 Auch eine Witwe, die die Leviratsehe verweigert und sich durch die *chaliza* von dieser befreit hat, gilt nach dem rabbinischen Recht als geschiedene Frau (MT Ishut 1:7; MT Isure bi'ah 17:7 und 19:8; ShA, EH 6,1) und kann somit nicht von einem Priester geheiratet werden. Ist eine solche Ehe jedoch geschlossen worden, so ist sie gültig, und die gemeinsamen Nachkommen sind nach dem Jüdischen Recht legitim.

169 Lev 21:14.

170 Lev 21:13.

171 MT Isure bi'ah 17:13–14.

172 M Qid 4:1.

173 MT Isure bi'ah 20:1–2; vgl. *Freehof*, Reform Jewish Practice, Bd. 1, 46–49.

174 M Qid 4:6–7.

175 Vgl. *Freehof*, Recent Reform Responsa, 158–162.

176 Anhang 1 und 2.

kohanim und anderen Israeliten abgeschafft. Die Konferenz liberaler Rabbiner in Philadelphia hat 1869 erklärt, dass die aaronitische Priesterschaft und der mosaische Opferkult vorbereitende Schritte hin zur eigentlichen Priesterschaft des gesamten Volkes gewesen seien, die mit der Zerstörung des Zweiten Tempels ein für allemal der Vergangenheit angehören. Jegliche Unterscheidung zwischen Aaroniden und Nicht-Aaroniden, insofern es religiöse Riten und Pflichten betrifft, ist demnach unzulässig, sowohl im religiös-rituellen als auch im gesellschaftlichen Leben.[177] Spezifischer erklärte die Konferenz, dass die Einstellung jener Juden, die im Hinblick auf die besondere Heiligkeit der Aaroniden „priesterliche Ehen eingingen", jegliche Bedeutung verloren habe und nicht länger beachtet werden solle, weil die Zerstörung des Tempels und das Ende des alten Opfergottesdienstes die Grundlage zerstört habe, auf der die exklusive Position der Aaroniden aufgebaut habe.[178]

Der Standpunkt des liberalen Judentums gegenüber diesen Gesetzen kann also folgendermaßen zusammengefasst werden: Die Unterscheidung zwischen *kohanim* und anderen Israeliten ist bedeutungslos, sobald einmal die alte Hoffnung auf die Wiedererrichtung des Tempels und die Wiedereinsetzung des Opferkults aufgegeben worden ist, wie dies bei allen nichtorthodoxen Juden und faktisch auch bei vielen orthodoxen Juden der Fall ist. Eine fortdauernde Differenzierung zwischen Priestern und Nichtpriestern würde dem demokratischen und egalitären Geist widersprechen, der zu den allgemeinen Merkmalen des Judentums gehört, und besonders dem, was das eigentliche Ideal der Priesterschaft der gesamten Gemeinde sein sollte: „Ihr sollt mir ein Königtum der Priester sein und eine heilige Nation."[179] Darüber hinaus wohnt den Heiratsbeschränkungen eine Stigmatisierung von Geschiedenen und Proselyten inne, die dem liberalen Judentum als ethisch nicht gerechtfertigt gilt.

2.3.4 Zeitlich begrenzte Ehehindernisse

Neben den grundsätzlichen Eheverboten gibt es auch noch eine Reihe von zeitlich begrenzten Ehehindernissen. Zu diesen gehört die Vorschrift, dass eine Witwe oder geschiedene Frau innerhalb von 90 Tagen nach dem Tod ihres Mannes oder dem Erhalt des Scheidebriefs keine neue Ehe eingehen darf, damit bei einer eventuellen Schwangerschaft Unklarheiten über die Vaterschaft vermieden werden.[180] Eine stillende Witwe oder geschiedene Ehefrau darf erst 24 Monate nach der Geburt ihres Kindes wieder heiraten. Dieser (lange) Zeitraum war die übliche Stillzeit für Neugeborene.[181] Dieses Verbot wurde in der Responsenliteratur allerdings oftmals außer Kraft gesetzt.

---

177 Die Paraphrase folgt dem in EJ 1971, Bd. 4, 214–215 abgedruckten Text.

178 *Mielziner* 59; *Freehof*, Reform Jewish Practice, Bd. 1, 49.

179 Ex 19:6.

180 ShA, EH 13:1.

181 bT Jeb 42a; ShA, EH 13:11–14.

Stirbt die Ehefrau, soll der Ehemann während der Trauerzeit von 30 Tagen nicht wieder heiraten und darüber hinaus die drei nächstfolgenden Wallfahrtsfeste (Pessach, Schawuot und Sukkot) abwarten, bevor er eine neue Ehe eingeht.[182] Diese Regel gilt jedoch nicht, wenn es kleine Kinder gibt, die versorgt werden müssen.

182 ShA, YD 392:2.

3 Die Verlobung (*schidduchin*) und ihr vertraglicher Status im Jüdischen Recht[1]

3.1 Einleitende Bemerkungen

Die Eheschließung nach dem Jüdischen Recht besteht seit der talmudischen Zeit aus drei aufeinander folgenden Rechtsakten: *schidduchin* (Verlobung), *kidduschin* (Antrauung) und *nissuin* (die eigentliche Heirat und Heimführung der Braut).[2] Der erste von ihnen wird in diesem Kapitel besprochen, die beiden anderen im folgenden Kapitel.

Die Verlobung (*schidduchin*) ist also gewissermaßen die erste Phase des dreistufigen Prozesses der Verehelichung. Dieser Akt wird auch *tena'im* genannt, wobei diese Bezeichnung wiederum die Kurzform von *tena'e schidduchin* („Bedingungen der Verlobung") darstellt. In biblischer Zeit geschah die Verlobung wahrscheinlich mündlich, und die Einzelheiten der Vereinbarung wurden zwischen den beiden Vätern ausgehandelt. In talmudischer Zeit finden wir dagegen eine explizite vertragliche Regelung zwischen beiden Parteien vor, die häufig auch in schriftlicher Form festgehalten wurde. In diesem Vertrag sprechen die junge Frau und der junge Mann ihr Einverständnis aus, dass sie zu einem zukünftigen Zeitpunkt miteinander verheiratet sein werden. Mit *schidduchin* bezeichnen wir also den formellen Akt der Verlobung.

Irrtümlicherweise bezeichnet man in der Umgangssprache dieses erste Moment der Eheschließung nach dem Jüdischen Recht häufig als *erussin* (richtig: „Antrauung"). Der Fehler dieser alltäglichen Redeweise besteht darin, dass der *erussin* vielmehr mit dem *kidduschin*, dem Antrauungsritus, gleichzusetzen ist, also den *zweiten* Rechtsakt bei der jüdischen Eheschließung bezeichnet: den Übergang des verlobten Mannes in den Status des *erus*, des angetrauten Bräutigams, und der verlobten Frau in den Status der *erusa*, der angetrauten Braut.

Das dritte Moment der ehelichen Rechtsbindung ist schließlich derjenige Rechtsakt, der *nissuin* genannt wird und vom *kidduschin* klar zu unterscheiden ist. In ihm findet die eigentliche Heirat als Besiegelung des gesamten Vorgangs der Eheschließung statt.[3] Sie stellt also den Abschluss des gesamten Prozesses der Verehelichung dar. Im vierten Kapitel wird genauer dargestellt werden, dass heutzutage – wie überhaupt bereits seit mehreren Jahrhunderten – *kidduschin* und *nissuin* im Rahmen einer einheitlichen Hochzeitszeremonie vollzogen werden, rechtlich gesehen aber trotzdem zwei gänzlich verschiedene Vorgänge vorliegen.

---

1 Für einen Überblick vgl. *Zacharias Frankel*, Grundlinien des mosaisch-talmudischen Eherechts, in: Jahresbericht des jüdisch-theologischen Seminars, Breslau 1860, 1–17.

2 Die Begriffe *schidduchin, kidduschin, erussin, nissuin* sind eigentlich Pluralformen, die aber im Deutschen in der Regel in der Singularform benutzt werden.

3 Die meisten Regeln des Jüdischen Rechts bezüglich des *kidduschin* oder *erussin* sind in Mischna und Talmud im Traktat Kidduschin zu finden.

Selbstverständlich ist auch der *schidduchin* historischem Wandel unterworfen und hat im Laufe der Jahrhunderte diverse Modifikationen erfahren. Seine größte Bedeutung gewann er seit dem Mittelalter (besonders seit dem 11. und 12. Jahrhundert), als man die rechtlichen und rituellen Vorgänge bei der Hochzeit stark veränderte. Die zeremonielle Vereinheitlichung von *kidduschin* und *nissuin*, die damals stattfand, führte dazu, dass auch die Form der vorangehenden Vereinbarungen neues Interesse fand. In dem dadurch angestoßenen Prozess sollte sich dann die noch heute gültige Gestalt der jüdischen Verlobung entwickeln.

Es wurden auch einige Versuche unternommen, die Rechtsgültigkeit des *schidduchin* zu stärken: Man hielt sie nun einheitlich in einer schriftlichen Urkunde fest (*schetar schidduchin*, d.h. Beurkundung der Verlobung[4]). In ihr fixierte man im Voraus die Entschädigungen, die im Falle des Rücktritts einer Partei zu zahlen waren. Auch wenn es als unangemessen angesehen wurde, eine Antrauung ohne vorherige Verlobung[5] stattfinden zu lassen, besaß diese jedoch wenig Rechtskraft. Und soweit sie – gegen den Trend zur schriftlichen Fixierung – auf einer lediglich mündlichen Vereinbarung beruhte, konnte sie straflos gebrochen werden, obwohl solch ein „gebrochenes Versprechen" moralisch verdammt wurde mit der Formel: „Er, der die Generation der Flut bestrafte und die Generation des Turmbaues zu Babel, wird auch die Wortbrüchigen bestrafen."[6]

In den folgenden Abschnitten sollen nun die zentralen Aspekte des *schidduchin* behandelt werden: sein Status als förmliches Versprechen, seine rechtlichen Implikationen, mögliche Absicherungen für den Fall des Vertragsbruchs sowie mögliche Rechtfertigungsgründe für die Auflösung der Verlobung.

3.2 Inhalt und Stellenwert des *schidduchin*

Der zentrale Inhalt des *schidduchin* ist die beidseitige Verabredung von Mann und Frau, miteinander die Ehe einzugehen, wobei traditionell auch ein Heiratsvermittler, der *schadchan*, die Beziehung herstellen konnte. Zwischen dem *schidduchin* und der tatsächlichen Heimführung der Braut lagen mitunter Jahre. Beim *schidduchin* werden auch die Familien beider Parteien mit einbezogen. Der Begriff umfasst im Jüdischen Recht also genau genommen zwei verschiedene Arten von Versprechen:[7]

1. das Versprechen des Mannes, die Frau zu heiraten, und zwar zu einem bestimmten Zeitpunkt oder zu einer noch festzulegenden Zeit;

2. das Versprechen der Eltern oder anderer Verwandter der Parteien, mit dem sie deren zukünftige Eheschließung einschließlich Mitgift und Hochzeitskosten vereinbaren.

---

4 Nicht zu verwechseln ist mit dem *kidusche schetar*, der in den Kontext des *kidduschin* gehört (EJ 1971, Bd. 14, 1385ff), und ebenso wenig mit der Urkunde des Ehevertrags, dem *schetar ketubba*.

5 bT Qid 12b; MT Ishut 3:22; ShA, EH 26:4.

6 M BM 4:2.

7 *Goldfine*, Eherecht, 9.

Der *schidduchin* wird im Judentum als obligatorische erste Stufe im Prozess des Verehelichung angesehen: Im Jüdischen Recht gilt es traditionell als unsittlich, mit einer Frau die Ehe einzugehen, wenn nicht zuvor der Status des *schidduchin* bestanden hat. Dennoch entfällt der formelle *schidduchin* heute aus praktischen Gründen häufig. Stattdessen verloben sich die künftigen Eheleute nach weltlichem Brauch. Für diesen Fall gelten die jeweiligen zivilrechtlichen Regeln.

3.3 Rechtsfolgen bei einem Bruch des Verlöbnisses

Das Jüdische Recht kennt die Klage wegen Verlöbnisbruchs, und zwar als einen Sonderfall der Klage wegen Vertragsverletzung. Das Heiratsversprechen hat jedoch die Besonderheit, dass hier kein Anspruch auf Erfüllung besteht. Jedoch kann die Partei, die den Bruch des Verlöbnisses vollzogen hat, zum Schadensersatz verpflichtet werden,[8] und zwar für:

1. reale Schäden, d.h. alle Ausgaben, die direkt mit dem *schidduchin* zusammenhängen. Dieser Fall braucht nicht als ausdrückliche Bedingung im Vertrag enthalten zu sein, da eine Rechtsvermutung besteht, dass solche Ausgaben unter der Bedingung gemacht wurden, dass der *schidduchin* tatsächlich zur Eheschließung führt.[9]

2. immaterielle Schäden, wie die Zufügung seelischer Schmerzen, die Verletzung des Schamgefühls usw. Die Zahlung einer Entschädigung (Schmerzensgeld u. Ä.) muss in diesen Fällen ausdrücklich im Vertrag geregelt sein. Hier besteht eine Beweispflicht des Klägers: Vor allem deshalb ist es ratsam, das Verlöbnis schriftlich zu fixieren.

Das bereits erwähnte Dokument, in dem die Verpflichtungen, die mit dem Eheversprechen und der späteren Eheschließung verbunden sind, im Einzelnen geregelt werden, heißt *schetar schidduchin* (Verlobungsurkunde), *schetar tena'e schidduchin* (Urkunde zu den Verlobungsbedingungen) oder kurz *tena'im* (Bedingungen). Typische Regelungsgegenstände sind dabei die finanziellen Pflichten im Zusammenhang mit der Ehe, aber beispielsweise auch das Hochzeitsdatum oder Art und Umfang der Entschädigungsleistungen im Fall eines Vertragsbruchs.

Grundsätzlich darf wohl angenommen werden, dass ein Verlöbnis in der sicheren Erwartung der künftigen Eheschließung eingegangen wird. Daher stellt sich die Frage, ob bzw. unter welchen Bedingungen eine vertragliche Verpflichtung, bei einem Bruch des Verlöbnisses Schadensersatz (in Geld) zu leisten, ernst genommen werden kann. Das Jüdische Recht kennt nämlich die Figur des *asmachta*. Damit wird eine Vereinbarung bezeichnet, die für einen Fall getroffen worden ist, mit dessen Eintreten man nicht wirklich gerechnet hat.[10]

---

8 *Goldfine*, Eherecht, 9.

9 ShA, EH 50:3–4.

10 ShA, HM 207:2 ff.

Die rechtliche Gültigkeit dieser Vereinbarungen unterlag immer einem gewissen Zweifel.[11] Dies beschäftigte schon die jüdischen Gelehrten zur Zeit der Abfassung von Mischna und Talmud. Im Traktat Baba Batra der Mischna[12] wird der folgende Fall (der mit Verlobung und Ehe unmittelbar nichts zu tun hat) dargelegt: „Wenn Jemand einen Teil seiner Schuld bezahlt, den Schuldschein bei einem Dritten hinterlegen lässt, zu diesem sagt: wenn ich Dir nicht von heute bis auf den und den Tag zahle, so gib ihm seinen Schuldschein wieder!, und es kommt die Zeit heran, ohne dass er bezahlt hat; so sagt R. Jose: Er muss (ihn) wiedergeben. R. Jehuda sagt: Er darf (ihn) nicht wiedergeben."[13] Nach Ansicht von Rabbi Jose ist also die Erklärung des Schuldners, dass er die Schuldsumme (einschließlich des bereits zurückgezahlten Teilbetrags) zahlen werde, verpflichtend. Rabbi Jehuda dagegen hält diese Erklärung für nicht rechtsgültig, und zwar wegen der bestimmten Erwartung des Schuldners, dass ihm die Zahlung innerhalb der festgesetzten Zeit möglich sein werde. Als er einer Rückgabe des Schuldscheins an den Gläubiger nach Fristablauf zustimmte – damit stünde dem Gläubiger wieder der Gesamtbetrag der Schuld zu, und der bereits bezahlte Teilbetrag wäre als eine Art Konventionalstrafe anzusehen –, dachte der Schuldner natürlich nicht ernstlich daran, dass er den Rest nicht rechtzeitig würde zurückzahlen können. Im Interesse des wirtschaftlich Schwachen wurde schließlich Rabbi Jehudas Grundsatz „Asmachta la kania" – „Das *asmachta* ist nicht bindend" zur Rechtsnorm erhoben.

Diese Festlegung ist grundsätzlich positiv zu bewerten. Denn gerade im Eherecht ist es von besonderer Bedeutung, dass die abgegebenen Erklärungen dem wirklichen Willen der Parteien entsprechen. Allerdings behinderte der Grundsatz, dass alle ein *asmachta* enthaltenden Verträge ungültig sind, den allgemeinen Rechtsverkehr nicht unerheblich. Deswegen kann man im babylonischen Talmud (der palästinische Talmud befasst sich überhaupt nicht mit der Frage des *asmachta*) eine Tendenz erkennen, unter Umständen dem *asmachta* doch eine rechtliche Bindungswirkung zuzuerkennen.

Bemerkenswert sind dazu die Definitionen von Moses Maimonides[14], von Jakob ben Meir Tam[15] sowie des Tosafisten Rabbi Schlomo ben Jitzchak[16]. Ebenfalls sehr einflussreich war die Auffassung von Salomo ben Rabbi Abraham ben Aderet[17], der den Begriff des *asmachta* nur auf die Fälle beschränkt wissen wollte, „wo unter bestimmtem Druck die Leistung einer Buße (Konventionalstrafe) ausgesprochen wurde".[18]

11 *Gulak*, Bd. 3, 14–18; vgl. auch EJ 1971, Bd. 3, 751–754 (Art. Asmakhta).

12 M BB 10:5.

13 Vgl. dazu auch bT BB 168a.

14 MT Mechirah 11.

15 Auch Rabbenu Tam genannt; er war der Enkel von Raschi und lebte in den Jahren 1100–1171.

16 1040–1105; Akronym: Raschi.

17 1235 – ca. 1310; Akronym: Raschba. Raschba war der bedeutendste Schüler von Rabbi Mose ben Nachman, der auch als Nachmanides oder Rabbenu Mose Gerondi oder Yerondi (1194–1270) bezeichnet wird, und dessen Cousin Jonah ben Abraham Gerondi (ca. 1200–1263).

18 Zitiert nach JL, Bd. 1, 525 (Art. Assmachta).

Das Jüdische Recht kennt also durchaus Fälle, in denen ein *asmachta* bindet. Als Kriterium wird hier die Verwendung bestimmter Formeln in der Vereinbarung herangezogen. Wird nämlich durch bestimmte Formulierungen angezeigt, dass die Verpflichtung mit sofortiger Wirkung eingegangen worden ist – etwa durch Benutzung von Ausdrücken wie *me-achschaw* („von jetzt ab") oder *al menat* („unter der Bedingung") –, so bindet das *asmachta*. Bei Verwendung der allgemein üblichen Bedingungsformel *im* („wenn") bindet es dagegen nicht.

Darüber hinaus bestehen weitere Bedingungen, welche die Durchsetzbarkeit des *asmachta* relativieren bzw. einschränken.

Rechtswirksamkeit erlangt das *asmachta* nämlich erstens nur dann, wenn die zugesagte Leistung rechtlich angemessen erscheint.[19] Über die Angemessenheit des vertraglich bestimmten Leistungsanspruchs entscheidet das zuständige Gericht (*bet din chaschuw*). Im Streitfall bedeutet dies zunächst: Die Gültigkeit eines *asmachta* kann überhaupt nur dann festgestellt werden, wenn das Gericht auch Zeuge des Vertrages war. (Im Traktat Nedarim[20] wird die Wirksamkeit der vertraglichen Vereinbarungen strikt an die Bedingung gebunden, dass der Vertrag bei dem zuständigen Gericht hinterlegt wurde.) Im Laufe der Zeit hat diese Praxis allerdings eine Abschwächung erfahren. In späterer Zeit genügte ein Eid oder Handschlag (*teki'at kaf*), um ein dem Gesetz gemäßes Zustandekommen des Vertrags zu bezeugen.

Zweitens entfaltet das *asmachta* nur dann eine Bindungswirkung, wenn die Erfüllung der Verpflichtung nicht in die Rechte anderer eingreift. Und drittens bindet das *asmachta* nur unter der Voraussetzung, dass mit der Verpflichtung zusätzlich eine Sicherheitsleistung in Form einer Eigentumsübertragung (*kinjan*) einhergeht. Sie wird als ausreichender Beweis für die Ernsthaftigkeit der Verpflichtung angesehen. In diesem Fall kann dann freilich wiederum bezweifelt werden, dass es sich überhaupt um ein *asmachta* handelt.

Hat bei einem Bruch der Verlobung also eine vorher vereinbarte Verpflichtung zur Zahlung von Schmerzensgeld Gültigkeit, oder liegt vielmehr ein nicht ernst zu nehmendes Versprechen vor, bei dem der Grundsatz „asmachta la kania" gilt, also der Vertrag keine rechtliche Bindungswirkung entfaltet?

Über diese Frage waren sich die Rechtsgelehrten lange Zeit uneinig. Eine Entscheidung wurde schließlich durch die *posekim* getroffen, die rabbinischen Rechtsausleger seit dem 16. Jahrhundert, deren Absicht es war, die in der Halacha auch nach der Kodifizierung (z. B. durch den *Schulchan Aruch*) noch strittigen Rechtsfragen durch Gutachten (*teschuwot*) einer Klärung zu zuführen. Ihr Ergebnis lautete, dass bei einem ungerechtfertigten Bruch des *schidduchin* die Verpflichtung zum Schadensersatz nicht als unverbindliches *asmachta* gelte, sondern auch dann rechtlich bindend sei, wenn es sich um eine hohe Entschädigung handele. So stellt der *Schulchan Aruch* ausdrücklich fest, dass das *asmachta* auch dann verbindlich ist, wenn die in Aussicht gestellte Leistung als Sühne für eine

19 ShA, HM 238:2.

20 bT Ned 27a.

zugefügte Beleidigung gedacht ist.[21] Bei ungerechtfertigtem Bruch des Verlöbnisses tritt also die vertraglich vorgesehene Zahlungspflicht des Wortbrüchigen ein.

Durch diese Rechtslage wird dem *schidduchin* bei schriftlichem Vertragsabschluss eine besondere Festigkeit verliehen. Denn das vereinbarte Schmerzensgeld muss auf jeden Fall bezahlt werden; der Vertragsbrüchige kann sich nicht etwa darauf berufen, dass seine Leistung unverhältnismäßig hoch sein würde oder von ihm allein gar nicht aufgebracht werden könne.

Grundsätzlich kommt es nicht darauf an, ob die *tena'im* schriftlich niedergelegt sind oder ob ein *schetar schidduchin* existiert: Die Verpflichtungen der Parteien, auch die Verpflichtung zum Schadensersatz im Falle eines Vertragsbruchs, bestehen ungeachtet der schriftlichen Fixierung. Wohl aber setzt die Verpflichtung zur Zahlung von Schmerzensgeld u. Ä. den *kinjan*, einen Erwerbsakt, voraus. Auch ohne *kinjan* und schriftliche *tena'im* wird der Kläger also – wenn er beweisen kann, dass das *schidduchin* stattgefunden hat – mit Erfolg auf Rückgabe der Geschenke und Rückerstattung seiner realen Ausgaben klagen können. Das Gericht wird in einem solchen Fall aber der Klage auf eine Entschädigungszahlung nicht stattgeben.

3.4 Rechtfertigungsgründe für den Bruch des *schidduchin*

Im Jüdischen Recht werden im Zusammenhang mit dem *schidduchin* Rechtfertigungsgründe anerkannt, die in anderen Fällen nicht zur Lösung des Vertrages berechtigen, beispielsweise der Motivirrtum. Der Grund dafür ist, dass es sich hier um eine Verpflichtung zur Heirat handelt, die den persönlichen Status der Beteiligten verändert.

Das Kriterium für die Anerkennung persönlicher Rechtfertigungsgründe besteht in der Frage, ob der Beklagte das Verlöbnis auch eingegangen wäre, wenn er von den zur Lösung der Verlobung angeführten Umständen Kenntnis gehabt hätte. Kommt das Gericht zu der Überzeugung, dass das nicht der Fall ist, gilt die Auflösung der Verlobung aufgrund dieser Umstände als gerechtfertigt.[22]

Man kann auch den Standpunkt vertreten, dass die Verpflichtung zur Heirat eine implizite Bedingung enthält, dass Umstände wie beispielsweise Erbkrankheit, Vorstrafen, Sucht u. Ä. nicht vorliegen. Solche Gründe ermöglichen es dann ebenfalls, den *schidduchin* aufzulösen, ohne dass dadurch eine Schadensersatzpflicht begründet wird.[23]

Ferner braucht jede der beiden Parteien des *schidduchin* ihr Versprechen nicht einzuhalten, wenn feststeht, dass die andere Seite bzw. deren Eltern oder Verwandten ihrerseits ihre im Vertrag enthaltenen Verpflichtungen bezüglich der

21 ShA, HM 217:16.

22 Arba'ah Turim, EH 50.

23 ShA, EH 50:5; *Goldfine*, Eherecht, 11.

Heirat nicht einhalten werden. In diesem Fall besteht keine Verpflichtung, der anderen Seite Schadenersatz zu leisten. Es ist im Gegenteil denkbar, dass dann die Gegenpartei mit Erfolg verklagt werden kann.[24]

Nicht gerechtfertigt ist allerdings eine Auflösung der Verlobung unter Berufung auf Tatsachen, die der Partei, die ihr Heiratsversprechen nicht einhalten will, bereits beim Abschluss des *schidduchin* bekannt waren. Wenn sie die vertragliche Bindung trotzdem eingegangen ist, ist es ihr später verwehrt, sich auf diese Tatsachen zu berufen, auch wenn sie an sich die Auflösung der Verlobung rechtfertigen würden. Etwas anderes gilt jedoch, wenn nachgewiesen werden kann, dass die Vertragsumstände sich im späteren Verlauf verändert und verschlechtert haben: In diesem Fall werden sie wie völlig neu bekannt gewordene Tatsachen als Rechtfertigungsgründe anerkannt.

Nochmals anders liegt der Fall, wenn die eigentliche Verehelichung bereits stattgefunden hat und die Vereinbarungen des *schidduchin*-Vertrages, deren Realisierung noch aussteht, von einer Partei nicht pflichtgemäß erfüllt werden. Dann gibt es die Möglichkeit des Rücktritts nicht mehr; die Nichterfüllung des Vertrages durch die andere Seite führt also nicht zur Befreiung von den Rechtspflichten, die sich aus der Eheschließung ergeben. Denn die Ehe fußt auf dem göttlichen Gesetz der Tora. Beide Seiten sind also gehalten, sich *vor* der Eheschließung von der Zuverlässigkeit der anderen Seite zu überzeugen.

24 *Goldfine*, Eherecht, 11 f.

4 Antrauung (*kidduschin*) und Heirat (*nissuin*)

Der Verlobung folgt als zweiter Rechtsakt und als zweite Phase des Prozesses der Verehelichung nach dem Jüdischen Recht der *kidduschin* („Heiligung"), der Vorgang der Antrauung der Frau durch den Mann. Er geht einher mit einem konkreten Akt, dem *erussin*[1], in dem (wie schon in 3.1 erwähnt) die rechtswirksamen Antrauungs-Versprechen verkündet werden. Eine grundsätzliche Unterscheidung zwischen *kidduschin* und *erussin* ist nicht gegeben; der *kidduschin* schließt den *erussin* in sich ein, sodass hier von ein und demselben Vorgang die Rede ist. Diesem folgt sodann der dritte und letzte Rechtsakt, der *nissuin* („Zusicherhebung" der Frau), die eigentliche Heirat, die dabei auch durch die *schewa berachot*, die „Sieben Segenssprüche", besiegelt wird. Anstelle von *nissuin* verwenden Literatur und Alltagssprache auch die Ausdrücke *chatuna* und *chittunim* (von *chatan*, „Bräutigam") sowie pars pro toto den Begriff *chuppa*, der heute eigentlich nur den Hochzeitsbaldachin bezeichnet. Der Ausdruck *nissuin* ist jedoch der einzige Terminus, der den Rechtsakt der Heirat in all seinen Bezügen umfasst.

Auch *kidduschin* und *nissuin* haben sich im Laufe der Geschichte gewandelt. In der Antike lag etwa, wie aus der Mischna hervorgeht, zwischen *kidduschin* und *nissuin* normalerweise eine Mindestzeitspanne von zwölf Monaten, wenn die Braut noch Jungfrau war, und mindestens ein Monat, wenn die Frau geschieden oder verwitwet war.[2] Nur ausnahmsweise fanden beide Zeremonien am gleichen Tage statt. Diese Praxis hat sich erst seit dem 11. und 12. Jahrhundert allmählich durchgesetzt und ist dann seit dem 16. Jahrhundert allgemeiner Brauch geworden. Über die Gründe, die im Laufe der Jahrhunderte dazu geführt haben, dass die beiden Rechtsakte nunmehr zusammenfallen und in einer gemeinsamen Zeremonie vollzogen werden, lässt sich nur spekulieren.[3] Dabei soll aber nicht vergessen werden, dass es sich um zwei verschiedene Rechtsakte handelt, von denen jeder für sich nach Gesetz und Tradition vollzogen werden muss. Im zeremoniellen Ablauf getrennt werden die beiden den Trauungsvorgang bestimmenden Rechtsinstitute *kidduschin* und *nissuin* durch das Verlesen der *ketubba*, des Ehevertrags.

Was genau der Begriff *chuppa* ursprünglich bezeichnete, ist nicht eindeutig geklärt. In Joel 2:16 steht er in Parallele mit *cheder*, „Zimmer" („Vorgeh der Bräutigam aus seiner Kammer, die Braut aus ihrem Gemach [*chuppa*]", meint also ein Hochzeitsgemach oder -zelt. Später muss der Ausdruck *chuppa* auch den Vollzug der Ehe bezeichnet haben: Bernhard Wechsler verweist darauf, dass sowohl Maimonides als auch Rabbenu Nissim die *chuppa* auf die Vereinigung von Bräutigam

1 Von hebr. *aras*. Dtn 20:7; 22:23.25.27; 28:30; Sam 3:14; Hos 2:21–22. In der Bibel wird das Wort mit einem „Sin" geschrieben, in der rabbinischen Literatur mit „Samech".

2 M Ket 5:2.

3 Vgl. dazu *Hayyim Schauss*, The Lifetime of a Jew – Throughout the Ages of Jewish History, New York 1960, 160–161; *Mielziner* 85; *Falk*, Jewish Matrimonial Law, Kap. 2: Matrimony, 35–85.

und Braut in Abwesenheit von Zeugen beziehen.[4] So war es in talmudischer Zeit üblich, dass der Bräutigam die Braut vom Haus ihres Vaters in sein eigenes Haus führte, also in seinen Rechtsraum (*reschut*, eigentlich: „Gewalt"). Dieser Eintritt der Frau in die *chuppa*,[5] ein Vorgang analog zur deductio in domum mariti im Römischen Recht, nahm allerdings zunehmend symbolische Gestalt an. Im Mittelalter, wo es sich in Mittel- und Osteuropa für ein jungvermähltes Paar ohnehin geziemte, im Elternhaus der Braut zu leben, verlor die *chuppa* ihre ursprüngliche Bedeutung als das neue Heim, in das der Bräutigam die Braut einführte. Verschiedene Bräuche, die sich in der Regel auf Bibelstellen beziehen, rückten an ihre Stelle. Beispielsweise breitete man einen Schleier bzw. einen Gebetsschal über die Häupter von Braut und Bräutigam. Schließlich wurde es üblich, dass das Brautpaar während der Hochzeitszeremonie unter einem tragbaren Baldachin oder Trauhimmel stand. Eine ähnliche Entwicklung nahm das Hochzeitsmahl, das mit der Wiederholung der *schewa berachot* abgeschlossen und so Teil der Zeremonie wird. Der gesamte Vorgang entwickelte sich also zu jenem Akt, den man heute als endgültige Heirat, als *nissuin*, versteht. Jedenfalls führte die Vereinigung von Antrauung und Hochzeit dazu, dass beide Vorgänge vollständig in die Hochzeitszeremonie integriert wurden.

Da man am Schabbat nichts erwerben darf, wird nur wochentags und an erlaubten Feiertagen geheiratet. Die Zeremonie kann überall stattfinden, traditionell auch im Freien. Ein *minjan*, der Öffentlichkeit gewährleistet, ist nach dem Vorbild der Hochzeit von Boas und Ruth erwünscht, aber für das Eintreten der Rechtsfolgen nicht verpflichtend,[6] obwohl ihn der spanische Gelehrte Salomo ben Abraham Aderet (Raschba, 1235–1310) für unerlässlich hielt. Der *Schulchan Aruch* macht ihn in der Folge zum Regelfall.[7]

Die Synagoge bietet einen würdigen Rahmen, ist aber nicht als Ort vorgeschrieben. Im späten Mittelalter wurden Hochzeitsfeiern aus dem häuslichen Rahmen oft in den Synagogenhof verlegt, und im aschkenasischen Raum finden sich aus dieser Zeit noch die sogenannten Hochzeitssteine.[8] Sie verweisen auf den alten Brauch, in Erinnerung an die Zerstörung des Tempels ein Glas gegen die Synagogenwand zu werfen.

Kurz: Wenn wir heute vom jüdischen Hochzeitsgottesdienst bzw. vom Vorgang der jüdischen Trauung sprechen, dann meinen wir ein kombiniertes Antrauungs- und Hochzeitsritual. Beide Teile der Hochzeitszeremonie, Antrauung *und* Heirat, sind einerseits die Erfüllung einer *mitzwa* (eines Gebots) durch den Bräutigam

---

4 *Bernhard Wechsler*, Ueber religiöse Trauung und deren (historische) Bedeutung im Judenthume, in: Wissenschaftliche Zeitung für jüdische Theologie 3 (1839), 345–352.

5 Nach Ps 19: 6.

6 Ruth 4:2; Otsar Hageonim Ket 14.

7 ShA, EH 34:4; die erfolgte Eheschließung ist aber auch ohne die Anwesenheit von zehn Männern gültig. *Walter Jacob* (Hrsg.), Contemporary American Reform Responsa, New York 1987, 283–284 (189: A Minyan at a Wedding Ceremony).

8 So etwa in Höchberg und Altenkunstadt.

und andererseits eine *simcha*, eine fröhliche Angelegenheit.[9] Die entsprechenden *berachot* (Segenssprüche) sind wiederum wesentliche Bestandteile der beiden institutionellen Rechtsakte *kidduschin* und *nissuin*. Die umfangreichen Hochzeitsbräuche variieren nach Zeit und Ort und sind oftmals von den Gepflogenheiten der Umgebungsgesellschaft abhängig, haben aber keine Bedeutung für den eigentlichen Rechtsakt.[10] Zu diesen *minhagim* gehören im aschkenasischen Kulturkreis der Aufruf des Bräutigams zur Toralesung am Schabbatgottesdienst vor der Hochzeit, das rituelle Bad der Braut in der *mikwa* vor der Hochzeit,[11] das Fasten des Paares am Hochzeitstag oder auch der Besuch der Familiengräber. Es ist mit Bezug auf Gen 24:65 und auf die Mischna[12] auch üblich, dass der Bräutigam das Gesicht der Braut mit einem Schleier bedeckt. Das Fasten am Hochzeitstag verweist auf den Versöhnungstag Jom Kippur. Dazu sagt Max Eschelbacher: „Erst nach vollendeter Trauung genießen sie die erste Mahlzeit, allein, in besonderem Raume, abgesondert von den Hochzeitsgästen. In dem Gottesdienste unmittelbar vor der Trauung legen sie das Sündenbekenntnis ab. Dieses wird sonst nur am Jom Hakippurim gesprochen; außer an diesem geheiligten Tage aber nur zweimal im Leben: vor der Trauung und, wenn der Kranke noch dazu imstande ist, in der Todesstunde. Der Hochzeitstag wird also bis zur Trauung wie ein Versöhnungstag gefeiert. Im Reinen mit der Vergangenheit, ausgesöhnt mit der Welt und begnadet mit der Verzeihung für die früheren Sünden beginnt das Brautpaar mit der Eheschließung ein neues Leben."[13]

4.1 Der *kidduschin*

Die Verwendung des Begriffs *kidduschin* („Heiligung") bedeutet nicht, dass es hier um einen religiösen Akt ginge. Hier liegt ein wesentlicher Unterschied etwa zum kanonischen Recht der katholischen Kirche und zum Begriff der Ehe als Sakrament. Der Ausdruck *kidduschin* bezeichnet im Jüdischen Recht vielmehr einen rechtlichen Vorgang für eine von Gott gesegnete Verbindung.[14] In der

9 Nach Hhld 3:11.

10 Vgl. zum Brauchtum beispielsweise *Samuel Krauß*, Etwas von den jüdischen Hochzeitsbräuchen, in: Monatsschrift für Geschichte und Wissenschaft des Judentums 83,1 (1939), 469–480; *J. B. Levy*, Jüdische Hochzeitsbräuche im alten Frankfurt, in: Ost und West 14,6 (1914), 427–434; *Bar-Ami*, Jüdische Hochzeitsbräuche in alter und neuer Zeit, in: Ost und West, 11,11 (1911), 981–984; 11,12 (1911), 1109–1110; 12,1 (1912), 69–72.

11 Eine Übersicht über die Vorschriften zur *nidda* im Hinblick auf die Reinheit der Familie (*taharat ha-mischpacha*) nach orthodoxem Verständnis bietet *Auriel Silbiger*, Die reine jüdische Ehe, Basel o. J.

12 M Ket 2:1.

13 *Max Eschelbacher*, Vom Sinn der jüdischen Trauung, in: Der Morgen 6,5 (1930), 435–444.

14 In der Tora findet man das Wort *kidduschin* nicht, sondern der entsprechende Ausdruck lautet „nehmen" (z. B. Gen 24:3.37.38.48.51). Das Wort *kidduschin* kommt zum ersten Mal in der mündlichen Tora vor. Seine Begriffsgeschichte ist nicht genügend geklärt. Die Gemara bT Qid 2b verweist auf die Bedeutung „heiligen": Durch das *kidduschin* hat der Mann die Frau „für jeden anderen verboten gemacht wie geweihtes Gut".

Mischna heißt es im Traktat Kidduschin: „Eine Frau wird auf drei Arten erworben und erwirbt sich selbst auf zwei Arten. Sie wird erworben durch [1] Geld, [2] Urkunde und [3] Beischlaf […] Sie erwirbt sich selbst durch Scheidebrief und Tod des Gatten."[15] Diese drei Antrauungsarten stehen alternativ zueinander, das heißt eine davon ist ausreichend. Eine Antrauung, die nicht in einer dieser drei Formen vollzogen wurde, wird dagegen vom Jüdischen Recht grundsätzlich nicht anerkannt. Zwischen diesen drei Formen gibt es allerdings wesentliche Unterschiede bezüglich ihrer Relevanz und Autorität. Die drei Formen sollen daher jetzt kurz vorgestellt und diskutiert werden. Am Anfang soll dabei diejenige stehen, die an der zitierten Mischna-Stelle nicht zufällig als letzte genannt wird, und am Ende diejenige Form des *kidduschin*, die sich in der Praxis gegen die anderen beiden durchgesetzt hat und die heute – wenn auch in abgewandelter und symbolischer Form – generell gemeint ist, wenn von der Antrauung die Rede ist.

(1) Kiddusche bia (Antrauung durch Beischlaf)

Moses Maimonides beschreibt diese Antrauungsform wie folgt: „[…] und wenn er sie durch Beischlaf ehelicht, sagt er zu ihr: ‚Ich vereheliche dich hiermit' oder ‚Hiermit bist du mir angetraut' oder ‚Mit diesem Beischlaf wirst du mir zur Frau', und dann bleibt er bei ihr und beschläft sie vor zwei Zeugen."[16] Die Antrauung durch Beischlaf wurde jedoch in der Tradition schon bald mit Skepsis betrachtet und schließlich unter Strafandrohung verboten.[17] Trotzdem wurde sie auch weiterhin post factum als gültig angesehen.[18] Eine bis heute noch aktuelle Frage in diesem Zusammenhang ist, ob eine zivile Eheschließung als diese Art des *kidduschin* gedeutet und die Ehe damit anerkannt werden kann bzw. soll (vgl. 4.3).

(2) Kiddusche schetar (Antrauung mittels Dokument)[19]

Die zweite Form des *kidduschin*, die Antrauung durch Urkunde, wurde nur selten vollzogen. Bei dieser Variante des *kidduschin* übergibt der Mann der Frau in Anwesenheit von zwei Zeugen ein Dokument, in dem Folgendes geschrieben steht: „Hiermit bist du mir verehelicht durch dieses *schetar*."[20] Der *kidduschin* mittels

15 M Qid 1:1.

16 MT Ishut 3:5; vgl. auch bT Qid 9b; ShA, EH 33:1.

17 bT Qid 12b; MT Ishut 3:21; ShA, EH 26:4.

18 bT Qid 12b; MT Ishut 3:21; ShA, EH 26:4.

19 bT Qid 9a; ShA, EH 32:1–4; Einzelheiten über den Begriff *schetar* in EJ 1971, Bd. 14, 1385–1390 und JL, Bd. 5, 196–198.

20 bT Qid 9a–b; ShA, EH 32:1–4. Der *schetar* ist von der *ketubba* zu unterscheiden, die der Bräutigam seiner Braut gibt, nachdem der *kidduschin* in einer der drei möglichen Formen stattgefunden hat. Vgl. JL, Bd. 5, 196–198.

schetar wird schon seit Langem nicht mehr praktiziert, ist aber grundsätzlich noch rechtsgültig.

(3) Kiddusche kessef (Antrauung durch Geld)[21]

Die Antrauung durch Geld ist diejenige Form des *kidduschin*, die im rabbinischen Recht die stärkste Betonung erfahren hat und die bei Weitem am ausführlichsten behandelt wird – und auch, wie bereits erwähnt, die einzige Form, die heute noch regulär praktiziert wird. Dabei musste der Bräutigam der Braut (in Gegenwart zweier Zeugen) eine Münze oder ein Objekt im Wert von mindestens einer *pruta* (einer kleinen Kupfermünze) überreichen und – wörtlich oder sinngemäß – zu ihr sagen: „Du bist mir angetraut durch dieses Objekt."[22] Im *Schulchan Aruch* ist diese Form des *kidduschin* wie folgt beschrieben: „Mit Geld, wieso? Gib ihr in Anwesenheit von zwei Zeugen einen Groschen oder [...]"[23] Die Antrauung konnte auch durch Stellvertreter durchgeführt werden, wobei einer den Bräutigam, der andere die Braut repräsentierte.[24] Heute ist es üblich, den *kiddusche kessef* durch Übergabe des Ringes zu vollziehen. Da der Mann der Frau diesen Ring übereignen muss, muss er auch sein Eigentum sein.

An dieser Stelle sei darauf hingewiesen, dass eine Erwiderung oder Wiederholung der Trauformel vonseiten der Braut *nach* Vollzug des Antrauungsvorgangs durch den Bräutigam ohne Belang ist. Das hat seinen Grund darin, dass das Jüdische Recht keine Antrauung ohne vorherige selbstbestimmte Entscheidung der Frau gestattet. Auch dadurch unterscheidet sich die Antrauung von der Scheidung: Eine Frau kann nach dem Jüdischen Recht zwar gegen ihren Willen geschieden, aber nicht gegen ihren Willen verheiratet werden.[25] Selbst wenn der Vater in früheren Zeiten seine Tochter im Kindesalter in die Ehe gab, war ihre Zustimmung erforderlich.[26]

Schon durch den *kidduschin* ist die Frau an den Mann gebunden. Der Vollzug dieses Aktes hat die Wirkung, dass die Frau ihrem zukünftigen Mann versprochen und damit für alle anderen Männer verboten ist.[27] Mann und Frau werden nach dem *kidduschin* als rechtsgültig verheiratet betrachtet und hinsichtlich ihrer gegenseitigen Pflichten wie Eheleute behandelt. Wenn es dann doch nicht zur Heirat kommt und die Partner sich voneinander trennen wollen, braucht die Frau einen *get*, um die Ehe mit einem anderen Mann eingehen zu können.[28] Dasselbe gilt für den Mann: Auch er kann keine andere Frau heiraten, bevor er

21 „Kessef" bedeutet eigentlich „Silber", hier im Sinne von „Geld".
22 M Qid 1:1; 2:1; bT Qid 5b; MT Ishut 3:1; ShA, EH 27:1–2.
23 bT Qid 2a–b; ShA, EH 27:1.
24 M Qid 2:1.
25 ShA, EH 42:1.
26 bT Ket 57b, vgl. bT Qid 41a; MT Ishut 3:19; ShA, EH 36:1.
27 ShA, EH 55:1.
28 MT Ishut 1:2–3.

von seiner *erusa* (der ihm durch den *kidduschin* angetrauten Frau) durch einen *get* geschieden ist.[29] Der Wunsch, eine solche Situation zu vermeiden, ist sicherlich auch ein Grund dafür, dass Antrauung und Heirat nunmehr zusammenfallen.

Im folgenden Abschnitt sollen die Bedingungen und Regelungen dargestellt werden, ohne deren Einhaltung der Akt der Antrauung keine Rechtswirksamkeit erlangt.

4.1.1 Zeit, Ort und ritueller Ablauf der Trauung

Eine vorgeschriebene Tageszeit für die Antrauung gibt es im Jüdischen Recht nicht: Eine Ehe kann tagsüber und auch nachts geschlossen werden.[30] Wohl aber gibt es nach dem rabbinischen Recht einen traditionsgemäß bevorzugten Wochentag: nämlich den Mittwoch, wenn die Braut Jungfrau ist, und den Donnerstag, wenn die Braut schon einmal verheiratet war, also geschieden oder verwitwet ist.[31] Und vor allem gibt es im Verlauf des Jahres bestimmte Zeiten und Tage, an denen keine Eheschließung stattfinden darf. Dazu hier ein Überblick:

- Eine Hochzeit darf nicht am Schabbat stattfinden, weil es sich dabei um eine Art *kinjan* (also um eine Eigentumsübertragung) handelt und weil ein Prinzip im rabbinischen Recht lautet, „am Schabbat keinen *kinjan* durchzuführen".[32] Dieses Verbot wurde jedoch im Laufe der Geschichte nicht strikt durchgehalten. Moses Isserles bemerkt dazu, dass einige Autoritäten Hochzeiten am Schabbat zulassen – vielleicht weil er wusste, dass Rabbenu Jakob ben Meir Tam (ca. 1100–1171), ein Enkel Raschis, sie in einigen besonderen Fällen tatsächlich zugelassen hatte.[33]
- Das Verbot von Hochzeiten am Schabbat gilt auch an Feiertagen (*jom tow*, Pl. *jamim towim*),[34] nicht jedoch an kleineren Festen wie Purim oder Chanukka[35] und auch nicht an den Tagen unmittelbar vor den Feiertagen.[36] Dennoch geht die orthodoxe Praxis heute mancherorts dahin, Hochzeiten an Purim und am Vorabend eines *jom tow* nicht zu erlauben.

29 ShA, EH 1:10.

30 MT Ishut 10:14.

31 M Ket 1:1; MT Ishut 10:15; ShA, EH 64:3. Mittwoch deshalb, damit der Mann, wenn er feststellen sollte, dass sie keine Jungfrau mehr ist, am darauffolgenden Tage Klage am Gerichtshof (der montags und donnerstags zu tagen pflegte) gegen sie einreichen kann (vgl. Dtn 22:20–21). Und Donnerstag deshalb, damit der Mann die Pflicht erfüllen kann, sich drei Tage lang mit ihr zu erfreuen. (Er täte dies sicherlich am Hochzeitstag und am Schabbat und würde am Brückentag wohl kaum zur Arbeit gehen.)

32 MT Ishut 10:14; ShA, OH 339:4; ShA, EH 64:5. Die Verlobung ist verboten, weil sie dazu führen könnte, dass jemand schreibt. Vgl. MT Shabat 23:14.

33 ShA, OH 339:4.

34 ShA, OH 524:1.

35 MT Ishut 10:14; ShA, OH 696:8.

36 MT Ishut 10:14.

- Die Kodizes verbieten Hochzeiten am Freitag und Sonntag,[37] weil im ersten Fall die Hochzeitsfestlichkeiten und im zweiten Fall die Vorbereitung auf die Hochzeit zu einer Übertretung des Schabbat führen können. Die meisten orthodoxen Gemeinden ignorieren jedoch dieses Verbot heute normalerweise.
- Auch an den Mittelfeiertagen oder Chol ha-Moed (dem „nicht heiligen Teil einer heiligen Zeit", also an den Zwischentagen von Pessach und dem Laubhüttenfest Sukkot) sind Hochzeiten verboten, und zwar aus dem Grund, dass „man nicht eine Freude mit einer anderen vermischt".[38] Diese Begründung ist jedoch nicht durchgängig berücksichtigt worden.[39] Ein grundsätzliches Heiratsverbot besteht auch während der Omerzeit nach Pessach,[40] doch herrscht hier Uneinigkeit über die genaue Dauer der verbotenen Tage. Nach Josef Karo erstrecken sie sich vom Ende des Pessachfestes bis Lag ba-Omer (dem 33. Tag des Omerzählens), und das ist auch die Meinung von Isserles.[41] Rabbi Menachem ha-Meiri schreibt dazu im 13. Jahrhundert: „Und die seligen Gelehrten fügten an, dass das Sterben am 33. Omer aufhörte. Und daher pflegt man an diesem Tage nicht zu trauern."[42]
- Gumbiner dagegen vertritt nachdrücklich die Auffassung, dass die verbotenen Tage mit dem Neumond im Monat Ijjar beginnen und noch über Lag ba-Omer hinausgehen.[43] In traditionell ausgerichteten jüdischen Gemeinden im deutschsprachigen Raum ist es bis heute üblich, von Rosch Chodesch des Monats Ijjar bis zum Rosch Chodesch des Monats Siwan nicht zu heiraten. Eine Ausnahme ist Lag ba-Omer, sodass dieser Tag als traditionelles Freudenfest auch zu einem populären Hochzeitstermin geworden ist.[44]
- Weiterhin ist die Hochzeit zu der Zeit verboten, die in Tischa be-Aw (dem Fasten am 9. Aw) ihren Höhepunkt findet. Aber zum terminus a quo dieser Zeit gehen die Meinungen auseinander. Nach Karo beginnt sie am 1. Aw,[45] nach Isserles am 17. Tammus (einem Tag des vorhergehenden Monats, der ebenfalls ein Fasttag ist) und dauert die traditionellen „drei finsteren Wochen lang".[46] Nach einer noch strengeren Sicht sind Hochzeiten nicht nur in der Zeit vom 17.

37 MT Ishut 10:14; ShA, EH 64:3; vgl. *Freehof*, Reform Jewish Practice, Bd. 1, 76.

38 M MQ 1:7 und bT MQ 8b; MT Ishut 10:14; ShA, EH 64:6; ShA, OH 546:1.

39 Beispielsweise ist die Verlobung während Chol ha-Moed erlaubt, auch die Wiederheirat eines Mannes mit seiner geschiedenen Frau.

40 Vgl. bT Jeb 72:62.

41 ShA, OH 493:1.

42 Vgl. *Menahem ben Solomon Meiri*, Bet ha-behirah 'al masekhet Yevamot, Jerusalem 1967 (Auslegung zu Jeb 62b).

43 Abraham Gumbiner ist ein Rabbiner, der in Kalisch (Polen) lebte und wirkte und 1682 starb. Seinen Kommentar *Magen Awraham* zum Abschnitt Orach Chajim des *Schulchan Aruch* verfasste er zwischen 1665 und 1671. Er gilt als einer der wichtigsten Kommentare zu Orach Chajim.

44 Vgl. *Francine Klagsburn*, Jewish Days – A Book of Jewish Life and Culture Around the Year, New York 1996 und darin das Kapitel Lag Ba'omer – A Day for Celebrations.

45 ShA, OH 551:2 (Dieses Verbot betrifft nicht die Verlobung, vorausgesetzt, es gibt kein Festmahl. Ebd. und MT Ishut 10:14).

46 ShA, OH 551:2.

Tammus bis zum 9. Aw verboten, sondern auch an den anderen Fasttagen im Jahr, also am 3. Tischri, dem 10. Tewet und dem 13. Adar.[47]

- Einzelne Gelehrte haben außerdem Vorbehalte gegen eine Eheschließung während der *jamim nora'im* formuliert, also während der zehn Tage der Umkehr zwischen Neujahr (Rosch ha-Schana) und dem Versöhnungstag (Jom Kippur), so etwa Rabbi Ephraim Zalman Margolioth.[48] Grundsätzlich steht Hochzeiten nach rabbinischem Recht in dieser Zeit jedoch nichts entgegen, auch wenn sie nicht üblich sind.

Das liberale Judentum ist bezüglich dieser Verbotszeiten deutlich anderer Auffassung:

- Hochzeiten dürfen an jedem Wochentag außer am Schabbat durchgeführt werden und an allen Tagen im Jahr, die keine Feiertage sind. Allerdings hat das liberale Judentum den *jom tow scheni schel galujjot* abgeschafft, den zusätzlichen zweiten Feiertag, den orthodoxe Juden in der Diaspora einhalten.
- Es besteht kein Vorbehalt gegen Hochzeiten zu Chol ha-Moed. An kleineren Festen gilt der Ortsbrauch. Eine Ausnahme bildet auch Tischa be-Aw. Selbst wenn dieser Trauertag nicht beachtet wird, sollten keine Trauungen stattfinden, schon aufgrund historischen Feingefühls.[49]
- Das Verbot von Hochzeiten in der Omerzeit wird vollkommen übergangen, und zwar deswegen, weil es dafür keinerlei rationalen Grund gibt. So hob die Augsburger Synode von 1871 die Beschränkung, dass zwischen Pessach und Schawuot keine Hochzeit gehalten werden dürfe, einstimmig auf. Heute gilt, dass die Bedeutung einer Heirat die unerfreulichen historischen Erinnerungen an Ereignisse des 1. und 2. Jahrhunderts übertrifft, die mit diesen Tagen verbunden sind.[50]

Was nun den Ort der Hochzeitszeremonie angeht, so wurden die verschiedenen Hochzeitsriten ursprünglich, wie gesagt, im häuslichen Rahmen durchgeführt. Genauer: die Antrauung fand im Hause der Braut statt, die Hochzeit im Hause des Bräutigams. Diese Praxis dauerte bis ins spätere Mittelalter fort. Danach wurde die Hochzeitszeremonie, die jetzt immer häufiger *kidduschin* und *nissuin* kombinierte, in die Synagoge verlegt. Das früheste Zeugnis dafür stammt aus der Zeit des Maharil um 1400.[51] Bald wurde jedoch ein anderer Brauch noch populärer: die Hochzeitszeremonie im Hof der Synagoge, unter freiem Himmel. Isserles bemerkt dazu: „[...] manche sagen, dass die *chuppa* unter dem Himmel platziert

---

47 *Isidor Fishman*, Introduction to Judaism, London o. J. [1958], 88–89 und 94–95.

48 Vgl. *Ephraim Zalman ben Menahem Mannes Margolioth*, Sefer Kitsur Mateh Efrayim kolel kol ha-dinim veha-hitnahagut me-r. h. Elul ve-Tishre mi-Sefer Mateh Efrayim, New York o. J.

49 Tischa be-Aw erinnert an Krisensituationen in der jüdischen Geschichte, etwa an die Zerstörung des Zweiten Tempels.

50 *Homolka / Romain* 70.

51 Vgl. *Schauss*, The Lifetime of a Jew, 162 und 164. Maharil ist das Akronym für Jacob ben Moses ha-Levi Molin (geb. um 1360 in Mainz, gest. 1427 in Worms).

werden solle als gutes Omen, dass ihre Kinder so zahlreich sein werden wie die Sterne."[52] Dieser Brauch wurde so allgemein angenommen, dass die orthodoxen Autoritäten es als verbotene „Innovation"[53] betrachteten, als die jüdischen Reformer Anfang des 19. Jahrhunderts die Hochzeitszeremonie wieder in die Synagoge verlegten.[54] Der Chatam Sofer lehnte eine Trauung in der Synagoge als angebliche Nachahmung einer kirchlichen Trauung kategorisch ab.[55] Heute sind jedoch Hochzeiten in der Synagoge im orthodoxen, konservativen und liberalen Judentum die Regel, obwohl es auch erlaubt und insgesamt nicht unüblich ist, die Hochzeit im Hause der Braut, in einem Hotel oder in einem gemieteten Saal abzuhalten, in Israel auch oft in einer Gartenanlage im Freien.

Wo auch immer sie stattfindet – es ist üblich, dass Braut und Bräutigam während der Hochzeitszeremonie unter der *chuppa*[56] stehen. Die *chuppa*, die bereits in der Bibel erwähnt wird,[57] war, wie erwähnt, ursprünglich ein Raum, ein Zelt oder eine Laube, in der die Hochzeit vollzogen wurde. In nachbiblischer Zeit wurde der Eintritt des Brautpaares in die *chuppa* mehr und mehr zu einem nur noch symbolischen Akt, der anzeigte, dass die Braut in den Herrschaftsbereich des Bräutigams übergegangen war: Bereits dieser Eintritt in die *chuppa* selbst, nicht erst der Vollzug der Ehe durch Beischlaf machte die Hochzeit rechtskräftig.[58] Im Mittelalter wurde die *chuppa* im ursprünglichen Sinne gänzlich abgeschafft. Das Wort wurde dann in verschiedener Bedeutung verwendet, nämlich für (a) das erste gemeinsame Mahl des Paares (vgl. u. 4.2), (b) den Brauch, während der Hochzeitszeremonie einen Schleier bzw. Gebetsschal über die Häupter von Braut und Bräutigam zu ziehen und (c) den Hochzeitsbaldachin, wie wir ihn heute kennen, also ein Dach aus Samt oder Seide, das von vier Stangen getragen wird und unter dem das Brautpaar während der Hochzeitszeremonie steht.[59] Symbolisch wird mit diesem nach vier Seiten offenen Trauhimmel auch auf die biblische Erzählung von Abrahams gastfreundlichem Zelt verwiesen.[60] Selbst dieser Hochzeitsbaldachin ist heute allerdings nicht mehr überall üblich. Er kann aber als Symbol für das Haus verstanden werden, das Braut und Bräutigam miteinander erbauen, und als Zeichen der Hoffnung, dass es ein „Zelt des Friedens" sein möge, erfüllt von Gottes Gegenwart.

In talmudischer Zeit stellte sich die Frage nicht, wer die Hochzeitszeremonie leiten sollte: Die Antrauung war eine Transaktion zwischen Bräutigam und Braut,

---

52 ShA, EH 61:1.

53 *Schauss*, The Lifetime of a Jew, 164.

54 *Hirsch Baer Fassel*, Ueber Trauungen in der Synagoge, in: Wissenschaftliche Zeitschrift für jüdische Theologie 4,1 (1839), 36–39.

55 *Mendell Lewittes*, Jewish Marriage – Rabbinic Law, Legend, and Custom, Northvale/London 1997, 91.

56 Zur *chuppa* vgl. auch die Artikel in EJ 1928, Bd. 5, 573–581 und JL, Bd. 1, 1407–1409.

57 Jes 4:5.

58 MT Ishut 10:1; ShA, EH 55:1

59 *Freehof*, Reform Jewish Practice, Bd. 1, 90–91; *Schauss*, The Lifetime of A Jew, 163–164; *Theodor H. Gaster*, The Holy and the Profane – Evolution of Jewish Folkways, New York 1955, 111 ff.

60 Gen 18:1–19.

die in Gegenwart von Zeugen stattfand und bei welcher der Bräutigam die Antrauungsformel mit dem vorangehenden Segen sprach. Die Hochzeit bestand primär darin, das Paar in die *chuppa* zu geleiten. Darauf folgten ein Festmahl und der Hochzeitssegen, der vom Gastgeber oder einem Freund des Brautpaars gesprochen wurde.[61] Das Erstellen des Ehevertrages verlangte oft einen Rechtskundigen und damit die Unterstützung durch einen Rabbiner. Als dann schließlich Antrauung und Hochzeit zusammengefasst und vom Haus in die Synagoge verlegt wurden, war es nur natürlich, dass ein Rabbiner die Zeremonie leitete – wie es heute auch allgemein üblich. Dennoch verlangt das rabbinische Recht bis auf den heutigen Tag nicht, dass ein Rabbiner anwesend sein muss, um der Eheschließung Gültigkeit zu verleihen. Grundsätzlich kann jede kompetente Person bei einer Hochzeit als *mesadder kidduschin* (als „Offiziant") agieren. Es ist üblich, dass der Ortsrabbiner als *mesadder kidduschin* amtiert, auch dann, wenn ein höherrangiger Rabbiner anwesend ist. Handelt es sich bei dem Bräutigam um einen Studenten einer *jeschiwa*, so fungiert gewöhnlich der *rosch jeschiwa*, der Leiter dieser *jeschiwa*, als Offiziant.[62]

Die eigentliche Hochzeitszeremonie wird in der Regel von Psalmen und Bibelversen begleitet, durch die das Geschehen gedeutet wird. So nimmt die Braut ihren Platz zur Rechten des Bräutigams ein, entsprechend dem Psalmwort: „Die Königin steht zu deiner Rechten."[63] Als Grund dafür, weshalb der Bräutigam zuerst eintritt und unter der *chuppa* auf die Braut wartet, wird genannt, dass Gott selbst so gegenüber Israel gehandelt habe: „Der Herr kam von Sinai, um Israel zu empfangen, so wie der Bräutigam heraustritt, um der Braut entgegenzugehen."[64] Bei orthodoxen Juden wird die Braut dreimal um die *chuppa* geführt[65] oder, nach einem anderen Brauch, siebenmal[66], bevor sie ihre Position rechts neben dem Bräutigam einnimmt. Nun heißt der Offiziant das Brautpaar willkommen mit den Worten aus Psalm 118: „Gepriesen sei, der da kommt im Namen des Herrn, wir segnen euch aus dem Hause Gottes."[67] Neben diesen Willkommensworten wird in der Regel auch Psalm 100 gesprochen oder gesungen. Er beginnt mit den Worten: „Lasst für Gott fröhlichen Lärm erschallen, ihr Erden. Dienet Gott mit Freuden. Tretet vor ihn mit Gesang." Es folgt ein Vers eines unbekannten Autors (wohl aus dem 16. Jahrhundert): „Er, der mächtig ist, gepriesen und über allen Dingen, Er möge Bräutigam und Braut segnen." Danach hält der Offiziant zumeist eine Ansprache, die stellvertretend für die Gemeinde die Gefühle von Wertschätzung und Zuneigung gegenüber Braut und Bräutigam und ihre Wünsche für das zukünftige Glück des Paares in Worte fasst, die aber auch die Feierlichkeit der gegenwärtigen Stunde und den Ernst der Verantwortung betont, die Braut

61 MT Ishut 3:23–24; ShA, EH 34:1.

62 *Lewittes*, Jewish Marriage, 91.

63 Ps 45:10.

64 Mekhilta, Bachodesch, Kap. 3 zu Ex 19:17.

65 *Gaster*, The Holy and the Profane, 124–125.

66 *Schauss*, The Lifetime of a Jew, 193; Kizur ShA 147:5.

67 Ps 118:26.

und Bräutigam nun haben werden, gegenüber der Gesellschaft und gegenüber Gott. Ein frühes Beispiel aus dem deutschsprachigen Raum ist die Trauungsrede *Über die Heiligkeit der Ehe* von dem Bamberger Rabbiner Samson Wolf Rosenberg.[68] Eine ähnliche Traurede eines Predigers in deutscher Sprache ist ebenfalls um 1825 auch für Wien belegt. Hier wird dem traditionellen Ritual eine feierliche Erklärung des Hochzeitspaares vorgeschaltet, wie sie bis heute in ähnlicher Weise in nichtorthodoxen Synagogengemeinden üblich ist: „Und nun, geliebte Freunde, – beantworten Sie mir vor Gott dem Allmächtigen, in Gegenwart Ihrer Eltern und Freunde mit voller Geistesruhe und Besonnenheit laut und vernehmlich die folgenden Fragen, die ich Ihnen im Namen der Religion vorlege: 1) Ist es gegenseitige Liebe und freie Neigung des Herzens, die Euch zu dieser ehelichen Bindung bestimmt hat? (Ja.) 2) Ist es Euer fester Vorsatz, diese Gesinnung treu zu erhalten, und zu wachen über die Unschuld Eures Herzens, dass keine Untreue und keine fremde Leidenschaft je entweihe den Bund der Ehe? (Ja.) 3) (an den Bräutigam) Versprichst du zu arbeiten für die Deinigen, zu verwenden alle Kraft und Fähigkeit, die dir Gott verleiht, um zu ernähren, zu ehren, und zu beglücken deine Ehefrau, wie es einem redlichen Manne geziemt und gebührt? (Ja.) 4) (an die Braut) Versprichst du, für das Wohl deines Hauses Sorge zu tragen, den häuslichen Frieden zu bewahren, deinem Manne zu gehorchen, ihn zu ehren und zu lieben in allen Verhältnissen des Lebens? (Ja.) 5) Versprecht Ihr, so Gott Eure Ehe segnet, Eure Kinder zu erziehen in Tugend und in Gottesfurcht, in dem Glauben Eurer Väter, nach den Gesetzen des Vaterlandes? (Ja.) So reichet einander die Hand und bekräftigt das Gelübde Eures Herzens."[69] Diese Bekräftigung ist allerdings ohne rechtliche Bindung und ersetzt nicht den folgenden Trauungsakt.

Der Trauungsakt ist nach dem Jüdischen Recht ein Vollzug, der notwendigerweise ein gewisses Maß an Öffentlichkeit erfordert. Dafür – und dabei besonders für den „Sonderfall" der Zeugenschaft bei der Eheschließung – gibt es bestimmte Regeln, von deren Einhaltung eventuell die Gültigkeit der Trauung abhängen kann. Bevor der eigentliche Akt des *kidduschin* in der Übergabe des Eherings besprochen wird, sollen daher nun diese Regeln erläutert werden.

4.1.2 Zeugen und Öffentlichkeit

Während der Zeremonie ist die Anwesenheit von zwei nach dem Jüdischen Recht anerkannten Zeugen unerlässlich.[70] Ihre Anwesenheit ist ein notwendiges

---

68 *Samson Wolf Rosenberg*, Über die Heiligkeit der Ehe – Eine Trauungsrede, in: Sulamith 7,2 (1825), 385–392.

69 Rituell bei Trauungen der Israeliten in der Synagoge zu Wien, in: Sulamith 7,1 (1825), 396–398.

70 Hier unterscheidet man im Jüdischen Recht zwischen *ede kijum*, d.h. Zeugen, die zum gültigen Zustandekommen eines Rechtsaktes erforderlich sind, und *ede reija*, die eine lediglich beweisrechtliche Bedeutung haben. In diesem Fall handelt es sich um *ede kijum*. Der *kidduschin* ist also ungültig, wenn sie nicht anwesend waren, auch wenn Mann und Frau bestätigen, dass ein *kidduschin* gewollt war. Vgl. MT Ishut 4:6; ShA, 42:2.

Moment des Rechtsakts selbst, und nach herrschender Meinung ist der *kidduschin* ungültig, wenn nur ein Zeuge anwesend war. Diese beiden Zeugen müssen praktizierende Juden sein und alle Voraussetzungen zur Zeugenschaft mitbringen, die auch sonst für Zeugen verlangt werden.[71] Nicht zugelassen als Zeugen werden nach dem rabbinischen Recht (außer Nichtjuden) als *passul* („untauglich"), beispielsweise Frauen, Minderjährige, Blinde, Taubstumme, Unzurechnungsfähige und die Verwandten der Parteien.[72] Als ungeeignete Verwandte (*kerowim*) gelten in diesem Falle Vater, Stiefvater, Schwiegervater, Sohn, Stiefsohn, Bruder, Schwager und Onkel.[73] Ebenfalls nicht als Zeugen anerkannt werden Sünder.[74] Es heißt nämlich im Buch Exodus: „Du sollst deine Hand nicht dem Gesetzlosen reichen, um ein ungerechter Zeuge zu sein."[75] Die Mischna zählt zu den „Sündern" in diesem Sinne verschiedene Übeltäter wie Spieler und Wucherer.[76] Ganz ähnlich heißt es in Ex 23:7: „Vom Lügenwort halte dich fern." Was dies im Einzelnen bedeuten kann, wird mit Bezug auf die Lüge vor Gericht unter anderem im Talmudtraktat Schewuot 30b–31a erläutert.

Die Klausel, die Sünder ausschließt, zieht jedoch eine besondere Schwierigkeit nach sich. Die Kodizes erweitern die Definition der Mischna nämlich dahingehend, dass jeder als Sünder (*rascha*) gilt, der aus freien Stücken eine Übertretung begeht, für welche die Tora eine schwere Strafe vorsieht.[77] Zu diesen Übertretungen gehört auch die Nichtbeachtung bestimmter ritueller Regelungen. Dadurch erweitert sich der Kreis der Personen, die als Zeugen ungeeignet sind, ganz erheblich. Und grundsätzlich gilt ja: Gelten die Zeugen als nicht vertrauenswürdig, dann verhält es sich so, als hätte es keine Zeugen gegeben, das heißt die Ehe wird als ungültig angesehen.[78] Diese Problematik hat weitreichende Folgen im Hinblick auf das Verhältnis zwischen dem orthodoxen Judentum und den anderen jüdischen Strömungen. Aus der Sicht des orthodoxen Judentums werden nichtorthodoxe Eheschließungen nämlich bisweilen als ungültig betrachtet, und zwar mit der Begründung, dass die Zeugen dadurch, dass sie wichtige rituelle Vorschriften nicht einhielten, als Zeugen nicht geeignet seien. Diese strikte Haltung hat sich, wie andere Regelungen auch, erst im Laufe der Geschichte herausgebildet: Aus den Papyri von Elephantine ergibt sich, dass dort damals auch Nichtjuden als vollwertige Zeugen anerkannt wurden. Ludwig Blau folgert: „In vorchristlicher Zeit werden sicherlich auch die Juden Palästinas die Zeugnisfähigkeit von Heiden nicht beanstandet haben", und belegt, dass in rabbinischer Zeit auch Samaritaner als Zeugen zugelassen waren, bis den Juden Palästinas im

71 ShA, EH 42:5.

72 M Sanh 3:4; MT Edut 9:1; 13–14; ShA, HM 33:2 ff.

73 M Sanh 3:4; MT Edut 13–14; ShA, HM 33:2.

74 MT Edut 9:1; ShA, HM 33–34.

75 Ex 23:1.

76 M Sanh 3:3; M RH 1:8.

77 MT Edut 10:2–3; ShA, HM 34:2.

78 MT Ishut 4:6; ShA, EH 42:5.

Zuge der Religionsverfolgungen unter Kaiser Hadrian ihre eigene Zeugnisfähigkeit genommen wurde.[79]

Die liberale Position hierzu führt die Augsburger Synode von 1871 klar aus. Auf den Appell von Rabbiner Leopold Löw (Szegedin) hin: „Fürchten Sie den Widerstand der Orthodoxie nicht, schließen Sie intelligente Männer, welche im Leben Achtung genießen und in Ansehen stehen, als Zeugen nicht mehr aus, wenn sie nicht so leben, wie wir gerne sehen würden", wurde einstimmig beschlossen, wegen ritueller Übertretungen niemand mehr als Zeugen bei Trauungen auszuschließen.[80] Die strengen Regeln für die Qualifikation als Zeugen waren früher notwendig als rechtliche Statusabsicherung des Ehepaares und seiner Kinder. Mit dem Schutz, den heute das staatliche Recht der jüdischen Ehe gewährt, hat dieser Gesichtspunkt einen großen Teil seiner früheren Bedeutung verloren. Das liberale Judentum lehnt daher – obwohl es an der Regel festhält, dass zwei Zeugen erforderlich sind – die Anwendung legalistischer Kriterien generell ab, wenn es darum geht, zu beurteilen, ob jemand als Zeuge geeignet ist. So erscheint beispielsweise auch die traditionelle Regel, dass Frauen als Zeugen nicht infrage kommen, aus der Sicht des liberalen Judentums als antiquiert und inakzeptabel; die Frau soll vielmehr im Hinblick auf ihren Status nicht vom Mann unterschieden werden. Selbst Verwandte werden normalerweise nicht von der Zeugenschaft ausgeschlossen. Was die „Übeltäter" angeht, so vertritt das liberale Judentum die Haltung, dass die wesentliche Qualifikation zur Zeugenschaft in der persönlichen Glaubwürdigkeit liegt. So gesehen wäre also eine notorisch unehrliche oder unmoralische Person davon ausgeschlossen; die rituelle Observanz hingegen wäre in diesem Zusammenhang kein Kriterium. Die unterschiedliche Handhabung dieser Frage stellt jedoch einen religionsgesetzlichen Reibungspunkt zwischen orthodoxer Minderheit und nichtorthodoxer Mehrheit im Judentum dar, der auch unter emotionalem Aspekt eine nicht geringe Tragweite hat.[81]

Die konservative und liberale Praxis hinsichtlich der Zeugen bei der Eheschließung kann zur Folge haben, dass die in solchen Synagogengemeinden geschlossenen Ehen in orthodoxen Kreisen nicht anerkannt werden. Doch selbst wenn die religiöse Trauung in nichtorthodoxen Synagogen nach orthodoxer Rechtsauslegung ungültig wäre, berührte dies den Status der Kinder nicht. Denn es gäbe noch immer starke Gründe im rabbinischen Recht, wonach die Partner als gültig verheiratet angesehen werden müssten: Sie leben ja nach der Hochzeit mit Wissen der Gemeinde (*anan sahadei*, „wir sind Zeugen") als Mann und Frau zusammen,[82] und es sei daran erinnert, dass auch der Beischlaf in der Absicht,

---

79 *Ludwig Blau*. Jüdische Ehescheidung und der jüdische Scheidebrief – Eine historische Untersuchung, Budapest 1911, 59.

80 Bericht über die zweite Synode, 592.

81 Vgl. dazu *Freehof*, Recent Reform Responsa, 194–203 (42: Orthodox Aspersions Against Reform Marriages).

82 *Mark Washofsky*, Against Method – Liberal Halakha Between Theory and Practice, in: Walter Jacob (Hrsg.), Beyond the Letter of the Law – Essays on Diversity in the Halakha, Pittsburgh 2004, 37.

damit eine Ehe einzugehen, post factum eine gültige Ehe herstellt.[83] Insofern gewinnt die Möglichkeit der Trauung durch Beischlaf – die, wie erläutert, in direkter Intention heute nicht mehr praktiziert wird – subsidiär doch wieder eine rechtliche Relevanz.

Unterschiede zwischen den verschiedenen Strömungen im Judentum gibt es auch bezüglich der Frage nach dem rechtlichen Status der Öffentlichkeit der Eheschließung. Grundsätzlich muss die Eheschließung jedenfalls öffentlich geschehen. Die Forderung nach Öffentlichkeit wurde im ausgehenden Mittelalter bekräftigt, um heimliche Ehen sowie Missbrauch, Ungenauigkeiten und Täuschungen bei der Eheschließung zu vermeiden. Ein Anlass dafür war etwa die Vertreibung von der Iberischen Halbinsel, in deren Folge sich im Mittelmeerraum neue Emigrantengemeinden konstituierten, in denen keine gewachsene soziale Kontrolle gegeben war und zahlreiche *takkanot* zur Öffentlichkeit der Eheschließung erlassen wurden.[84]

Im konservativen Judentum wird ebenfalls die Anwesenheit eines *minjan* empfohlen; dort werden jedoch auch die anwesenden Frauen mitgezählt. Das liberale Judentum hält die Anwesenheit von mindestens zehn Personen nicht für rechtlich notwendig. Die Öffentlichkeit und damit Unzweifelhaftigkeit der Heirat wird garantiert, wenn eine Ziviltrauung vorangegangen war oder die Eintragung ins zivile Eheregister erfolgt ist.[85] Dennoch raten auch liberale Dezisoren dazu, die Zehnzahl einzuhalten, weil dies der Würde und Heiligkeit der Stunde angemessen sei.[86] In dem seltenen Fall, dass bei der Hochzeit keine zehn mündigen Juden und Jüdinnen anwesend sind, findet in liberalen Gemeinden dennoch der herkömmliche Traugottesdienst mitsamt den sieben Lobsprüchen statt, denn jede Kürzung würde das betroffene Paar tief verletzen.[87] Es kann darauf verwiesen werden, dass grundsätzlich auch ein Gottesdienst, bei dem kein *minjan* zugegen ist, *bedi'avad*, also im Nachhinein, Gültigkeit hat.[88] In traditionellen Kreisen hingegen wird in dem Fall, dass kein *minjan* anwesend ist, die siebenteilige *birkat chatanim* verkürzt und nur der letzte Segensspruch vorgetragen.[89]

Zu den *minhagim* von institutionellem Rang gehört auch der Brauch des „Brautführers". Die Bibel erwähnt beispielsweise, dass Simson bei seiner Hochzeit 30 „Gefährten" bei sich hatte.[90] In der rabbinischen Literatur wird dann der *schow-*

---

83 Vgl. o. 4.1 (1).

84 *Abraham Hayyim Freimann*, Seder kidushin ve-nisuin ahare hatimat ha-Talmud – Mehkare historidugmati be-dine Yisra'el, Jerusalem 1944, 102–105, 160.

85 *Freehof*, Reform Jewish Practice, Bd. 1, 88–89.

86 *Washofsky*, Jewish Living, 19–22.

87 *Homolka / Romain* 131.

88 Vgl. bT Sof 10:8 und ShA, EH 34:4; *Jacob* (Hrsg.), Contemporary American Reform Responsa, 283–284 (189: A Minyan at a Wedding Ceremony).

89 *Lewittes*, Jewish Marriage, 92.

90 Ri 14:11.

schewin, also der Mann, der den Bräutigam zur *chuppa* führt, häufig erwähnt. Eine frühe Quelle spricht gar von zwei „Brautführern" – einer für den Bräutigam und einer für die Braut.[91] In späterer Zeit entstand der Brauch, dass Braut und Bräutigam jeweils von einem verheirateten Paar zur *chuppa* geführt wurden, das bei den deutschsprachigen Juden als „Unterführer" bezeichnet wurde: „Die ‚Unterführer' geleiten dann den Bräutigam zur ‚Chuppah', wobei die vorausschreitende Musikkapelle entsprechende Weisen spielt. Nachher begibt sich die Musik in das Haus der Braut, um diese abzuholen. Sie wird von den ‚Unterführerinnen' geleitet. Die Braut und ihre Begleiterinnen umkreisen den Bräutigam siebenmal. Ist eines der Brautleute Waise, so wird auf dem Weg zur Chuppah dreimal Halt gemacht. In manchen Orten wird in solchem Falle unter der Chuppah vor der Trauung das Totengebet ‚Gott, der du bist voller Gnaden' [*el male rachamim*] vom Chasan vorgetragen; die herzergreifende Melodie macht da einen besonders erschütternden Eindruck. Die Eltern, und in Ermangelung dieser ein Aeltester der Gemeinde, segnen mit leiser Stimme vor der Trauung das Brautpaar. Darauf wird der Trauungsakt in der üblichen Weise vollzogen [...]"[92] Heute ist es gewöhnlich der Vater, der die Braut zur *chuppa* führt, oft gefolgt von einer oder mehreren Brautjungfern, während der Bräutigam von den Trauzeugen begleitet wird. Während der Zeremonie können die Eltern beider Partner dann zu beiden Seiten des Brautpaares unter der *chuppa* stehen oder die Pfosten des Trauhimmels halten. Im chassidischen Milieu sind es ausschließlich die beiden Väter und die beiden Mütter, die den Bräutigam und die Braut zur *chuppa* begleiten; alles andere gilt dort als „gojisch" bzw. als Nachahmung nichtjüdischer Bräuche.[93]

In nichtorthodoxen Kreisen kommt gelegentlich die Frage auf, ob Nichtjuden als Brautführer zugelassen werden dürfen. Da die Brautführer keine Zeugen sind bzw. keine rechtlich relevante Rolle spielen, können in liberalen Synagogen Nichtjuden, also auch die nichtjüdischen Eltern einer konvertierten Braut oder eines konvertierten Bräutigams, mit unter der *chuppa* stehen.[94]

4.1.3 Die Übergabe des Eherings

Der zentrale Akt in der jüdischen Hochzeitszeremonie besteht darin, dass der Bräutigam der Braut den Ring übergibt. Diese symbolische Handlung wird vom Eheversprechen begleitet. Während der Hochzeitsring im Christentum eine längere Tradition hat – er wird bereits bei den Kirchenvätern erwähnt und ist möglicherweise von den Römern übernommen worden –, handelt es sich im Judentum um eine nachtalmudische Entwicklung. Allerdings hat die Übergabe des Rings auch eine historische Wurzel, die weit in die jüdische Geschichte zurückweist.

91 T Ket 1:4; bT Ket 12a.

92 *Bar-Ami* 1109–1110.

93 *Lewittes*, Jewish Marriage, 89.

94 *Freehof*, Reform Responsa, 190–191 (45: Gentile Bridesmaids).

Sie ersetzt nämlich die in früherer Zeit übliche Zahlung eines Brautpreises (*mohar*), den ursprünglich der Bräutigam oder sein Vater an den Vater der Braut zahlen musste.[95] Dieser *mohar* wurde manchmal auch ganz oder zum Teil der Braut selbst gegeben.[96] Oft überreichte der Bräutigam zusätzlich ein Geschenk.[97] Umgekehrt konnte die Braut Geschenke von ihrem Vater in die Ehe mitbringen, aus denen sich in nachexilischer Zeit die Mitgift entwickelte.[98] Der Kaufpreis selbst nahm im Laufe der Zeit immer mehr symbolische Gestalt an; am Ende genügte ein beliebiges Objekt im Wert von mindestens einer *pruta* (der kleinsten Kupfermünze), das der Braut vom Bräutigam überreicht wurde.[99] Schließlich, seit dem 7. oder 8. Jahrhundert,[100] wurde dann der Trauring üblich, der im jüdischen Bereich vorher weitgehend unbekannt gewesen war. Er hatte den großen Vorteil, zugleich handlich und von Geldwert sowie ein Schmuckstück mit symbolischem Wert zu sein. Die Bedeutung, die der Trauring seit der Zeit der Tosafisten hat, hat Salomon B. Freehof in einem Responsum nachgezeichnet.[101]

Bei dieser Entwicklung gilt es zu beachten, dass der ursprüngliche Status des Kaufpreises dabei nicht gänzlich verloren ging: Einige seiner Funktionen gingen auf den späteren Ehevertrag über, der möglicherweise schon zu biblischen Zeiten schriftlich fixiert wurde. Rechtlich muss er jedoch streng getrennt gesehen werden von dem symbolischen *mohar* in der Gestalt der Übergabe des Eherings. Der Ehevertrag ist nämlich für die Gültigkeit der jüdischen Ehe nicht entscheidend; der Vollzug des *kidduschin* dagegen ist unbedingt notwendig für ihre Rechtswirksamkeit, ja das zentrale Element des Rechtsaktes. Der *kidduschin* hat unmittelbar mit dem göttlichen Ursprung des Instituts der Ehe zu tun, während der Ehevertrag sozusagen als profane Angelegenheit gilt. Die Auseinandersetzung mit dem biblisch-talmudischen Eherecht hat noch Anfang des 20. Jahrhunderts aufseiten nichtjüdischer Wissenschaftler zur Polemik gegen die „monströse" Form des Erwerbs durch Beischlaf und gegen die sogenannte Kaufehe geführt, auf die u. a. Max Eschelbacher ausführlich reagierte.[102]

Bevor die eigentliche Übergabe des Eherings stattfindet, wird der Antrauungssegen (*birkat erussin*) gesprochen – in früheren Zeiten vom Bräutigam selbst,[103] heute im Allgemeinen vom Rabbiner, der der Feier vorsteht. Der Trauungssegen wird traditionell auf Hebräisch über einen Becher Wein gesprochen, von dem

95 Gen 34:12; Ex 22:15–16.

96 Gen 24:53; 31:14–15.

97 Gen 34:12.

98 Jos 15:16–19; vgl. Tob 8:19–21.

99 *Mielziner* 79.

100 *Israel Abrahams*, Jewish Life in the Middle Ages, New York 1958, 199; *Falk*, Jewish Matrimonial Law, 62, Anm. 2.

101 *Solomon B. Freehof*, Today's Reform Responsa, Cincinnati 1990, 150–152 (Enquiries Nr. 7: The Wedding Ring).

102 *Max Eschelbacher*, Zur Geschichte des biblisch-talmudischen Eherechts, in: Monatsschrift für Geschichte und Wissenschaft des Judentums 65,6 (1921), 299–322.

103 MT Ishut 3:23; ShA, EH 34:1.

dann beide, Bräutigam und Braut, nippen.[104] Die Segensformel hat im Laufe der Zeit einige leichte Abänderungen erfahren.[105] Im Folgenden sei der Trauungssegen in einer deutschsprachigen Fassung von 1930 zitiert:[106]

I. Die Angelobung. Der die Trauung Leitende spricht: „Gelobt seist Du, Ewiger, König der Welt, der die Frucht des Weinstocks erschafft.
Gelobt seist Du, Ewiger unser Gott, König der Welt, der uns durch seine Gebote geheiligt hat und uns Vorschriften gegeben hat über verbotene Verbindung [arajot], der uns Gemeinschaft verboten mit nur Angelobten und Gemeinschaft gestattet mit den durch Traugemach und Heiligung Vermählten. Gelobt seist Du, Ewiger, der sein Volk Israel weiht durch Traugemach und Heiligung." Das Brautpaar trinkt aus dem ersten Becher.

Der Brauch, dem eigentlichen Segensspruch als Ausdruck der Freude einen Segen über den Wein vorauszuschicken, stammt aus nachtalmudischer Zeit. Dieser Antrauungs-Segen (ganz gleich, ob mit oder ohne Segensspruch über den Wein) ist aber durchaus keine conditio sine qua non: Würde man ihn auslassen, so würde dadurch die Antrauung nicht ungültig.[107] Der einzig und allein für das Antrauungs-Versprechen entscheidende Akt ist die Übergabe des Eherings, zu welcher der Ehemann die dazugehörige Antrauungsformel spricht.

II. Die Ringgabe. Der Bräutigam spricht zur Braut: „Du seist mir angeheiligt durch diesen Ring nach dem Gesetze Moses und Israels."[108]

Diese feststehende hebräische Formel lautet in Umschrift: „Harej at mekudeschet li be-taba'at so ke-dat Mosche we-Israel." Diese Erklärung des Bräutigams gegenüber der Braut und vor zwei Zeugen ist das wesentliche Moment der Zeremonie. Der amtierende Offiziant sollte sie dem Bräutigam übersetzen, bevor der ihm die hebräische Formel Wort für Wort nachspricht. Es ist jedoch nicht unbedingt notwendig, dass diese Formel in ihrem genauen Wortlaut gesprochen wird. Der Mann kann vielmehr jede Formulierung wählen unter der Voraussetzung, dass daraus die Verehelichungsabsicht klar hervorgeht und dass beide – Mann und Frau – sich darüber im Klaren sind, dass es sich um eine Verehelichung nach mosaischem Recht handelt.[109] Wichtig ist allein, dass der Mann das Wort „mir" benutzt.[110]

Auch der Blick in die Geschichte zeigt, dass die Formel seit jeher flexibel gewesen ist. So geht der Ausdruck „nach dem Gesetz Moses und Israels" zwar bereits auf

104 bT Ket 7b.
105 MT Ishut 3:24; ShA, EH 34:1.
106 Der Trausegen – Verdeutschung des seit alters üblichen Rituals bei der jüdischen Trauung, in: Der Morgen 6,5 (1930), 445–446.
107 Ishut 3:23; ShA, EH 34:3.
108 Der Trausegen, in: Der Morgen 6,5 (1930), 445–446.
109 *Walter Jacob* (Hrsg.), Questions and Reform Jewish Answers – New American Reform Responsa, New York 1992, 353–354; *Washofsky*, Jewish Living, 165.
110 bT Qid 5b–6a; ShA, EH 27:1–7; *Goldfine*, Eherecht, 22.

die Tosefta zurück,[111] aber als üblicher Teil der Antrauungsformel scheint er sich erst im 12. Jahrhundert durchgesetzt zu haben.[112] In talmudischer Zeit lautete das Eheversprechen normalerweise: „Sei mir angetraut durch dieses Objekt“[113], wobei der Wortlaut im Einzelnen variabel blieb. Beispielsweise konnte der Bräutigam sprechen: „Du bist mir angetraut“ oder „Du bist mein Weib“ oder „Ich bin dein Mann“ usw.[114] Isserles sagt schließlich „nach dem Gesetz des Mose und Israels“.[115] Nach den Kodizes kommt es nicht darauf an, welche Worte der Bräutigam verwendet, solange die Braut die Absicht erkennt. Daher sollte er sich einer Sprache bedienen, die der Braut geläufig ist. Rein rechtlich ist die Antrauung sogar dann gültig, wenn er gar nichts sagt, vorausgesetzt, er gibt der Braut einen Ring und sie versteht den Sinn dieser Handlung.[116]

Die Sitte, den Ring an den Zeigefinger der rechten Hand der Braut zu stecken, geht auf den deutschen Rabbiner Moses Halevi Mintz (1415–1480) zurück. Da der Zeigefinger für die Trauzeugen deutlich zu sehen ist, wird der Ring dort angesteckt.[117] Nach der Zeremonie wird er aber traditionsgemäß am linken Ringfinger getragen. Da der Mann der Frau diesen Ring übereignen muss, muss der Ring in seinem Eigentum stehen. Eine weitere traditionelle Meinung verlangt, dass der Hochzeitsring einfach und glatt, also nicht mit kostbaren Steinen verziert sein soll, weil der Wert von Edelsteinen schwer zu ermitteln ist.[118] Dadurch sollten Streitigkeiten über den Wert des Rings vermieden werden.

Es wird auffallen, dass die Rolle der Braut in der Vermählungszeremonie traditionell passiv ist: Sie erhält den Ring, sagt aber nichts. Der Talmud rechtfertigt dies damit, dass es in der Natur des Mannes liege, die Initiative zu ergreifen, und weist darauf hin, dass es in Deuteronomium 22:13 heißt: „Wenn jemand eine Frau nimmt“ und nicht: „Wenn ein Weib sich einen Mann nimmt“.[119] Im liberalen Judentum wird ein wechselseitiger Austausch von Eheringen jedoch dringend empfohlen. Die Augsburger Synode von 1871 fasste unter Federführung von Rabbiner Joseph Aub aus Berlin den Beschluss, dass, „wo es gewünscht wird, auch die Braut – nachdem nämlich der Bräutigam die eigentliche Trauungsformel (Harei) gesprochen habe, ebenfalls einen Trauungsring ihrem Gatten überreichen dürfe“.[120] Aber auch im konservativen Judentum ist man schon seit Langem dazu übergegangen, der Braut einen aktiveren Part in der Hochzeitszeremonie

111 T Ket 7:6.

112 *Mielziner* 79 (Anm.)

113 M Qid 2:1.

114 bT Qid 5b.

115 Isserles zu ShA, EH 27:1 unter Berufung auf den *Kol Bo* („Alles steht darin“), einen liturgischer Kodex, dessen Verfasser unbekannt ist. Möglicherweise war es Rabbi Aaron Hakohen von Lunel, 14. Jahrhundert.

116 Ishut 3:8; ShA, EH 27:1.

117 *Moses ben Isaac Mintz*, Teshuvot Maharam Mints, Nr. 109.

118 ShA, EH 31:2.

119 bT Qid 2b.

120 Bericht über die zweite Synode, 591.

zu übertragen, und hat den Ringtausch als geläufige Antrauungspraxis durchgesetzt. Der Ring, den die Braut dem Bräutigam übergibt, darf auch geborgt sein.[121] Außerdem ist es üblich geworden, dass die Braut das Eheversprechen in ähnlichen Worten wiederholt, auf Hebräisch oder in der Landessprache. In vielen liberalen jüdischen Gemeinden spricht die Braut den Vers aus dem Hohelied: „Ani le-dodi we-dodi li" („Ich gehöre meinem Geliebten an und mein Geliebter mir"). Dieser Brauch geht bereits auf das 19. Jahrhundert zurück, auch wenn ein entsprechender Vorschlag auf der Augsburger Synode von 1871 noch verworfen wurde.[122] Diese Synode erklärte aber, dass „in jenen Staaten, wo keine Civiltrauung besteht, der Copulirende, bevor er die oben erwähnt Trauungsformel sprechen lässt, an jede Person des Trauungspaares die Frage nach ihrer Einwilligung zu dem ehelichen Bunde zu stellen habe, was von der betreffenden Person nur mit einem einfachen Ja zu beantworten sei".[123]

4.1.4 Die *ketubba*

Im Anschluss an den Trauungsakt folgt traditionsgemäß das Verlesen des Ehevertrages, der *ketubba* („das Geschriebene"). Es markiert im Ablauf der Zeremonie gewissermaßen die Grenze zwischen Antrauung und Heirat, zwischen *kidduschin* und *nissuin*. Die *ketubba* wird hier im Kontext des *kidduschin* besprochen, da sie aus rechtlicher Sicht eher diesem zugeordnet werden kann.

Der Ehevertrag ist ein Dokument, das die sich aus der Heirat ergebenden Rechte und Pflichten regelt. Zu den Pflichten des Ehemannes gehört auch die Verpflichtung, seiner Ehefrau im Falle der Scheidung oder seines Todes einen bestimmten Geldbetrag zu übereignen, und die Bezeichnung für diesen Betrag lautet ebenfalls *ketubba*.

Eheverträge gab es wahrscheinlich bereits in biblischer Zeit. Ein Grund für diese Annahme ist, dass die Hebräische Bibel zwar keinen Ehevertrag, jedoch ein Scheidungsdokument[124] erwähnt, und es ist unwahrscheinlich, dass das Zweite ohne das Erste existiert hat. Eheverträge werden auch bereits im Kodex des Hammurabi (um 1700 v. d. Z.) erwähnt.[125] Der älteste erhaltene Text einer *ketubba* stammt aus der Zeit um 440 v. d. Z. aus Ägypten und belegt dessen Verwendung lange vor rabbinischer Zeit; er gehört zu den Papyri von Elephantine (Yeb), einer jüdischen Militärkolonie in Südägypten. Die aramäischen Formeln in diesem Papyrus, der in der Literatur als Papyrus G von Assuan bezeichnet wird, entsprechen vielen späteren Formeln im Talmud. So gibt der Bräutigam gegenüber dem Vater der Braut die folgende Erklärung ab: „Ich kam in Dein Haus, damit Du mir Deine Tochter Mibtachja zur Ehe gibst. [...] Sie ist mein Weib, und ich bin ihr

121 *Washofsky*, Jewish Living, 165.

122 Bericht über die zweite Synode, 591.

123 Bericht über die zweite Synode, 591.

124 Dtn 24:3.

125 *Blau* 21.

Mann, von heute an bis in die Ewigkeit."[126] Der Ehekontrakt von Assuan regelt auch bereits die Möglichkeit der Ehescheidung.[127]

Ketubbot waren zur Zeit des Zweiten Tempels in jedem Fall üblich und werden im apokryphen Buch Tobit 7:14 erwähnt.[128] Im Talmud ist umstritten, ob die *ketubba* als biblische oder als rabbinische Anordnung zu betrachten ist.[129] Zu Beginn der rabbinischen Zeit führte Simon ben Schetach (um 120–40 v. d. Z.) als Vorsitzender des Sanhedrins eine wichtige Neuerung ein: Bisher war es üblich gewesen, im Ehevertrag die Summe festzulegen, die als Kaufpreis für die Braut an deren Vater zu zahlen war. Jetzt trat an die Stelle dieses Brautpreises (*mohar*) eine Art Pfand, nämlich ein ebenfalls genau bestimmter Geldbetrag, welcher der Frau ausbezahlt werden musste, wenn der Mann starb oder sich von ihr scheiden ließ.[130] Spätestens seit dem 1. Jahrhundert v. d. Z. diente der Heiratsvertrag vor allem dem Schutz der Frau. Da sich Männer jederzeit scheiden lassen konnten, erachtete es der Sanhedrin für notwendig, die betroffenen Frauen finanziell abzusichern. Der hauptsächliche Zweck der damals neu eingeführten Regelungen bestand darin, zu verhindern, dass die Männer sich leichtfertig von ihren Frauen trennten.[131] Diese Reform spiegelt zugleich das Bemühen wider, die Frau besser zu schützen, sowie die Tatsache, dass ihr Status sich verbessert hatte. Die im Falle von Tod oder Scheidung zu zahlende Geldsumme, die als *ikkar ketubba* („wesentlicher Teil der *ketubba*") bezeichnet wurde, betrug mindestens 200 *susim*, wenn die Braut noch Jungfrau war,[132] sonst mindestens 100 *susim*.[133] Vom Bräutigam wurde jedoch erwartet, dass er diese Mindestsumme noch freiwillig um einen zusätzlichen Betrag vermehrte, der als *tossefet ketubba* („Zusatz zur *ketubba*") bezeichnet wurde. Er entsprach im Allgemeinen dem Wert der Mitgift der Braut (*nedunia*).[134] In talmudischer Zeit konnte die in der *ketubba* festgesetzte Summe nur aus dem Grundbesitz des Mannes geschöpft werden; doch die Geonim setzten die Regel durch, dass es auch aus seinen beweglichen Gütern entnommen werden durfte.[135]

Bei alldem bleibt selbstverständlich zu bedenken, dass finanzielle Ansprüche der Parteien erst nach der Heirat (*nissuin*) entstehen. So hat die Frau z. B. keinen Anspruch auf Unterhalt seitens des ihr lediglich angetrauten Mannes (*erus*), und der Mann hat kein Zugriffsrecht auf das Vermögen der ihm erst angetrauten

126 *Blau* 14; *Schauss*, The Lifetime of a Jew, 140, vgl. auch 130 und Anm. 142.

127 *Blau* 20.

128 EJ 1928, Bd. 6, 243.

129 bT Ket 10a.56a.

130 T Ket 12:1; pT Ket 8:11; bT Ket 82b; vgl. *Schauss*, The Lifetime of a Jew, 144. Eine historische Einordnung der Simon ben Schetach zugeschriebenen Neuerung findet sich bei *Bernard S. Jackson*, Problems in the Development of the Ketubah Payment – The Shimon ben Shetah Tradition, in: Catherine Hezser (Hrsg.), Rabbinic Law in Its Roman and Near Eastern Context, Tübingen 2003, 199–225.

131 bT Jeb. 89a; MT Ishut 10:7.

132 MT Ishut 10:7.

133 M Ket 1:2.

134 MT Ishut 10:7, ShA, EH 66:7.

135 *Gulak*, Bd. 3, 62.

Frau (*erusa*). Ist die Frau nach dem *kidduschin*, aber vor dem *nissuin* gestorben, beerbt er sie nicht und ist auch nicht verpflichtet, für ihr Begräbnis zu sorgen. Stirbt der *erus* während dieser Zeit oder hat er die *erusa* verstoßen, so hat diese kein Anrecht auf die Zahlung der in der *ketubba* festgelegten Pfandsumme.

Der Ehevertrag wird vom Bräutigam und zwei Zeugen unterschrieben. Als Antrauungs- und Hochzeitszeremonie miteinander kombiniert wurden, wurde es üblich, die *ketubba* unmittelbar vor der kombinierten Zeremonie zu unterzeichnen und sie vom *mesadder kidduschin* zwischen den beiden Teilen der kombinierten Zeremonie verlesen zu lassen.[136] Sie muss daher noch vor der Hochzeit fertiggestellt sein.[137] Dass sie laut vorgelesen wird, ist in orthodoxen Synagogen bis heute üblich, aber für ihre Rechtsgültigkeit nicht wesentlich. Traditionell wird die *ketubba* in aramäischer Sprache verfasst. Der eigentliche Text hat im Laufe der Geschichte eine gewisse Anzahl an Veränderungen durchlaufen und variiert auch in den einzelnen Gemeinden leicht. Das Folgende ist ein Beispieltext in der traditionellen aschkenasischen Form:

„Am … Tage der Woche, dem … des Monats N. N. im Jahre 5600 und … nach der Weltschöpfung und nach der Zählung, die hierorts, in der Stadt N., üblich ist – [bezeugen wir], dass Herr N., Sohn des Herrn N., zu der Jungfrau [oder zu der Witwe] N., Tochter des Herrn N., gesagt hat: ‚Sei mir zur Frau nach dem Gesetze Moses und Israels. Ich will für dich arbeiten, dich in Ehren halten, dich ernähren und versorgen nach der Weise der jüdischen Männer, die für ihre Frauen arbeiten, sie in Ehren halten, ernähren und versorgen in Redlichkeit. Auch bestimme ich dir die Morgengabe deiner Jungfräulichkeit auf zweihundert Silber Sus …, die dir nach der Thora … zukommt; ebenso deine Kost, Kleidung und deinen sonstigen Bedarf … Da hat auch die Jungfrau ihre Einwilligung dazu erklärt; sie wolle ihm eine Ehefrau sein. In Bezug auf das Heiratsgut, das sie ihm aus dem Hause ihres Vaters mitbrachte, an Silber, Gold, Putzgegenständen, Kleidungsstücken, Hausgeräten, Bettzeug …, im Betrage von … hat der Bräutigam erklärt, ihr eine ebensolche Summe hinzuzufügen, dass die Summe des Ganzen … betragen soll. Also sprach Herr N., der Bräutigam: ‚Ich übernehme für mich und meine Erben nach mir die Gewähr für die gesetzliche Verschreibung [ketubba] und die Mehrzulage [tosefta], dass dieselben von den besten und vorzüglichsten Besitzungen, die ich auf Erden habe, schon erworben oder erst erwerben werde, von den beweglichen oder unbeweglichen bezahlt werden sollen. Alle sollen für dieselben verpfändet sein, um von ihnen obige Verschreibung und gemachte Mehrzulage bezahlt zu nehmen, sogar von dem Mantel auf meinen Schultern bei meinem Leben oder nach meinem Tode von heute ab und weiter. So hat Herr N., der Bräutigam, die Gewähr für die Verschreibung [der gesetzlichen Morgengabe], das Heiratsgut und die Mehrzulage nach der Strenge aller [anderen] Verschreibungen und Mehrzulagsurkunden übernommen, wie sie bei den Töchtern Israels üblich sind und nach Anordnung unserer Weisen abgefasst wurden, nicht als eine Scheinzusage und nicht als nur ein Urkundenformular. Wir haben von dem Bräutigam Herrn N., Sohn des H. N., und von der Braut

136 ShA, EH 62:9.

137 MT Ishut 10:7; ShA, EH 55:6.

Jungfrau N., Tochter des H. N., die Zeremonie des Besitzerwerbes gesetzlich vollzogen. ‚Alles ist rechtskräftig.'"[138]

Wenn auch einst festgelegt wurde, dass der Mann „nicht einmal eine Stunde ohne *ketubba* mit seiner Frau leben dürfe"[139] und bei ihrem Verlust eine neue *ketubba* erstellt werden müsse, so muss hier dennoch betont werden, dass die Gültigkeit der Ehe im Sinne des religiösen Instituts nicht von der Existenz einer *ketubba* abhängt.

Im Zusammenhang mit der *ketubba* gibt es eine Reihe von Gewohnheiten und Gebräuchen, die teils mehr, teils weniger verbreitet sind. So empfahl Joseph Hermann Hertz (1872–1946), der Oberrabbiner des British Empire, lediglich den ersten Teil der *ketubba* zu verlesen, den finanziellen Teil dagegen auszulassen.[140] Unter streng orthodoxen Juden wird die *kabbalat kinjan* als weiterer Schritt in die Zeremonie eingeschaltet, um noch einmal die Gültigkeit des Rechtsakts zu bekräftigen, bevor die Zeugen die Urkunde unterschreiben. Heutzutage hält dabei der *mesadder kidduschin* während der Verlesung der *ketubba* das eine Ende eines Taschentuchs, der Bräutigam das andere. Dadurch wird die *ketubba* in ihrer niedergeschriebenen Form symbolisch bestätigt.[141]

Im liberalen Judentum gibt es keine einheitliche Haltung zur *ketubba*. Für die meisten liberalen Juden und Jüdinnen dürfte die Sichtweise von Louis M. Epstein gelten, wonach die *ketubba* in unserer Zeit praktisch nichts anderes bedeutet als das Bewahren einer alten Tradition. Ihre Wirksamkeit in tatsächlichen Streitfällen sei aber sehr gering.[142] In den liberalen Gemeinden ist inzwischen eine verkürzte und modifizierte Version der traditionellen *ketubba* die Regel; sie enthält oftmals keine finanziellen Regelungen mehr und ist anstelle des traditionellen Aramäisch auf Hebräisch geschrieben, gegebenenfalls samt einer Übersetzung in der Landessprache. Der erste deutschsprachige Entwurf eines jüdischen Ehevertrags dürfte aus dem Jahr 1810 stammen und wurde vom Königlich Westphälischen Konsistorium der Israeliten formuliert. In ihm sind sowohl der Code Napoléon als auch die Formeln des rabbinischen Rechts berücksichtigt.[143]

Die liberale Formulierung der *ketubba*, wie sie die Allgemeine Rabbinerkonferenz Deutschland 2009 herausgegeben hat, lautet:[144]

„Am ____des Monats ____im Jahr __ der jüdischen Zeitrechnung hier in der Stadt ________________ im Land _____________ sagte der Bräutigam _____________ Sohn von _______________ zur Braut: ‚Sei meine Gattin nach dem Gesetz von Moses

138 Zitiert nach *Zadoq ben Aharon*, Talmudlexikon – Alles, was Sie schon immer über den Talmud wissen wollten, Neu-Isenburg 2006.

139 MT Ishut 10:10; ShA, EH 66:3.

140 *Joseph H. Hertz*, The Authorised Daily Prayer Book, New York 1948 (Neuausgabe), 1013.

141 *Schauss*, The Lifetime of a Jew, 182, 194.

142 *Louis M. Epstein*, Jewish Marriage Contract – A Study in the Status of the Woman in Jewish Law, New York 1927, 97.

143 Der genaue Wortlaut findet sich in: Sulamith 3,1 (1821), 90–96. Vgl. auch den Anhang 3.

144 Vgl. u. S. 288.

und Israel, und ich werde dich mit Liebe und mit Respekt behandeln, so wie es unter den Söhnen Israels Brauch ist.'
Die Braut _____________ Tochter von _______________ sagte zum Bräutigam:
,Sei mein Gatte nach dem Gesetz von Moses und Israel, und ich werde dich mit Liebe und mit Respekt behandeln, so wie es unter den Töchtern Israels Brauch ist.'
Bräutigam und Braut haben in der Anwesenheit der Gemeinde Israels die Verpflichtung auf sich genommen, ein jüdisches Haus aufzubauen, in dem Frieden und Ruhe, Liebe und Freundschaft herrschen. Das Brautpaar wird feinfühlig und offen für gegenseitige Wünsche sein und danach streben, emotionale, körperliche und geistige Bedürfnisse des anderen zu erfüllen. Sie werden ihre Söhne und Töchter im Geist der jüdischen Tradition erziehen: zur Torah, zur Chuppah und zur Ausübung guter Werke. Die Echtheit des Dokuments bezeugen Bräutigam, Braut, Rabbiner und zwei Zeugen."

4.2 Der *nissuin*

Wie bereits erwähnt, fanden bis weit ins Mittelalter hinein Antrauung und Heirat nicht an ein und demselben Tage statt. Aber auch damals galt: Schon mit der Antrauung wurde die Braut die rechtmäßige Frau des Bräutigams,[145] aber die eigentliche Heirat stand noch aus. Am Tag der Hochzeit selbst führte dann der Bräutigam (gemeinsam mit seinem Freunden) die Braut in einer fröhlichen Prozession von ihrem Elternhaus zu seinem Elternhaus, wo man das Hochzeitsmahl hielt und die Ehe vollzogen wurde.[146]

Auch heute folgt der Ablauf des *nissuin* im Grunde denselben Regeln, auch wenn er nun in direktem Anschluss an den *kidduschin* stattfindet, also nach der Übergabe des Eherings bzw. nach dem Verlesen der *ketubba.* Entscheidend für diesen dritten und letzten Rechtsakt bei der jüdischen Eheschließung sind die Sieben Segenssprüche (*schewa berachot*). Diese beruhen auf der *birkat chatanim,* dem „Segen des Bräutigams". Dieser Text wird bereits im Talmud erwähnt,[147] doch besteht er dort nur aus sechs Segenssprüchen. In nachtalmudischer Zeit wurde ihnen noch ein weiterer Segen vorangestellt, nämlich der Segen über den Wein, sodass sich die Siebenzahl ergab. Dabei ist es Brauch, diesen Segen über einen zweiten Becher Wein zu sprechen oder zu singen, also nicht über denselben, über den zuvor der Antrauungssegen gesprochen wurde.[148] In den übrigen sechs Segenssprüchen wird das Eheleben dann direkt zum Thema gemacht:

Nach der Ringgabe. Ein Würdiger spricht:
1.: „Gelobt seist Du, Ewiger unser Gott, König der Welt, der die Frucht des Weinstocks erschafft."
2.: „Gelobt seist Du, Ewiger unser Gott, König der Welt, der alles zu seiner Ehre erschaffen hat."

145 Vgl. Dtn 22:23–24.
146 Ps 19:6; Jo 2:16.
147 bT Ket 7b–8a.
148 ShA, EH 62:9.

3.: „Gelobt seist Du, Ewiger unser Gott, König der Welt, der den Menschen erschafft."
4: „Gelobt seist Du, Ewiger unser Gott, König der Welt, der den Menschen in seinem Ebenbilde erschaffen hat; nach dem Bilde seiner Gestalt und Form errichtete er ihm aus ihm selbst einen ewigen Bau; gelobt seist Du Ewiger, der den Menschen erschafft."
5.: „Freuen, freuen soll sich und frohlocken das kinderlos gewordene Land, wenn seine Kinder sich wieder in ihm sammeln in Freude, gelobt seist Du Ewiger, der Zion erfreut durch seine Kinder."
6.: „Freude, Freude gib den von Liebe umschlossenen Lebensgefährten, wie Du einst Dein erstes Geschöpf erfreutest in der Urzeit im Garten Eden, gelobt seist Du Ewiger, der Bräutigam und Braut Freude gibt."
7.: „Gelobt seist Du Ewiger unser Gott, König der Welt, der geschaffen hat Wonne und Freude, Bräutigam und Braut, Jauchzen und Jubel, Lust und Entzücken, Liebe und Bruderschaft, Frieden und Gemeinschaft; bald, Ewiger unser Gott, möge ertönen in den Städten Judas und in den Straßen Jerusalems Ruf der Wonne und Ruf der Freude, Ruf des Bräutigams und Ruf der Braut, Jubelruf der Vermählten aus ihrem Traugemach und der Jungen von ihrem sanggeschmückten Gelag. Gelobt seist Du, Ewiger, der Freude gibt dem Bräutigam mitsamt der Braut."

Das Brautpaar trinkt aus dem zweiten Becher.[149]

Die *schewa berachot* enthalten einige Verse aus der Hebräischen Bibel, die sich auf die Schöpfung der Welt und des Menschen, die Wiedererrichtung Zions und Jerusalems sowie auf ein glückliches Eheleben beziehen.[150] Das Handbuch für Rabbiner der liberalen Central Conference of American Rabbis bietet für den Ablauf des Gottesdienstes vier Varianten zur Auswahl an.[151] Das Handbuch der Rabbiner der konservativen Rabbinical Assembly führt auch den „Aufruf" sowie das „Bedecken" auf und gibt im Zusammenhang mit dem Ausfüllen der *ketubba* die *Lieberman Clause* wieder.[152]

Ein beliebter Brauch ist es, dass der Bräutigam nach den Sieben Segenssprüchen mit dem rechten Fuß ein in ein Tuch gehülltes Glas zertritt, woraufhin die Anwesenden „Mazal tov!" wünschen („Viel Glück!", wörtlich: „Gutes Zeichen!"). Dieser Brauch ist ab dem 12. Jahrhundert belegt und wird von den Tosafot auf eine talmudische Erzählung von Mar bar Rabina zurückgeführt, einem babylonischen Rabbi des 4./5. Jahrhunderts. Sie berichtet, dass die Gäste auf dem Hochzeitsfest seines Sohnes in ihrer Fröhlichkeit über die Stränge schlugen. Da nahm er ein kostbares Glas und warf es zu Boden, worauf sie sich wieder ernster und angemessener aufführten. Die gleiche Begebenheit wird auch über Mars Zeitgenossen Aschi erzählt.[153] Die eigentlichen Ursprünge dürften aber in einer Art Abwehrzauber gegen Dämonen liegen, weswegen einst auch Psalm 124:7 beim

149 Der Trausegen, in: Der Morgen 6,5 (1930), 445–446.
150 Gen 2:21–25; Jes 62:5; Ps 137:6; Gen 2:15; Jer 33:10–11.
151 *CCAR*, Rabbi's Manual (1988), 45–84.
152 *Mored Derech*, The Rabbinical Assembly Rabbi's Manual (1998), C-3–C-60.
153 bT Ber 30b–31a.

Zerbrechen des Glases angesichts der so gebannten Gefahr ausgerufen wurde: „Die Schlinge ist zerrissen, und wir sind entronnen."[154]

Ein Abrücken vom Volksglauben ist vom Buch *Kol Bo* im 14. Jahrhundert an festzustellen; seitdem wird der Brauch als Ausdruck getrübter Freude auf die zerstörten Mauern Jerusalems bezogen.[155] Moses Isserles konstatiert dazu lediglich: „Es gibt Orte, an denen es gebräuchlich ist, nach den Sieben Segenssprüchen ein Glas zu zerschmettern, und in diesen Ländern ist es üblich, dass der Bräutigam den Becher zerbricht, über den der Hochzeitssegen gesprochen worden ist."[156] In Israel ist es nach sefardischem Brauch populär geworden, dabei Psalm 137:5–8 zu singen: „Vergäß ich dein, Jeruschalaim, / versagte meine Rechte / es klebte meine Zunge mir am Gaumen, / wenn dein ich nicht gedächte / hielt ich Jeruschalaim mir nicht vor / oban bei meinem Freudenspiel. Gedenke, Ewiger, den Söhnen Edoms / den Tag Jeruschalaims / die sagten: ‚Bloßlegt! Bloß! Bis auf den Grund darin!' Maid Babel, du Verheerte! / Beglückt, der dir bezahlt dein Tun, das du uns angetan!"[157] Es gilt heute als gute jüdische Tradition, sich auch in den freudigsten Momenten an die Unvollkommenheiten unserer Zeit zu erinnern; doch da dieses bewusste Innehalten mehr und mehr von lauter Freude überdeckt wird und das Zerbrechen des Glases zur sinnentleerten Folklore zu werden droht, haben insbesondere liberale Rabbiner davon Abstand genommen.[158] Bereits 1810 drängte das Königlich Westfälische Konsistorium der Israeliten unter dem Vorsitz von Israel Jacobson darauf, dass die Rabbiner destruktive und abergläubische Sitten wie das Zerbrechen eines Glases als Zeichen des Glücks oder das Werfen von Weizenkörnern als Zeichen für Fruchtbarkeit nicht länger duldeten.[159]

Nach dem Zerbrechen des Glases spricht der Rabbiner den aaronitischen Segen über Braut und Bräutigam, und zwar mit den Worten: „Gott segne euch und behüte euch, Gott lasse sein Antlitz über euch leuchten und sei euch gnädig, Gott wende euch sein Antlitz zu und gebe euch Frieden."[160] Jetzt kann Psalm 150, das große Hallelulja, gesungen werden. Nach traditioneller Ansicht dürfen sich Bräutigam und Braut nun die Hand reichen, aber sich nicht in aller Öffentlichkeit küssen. Das Ehepaar beschließt den zeremoniellen Ablauf der Trauung mit dem *jichud*: Es begibt sich für mindestens acht Minuten in einen separaten Raum, um symbolisch die Ehe zu vollziehen, und nimmt dabei eine erste gemeinsame Mahlzeit ein. Zu den Hochzeitsbräuchen gehört es auch, dass sich das Paar am Tage der Hochzeit bis zum Beginn der Trauungszeremonie nicht sehen soll, was aber genau genommen nur für Paare im Anschluss an den *erussin* gilt – als Konsequenz noch aus der Zeit, in der *erussin* und *nissuin* zeitlich auseinanderfielen, darf der *erus* vor dem *nissuin* mit seiner *erusa* nicht zusammenleben[161] –, sodass der aschkenasische

---

154 *Freehof*, Recent Reform Responsa, 182–184.

155 bT BB 60b; ShA, OH 560.

156 ShA, EH 65:3.

157 *Lewittes*, Jewish Marriage, 232, Anm. 38.

158 *Freehof*, Recent Reform Responsa, 182–188 (40: Breaking a Glass at Weddings).

159 *Meyer* 64.

160 Num 6:24–26.

161 ShA, EH 55:1; vgl. auch *Freehof*, Reform Responsa, 182–185 (43: Groom Not Seeing Bride).

Brauch des Bedeckens der Braut durch den Bräutigam am Hochzeitsmorgen dem nicht widerspricht. Das Paar hat der Tradition gemäß bis zu diesem Moment des alleinigen Beisammenseins gefastet, und das *jichud*-Mahl ist nun der symbolische Beginn des ehelichen Zusammenlebens von Mann und Frau, bei dem zwei Zeugen vor der verschlossenen Tür bleiben. Der *jichud* bezeichnet im kabbalistischen Sinne auch die Vereinigung als Erkenntnisvorgang. Der Ba'al Schem Tow bemerkte dazu: „Das ‚erkennen' ist der *jichud*, wie es in der Schöpfungsgeschichte (Gen 4:1) heißt ‚Und der Adam erkannte Eva, seine Frau.'"[162]

4.3 Zum Problem der Anerkennung der Zivilehe

Auf die zunehmende Bedeutung der Zivilehe auch im Judentum ist bereits weiter oben hingewiesen worden.[163] Zum Abschluss dieses Kapitels soll daher die Stellung des Jüdischen Rechts zur Zivilehe im Zusammenhang erörtert werden.

Die Entwicklung des europäischen Staates seit dem 17. Jahrhundert bringt es mit sich, dass der staatliche Gesetzgeber Regelungsbereiche an sich zieht, die bisher allein der Religion überlassen waren. Da damit der Regelungsanspruch der religiösen Institutionen nicht einfach erlischt, entsteht nun eine Spannung zwischen Staat und Religion im Hinblick auf die Bereiche, in denen die staatlichen und die religiösen Normen zumindest potenziell in Konkurrenz zueinander stehen. Leo Baeck (1873–1956) sah die aus dieser Spannung resultierenden Konflikte folgendermaßen: „Die Konflikte können [...] sein: der Staat gestattet eine Eheschließung um seiner Staatsinteressen willen, und wir müssen sie ablehnen, um der religiösen Gemeinschaft willen. Und die Konflikte können dann sein um der Ethik willen: der Staat kann etwas als Ehe anerkennen, demgegenüber wir um der Ethik willen und des Geheimnisses wegen sagen müssen: das ist nicht Ehe, es ist höchstens Konkubinat. Und wir können dort, wo der Staat Ehe nicht anerkennt, als Juden, als Rabbiner sagen müssen: Um unseres Judentums, um der Ethik willen: das ist Ehe, wir erkennen es als Ehe an."[164] Andere Akzente setzte dagegen Samuel Holdheim (1806–1860), der besonders deutlich die Position vertrat, dass die Eheschließung ein Zivilakt sei. Nach der Regel „Dina de-malchuta dina" räumte er den staatlichen Gesetzen den Vorrang vor dem Jüdischen Recht ein:[165] Nach dem Prinzip der Abtrennung aller „nationalen" Rechtsbestände hatte Holdheim die halachische Form der Eheschließung als rein zivilrechtlichen

162 Sefer Ba'al Schem Tov II, S. 16, § 3, zitiert in: *Karl Erich Grözinger*, Jüdisches Denken – Theologie, Philosophie, Mystik, Bd. 2: Von der mittelalterlichen Kabbala zum Hasidismus, Frankfurt am Main 2005, 790.

163 Vgl. o. 4.1 (1).

164 *Baeck* 506.

165 *Samuel Holdheim*, Ueber die Autonomie der Rabbinen und das Princip der jüdischen Ehe – Ein Beitrag zur Verständigung über einige das Judenthum betreffende Zeitfragen, Schwerin 1843, vor allem 137–165. Vgl. dazu *David Ellenson*, Samuel Holdheim on the Legal Character of Jewish Marriage: A Contemporary Comment on His Position, in: Walter Jacob / Moshe Zemer (Hrsg.), Marriage and its Obstacles in Jewish Law, Tel Aviv/Pittsburgh 1999, 1–26.

Erwerbsakt definiert und die Ehe dem Staat zugewiesen, der sie in der Form der Zivilehe regeln sollte.[166] Gemäßigtere Reformer verwiesen aber auf den besonderen ethischen Stellenwert des jüdischen Eherechts. So heißt es in den „Richtlinien zu einem Programm für das liberale Judentum" von 1912: „Die Eheschließung erhält ihre Weihe nur durch die religiöse Trauung. Die an den Bestand des Tempels gebundenen Priestergesetze und die für das alte jüdische Staatswesen erlassenen Bestimmungen des Familien- und Erbrechts bilden kein Hindernis für die religiöse Trauung [...]"[167] Rabbiner Joseph Norden folgert 1918: „Da die für die Ehe in Betracht kommenden rechtlichen Bestimmungen heutzutage durch die staatlichen Gesetze geregelt sind, so ist die jüdische Trauung heute womöglich noch wichtiger als in früheren Zeiten, denn sie trägt nunmehr einen rein religiösen Charakter und soll von allem juristischen Beiwerk losgelöst sein."[168] Das liberale Judentum in den USA folgt dieser Auffassung unter Berufung auf die schon wiederholt zitierte Augsburger Synode: „Ever since the Augsburg Synod (1871) our Movement has emphasized that we recognize the validity of civil marriage, but has insisted that the religious solemnization is urgently recommended as a consecration befitting the dignity of marriage."[169]

Die deutsche Reichsregierung brachte im Sommer 1871 im Reichstag einen Gesetzesentwurf zur Einführung der obligatorischen Zivilehe ein. Die *Allgemeine Zeitung des Judentums* schrieb dazu: „Durch die allgemeine Einführung der obligatorischen Civilehe würde jene Ungerechtigkeit beseitigt, dass in den alten Provinzen des preußischen Staates seit 1847 den Juden die obligatorische Civilehe auferlegt wurde, während der kirchlichen Trauung der katholischen und protestantischen Kirchen die volle staatliche Geltung bewahrt blieb. Im Uebrigen hat in diesen Provinzen die Civiltrauung ebenso wenig als in der Rheinprovinz, wo sie seit 1794 für alle Bewohner eingeführt ist, der religiösen Trauung Abbruch gethan und der Ehe ihren sittlich-religiösen Charakter genommen."[170] Rabbiner Max Eschelbacher resümierte gut 60 Jahre später: „Die Trauung ist hier eine staatliche Angelegenheit geworden, sie ist säkularisiert. In Deutschland müssen die Verlobten vor dem zuständigen Standesbeamten erklären, dass sie miteinander die Ehe eingehen wollen, und der Standesbeamte muß sodann erklären, dass sie nunmehr kraft des Gesetzes rechtmäßig verbundene Eheleute seien. Diese Form ist nach unserem heutigen bürgerlichen Recht notwendig und genügend. Notwendig, denn ohne sie anerkennt es keine Eheschließung. Sind die Brautleute ausschließlich religiös getraut, so gelten sie dem Gesetz dennoch nicht als verheiratet. Und genügend; denn sind die Brautleute nur zivilgetraut, so gelten sie doch vor dem Staatsgesetz als verheiratet. Damit ist für das religiöse Ehegesetz aller Bekenntnisse – und für das jüdische im besonderen – eine ver-

166 *Andreas Gotzmann*, Jüdisches Recht im kulturellen Prozeß – Die Wahrnehmung der Halacha im Deutschland des 19. Jahrhunderts, Tübingen 1997, 242.

167 Richtlinien zu einem Programm für das liberale Judentum, Berlin 1912, 60–61.

168 *Joseph Norden*, Grundlagen und Ziele des religiös-liberalen Judentums, Frankfurt am Main 1918, 31.

169 *CCAR*, Rabbi's Manual (1988), 243.

170 Bericht über die zweite Synode, 591.

änderte Lage geschaffen [...]"[171] Das liberale Judentum steht einer rein religiösen Zeremonie ohne staatliche Gültigkeit, wie sie in Deutschland seit 2009 wieder möglich ist, bis heute negativ gegenüber.[172]

Gibt es eine direkte Beziehung zwischen Zivilehe und Jüdischem Recht? Tatsächlich könnte die Rechtsfigur des *kidduschе bia*, der Antrauung durch Beischlaf, eine Begründung für die Anerkennung der Zivilehe durch das Jüdische Recht sein. Zwar gilt grundsätzlich, dass nicht der Beischlaf allein den *kidduschin* vollziehen kann, sondern dass es dafür zusätzlich zweier Zeugen bedarf. Wie aber lässt sich dieses zusätzliche Erfordernis unter heutigen Bedingungen in eine rechtlich seriöse Form bringen? Es kann ja schwerlich in dem Sinne wörtlich aufgefasst werden, dass tatsächlich zwei Zeugen dem Akt des Beischlafs beiwohnen sollen.[173] Zu dieser Frage hat sich heute eine herrschende Meinung herausgebildet. Sie verlangt, dass der Beischlaf mit der Absicht der Eheschließung vollzogen werden müsse, damit er als *kidduschin* nach dem Jüdischen Recht anerkannt werden könne.

Grundsätzlich wird seit talmudischer Zeit angenommen, dass man unerlaubten Geschlechtsverkehr in ein gesetzmäßiges Verhältnis überführen will. Dies gilt insbesondere für die Schule Hillels.[174] In einem derartigen Fall wird aber davon ausgegangen, dass eine Eheschließung nach Jüdischem Recht beabsichtigt wird.

Darüber hinaus bringt das Jüdische Recht bereits seit langer Zeit in diesem Zusammenhang die Kategorie der Vermutung ins Spiel. Im Jüdischen Recht wird darunter weniger eine beliebige Beweislastregel verstanden als vielmehr der Grundsatz der Interpretation *in bonam partem*: Wenn es bei einem rechtlich relevanten Sachverhalt zwei Interpretationsmöglichkeiten gibt, von denen die eine konstruktiver und die andere destruktiver Natur ist, ist im Zweifel die konstruktivere Interpretationsmöglichkeit zu wählen. So kann auch der Akt des Beischlafs auf zwei Weisen interpretiert werden: zum einen als Beischlaf zum Vergnügen[175] und zum anderen als Beischlaf mit der Absicht, sich zu verehelichen. Dann ist im Zweifel anzunehmen, dass der Beischlaf in Verehelichungsabsicht vollzogen wurde.[176] Diese Konstruktion mithilfe der Kategorie der Vermutung ersetzt hier dann gewissermaßen die beiden Zeugen, die für einen gültigen *kidduschе bia* eigentlich erforderlich wären.

Die diesen Abschnitt leitende Frage kann also folgendermaßen präzisiert werden: Lassen sich die Vorgänge bei einer zivilen Eheschließung mithilfe des Instituts des *kidduschе bia* und der Kategorie der Vermutung so interpretieren, dass diese Ehe durch das Jüdische Recht als gültig anerkannt werden kann? Über die Beantwortung dieser Frage besteht keine Einigkeit. Nach orthodox-jüdischem und israeli-

171 *Eschelbacher*, in: Der Morgen 6,5 (1930), 435–436.

172 „Commitment Ceremonies For Heterosexual Couples", CCAR Responsa Committee 5764.4 (2003). Anhang 4.

173 bT Qid 65a.

174 Vgl. bT Qid 81a–b.

175 Er ist nach dem Jüdischen Recht verboten und wird *be'ilat senut* („unsittlicher Beischlaf") genannt.

176 Vgl. MT Gerushin 10:17.

schem Recht werden Zivilehen jedenfalls im Prinzip nicht anerkannt: Die Möglichkeit zur Eheschließung besteht für Juden hier nur im Rahmen der Halacha.[177]

Allerdings bewerten auch die Rabbinergerichte im Staat Israel als die für die jüdischen Bürger zuständigen Familiengerichte die Zivilehe ganz unterschiedlich. Entscheidend ist, welche Bedeutung ihr an dem Ort beigemessen wird, an dem sie geschlossen worden ist, und welche Umstände zu ihr geführt haben. Hat eine zivile Eheschließung an einem Ort stattgefunden, an dem es objektiv nicht möglich war, eine religiöse Ehe einzugehen, oder waren die Eheleute durch äußere Umstände gezwungen, auf die religiöse Eheschließung zu verzichten, obwohl sie im Grunde religiös sind und auch eine religiöse Ehe eingehen wollten, dann muss, um Zweifel auszuschalten, ein Scheidebrief (*get*) ausgestellt werden, wenn die Eheleute sich wieder trennen wollen. Wenn jedoch an einem Ort, an dem einer religiösen Eheschließung kein Hindernis entgegenstand (wie z.B. in Deutschland), eine zivile und keine religiöse Ehe geschlossen wurde, wird diese Ehe in der Praxis der Rabbinatsgerichte nicht anerkannt. Die Partner werden also weiterhin als ledig betrachtet.[178]

4.4 Hochzeitsfeier und „Zeit der Freude"

Nach dem *jichud* schließt sich das Ehepaar den Hochzeitsgästen an. In der Regel folgt jetzt das traditionelle Hochzeitsmahl, die *se'uda mitzwa*, das religiöse Bedeutung hat, so wie die Festmahle anlässlich einer Beschneidung, einer Bar-Mitzwa- oder Bat-Mitzwa-Feier, während der Woche der *schewa berachot* im Anschluss an die Eheschließung oder aber zum Abschluss des Studiums eines Talmudtraktats. Heute wird diese Feier üblicherweise durch die Eltern der Braut ausgerichtet – zu Hause, in einem Hotel oder Restaurant oder in einem anderen Saal. Ursprünglich war dafür der Bräutigam zuständig. Er war rechtlich verpflichtet, ein Festmahl zu geben, das seinem eigenen gesellschaftlichen Rang und dem der Braut zu entsprechen hatte.[179]

Am Ende des Festmahls wird das Tischgebet (*birkat ha-mason*) gesprochen. Traditionell wird dem *zimun*, der Aufforderung an die Tischgemeinschaft, die Segenssprüche zu rezitieren, das *devai haser* vorgestellt, ein Vers von Rabbi Dunasch ben Labrat, einem Dichter des 10. Jahrhunderts: „Vertilge Leid und Zorn. Selbst wer stumm ist, möge einstimmen in das Lied. Leite uns auf dem Weg der Gerechtigkeit. Beachte den Segen der Kinder Zions." In den *zimun* werden bei einem Hochzeitsmahl auch die Worte „Freude ist in Gottes Wohnung" eingefügt, sodass er lautet: „Gepriesen sei Gott. Freude ist in Gottes Wohnung; von Gottes

177 Vgl. *Gotham*. Vgl. auch *Jonah Sievers*, Hesed in the Halakhic Process and the Questions of the Validity of Civil Marriage, in: Walter Jacob / Walter Homolka (Hrsg.), Hesed and Tzedakah – From Bible to Modernity, Berlin 2006, 91–100.

178 *Goldfine*, Eherecht, 21.

179 ShA, EH 64:4.

Eigentum haben wir gegessen, und durch Gottes Güte leben wir."[180] Zum Abschluss des Segens werden die *schewa berachot*, die bereits bei der Eheschließung gesprochen wurden, wiederholt. Wenn alle Gäste jedoch auch bei der Hochzeit selbst anwesend waren, werden traditionsgemäß nur der erste und der letzte dieser Sieben Segenssprüche gesprochen.[181]

In früheren Zeiten beschränkte sich das Hochzeitsfest nicht auf einen einzigen Tag. Waren der Bräutigam und die Braut nicht verwitwet, erstreckte es sich über sieben Tage; an jedem von ihnen fand ein neues Festmahl statt.[182] Dies hat mit einem Prinzip zu tun, das Maimonides so formuliert: „Also haben die Rabbinen angeordnet, dass, wer eine Jungfrau heiratet, sich mit ihr sieben Tage lang erfreuen solle."[183] Die Siebenzahl wurde auf das siebentägige Hochzeitsgelage Simsons bezogen.[184] Der Bräutigam sollte in dieser Zeit weder seinem Beruf nachgehen noch Geschäfte abschließen. Vielmehr sollte er essen und trinken und fröhlich sein, gleichviel, ob es nun seine erste Ehe war oder er bereits verwitwet war und auch, ob die Braut zuvor verheiratet gewesen war: Unabhängig davon sollte die Feier mindestens drei Tage dauern. Diese Regelung aus dem Talmud[185] wird im *Schulchan Aruch* nochmals wiederholt, allerdings mit einer leichten Modifikation: Hier soll nämlich die „Zeit der Freude" auch dann sieben Tage dauern, wenn die Frau keine Jungfrau mehr ist, aber der Mann zum ersten Mal heiratet.[186]

Diese Tage der Freude und der Arbeitsabstinenz kann man wohl auch als eine frühe Form der modernen Flitterwochen ansehen. Dass sie obligatorisch waren, zeigt etwas über die Haltung des Judentums gegenüber der Ehe: Sie ist nicht nur ein Rechtsakt, und ihre Bestimmung ist auch nicht lediglich die Fortpflanzung, sondern sie ist auch und nicht zuletzt ein Grund zur Freude. Wenn die Frischvermählten ihr neues Heim beziehen, kann dies mit der traditionellen Zeremonie der „Weihe des Hauses" (*chanukkat ha-bajit*) verbunden werden, bei der die *mesusa* am Türpfosten befestigt wird.

4.5 Eheliche Rechte und Pflichten

4.5.1 Allgemeine Rechte und Pflichten

Mit der Eheschließung gehen die Partner eine Reihe von gegenseitigen Verpflichtungen ein. Diese Pflichten sind sowohl ethischer wie rechtlicher Natur.

---

180 Birkat ha-Mason, Tischdank. In einer Übertragung von Franz Rosenzweig und der Übersetzung von Annette Böckler, Annette Böckler / Walter Homolka (Hrsg.), Berlin 2002, 7.

181 MT Berakhot 2:10; ShA, EH 62:7.

182 bT Ket 7a–b; MT Berakhot 2:9; ShA, EH 62:6.

183 MT Ishut 10:12.

184 Ri 14:10.12.

185 bT Ket 7a–b.

186 ShA, EH 64:1–2.

Auf ethischer Ebene schulden die Ehepartner einander vor allem Treue, Achtung und Liebe. Diese allgemeinen Prinzipien sind in der Tradition immer wieder betont worden. Nach einer Erklärung im Talmud heißt die Antrauung deshalb *kidduschin* („Heiligung, Weihe"), weil durch diesen Akt der Mann seine Frau der ganzen Welt (das heißt allen anderen Männern) verbietet, „gleich einem Objekt, das dem Tempel geweiht ist".[187] Ein oft zitierter Talmudvers sagt: „Wer seine Frau liebt wie sich selbst und sie höher achtet als sich selbst und seine Söhne und Töchter auf dem rechten Weg führt, von dem sagt die Schrift ‚Du sollst wissen, dass dein Zelt voll Frieden ist'."[188] Ein Rabbi aus dem 3. Jahrhundert lehrt: „Ein Mann sollte stets darauf achten, seine Frau nicht zu verletzen, denn sie ist empfindsam und bricht leicht in Tränen aus." Ein anderer Rabbi meinte: „Ein Mann sollte stets darauf achten, seine Frau zu respektieren, denn Segen herrscht in eines Mannes Haus nur wegen seiner Frau."[189] Und Maimonides formuliert: „Die Rabbinen ordneten an, dass ein Mann seine Frau mehr als sich selbst achten und sie so sehr lieben solle wie sich selbst [...] Er solle sie nicht einschüchtern, sondern sanft zu ihr sprechen, und er solle nicht mürrisch oder jähzornig sein. Auch befahlen sie, dass eine Frau ihren Mann sehr hoch achten solle – er solle in ihren Augen wie ein Prinz oder König sein. Sie solle nach seinen Wünschen handeln und alles vermeiden, was er hasst. Und dies ist die Art der jüdischen Frauen und Männer: heilig zu sein und rein in ihrem Eheleben, und indem sie so handeln, werden sie ihr gemeinsames Leben glücklich und lobenswert gestalten."[190]

Auf der rechtlichen Ebene kennt das Jüdische Recht eine Reihe von Pflichten und Rechten, die mit der Ehe einhergehen. Die Tradition zählt zehn Pflichten und vier Rechte des Ehemannes, die ihren Ursprung in der Halacha selbst haben, also von dem jeweiligen Vertrag zwischen den Ehepartnern unabhängig sind. So heißt es im *Schulchan Aruch*: „Wenn ein Mann eine Frau heiratet, so verpflichtet er sich ihr gegenüber in zehn Sachen und hat Anspruch gegen sie auf vier Dinge, auch wenn es nicht niedergeschrieben wurde."[191] Diese zehn Pflichten sind also *obligationes ex lege*. Im Einzelnen unterscheidet man: die Unterhaltspflicht, insbesondere die Versorgung mit Nahrung und Kleidung, die Pflicht zum Vollzug des Geschlechtsverkehrs und die zur Wahrung der ehelichen Treue. Diese drei Pflichten werden aus der Tora abgeleitet: Nach einer Bestimmung im Buch Exodus darf ein Mann, wenn er eine Zweitfrau nimmt, seiner ersten Frau weder das Essen (*sche'er*) reduzieren noch ihre Kleidung (*kessut*) oder ihre ehelichen Rechte (*ona*) mindern, selbst wenn diese eine Sklavin ist.[192] Obwohl dieser Abschnitt sich ursprünglich auf eine spezielle Situation bezieht, wurde die Vorschrift später auf alle Ehen übertragen.[193]

---

187 bT Qid 2b; *Falk*, Jewish Matrimonial Law, 41 glaubt, dass der Terminus *kidduschin* sich aus dem Segen selbst entwickelte, d. h. aus dem Wort *mekaddesch* im Trausegen.

188 bT Jeb 62b; bT Sanh 76b. Der Schriftvers ist Hi 5:24.

189 bT BM 59a.

190 MT Ishut 15:19–20.

191 ShA, EH 69:1–3.

192 Ex 21:10. Vgl. *W. Gunther Plaut*, Die Tora in jüdischer Auslegung, Bd. 2, Gütersloh 2000, 242.

193 M Ket 5:8–9; bT Ket 64bff; MT Ishut 12:1–2; ShA, EH 69:1–2.

Im weiteren Verlauf wurden diese Verpflichtungen dann weiter spezifiziert. Der Ehefrau stehen beispielsweise mindestens zwei Mahlzeiten pro Tag zu, am Schabbat drei.[194] Sie hat auch Anrecht auf passende Kleidung zu allen Jahreszeiten, und ihre Unterbringung, ihr Bett, ihre Haushaltsausstattung, ihre Kosmetik usw. müssen angemessen sein.[195] Ist der Mann wohlhabend, muss er seine Frau standesgemäß versorgen.[196] Generell gilt das Prinzip: „Die Frau steigt mit ihrem Manne auf, sie steigt nicht mit ihm hinab."[197] Das bedeutet, dass sie das Recht auf denselben Lebensstandard hat wie ihr Mann oder auf den Standard, den sie vor der Ehe genossen hat – je nachdem, welcher von beiden der höhere ist.

Der Mann muss weiterhin die medizinische Versorgung seiner Ehefrau sicherstellen, wenn sie krank ist, sie auslösen, wenn sie entführt wird, und sie beerdigen, wenn sie vor ihm stirbt. Für den Fall, dass er selbst zuerst stirbt, muss er dafür Sorge tragen, dass sie auch als Witwe in seinem Hause wohnen kann und aus seinem Besitz mit allem Notwendigen versorgt wird.[198] Darüber hinaus ist der Ehemann verpflichtet, die *ikkar ketubba*[199] zu zahlen. Dabei handelt es sich um die im Ehevertrag (*ketubba*) festgelegte Geldsumme, welche die Frau aus dem Besitz des Mannes erhält, falls er vor ihr stirbt oder sich von ihr scheiden lässt. Stirbt die Ehefrau zuerst, können die Söhne Erbansprüche auf die *ketubba* ihrer Mutter geltend machen. Der Ehemann ist weiterhin dazu verpflichtet, auch über seinen eigenen Tod hinaus den Unterhalt der Töchter sicherzustellen, bis sie sich verloben oder volljährig sind.

Im Gegenzug ist die Frau verpflichtet, im Haushalt bestimmte Tätigkeiten zu übernehmen. Die Mischna nennt in diesem Zusammenhang im Einzelnen: Mehl mahlen, Brot backen, Kleider waschen, Essen kochen, das Bett machen und Wolle bearbeiten. Falls der Mann jedoch Haushaltspersonal einstellen kann, ist die Frau von diesen Pflichten befreit, außer von den persönlichsten.[200] Diese Aufgaben hängen im Übrigen auch von den Gepflogenheiten des jeweiligen Landes und von den Familien der Eheleute ab.[201]

4.5.2 Eheliches Güterrecht

Die übrigen Rechte des Ehemannes gegenüber seiner Frau sind vermögensrechtlicher Natur. In diesem Zusammenhang wird unterschieden zwischen dem Teil des Vermögens, der *nichse milog* genannt wird, und dem, der *nichse zon barzel* heißt. Der *nichse milog* ist derjenige Besitz der Frau, der nicht in der *ketubba* festge-

194 MT Ishut 12:10; ShA, EH 70:3.
195 MT Ishut 13:1–4; ShA, EH 73:1–3.
196 MT Ishut 12:11; 13:5; ShA, EH 70:3; 73:4.
197 bT Ket 48a.61a.
198 MT Ishut 12:2; ShA, EH 69:2.
199 Vgl. o. 4.1.4.
200 M Ket 5:5; bT Ket 59b; MT Ishut 21:1–7; ShA, EH 80:1–15.
201 ShA, EH 80:1.10.

legt ist und originär ihr gehört. Er umfasst jegliches Eigentum, das sie in die Ehe mitbringt – mit Ausnahme der Mitgift – sowie jegliches Eigentum, das sie nachfolgend erwirbt. Für dieses Eigentum hat der Mann das Nutzungsrecht, und ihm steht auch der Gewinn daraus zu. Er darf es aber nur zum Vorteil seines Haushaltes verwenden und es nicht ohne Zustimmung seiner Frau verkaufen. Verluste braucht er nicht zu ersetzen. Falls der Mann jedoch vor ihr stirbt oder sich von ihr scheiden lässt, fällt alles Vermögen dieser Kategorie an die Frau zurück. Wenn die Frau dagegen zuerst stirbt, ist ihr Ehemann ihr gesetzlicher Erbe.[202]

Der *nichse zon barzel* ist das Vermögen der Frau, das nur aufgrund und während der bestehenden Ehe dem Paar gehört. Dieses Vermögen umfasst die Mitgift und alles Vermögen, das der Ehemann seiner Frau formal überträgt, wofür er aber die Vermögensverwaltung behält. In diesen Fällen gilt die Regel: Wächst es, erhält er den Zuwachs; schrumpft es, so trägt er den Verlust.

Schließlich gibt es noch eine dritte Kategorie von Eigentum, über die der Mann überhaupt keine Verfügungsgewalt hat – nämlich die Geschenke, die die Frau erhält, um damit nach Gutdünken zu verfahren. In diese Kategorie gehört auch der Teil des Vermögens des Mannes, aus dem gegebenenfalls die *ikkar ketubba* ausbezahlt wird.

Diese Rechte und Pflichten können grundsätzlich durch vertragliche Vereinbarungen modifiziert werden, wenn es sich um finanzielle Angelegenheiten (*mamona*) handelt. Es gibt jedoch auch Regeln, die nach dem Jüdischen Recht unveränderlich sind, beispielsweise die Vorschriften über die *ikkar ketubba*, die Erbschaft oder den Beischlaf. Haben die Ehepartner in diesen Fällen abweichende Vereinbarungen getroffen, sind diese unwirksam.

In der heutigen Praxis haben diese Vorschriften des ehelichen Güterrechts weitgehend keine Bedeutung mehr, weil prinzipiell das jeweilige staatliche Recht Vorrang hat.

4.5.3 Beischlaf

Wie erwähnt, bezeichnet der Begriff *ona* in Ex 21:9 eine der Pflichten des Mannes gegenüber seiner Frau, nämlich den ehelichen Umgang in Form des Geschlechtsverkehrs. Dass man darin eine *mitzwa sieht,* also eine religiöse Pflicht, zeigt zweierlei: Erstens sieht das Judentum den Beischlaf nicht als etwas an, für das man sich schämen müsste, sondern als etwas Schönes und Gottgefälliges. So ist es sicher kein Zufall, dass das Hohelied, in dem das sinnliche Begehren eine so große Rolle spielt, in den Kanon der heiligen Schriften aufgenommen wurde. Eine der schönsten Bemerkungen zu diesem Thema stammt von Nachmanides:[203] „Der Akt der sexuellen Vereinigung ist heilig und rein [...] Der Herr hat

---

202 bT Ket 46a; MT Ishut 12:3; ShA, EH 69:3; *Gulak*, Bd. 3, 23–24, 34–62.

203 *Moses Nachmanides*, Kitve Rabenu Mosheh ben Nahman, Yerushalayim 1982, darin Igeret ha-Kodesh, Kap. 2. Rabbi Mose ben Nachman, genannt Nachmanides (1194–1270), lebte in Spanien und Palästina. Er war Talmudist, Kabbalist und Bibelkommentator. Als Beleg für seine Auffassung zieht Nachmanides Gen 1:31 und 2:25 heran.

all diese Dinge in seiner Weisheit geschaffen und hat nichts Beschämendes oder Hässliches erschaffen [...] Wenn ein Mann seinem Weibe in Heiligkeit beiwohnt, ist die Göttliche Gegenwart mit ihnen." Zweitens wird die Bedeutung sexueller Befriedigung für die emotionale Gesundheit der Partner und damit auch für die Stabilität der Ehe erkannt.

Das jüdische Gesetz spezifiziert sogar, wie häufig die Ehepartner miteinander Geschlechtsverkehr haben sollen: täglich, wenn der Mann viel Freizeit hat, zweimal wöchentlich, wenn er Arbeiter ist, einmal wöchentlich, wenn er Eseltreiber ist, einmal im Monat, wenn er Kameltreiber ist, einmal alle sechs Monate, wenn er zur See fährt. Diese Regeln, die sich bereits in der Mischna finden,[204] werden in der Gemara und den Kodizes wiederholt und ausgearbeitet. So wird beispielsweise hinzugefügt, dass Gelehrte ihrer Frau einmal wöchentlich beiwohnen sollen, und zwar üblicherweise am Schabbatabend.[205] Die Verweigerung der ehelichen Pflichten entweder vonseiten des Mannes oder der Frau wurde scharf verurteilt und auch mit Strafen belegt. Wenn sie sich über zwölf Monate erstreckte, wurde sie als Scheidungsgrund angesehen.[206]

Dem Mann wurde gerade auf diesem Felde Achtung und Rücksichtnahme gegenüber seiner Ehefrau abverlangt. „Die Tora lehrt gutes Betragen, denn der Bräutigam darf das Brautzimmer nicht betreten, solange die Braut ihm nicht die Erlaubnis dazu erteilt."[207] „Der Mann darf seine Frau nicht gegen ihren Willen zum Beischlaf zwingen, nur mit ihrer Zustimmung und nach einem Gespräch, wenn beide guter Dinge sind."[208] „Er darf ihr nicht beiwohnen, wenn er mit den Gedanken bei einer anderen Frau ist oder wenn er betrunken ist oder ihr feindliche Gefühle entgegenbringt [...] und auch nicht, wenn er beschlossen hat, sich von ihr scheiden zu lassen."[209] „Gab es Streit zwischen ihnen, darf er ihr nicht beiwohnen, bevor er sie besänftigt hat."[210] Solange er sich an diese Beschränkungen hält, darf der Mann seiner Frau zu jeder Zeit in jeder Art beiwohnen.[211] Eine weitere Einschränkung leitet sich allerdings aus dem biblischen Gesetz ab, das den Beischlaf mit einer Frau zur Zeit ihrer „Unreinheit" (*nidda*), also während ihrer Menstruation, streng verbietet.[212] Die Spezifizierung dieses Verbots ist eines der kompliziertesten Themen des rabbinischen Rechts. Mischna und Talmud widmen ihm einen ganzen Traktat.[213] An dieser Stelle soll der Hinweis genügen, dass die Frau das Einsetzen ihrer Menstruation vorhersehen muss und dass sie, wenn diese vorbei ist, sieben „reine" Tage zählen soll. Am Ende dieser sieben Tage muss

204 M Ket 5:6.
205 MT Ishut 14:1, ShA, EH 76:1–2; ShA, OH 240:1.
206 M Ket 5:7; MT Ishut 14:8; ShA, EH 77:1 ff; *Gulak*, Bd. 3, 26, 28 ff.
207 Midrash pesikta rabati, Meir Friedmann / Moritz Güdemann (Hrsg.), Tel Aviv 1963, Kap. 5, 17b.
208 ShA, OH 240:10.
209 MT Isure bi'ah 21:12.
210 ShA, OH 240:10.
211 MT Isure bi'ah 21:9.
212 Lev 18:19; 20:18.
213 Nämlich den Traktat Nidda.

sie ein Bad nehmen und schließlich vollständig in einer *mikwa* eintauchen. Erst danach ist der Körperkontakt zwischen Mann und Frau wieder erlaubt.

Vertreter des orthodoxen Judentums haben diese Gesetze mit hygienischen und psychologischen Argumenten vehement verteidigt. Dennoch äußert sich in ihnen auch eine gewisse irrationale Abscheu gegenüber dem Phänomen der Menstruation. Eine menstruierende Frau durchlebt jedoch eine vollkommen natürliche Lebensphase. Sie sollte so normal wie möglich behandelt werden und selbst so leben können, wie sie es gewohnt ist. Deshalb werden die Reinheitsvorschriften zur Menstruation im liberalen und konservativen Judentum nicht mehr beachtet.[214]

4.5.4 Fortpflanzung

Die wichtigsten Funktionen der Ehe sind im Judentum die Fortpflanzung und die Ermöglichung erlaubter Sexualkontakte. So sahen die Rabbinen in der Aufforderung Gottes an Adam und Eva „Seid fruchtbar und vermehret euch"[215] das erste biblische Gebot. Sie interpretieren dieses Gebot als eine Pflicht, die dem Mann obliegt, nicht der Frau.[216] Daher darf ein Mann nach rabbinischem Recht nicht allein bleiben – es sei denn, er ist ein *talmid chacham* (ein gelehrter Toraschüler), der sich ganz dem Studium widmen will. Aber auch in diesem Falle ist ihm eine zölibatäre Lebensweise nur dann gestattet, wenn er sein sexuelles Begehren unter Kontrolle zu halten vermag.[217] Darüber hinaus muss ein Mann eine Frau heiraten, die Kinder bekommen kann,[218] es sei denn, er ist bereits in einer früheren Ehe der Pflicht nachgekommen, sich fortzupflanzen. Hat die Ehefrau drei Fehlgeburten erlitten, wird ihre Fähigkeit zur Fortpflanzung in Zweifel gezogen, und ihrem Mann wird empfohlen, sich von ihr scheiden zu lassen.[219] Dasselbe gilt, wenn nach zehn Jahren noch keine Kinder aus der Ehe hervorgegangen sind.[220] Auch die Ehefrau kann nach zehn kinderlosen Ehejahren die Scheidung verlangen, wenn sie der Überzeugung ist, ihr Mann sei impotent. Der Mann muss ihr die Scheidung zugestehen, damit sie in einer anderen Ehe Kinder gebären kann, die sie im Alter unterstützen.[221]

Wann gilt die Pflicht zur Fortpflanzung als erfüllt? Der Talmud gibt einen Disput über diese Frage zwischen den antiken Autoritäten Hillel und Schammai und deren Rechtsschulen wieder. Nach der Schule Schammais ist die Pflicht erfüllt, wenn zwei Söhne geboren sind, nach der Schule Hillels müssen es mindestens ein Sohn und eine Tochter sein. Die zweite Anschauung hat sich letztend-

---

214 *Roland B. Gittelsohn*, Love, Sex and Marriage – A Jewish View, New York 1976, 134–135.

215 Gen 1:28.

216 M Jeb 6:6; MT Ishut 15:1; ShA, EH 1:13.

217 MT Ishut 15:3; ShA, EH 1:3–4.

218 MT Ishut 15:7; ShA, EH 1:8.

219 MT Ishut 15:12.

220 MT Ishut 15:14; ShA, EH 1:3, 154:10.

221 ShA, EH 154:6.

lich durchgesetzt. Zu ihrer Begründung wird der Satz herangezogen: „Männlich und weiblich erschuf er sie."[222] Aber selbst wenn man bereits einen Sohn und eine Tochter bekommen hat, ist es der Tradition nach lobenswert, noch mehr Kinder zu bekommen und somit die Zahl der Menschen in der Welt zu erhöhen,[223] die als Ebenbilder Gottes geschaffen sind.

Exkurs: Gleichgeschlechtliche Ehe

Die Frage gleichgeschlechtlicher Eheschließungen wird seit vielen Jahren debattiert, und es überrascht nicht, dass die großen Strömungen im Judentum dabei zu unterschiedlichen Ergebnissen gelangt sind. Die Debatte konzentrierte sich auf zwei Fragen: Soll der Staat die gleichgeschlechtliche Ehe legalisieren und damit homosexuellen Paaren die gleichen gesetzlichen Rahmenbedingungen bieten, die heterosexuelle Ehepaare haben? Und: Sollen Rabbiner bei religiösen gleichgeschlechtlichen Eheschließungen amtieren? Und wenn ja, können diese Zeremonien als *kidduschin* angesehen werden? Das würde ihnen – nach dem Religionsgesetz – denselben Status geben wie heterosexuellen jüdischen Ehen.

(1) Die Position der Orthodoxie

Die Union of Orthodox Jewish Congregations of America (OU) hat öffentlich sowohl staatliche als auch jüdisch-religiöse gleichgeschlechtliche Eheschließungen abgelehnt. Eine Erklärung vom 20. Dezember 1999 zur Entscheidung des Supreme Court des Staates von Vermont zur Anerkennung gleichgeschlechtlicher Lebensgemeinschaften erläuterte ihre Position. „Wenn die orthodoxe jüdische Gemeinschaft auch in keiner Weise eine Diskriminierung von Personen aufgrund ihres privaten Verhaltens billigt, sind wir doch der Ansicht, dass Amerikas moralische Werte und Traditionen, deren Quelle das traditionelle Judentum ist, eindeutig besagen, dass die einzigartige Stellung der Ehe der geheiligten Vereinigung eines Mannes und einer Frau in einer liebenden Beziehung vorbehalten ist."[224] Im Jahre 2007 bekräftigte eine gemeinsame Erklärung von vier nationalen orthodoxen jüdischen Organisationen anlässlich der Gesetzgebung zur Schwulenehe im Staat New York diese Position: „Wir sind gegen eine Neudefinition der fundamentalen Beziehung der menschlichen Familie. Wir betrachten die-

222 Gen 1:27; 5:2; M Jeb 6:6; MT Ishut 15:4; ShA, EH 1:5.

223 MT Ishut 15:16; ShA, EH 1:1.

224 „While the Orthodox Jewish community in no way condones discrimination against individuals on the basis of their private conduct, we believe that America's moral values and traditions, of which traditional Judaism is a fountainhead, clearly assert that the unique status of marriage is reserved for the sacred union of a man and a woman in a loving relationship." Öffentliche Stellungnahme vom 20. Dezember 1999 „OU Deeply Troubled by Vermont Ruling for Same-Sex Couple Recognition." [http://www.ou.org/public_affairs/article/ou_deeply_troubled_by_vermont_ruling_for_same_sex_couple_recognition/] – Deutsche Übersetzung durch den Autor.

se Frage durch das Prisma der jüdischen religiösen Tradition, die homosexuelle Akte verbietet und nur die Vereinigung eines Mannes und einer Frau in der Ehe sanktioniert. Die Institution der Ehe ist von zentraler Bedeutung für den Aufbau einer gesunden Gesellschaft und das Aufziehen von Kindern. Es ist unsere aufrichtige Überzeugung, dass das Fallenlassen der historischen Definition der Ehe auf vielfältige Weise eine ernste Gefahr für die Gesellschaft darstellen würde. Daher sind wir dazu gezwungen, gegen die beabsichtigte Neudefinition der Ehe im Staat New York zu protestieren. Darüber hinaus sind wir zutiefst besorgt darüber, dass, falls es zu einer solchen Neudefinition kommen sollte, Bürger von New York, die Mitglieder traditioneller Gemeinden wie der unseren sind, in moralische Schmach kommen und rechtliche Sanktionen riskieren könnten, wenn sie es ablehnen, gegen ihren Glauben zu sündigen. Diese Aussicht ist erschreckend und sollte unannehmbar sein. Die traditionelle Lebensweise der Gesellschaft mag sich verändern und zerfallen, aber es gibt ewige Wahrheiten. Eine davon ist die Ehe. Ihre Heiligkeit (Unverletzlichkeit) muss anerkannt und ihre Integrität bewahrt werden."[225]

Wenn auch keine größere orthodoxe Institution öffentlich die gleichgeschlechtliche Ehe gebilligt hat, ist es doch beachtlich, dass es orthodoxe Stimmen gibt, die zu einer Neuinterpretation der Halacha aufrufen, um der Homosexualität mehr Akzeptanz zu gewähren. Rabbiner Steven Greenberg, ein Absolvent der New Yorker Yeshiva University, gehört zu ihnen. Er sagt: „Nach orthodoxem jüdischem Gesetz, wie es gegenwärtig besteht, ist eine gleichgeschlechtliche Ehe nicht erlaubt. Die religiösen Riten des *kidduschin* können nur zwischen zwei Juden vollzogen werden, von denen einer männlich und der andere weiblich ist. Während an der Ablehnung homosexueller Beziehungen in den meisten orthodoxen Gemeinden noch festgehalten wird, beginnen die Halachisten in ihre Überlegungen das Bekenntnis homosexueller Menschen einzuschließen, die der Tradition treu bleiben wollen. Unter diesen sich verändernden sozialen Bedingungen werden, so glaube ich, mit der Zeit neue halachische Strategien auftauchen. Die gleichgeschlechtliche Ehe ist, wie die Ehe allgemein, eine konservative Institution, die für lebenslange Verpflichtung, Fürsorge, Liebe und Unterstützung steht. Dabei geht es im Grunde nicht um Rechte, sondern um Pflichten. In der ortho-

225 Statement of June 20, 2007 der Agudath Israel of America, des National Council of Young Israel, des Rabbinical Council of America und der Union of Orthodox Jewish Congregations of America. „We oppose the redefinition of the bedrock relationship of the human family. We approach this issue through the prism of the Jewish religious tradition, which forbids homosexual acts, and sanctions only the union of a man and a woman in matrimony. The institution of marriage is central to the formation of a healthy society and the raising of children. It is our sincere conviction that discarding the historical definition of marriage would pose a severe danger to society in a variety of ways. Thus, we are compelled to protest the proposed redefinition of marriage for the State of New York. Moreover, we are deeply concerned that, should any such redefinition occur, citizens of New York who are members of traditional communities like ours will incur moral opprobrium and may risk legal sanction if they refuse to transgress their beliefs. That prospect is chilling, and should be unacceptable. Society's mores may shift and crumble but eternal verities exist. One is marriage. Its sanctity must be recognized and its integrity preserved." [http://www.ou.org/public_affairs/article/14643] – Deutsche Übersetzung durch den Autor.

doxen jüdischen Lehre ist die Familie von zentraler Bedeutung. Die Ablehnung homosexueller Lebensgemeinschaften ist wohl kaum ein Ausdruck familiärer Werte. In Wirklichkeit ist sie genau das Gegenteil. Es ist natürlich im Interesse von Familien, solche Lebensgemeinschaften zu unterstützen, die uns alle durch die Kraft unserer liebenden Verpflichtungen füreinander zusammenhalten.

Wenn es auch wahr ist, dass die Fortpflanzung einer der Zwecke der Ehe in unserer Gesellschaft ist, würden gleichgeschlechtliche Ehen solche Bestrebungen nicht mehr behindern, als heterosexuelle Ehen sie erforderlich machen. Sicher würden wir nicht behaupten, dass ungewollt kinderlose Ehepaare oder Ehepaare, die sich dafür entscheiden, keine Kinder zu bekommen, nicht „wirklich" verheiratet sind. Nach dem jüdischen Gesetz mögen solche Ehepaare die Pflicht, sich fortzupflanzen, vielleicht nicht erfüllen, aber das hätte keine Auswirkung auf die Legitimität ihrer Ehe. Außerdem bieten Adoption und Leihmutterschaft homosexuellen Paaren dieselben Möglichkeiten wie heterosexuellen Paaren, die sich nicht fortpflanzen können."[226]

(2) Die Position des liberalen Judentums

Das liberale Judentum, die größte Strömung des Judentums in Nordamerika, hat die traditionelle Sicht des jüdischen Gesetzes zu dieser Frage weiterentwickelt. Seit Ende der sechziger Jahre des 20. Jahrhunderts[227] erwägen die liberalen Au-

226 „Under Orthodox Jewish law as it currently stands, same-sex marriage is not permitted. The religious rites of kiddushin can only be enacted between two Jews, one male and the other female. While the rejection of homosexual relations is still normative in most Orthodox communities, halachists are beginning to include in their deliberations the -testimony of gay people who wish to remain faithful to the tradition. New halachic strategies, I believe, will, in time, appear under these changing social conditions [...] Same-sex marriage, like marriage generally, is a conservative institution expressing lifelong commitment, caring, love and support. It is fundamentally not about rights, but about duties. Central to Orthodox Jewish teaching is the importance of family. The rejection of gay coupling is hardly an expression of family values. Indeed, it is just the opposite. It is surely in the interest of families to support such unions that glue us all together by the force of our loving commitments to each other. While it is true that procreation is one of the intents of marriage in our society, same-sex marriages would not prevent such endeavors any more than heterosexual marriages require them. Surely we would not claim that sterile couples or couples who choose not to produce children are not „really" married. Under Jewish law such couples might not be fulfilling the duty to reproduce, but that would have no bearing upon the legitimacy of their marriage. Moreover, adoption and surrogacy offer to gay couples the same potential as they do to heterosexual couples unable to reproduce." Vgl. http://www.clal.org/coc38.html – Deutsche Übersetzung durch den Autor.

227 Resolution der Women for Reform Judaism 25th Biennial Assembly 1965 und 1991: „Homosexuality"; Resolution der 45. Generalversammlung der Union of American Hebrew Congregations 1977: „Human Rights of Homosexuals"; Resolution der Central Conference of American Rabbis auf der 88. Jahresversammlung 1977: „Rights of Homosexuals"; Resolution der National Federation of Temple Youth 1983: „Homosexuality" und 1991: „Homosexuality"; Resolution der 59. Generalversammlung der Union of American Hebrew Congregations 1987: „Support for Inclusion of Lesbian and Gay Jews"; Resolution der 60. Generalversammlung der Union of American Hebrew Congregations 1989: „Gay and Lesbian Jews"; Statement der American Conference of Cantors 1991:

toritäten, ob nicht angesichts dessen, was die moderne Wissenschaft über den Charakter der Homosexualität als einer biologischen sexuellen Orientierung aussagt, eine Neuinterpretation des Gesetzes erforderlich sei.[228] Deshalb ist seit etwa zwanzig Jahren die Ordination von Schwulen und Lesben zum Rabbiner oder Kantor erlaubt. Ende der achtziger Jahre änderte das Hebrew Union College – Jewish Institute of Religion mit Sitz in Cincinnati, New York, Los Angeles und Jerusalem als Ausbildungsstätte für Rabbiner, Kantoren und Religionslehrer seine Aufnahmebedingungen und gestattete Homosexuellen das Studium. 1990 billigte die Central Conference of American Rabbis (CCAR) offiziell einen Bericht ihrer Arbeitsgruppe „Homosexuality and the Rabbinate".[229] Sie schlussfolgerten, dass allen Rabbinern, ungeachtet ihrer sexuellen Orientierung, die Möglichkeit gegeben werden müsse, den heiligen Beruf auszuüben, den sie erwählt haben, und dass alle Menschen nach Gottes Ebenbild geschaffen seien, unabhängig von ihrer sexuellen Orientierung.[230] Im gleichen Jahr setzte der Präsident des Hebrew Union College – Jewish Institute of Religion, Rabbiner Alfred Gottschalk, Aufnahmekriterien für die Rabbinerausbildung in Kraft, in der eine homosexuelle Orientierung des Kandidaten keinen Ausschlussgrund mehr darstellte.[231]

1993 beschloss die 62. Generalversammlung der Union of American Hebrew Congregations (UAHC) in San Francisco, dass der Staat Maßnahmen ergreifen solle, um lesbische und schwule Partnerschaften rechtlich abzusichern.[232] Im Jahre 1996 verabschiedete die CCAR einen Beschluss über die homosexuelle Zivilehe:

„Die Central Conference of American Rabbis unterstützt das Recht schwuler und lesbischer Paare, voll und gleichberechtigt Anteil an den Rechten aus der Zivilehe zu haben. Die CCAR wendet sich gegen Versuche des Staates, schwule und lesbische Eheschließungen zu verbieten. Hierbei handelt es sich um eine zivilrechtliche Angelegenheit, die von der Frage zu trennen ist, ob Rabbiner bei dieser Eheschließung amtieren sollten."[233]

In einer Erklärung vom 3. Dezember 1996 lobte Marc Pelavin, Associate Director des Religious Action Center of Reform Judaism, die Entscheidung des Bezirksgerichts (Circuit Court) von Hawaii, die gleichgeschlechtliche Ehe anzuerkennen: „Die Liebe, zu der Gott uns aufruft, die Liebe, die zwei Menschen miteinander in

„Homosexuality in the Cantorate". Vgl. ferner *Richard F. Address / Joel L. Kushner / Geoffrey Mitelman* (Hrsg.), Kulanu: All of Us – A Program and Resource Guide for Gay, Lesbian, Bisexual, and Transgender Inclusion, New York 2007.

228 „We who were beaten in the streets of Berlin cannot turn away from the plague of gay bashing. We who were Marranos in Madrid, who clung to the closet of assimilation and conversion in order to live without molestation, we cannot deny the demand for gay and lesbian visibility!" Rabbi Alexander M. Schindler in seiner Presidential Keynote Address beim Biennial der Union of American Hebrew Congregations am 4. November 1989 in New Orleans. *Denise L. Eger*: Embracing Lesbians and Gay Men – A Reform Jewish Innovation, in: Dana Evan Kaplan (Hrsg.), Contemporary Debates in American Reform Judaism: Conflicting Visions, London 2001, 180–192, hier 183.

229 Kulanu 259–264.

230 Kulanu 261.

231 *Eger* 184.

232 Kulanu 281–282.

233 Kulanu 289.

einer liebenden und treuen Bindung zusammenführt, ist für alle Kinder Gottes zugänglich. Schwule und lesbische Paare sollten ebenso wie heterosexuelle Paare das gesetzliche Recht haben, solche dauerhaften Partnerschaften einzugehen."[234] Die Resolution „Civil Marriage for Gay and Lesbian Jewish Couples" der 64. Generalversammlung der UAHC 1997 in Dallas forderte Respekt und Anerkennung für gleichgeschlechtliche Lebensgemeinschaften und forderte überdies dazu auf, einen geeigneten religiösen Rahmen für Verpartnerungen zu schaffen.[235]

Die Frage jüdischer religiöser Eheschließungen von Schwulen und Lesben ist im liberalen Judentum allerdings lange kontrovers gewesen. Im Jahre 1996 beschloss das Responsa Committee der CCAR mit 7 zu 2 Stimmen, dass homosexuelle Beziehungen religionsgesetzlich nicht in die Kategorie des *kidduschin* fielen. Es erklärte außerdem, dass eine Ehe außerhalb des *kidduschin* im Judentum nicht existiere. Die gleichgeschlechtliche Zivilehe wurde also nachdrücklich unterstützt, ohne schon eine gleichgeschlechtliche jüdische Eheschließung zuzulassen.[236]

Im Jahre 1998 veröffentlichte eine Arbeitsgruppe der CCAR zu Fragen der menschlichen Sexualität ihren Bericht, der die Aussage enthielt, „that kedusha may be present in committed same-gender relationship between two Jews".[237] Der Bericht rief die CCAR dazu auf, Rabbiner, die bei homosexuellen Eheschließungen amtieren wollten, dabei zu unterstützen. Im selben Jahr veröffentlichte das Responsa Committee der CCAR jedoch eine *teschuwa* (rabbinische Meinung), bei der die Mehrheit der abstimmenden Rabbiner der Ansicht war, ein Rabbiner solle bei einer gleichgeschlechtlichen Verpartnerung nicht amtieren.[238] Diese divergierenden Positionen zeigen, mit welcher Unschlüssigkeit die Frage nach der Möglichkeit einer religiösen Eheschließung zwischen zwei Juden des gleichen Geschlechts noch vor zehn Jahren durch das liberale Rabbinat behandelt wurde.

Die Entscheidung fiel schließlich im März 2000 auf der 111. Annual Convention der CCAR in Greensboro, North Carolina. In ihrer Resolution zur „Same Gender Officiation" heißt es: „Wir beschließen hiermit, dass die Beziehung eines jüdischen gleichgeschlechtlichen Paares der Bestätigung durch ein geeignetes jüdisches Ritual würdig ist, und es wird weiter beschlossen, dass wir die Vielfalt der Meinungen in unseren Reihen zu diesem Thema anerkennen. Wir unterstützen die Entscheidung derjenigen, die sich dazu entschließen, bei Partnerschaftszeremonien für gleichgeschlechtliche Paare zu amtieren, und wir unterstützen die Entscheidung derjenigen, die es nicht tun."[239] Die Resolution vermied den

234 „The love that God calls us to, the love that binds two people together in a loving and devoted commitment, is accessible to all of God's children. Gay and lesbian couples should have the legal right, as heterosexual couples do, to form such lasting partnerships." [http://rac.org/Articles/index.cfm?id=886&pge_prg_id=10214] – Deutsche Übersetzung durch den Autor.

235 Kulanu 327–328. Diese Verpartnerung sei aber heterosexuellen Paaren zu verweigern; vgl. Anhang 4.

236 CCAR Responsum on Homosexual Marriage, in: Kulanu 301–325. Anhang 5.

237 *Eger* 185.

238 On Homosexual Marriage, Responsa 5758.8http://data.ccarnet.org/cgi-bin/respdisp.pl?file=8&year=5756; vgl. auch CCAR Yearbook 108 (1997/98).

239 „We do hereby resolve that the relationship of a Jewish, same gender couple is worthy of affirmation through appropriate Jewish ritual, and further resolved, that we recognize the diversity of

Begriff *kidduschin* und ließ die Frage der genauen liturgischen Form offen. Bei der Diskussion der Resolution wurde im Plenum die Frage gestellt, wie man denn diese Verpartnerungen nennen solle. Der damalige Präsident der CCAR, Rabbiner Charles Kroloff, antwortete: „Weddings – kiddushin."[240]

Am gleichen Tag, als in Greensboro dieser Beschluss gefasst wurde, veröffentlichte der Präsident der UAHC, Rabbiner Eric Yoffie, eine Erklärung, in der es heißt: „Es ist wichtig, zu sehen, was die Resolution über gleichgeschlechtliche Partnerschaften sagt und was sie nicht sagt. Sie zwingt keinen Rabbiner, bei einem solchen Ritual zu amtieren, sie bekräftigt vielmehr das Recht eines Rabbiners, dabei nicht zu amtieren. Sie macht keine näheren Aussagen darüber, welches Ritual für eine solche Zeremonie angemessen ist. Sie sagt nicht, dass die Zeremonie, die vollzogen wird, als „Heirat" bezeichnet werden soll. Nichtsdestoweniger ist die historische und religiöse Bedeutung dieser Resolution nicht zu leugnen. Zum ersten Mal in der Geschichte hat eine rabbinische Körperschaft von Rang die jüdische Gültigkeit einer auf gegenseitige Treue gegründeten gleichgeschlechtlichen Beziehung bestätigt."[241]

(3) Die Position des konservativen Judentums (Masorti)

Die Entscheidung der liberalen Rabbiner in Greensboro war so bahnbrechend, dass sie zunächst bei der anderen nichtorthodoxen Richtung des Judentums, dem konservativen Judentum, große Zurückhaltung erfuhr. Doch auch das konservative Judentum hat bereits seit den achtziger Jahren mit Fragen der Homosexualität gerungen.

Im konservativen Judentum trifft das Committee on Jewish Law and Standards (CJLS) der Rabbinical Assembly die religionsgesetzlichen Entscheidungen. Im Jahre 1992 bekräftigte das CJLS das traditionelle Verbot homosexuellen Verhaltens, der Segnung homosexueller Lebensgemeinschaften und der Ordination offen homosexueller Rabbinerinnen und Rabbiner. Diese Verbote führten jedoch zunehmend zu einer internen Kontroverse.

Im Jahre 2006 änderte das CJLS seine Position und ebnete den Weg für bedeutsame Änderungen der Haltung der konservativen Bewegung zur Homosexualität. Am 6. Dezember 2006 verabschiedete das CJLS mit 13 von 25 Stimmen ein

---

opinions within our ranks on this issue. We support the decision of those who choose to officiate at rituals of union for same-sex couples, and we support the decision of those who do not." In: Kulanu, 330. Anhang 6. – Deutsche Übersetzung durch den Autor.

240 *Eger* 188.

241 „It is important to note what the resolution on same gender unions does and does not say. It does not compel any rabbi to officiate at such a ritual, and indeed supports the right of a rabbi not to officiate. It does not specify what ritual is appropriate for such a ceremony. It does not say that the ceremony performed should be called a ‚marriage'. Nonetheless, the historical and religious significance of this resolution is indisputable. For the first time in history, a major rabbinical body has affirmed the Jewish validity of committed, same gender relationships." Kulanu 331 – Deutsche Übersetzung durch den Autor.

von den Rabbinern Elliot N. Dorff, Daniel Nevins und Avram Reisner verfasstes Responsum,[242] das unter Hinweis auf den Primat der Menschenwürde die meisten Verbote bezüglich homosexuellen Verhaltens aufhob und den Weg öffnete für die Ordination offen schwuler und lesbischer Rabbiner und für homosexuelle Partnerschaften. Allerdings bedeutete dies noch nicht die religiöse Anerkennung der schwulen Ehe.

„Dieses Responsum erklärt nicht, dass gleichgeschlechtliche Partnerschaften *kidduschin* seien. Dennoch betrachten wir stabile, pflichtbewusste jüdische Beziehungen als ebenso notwendig und wichtig für Homosexuelle und ihre Familien, wie sie es für Heterosexuelle sind. Promiskuität ist weder für homosexuelle noch für heterosexuelle Partnerschaften akzeptabel. Solche Beziehungen sollten in Übereinstimmung mit den Werten stehen, wie sie in ‚‹This Is My Beloved, This Is My Friend›: A Rabbinic Letter on Human Intimacy' dargelegt werden. Es ist angemessen, dass eine solche Partnerschaft festlich begangen wird."[243]

Das Responsum erhielt allerdings das biblische Verbot des Analverkehrs zwischen Männern aufrecht, ein Vergehen, für das traditionell der Grundsatz *yehareg we'al ya'awor* („eher sterben als [das Gebot] übertreten") gilt. Die Rabbiner Myron Geller, Robert Fine und David Fine äußerten schriftlich eine gegenteilige Meinung und sprachen sich dafür aus, die Einschränkungen bezüglich homosexuellen Verhaltens völlig abzuschaffen und homosexuelle religiöse Partnerschaftszeremonien ausdrücklich anzuerkennen.[244] In ihrer Stellungnahme charakterisierten die drei Rabbiner die Halacha als ein auf historischer Grundlage beruhendes religiöses Rechtssystem, das die Werte, die Ethik und die Situation des jüdischen Volkes zu jeder Zeit widerspiegle. Die daraus entstehenden Wertmaßstäbe, auch die in den jüdischen Schriften formulierten, seien Ausdruck jüdischer Ideale am jeweiligen Ort und zur jeweiligen Zeit. So gesehen könne und müsse die Halacha novelliert werden, um den je veränderten Werten und sozialen Umständen gerecht zu werden.[245]

Zwei eher traditionalistische Responsen wurden ebenfalls verabschiedet: Rabbiner Joel Roth trat für ein generelles Verbot homosexuellen Verhaltens ein (verabschiedet mit 13 Stimmen), Rabbiner Leonard Levy vertrat die Meinung, dass Homosexualität potenziell heilbar sei, und ermutigte Menschen mit homosexuellen Neigungen, sich in Behandlung zu begeben (verabschiedet als Minderheitsmeinung mit 6 Stimmen).

242 Anhang 7.

243 „This responsum does not provide kiddushin for same-sex couples. Nonetheless, we consider stable, committed, Jewish relationships to be as necessary and beneficial for homosexuals and their families as they are for heterosexuals. Promiscuity is not acceptable for either homosexual or heterosexual relationships. Such relationships should be conducted in consonance with the values set out in the RA pastoral letter on intimate relationships, ‚This Is My Beloved, This Is My Friend': A Rabbinic Letter on Human Intimacy. The celebration of such a union is appropriate." – Deutsche Übersetzung durch den Autor.

244 Anhang 8.

245 Vgl. die Dokumentation der Responsen im Anhang.

Nach den Regeln des konservativen Judentums können die einzelnen konservativen Rabbiner, Gemeinden und Rabbinerseminare nun auswählen, welchem Gutachten sie folgen möchten: ob sie das traditionelle Verbot homosexuellen Verhaltens aufrechterhalten wollen oder ob sie homosexuelle Partnerschaften und lesbische und schwule Rabbiner gestatten. Der Ausschuss lehnte ein viertes Responsum von Rabbiner Gordon Tucker ab, der alle Beschränkungen bei homosexuellen Praktiken aufheben wollte.

Die Entscheidungen des CJLS hatten Konsequenzen. Einerseits traten vier Mitglieder des Komitees aus: die Rabbiner Joel Roth, Leonard Levy, Mayer Rabinowitz und Joseph Prouser. Andererseits hatte die Ziegler School of Rabbinic Studies of the University of Judaism in Los Angeles bereits zuvor erklärt, dass sie sofort damit beginnen werde, offen schwule und lesbische Studenten zu immatrikulieren, sobald das CJLS eine Vorgehensweise verabschieden werde, die die Ordination Homosexueller erlaube. Am 26. März 2007 entschied das Jewish Theological Seminary of America in New York ebenso und begann, offen homosexuelle Kandidaten in das Rabbinerseminar aufzunehmen.

Demgegenüber halten die konservativen Synagogen in Europa und Israel, die historisch gesehen immer etwas traditioneller waren als die amerikanische konservative Bewegung, am Verbot fest und erlauben weder Homosexualität an sich noch die Ordination homosexueller Rabbiner oder gleichgeschlechtliche Eheschließungen. So protestierte der Präsident des Schechter Institute of Jewish Studies in Jerusalem, Rabbiner David Golinkin, gegenüber dem CJLS. Auch die Masorti-Gemeinden in Argentinien, Ungarn und Großbritannien wollen Homosexuelle weiterhin nicht zum Rabbiner ordinieren. Dagegen vertrat der israelische konservative Rabbiner David Lazar bereits 2004 folgende Meinung: „Als Rabbiner halte ich es für meine Pflicht, lesbischen und schwulen Paaren einen religiösen Rahmen zu bieten, in dem auch sie ihren Platz finden können. Als ich mich zum ersten Mal damit beschäftigte, war ich nicht sicher, ob Kidduschin, die traditionellen Verhaltensregeln für heterosexuelle Paare, dabei besonders hilfreich sein konnten. Wenn man es mit neuen Gegebenheiten zu tun hat, so dachte ich mir, braucht man dazu neue Rituale, die der Situation angemessen sind. Dann arbeitete ich mit den betreffenden Paaren, hörte mir ihre Geschichten an, ließ mir erzählen, wie sie selbst über ihre Liebesbeziehung und über ihren Wunsch nach Kindern dachten, und stellte fest, dass sie eben keine eigenen Rituale wünschen oder brauchen, sondern nach der Teilhabe an der normativen jüdischen Überlieferung streben. Sie selbst sprechen von Kidduschin. So wurde mir klar, dass diese Paare aus einem späteren, jedoch nicht weniger wichtigen Verständnis des hebräischen kadesch – heilig sein – heraus über den Kidduschin sprachen. Zwei Menschen, die sich zur Ehe zusammenfinden, können gemeinsam ein weit höheres Maß an Heiligkeit erreichen als jeder von ihnen für sich. Wenn ich das Gebot ‚heiligt euch' ernst nehme, dann scheint es mir nur natürlich, alles zu tun, um alle Paare, auch lesbische und schwule, unter die Chuppa zu bringen, sodass sie einander mit Kidduschin heiligen können."[246]

246 *David Lazar*, Partnerschaft ist heilig, in: Jüdische Allgemeine Berlin vom 5. Februar 2004.

Die Zulassung von homosexuellen Rabbinern und gleichgeschlechtlichen Lebenspartnerschaften durch das CJLS Ende 2006 bedeutet für das konservative Judentum einen gewaltigen Einschnitt. Es bestätigt auch die Beobachtung, dass die religionsgesetzlichen Entscheidungen von amerikanischem Reformjudentum und konservativer Bewegung letztlich in die gleiche Richtung gehen, auch wenn das konservative Judentum dafür mitunter zehn bis zwanzig Jahre länger braucht. Schon bei der Einführung der Frauenordination war dies zu beobachten: Das liberale Hebrew Union College ordinierte Sally Priesand 1972, das konservative Jewish Theological Seminary ordinierte Amy Eilberg 1985. Wir können aber damit festhalten, dass die Mehrheit des religiösen Judentums weltweit gleichgeschlechtliche Eheschließungen religionsgesetzlich erlaubt hat.

5 Auflösung der Ehe durch Scheidung (*geruschin*) oder Tod

Zwischen den Scheidungsregeln des Jüdischen Rechts und denen der meisten anderen Rechtssysteme bestehen grundsätzliche Unterschiede. Dort setzt meist ein Gericht der Ehe ein Ende. In diesen Systemen ist es möglich, eine Scheidung einseitig (ex parte) zu vollziehen, ähnlich wie in anderen Zivilprozessen auch. Die Entscheidung des Gerichts ist eigentlich dasjenige Moment, das einen neuen rechtlichen Zustand herbeiführt bzw. den rechtlichen Status der Parteien verändert.

Nach dem Jüdischen Recht dagegen wird die Scheidung von den Parteien selbst vollzogen und nicht vom Gericht bzw. durch einen behördlichen Akt. Es gibt zwar Fälle, in denen das Gericht entscheidet, der Ehemann müsse einen *get* geben bzw. die Ehefrau müsse ihn annehmen. Durch eine solche Entscheidung ist die Scheidung jedoch noch nicht vollzogen. Solange die den Parteien vorbehaltenen Handlungen nicht vorgenommen worden sind, besteht also die Ehe weiter. Nach dem Jüdischen Recht ist es grundsätzlich unmöglich, das Eheverhältnis zu beenden, wenn eine der Parteien nicht anwesend ist; die Anwesenheit des anderen Ehegatten und die gemeinsamen Scheidungshandlungen sind also rechtlich unverzichtbar. Allerdings wird die Möglichkeit zugelassen, den *get* mittels eines Boten zu überbringen. Der Bote übernimmt dann die Funktion eines Stellvertreters und vermittelt dadurch die Anwesenheit der anderen Partei. Das rabbinische Recht gestattet auch eine Scheidung durch zwei Stellvertreter, von denen der eine für den Mann und der andere für die Frau handelt.[1]

Das Jüdische Recht ermöglicht die Scheidung auch dann, wenn kein Verschulden eines Ehepartners vorliegt. Die Scheidung ist ein Rechtsakt freier Willensentscheidung zwischen den beiden Parteien. Das Gericht sorgt lediglich dafür, dass die Scheidung ordnungsgemäß abläuft. Die Ehepartner könnten sich nach Jüdischem Recht auch ohne Intervention des Gerichts scheiden lassen. Davon ist jedoch abzuraten, da Komplikationen entstehen könnten, die die Ungültigkeit der Scheidung zur Folge haben könnten.[2]

Allerdings gibt es auch nach dem Jüdischen Recht die Möglichkeit, den Ehemann zur Scheidung zu zwingen. Praktische Bedeutung hat das vor allem im Zuständigkeitsbereich der israelischen Familiengerichtsbarkeit. Diese Möglichkeit wird mit dem Ausdruck *kefiat get* („Erzwingen des Scheidebriefes“) bezeichnet. Dennoch ist in diesen Fällen die Gefahr groß, dass die Ehefrau zur *aguna* wird (zur „Gebundenen“, also zu einer verheirateten Frau, die ohne Scheidung entlassen wurde). Nach orthodoxer Praxis kann nämlich nur der Ehemann die

1 *Klein*, A Guide to Jewish Religious Practice, 494–496; *Goldfine*, Eherecht, 71.

2 *Goldfine*, Eherecht, 73.

Ehescheidung initiieren. Lässt er sich dazu nicht bewegen, ist er geisteskrank und damit nicht geschäftsfähig oder sind seine Bedingungen für die andere Seite inakzeptabel, so hat die Frau in der Praxis keine Möglichkeit, einen Scheidebrief zu erwirken, und sie kann nicht erneut heiraten.

5.1 Grundsätzliches zur Ehescheidung im Judentum[3]

Im Idealfall ist die Ehe ein Bund fürs Leben: „Ein Weib gefunden – Glück gefunden und Huld erlangt vom Ewigen" (Spr 18:22). Die Propheten nehmen das Verhältnis zwischen Mann und Frau als Metapher für den Bund zwischen Gott und Israel, und dieser ist unauflöslich, unzerstörbar.[4] Ein besonders eindrucksvolles Beispiel dafür ist Maleachis Klage über Israels Untreue Gott gegenüber, die er der Untreue eines Mannes gegenüber „dem Weibe seiner Jugend" gleichsetzt. Besonders beachtenswert ist in diesem Zusammenhang Vers 16: „Denn ich hasse das Verstoßen [d.h. die Scheidung], spricht der Ewige, der Gott Jisraels."[5]

Auch die Rabbinen sahen die Scheidung, wenn es dazu kam, als Tragödie an. In einem Kommentar zum eben zitierten Satz aus dem Propheten Maleachi sagen sie: „Der Altar selbst vergießt Tränen, wenn ein Mann sich vom Weib seiner Jugend trennt."[6] Wie wir bereits gesehen haben,[7] betrachteten sie die Institution der *ketubba* als ein Mittel, die Männer von einer Scheidung abzuhalten. Außerdem verkomplizierten sie die rechtlichen Vorgänge bei der Scheidung, um so wohl durch die Verzögerung Gelegenheit zum Nachdenken und damit möglicherweise auch zur Versöhnung zu geben.[8] Und sie priesen die Versöhnung, wenn sie stattfand.[9]

Als ethischer Vorbehalt gegen die Scheidung wird oft genannt, dass das Auseinanderbrechen der Familie den Kindern schade und die Stabilität der Gesellschaft unterminiere. Aber es ist auch ein spirituelles Übel. Die Scheidung bricht eine geheiligte Verbindung. Dennoch erkennt das Judentum an, dass Scheidung ein notwendiger Ausweg sein kann. Man könnte sagen, dass es dem Prinzip der Heiligkeit der Ehe sogar dienlich ist, wenn die Scheidung einen Ausweg aus der Entfremdung und Zerrüttung bietet. Denn wo die Ehe

3 Zur Ehescheidung im Jüdisches Recht vgl. auch die Artikel „Ehescheidung" bzw. „Divorce" und „Get" in EJ 1928, Bd. 6, 259–271; JL, Bd. 2, 1141–1145; EJ 1971, Bd. 6, 122–137; Menachem Elon (Hrsg.), The Principles of Jewish Law, 414–424.

4 Jes 54:5; Jer 31:31–33; Ez 16:8; Hos 2:21–22.

5 Mal 2:14–16.

6 bT Git 90b. Diese Aussage wird exegetisch erreicht, indem Mal 2:16 mit 2:13 in Verbindung gebracht wird.

7 Vgl. o. 4.1.4.

8 Vgl. *George F. Moore*, Judaism in the First Centuries of the Christian Era, the Age of the Tannaim, 2 Bde., Cambridge 1927/30, Bd. 2, 122.

9 Zur Ehescheidung insgesamt vgl. ShA, EH 119–154.

ihren spirituellen Kern verloren hat, wird auch ihre Heiligkeit verletzt. Würde eine Ehe aufrechterhalten, obwohl Mann und Frau einander nicht mehr lieben, könnte ein weiteres Zusammenleben den Kindern mehr schaden, als die Scheidung dies tut.[10]

Die Regelungen des Jüdischen Rechts auch bezüglich der Scheidung sind letztlich in der Bibel verankert. Allerdings sind die einschlägigen Bestimmungen der Tora nicht sehr ausführlich. Sie sind daher bereits in der Antike weiter ausgeführt und konkretisiert worden. Von besonderer Bedeutung ist dabei der Streit zwischen den Schulen Schammais und Hillels über die Gründe, die eine Scheidung rechtfertigen können. Hier hat sich letzten Endes die Auffassung der Schule Hillels durchgesetzt, die eine größere Zahl von Scheidungsgründen zuließ – allerdings immer mit Einschränkungen.

Traditionell war die Scheidung ausschließlich Sache des Mannes gewesen: Allein ihm stand es zu, seine Frau zu entlassen, und zwar indem er ihr einen Scheidebrief (*get*) ausstellte. Diese Regelung wird zwar nicht aufgehoben, aber modifiziert durch die wohl wichtigste Veränderung des rabbinischen Scheidungsrechts im Mittelalter, die traditionell mit Rabbi Gerschom ben Juda von Mainz in Verbindung gebracht wird. Er soll (bei Strafe des Bannes) als Grundregel festgesetzt haben, dass ein Mann sich nicht mehr ohne die Zustimmung seiner Frau von ihr scheiden lassen konnte.[11] Damit fand das Prinzip des gegenseitigen Einvernehmens Eingang in das rabbinische Scheidungsrecht.

Diese Regelung schloss und schließt allerdings nicht aus, dass in einer Reihe von Fällen auch das Gericht die Scheidung anordnen konnte, nämlich durch eine sogenannte *kefiat get* bzw. einen *get kefia* („erzwungener Scheidebrief").

5.2 Voraussetzungen der Scheidung

5.2.1 Biblische Grundlagen und historische Entwicklung

Die ausführlichste Regelung zur Scheidung, die sich in der Tora findet, steht im Buch Deuteronomium. Das Gesetz besagt: „Wenn jemand eine Frau nimmt und sie ehelicht, sie verliert aber nachher seine Gunst, indem er etwas Schändliches (*'erwat dawar*) an ihr wahrgenommen hat, er ihr einen Scheidebrief schreibt, ihr in die Hand gibt und sie aus seinem Haus lässt, sie verlässt sein Haus, geht hin und wird eines anderen Frau, dieser zweiter Mann wird ihr auch gram, schreibt ihr einen Scheidebrief, gibt solchen ihr in die Hand und lässt sie aus seinem Haus, oder der zweite Mann stirbt, der sie zur Frau genommen hat, dann darf sie der erste Mann, der sie von sich gelassen hat, nicht wieder zu sich nehmen, dass sie

10 *Gittelsohn* 37–43.

11 ShA, EH 119:6; *Falk*, Jewish Matrimonial Law, 113–143 zeigt, wie stark diese Sicht unter den deutschen Juden ab der Mitte des 12. Jahrhunderts akzeptiert war, bezweifelt aber die Zuschreibung an Rabbi Gerschom.

seine Frau werde, nachdem sie sich hat verunreinigen lassen, denn dies ist vor dem Ewigen ein Gräuel."[12]

Dies ist die einzige Textstelle in der Tora, aus der Details zum Scheidungsgesetz hervorgehen. Deshalb entwickelten die Rabbinen aus ihr die gesamte Struktur des rabbinischen Scheidungsrechts. Der Vorgang der Scheidung selbst und auch die möglichen Scheidungsgründe mussten sich daraus herleiten lassen. Unter welchen Bedingungen konnte ein Mann seinerzeit seine Frau wegschicken? Die Antwort hängt an dem Ausdruck *'erwat dawar.* Wörtlich bedeutet er „die Nacktheit einer Sache". Nach Lev 18 und 20 und Dtn 27 („Du sollst die Blöße nicht aufdecken …") impliziert *'erwa* auch sexuelle Unmoral einschließlich Ehebruch. Es ist daher möglich, dass die Scheidung zunächst nur aufgrund von Ehebruch erlaubt war. Diese Sicht wurde von der Schule Schammais vertreten.[13] Die Schule Hillels legte den Ausdruck *'erwat dawar* dagegen weiter aus: Nach ihrer Ansicht soll er jegliches Fehlverhalten einschließen – „selbst wenn sie sein Essen versalzen hat".[14] Rabbi Akiba ging sogar noch weiter. Er unterstrich die Worte „wenn sie ihm nicht gefällt" und schloss daraus, dass ein Mann sich von seiner Frau scheiden lassen konnte, „sogar wenn er eine andere Frau schöner findet".[15]

Im Laufe der Entwicklung des rabbinischen Scheidungsrechts setzte sich schließlich die Sichtweise der Schule Hillels durch. Damit wurde eine so weite Auslegung zur Norm, dass sich ein Mann praktisch aus fast beliebigen Gründen von seiner Frau trennen konnte.

In zwei Fällen hat das Jüdische Recht allerdings – auf biblischer Grundlage – die Möglichkeit der Ehescheidung grundsätzlich ausgeschlossen. Behauptet der Ehemann fälschlich, seine Frau sei nicht im Zustand der Jungfräulichkeit in die Ehe eingetreten, so muss er diese Verleumdung durch eine Zahlung von hundert Schekeln an seinen Schwiegervater sühnen, und die Scheidung von seiner Frau ist ihm auf ewig verwehrt.[16] Verführt jemand eine Jungfrau, so muss er dem Vater des Mädchens fünfzig Schekel Strafe bezahlen, ist zur Eheschließung verpflichtet und darf diese Frau niemals aus der Ehe entlassen.[17]

5.2.2 Mögliche Scheidungsgründe vonseiten des Mannes

Ein Mann kann sich nach dem Jüdischen Recht von seiner Frau scheiden lassen, wenn sie Ehebruch begangen hat,[18] wenn sie sich unsittlich verhält,[19] wenn sie

12 Dtn 24:1–4. Vgl. auch u. 5.6.
13 M Git 9:10; bT Git 90a–b.
14 bT Git 90a.
15 bT Git 90a.
16 Dtn 22:13–19.
17 Dtn 22:28–29.
18 Ex 20:14; ShA, EH 11:1.
19 ShA, EH 115:4.

vom Judentum abgefallen ist,[20] wenn sie grundsätzlich den Beischlaf verweigert[21] oder eine unheilbare Erkrankung ihr den Beischlaf dauerhaft unmöglich macht[22] oder aber wenn sie sich ohne triftigen Grund weigert, ihrem Mann an einen neuen Wohnort zu folgen.[23] Auch Sterilität der Ehefrau kann ein Scheidungsgrund sein, wenn sie mindestens zehn Jahre anhält,[24] außerdem physische Mängel, die vor der Ehe bestanden hatten[25] und die der Mann erst nachher entdeckt hat.[26]

Wenn der Verdacht besteht, dass die Frau ihren Mann betrogen hat, so kann er sich scheiden lassen;[27] allerdings muss dieser Verdacht durch zwei Zeugen bestätigt werden.[28] Der Ehemann ist jedoch nicht verpflichtet, sich scheiden zu lassen, er kann seiner Frau auch vertrauen. Handelt es sich dagegen nicht mehr um einen bloßen Verdacht, sondern sind zwei Zeugen dafür vorhanden, dass die Frau ihren Mann wirklich betrogen hat, so muss er die Scheidung einreichen, da es ihm nach dem Jüdischen Recht verboten ist, weiter mit ihr zusammenzuleben.[29]

Wurde die Frau aufgrund des genannten Verdachts geschieden, darf sie den Mann, mit dem sie ihren Ehemann angeblich betrogen hat,[30] nicht heiraten, auch nicht nach dem Tod ihres früheren Ehemanns. Dieses Verbot wird in der Scheidungsurkunde notiert. Sollte es allerdings den Ehebrechern gelingen zu heiraten, so sind sie zur Scheidung nicht gezwungen.[31] In der Realität wird der Rabbiner die Heirat missbilligen, sie aber in einfachster Form und ohne Aufwand durchführen, um das bloße Zusammenleben zu verhindern und den Wert des Ehestands zu stärken.[32]

Ferner werden zwei traditionelle Scheidungsgründe durch die Formeln „*Oweret al dat Mosche*" und „*Oweret al dat ha-jehudit*" umschrieben.

Die Formel „*Oweret al dat Mosche*" bedeutet: „Sie verstößt gegen den Glauben des Mose." Hier handelt es sich um eine Ehefrau, die ihren Mann absichtlich zur Nichteinhaltung der religiösen Anordnungen veranlasst.[33] Verweigert die Frau

---

20 ShA, EH 115:1. Die Scheidung ist in diesem Fall möglich, aber nicht verpflichtend; vgl. ShA, EH 115:4.

21 ShA, EH 77:2. Der Beischlaf muss mindestens für ein Jahr unterbrochen gewesen sein. Es werden zwei Gründe unterschieden: „Widerspenstigkeit" der Ehefrau oder Ekel.

22 ShA, EH 117:2.

23 ShA, EH 75:1. Wenn die Ehefrau dagegen gute Gründe hat, ist dies kein Scheidungsgrund; vgl. ShA, EH 75:2.5.

24 Dtn 7:14; bT Jeb 64 a.

25 ShA, EH 117:1.

26 ShA, EH 117:4. Protestiert der Ehemann nicht sofort, wenn er den Defekt entdeckt (vor oder während der Ehe), gilt der Mangel nicht mehr als Scheidungsgrund; vgl. ShA, EH 117:5 und 117:10.

27 bT Jeb 24b–25a; MT Ishut 24:15.17; ShA, EH 11:1.

28 MT Ishut 24:15.18; ShA, EH 11:1.

29 bT Jeb 24b; MT Ishut 24:17–18.

30 bT Sota 27b; MT Sota 2:13; ShA, EH 11:1; 178:17.

31 ShA, EH 11:2 ff und Otsar ha-Poskim 11:1; 44.

32 *Walter Jacob*, in: ders. (Hrsg.), Contemporary American Reform Responsa, 286–287 (192: Adultery and Marriage).

33 bT Ket 72a; MT Ishut 24:11; ShA, EH 115:1; *Goldfine*, Eherecht, 81..

den ehelichen Verkehr oder die Gründung eines Hausstandes am gemeinsamen Wohnort, so hat der Ehemann einen Anspruch auf die Scheidung. Hat er sie nicht ermahnt, erhält sie bei der Scheidung ihre *ketubba*; hat er sie abgemahnt, und sie hört trotzdem nicht auf, gegen die religiösen Anordnungen zu verstoßen, erhält sie ihre *ketubba* bei der Scheidung nicht.[34] Aber auch in letzterem Fall hat sie weiterhin Anspruch auf *nichse milog* und *nichse zon barzel*,[35] also auf den Besitz, den sie mit in die Ehe eingebracht hat (sofern er noch existiert).[36]

Die Formel „*Oweret al dat ha-jehudit*" bedeutet: „Sie verstößt gegen den jüdischen Glauben. Dabei geht es um eine Frau, die die Moralgesetze nicht achtet.[37] Kann der Ehemann nachweisen, dass seine Frau gegen die guten Sitten verstößt, dass sie ihn schlägt oder beleidigt, oder dass sie eine bestehende Schwangerschaft abbricht und dies ihrem Mann verheimlicht, so kann er die Scheidung verlangen. Auch in diesem Fall verliert die Frau ihre *ketubba* nicht, Anders verhält es sich, wenn der Mann sie vorher vor den Folgen eines solchen Verhaltens gewarnt hat.[38] Kein Anspruch auf Scheidung hat der Ehemann mehr, wenn er seiner Frau das Verhalten verziehen hat.

5.2.3 Mögliche Scheidungsgründe vonseiten der Frau

Scheidungsgründe für die Frau sind die sexuelle Untreue des Ehemanns oder der Abfall vom Judentum.[39] Auch die Behinderung der Frau bei der Ausübung ihres Judentums konnte ein Grund sein, die beharrliche Verweigerung des Beischlafs mit ihr,[40] eine unheilbare Erkrankung, Misshandlung der Ehefrau[41] oder die Aufnahme eines Berufs, der Ekel erregt.[42] In allen genannten Fällen genügt als Scheidungsgrund nicht ein einmaliges Fehlverhalten des Ehemannes; dieses muss vielmehr regelmäßig und gewohnheitsmäßig sein.[43] Weitere Gründe sind gegeben, wenn der Mann den der Frau zustehenden Unterhalt nicht zahlt[44] oder wenn er sich auf der Flucht vor Strafverfolgung befindet.[45]

Die Frau hat einen Anspruch auf Vollzug des Geschlechtsverkehrs mit ihrem Mann, auch wenn sie bereits Kinder hat, sei es von ihrem Mann oder einem anderen.[46] Verweigert der Ehemann den ehelichen Beischlaf, wird er nach dem

34 MT Ishut 24:14; ShA, EH 115:1; *Goldfine*, Eherecht, 81.

35 Zu diesen Begriffen vgl. o. 4.6.2. Vgl. auch *Ben-Zion Schereschewsky*, Dowry, in: Menachem Elon (Hrsg.), The Principles of Jewish Law, 390–394.

36 bT Ket 101a; MT Ishut 24:10; ShA, EH 115:5; *Goldfine*, Eherecht, 81.

37 bT Ket 72a–b; MT Ishut 24:12–14; ShA, EH 115:4.

38 MT Ishut 24:16; ShA, EH 115:4.

39 Vgl. ShA, EH 154:1; *Goldfine*, Eherecht, 74–80.

40 ShA, EH 154:3; 76:11; 77:1.

41 ShA, EH 154:3.

42 M Ket 7:9–10; bT Ket 77a; MT Ishut 25:1; ShA, EH 154:1

43 ShA, EH 154:3.

44 ShA, EH 154:3.

45 ShA, EH 154:9.

46 bT Jeb 65a; ShA, EH 154:7.

Jüdischen Recht *mored* („Widerspenstiger") genannt.[47] In diesem Fall kann die Ehefrau einen *get* mit einer höheren *ketubba* beanspruchen. Sie ist aber auch berechtigt, anstelle der Scheidung Unterhalt zu verlangen, insbesondere wenn der Fall gegeben ist, dass der Ehemann sie zwingen will, sich scheiden zu lassen.[48] Denn nach dem *Cherem de-Rabbenu Gerschom* kann der Ehemann nicht gegen ihren Willen die Ehe auflösen.

Ist es dem Ehemann nicht möglich, ehelich zu verkehren (Impotentia coeundi), kann die Frau ebenfalls die Scheidung verlangen. In der Praxis sind die Rabbinergerichte bei Scheidungsverfahren aus diesem Grund sehr vorsichtig. So wird dem Antrag auf Scheidung erst nach Ablauf einer Mindestfrist von zwölf Monaten nach Auftreten der Impotenz stattgegeben, um auszuschließen, dass es sich um eine zeitweilige Schwäche handelt, die durch ärztliche Behandlung zu beseitigen ist. Auch nach Ablauf von zwölf Monaten tritt man nur zögerlich in das Scheidungsverfahren ein, es sei denn, die Frau kann medizinische Gutachten vorweisen, die belegen, dass von einer Heilung nicht mehr auszugehen ist. Der Erfolg einer Scheidungsklage auf Basis der Zeugungsunfähigkeit des Ehemanns hängt in jedem Fall davon ab, ob die klageführende Ehefrau als ehrlich eingeschätzt wird. Deshalb wird eine Frau mit ihrer Scheidungsklage keinen Erfolg haben, wenn sie zur gleichen Zeit auch ihre *ketubba* beansprucht. Hier liegt der Verdacht nahe, dass sie es auf ihre eigene *ketubba* abgesehen hat oder sich für einen anderen Mann interessiert.[49] Ein solcher Verdacht besteht auch, wenn sie ihren *get* vor Ablauf von zehn Jahren nach der Trauung beantragt. Erst nach diesen zehn Jahren wird angenommen, dass sie von ihrem Ehemann keine Kinder mehr bekommen wird.[50]

Über die Frage, ob das Gericht in einem solchen Fall nur auf den *get* oder vielmehr auf den *get kefia* entscheiden soll, streiten sich die Gelehrten. Es ist aber normalerweise anzunehmen, dass die Rabbinergerichte keinen *get kefia* erlassen werden. Nach dem Jüdischen Recht ist die Frau nicht verpflichtet, Kinder zu haben.[51] Daher ist das bloße Argument der Zeugungsunfähigkeit (Impotentia generandi) des Mannes nicht ausreichend für eine Scheidung. Vielmehr muss die Frau ausdrücklich hinzufügen, dass sie Kinder haben möchte. Wenn sie aber schon ein Kind hat, auch wenn es von einem anderen Mann stammt, kann sie ihren Anspruch auf einen *get* nicht auf die Zeugungsunfähigkeit des Mannes stützen.[52]

Wenn während der Ehe körperliche Beeinträchtigungen des Ehemannes eintreten, die zwar schwerwiegend sind (wie z.B. der Verlust eines Auges oder eines Beines), ihn aber nicht an einer Fortführung der ehelichen Beziehungen hindern, so entsteht für die Frau daraus kein Anspruch auf einen *get*. Wenn irgendwelche körperlichen Leiden des Ehemannes schon vor der Heirat existierten und die Frau davon nichts wusste, obwohl sie bei sorgfältiger Erkundigung

47 bT Ket 63a und 64b.

48 ShA, EH 77:1.

49 bT Jeb 117a.

50 M Jeb 6:6; bT Jeb 64a; MT Ishut 15:10; ShA, EH 154:7; *Goldfine*, Eherecht, 77.

51 M Jeb 6:6; bT Jeb 65b; MT Ishut 15:8–10; ShA, EH 154:6.

52 Vgl. auch ShA, EH 154:6.

davon hätte wissen können, so ist nach dem Jüdischen Recht anzunehmen, dass es ihr darauf nicht ankam und sie den Mann trotzdem heiraten wollte.[53] Dasselbe gilt, wenn sie während der Ehe davon erfahren hat, aber auch danach das gemeinsame Leben mit ihm weitergeführt hat: Sie ist dann später nicht mehr berechtigt, aus diesen Gründen die Scheidung zu verlangen. Allerdings wird sie, wenn das Gericht ihrer Scheidungsklage nicht stattgegeben hat, weil sie die Krankheiten ihres Mannes kannte, nicht als *moredet* („Widerspenstige")[54] betrachtet, wenn sie sich weigert, mit ihrem Ehemann zu verkehren.

Hat der Ehemann ihr diese körperlichen Beeinträchtigungen aber absichtlich verheimlicht, so hat sie das Recht, einen *get* von ihm zu erhalten.[55] Weigert sich der Ehemann in diesen Fällen, ihr den *get* zu geben, besteht die Möglichkeit, einen *get kefia* zu erlassen.

Ist der Ehemann nach der Heirat geisteskrank geworden, so kann die Ehe nicht geschieden werden, denn dazu wäre eine freie Willensbekundung erforderlich.[56] Dieser Mann hat aber, wie es im Jüdischen Recht heißt, keinen freien Willen. Ist der Mann nur zeitweilig krank, zeitweilig aber gesund und ist erwiesen, dass er bei Abfassung des *get* und während der Übergabe gesund war, so ist die Scheidung gültig.[57] Interessanterweise gilt diese Regelung auch für eine Frau, die an einer Geisteskrankheit leidet. Da sie keinen freien Willen hat, kann sie nicht geschieden werden. Allerdings darf der Mann dann mit der Erlaubnis von hundert Rabbinern eine zweite Frau heiraten. Trotzdem bleibt seine erste Frau mit ihm verheiratet, und er ist ihr zum Unterhalt, nicht aber zum ehelichen Verkehr verpflichtet.

5.2.4 Die Erzwingung der Scheidung durch das Rabbinatsgericht

Das Rabbinergericht kann in einigen Fällen die Scheidung gegen den Willen beider Parteien durchsetzen: beispielsweise wenn die Frau mit Hinnahme ihres Mannes Ehebruch begangen hat[58] oder wenn die Ehe zwar gültig geschlossen worden ist, aber ein Ehehindernis diese Eheschließung eigentlich verboten hätte.[59]

Wenn die Ehe trotz eines Verbots zustande gekommen ist, wie z. B. die Ehe zwischen einem *kohen* und einer *geruscha* (also einer Geschiedenen) oder zwischen einer Jüdin und einem *mamser*, besteht jederzeit und vonseiten jedes Ehe-

53 ShA, EH 154:4.

54 Die *moredet* ist eine „rebellische" Frau, die ihren sexuellen Pflichten gegenüber ihrem Mann regelmäßig nicht nachkommt. Vgl. dazu ShA, EH 77:2; *Goldfine*, Eherecht, 75 f.

55 Vgl. ShA, EH 117.

56 bT Jeb 112b. In der Rechtspraxis früherer Jahrhunderte gab es aber die Option, dass der Pfleger des Geisteskranken als sein Vertreter den *get* aushändigte und dass beim *bet din* darüber ein Protokoll angefertigt wurde. Vgl. *G. Deutsch*, in: *Jacob* (Hrsg.), American Reform Responsa, 514–521 (163: Divorce of Insane Husband).

57 ShA, EH 121:3.

58 ShA, EH 115:8.

59 ShA, EH 6:1; 44:7; 154:20; 159:2; Vgl. *Mielziner* 124; *Gulak*, Bd. 3, Kap. 11 und 12.

partners ein Anspruch auf Scheidung. Da eine solche Ehe gesetzlich verboten ist, ist es in diesen Fällen gleich, ob der betreffende Ehepartner von dem Verbot wusste oder nicht oder ob er das Handeln des anderen Ehepartners verziehen hat, nachdem er von dem Verbot erfahren hat. Vielmehr sind sich alle Gelehrten des Jüdischen Rechts einig, dass in diesen Fällen die Bedingungen für einen *get kefia* vorliegen.[60]

Betreibt die Ehefrau Prostitution oder Ehebruch, darf der Ehemann nicht mehr mit ihr zusammenleben, auch wenn er ihr verziehen hat oder von vornherein einverstanden war. Denn ein religiöses Verbot zur Erhaltung sittlichen Anstands und familiärer Reinheit ist vom Willen des Ehepartners unabhängig. Das Gericht kann einen *get kefia* erlassen. Ist dieser nicht durchzusetzen, kann der Ehemann eine zweite Frau heiraten. In diesem Fall wird er von Verpflichtungen seiner ersten Frau gegenüber freigestellt. Die Erlaubnis zur Zweitheirat bedarf nur der Zustimmung eines einfachen Gerichts, die sonst für eine Zweitheirat verlangte Erlaubnis von hundert Rabbinern[61] ist nicht erforderlich.

Diese oben genannten Regeln gelten jedoch nicht, wenn die Frau vergewaltigt wurde, d.h. gegen ihren Willen zum Geschlechtsverkehr gezwungen wurde. Eine vergewaltigte Frau darf nur dann nicht mehr mit ihrem Mann zusammenleben, wenn dieser ein *kohen*[62] ist. Wenn sie aber mit einem „gewöhnlichen" Israeliten[63] verheiratet ist, so kann sie weiter seine Frau bleiben. In beiden Fällen verliert sie nicht ihre finanziellen Ansprüche, da sie kein Verschulden trifft.[64]

5.3 Das Scheidungsverfahren

Wie sieht nun der eigentliche Scheidungsvorgang nach rabbinischem Recht aus?[65] Das rechtlich zentrale Element der Scheidung besteht darin, dass der Mann der Frau eine Scheidungsurkunde überreicht. Die Bibel kennt dieses Dokument als

---

60 bT Ket 77a–b; ShA, EH 154:20–21.

61 Der *Cherem de-Rabbenu Gerschom* verbietet in der Regel eine Scheidung gegen den Willen der Frau. So wie der Ehemann den *get* freiwillig geben muss, so soll die Frau ihn auch freiwillig entgegennehmen. Das Verbot, der Frau den *get* aufzuzwingen, besteht jedoch nur so lange, wie sie nicht von Gesetzes wegen den *get* erhalten muss. In den Fällen aber, in denen das Jüdische Recht einen *get kefia* gegen sie vorsieht, wie z. B. bei verbotenen Ehen oder Ehebruch seitens der Frau, besitzt der *Cherem de-Rabbi Gerschom* keine Gültigkeit, und man kann ihr die Scheidung aufzwingen. Wenn aus irgendwelchen Gründen die Durchführung dieser Scheidung unmöglich sein sollte, kann das Rabbinergericht dem Ehemann erlauben, eine zweite Frau zu heiraten. Die erste Frau dagegen bleibt verheiratet und kann nicht wieder heiraten. Vgl. ShA, EH 11; ShA, EH 115:4; *Goldfine*, Eherecht, 82.

62 bT Jeb 56b; MT Isure bi'ah 18:7; ShA, EH 6:10.

63 bT Jeb 56b; MT Isure bi'ah 18:8; ShA, EH 6:11.

64 bT Ket 51b; MT Ishut 24:19–22; ShA, EH 115:5.

65 Zum rabbinischen Scheidungsverfahren insgesamt vgl. *Klein*, A Guide to Jewish Religious Practice, 450–508.

sefer kriut[66], und das rabbinische Recht bezeichnet es als *get* (und diese Bezeichnung hat sich heute allgemein durchgesetzt). Das Wort bedeutet ursprünglich einfach „Dokument" und ist ein Kürzel für *get kriut* („Scheidungsurkunde") oder *get naschim* („Frauendokument").

Im Altertum war der Wortlaut des Dokuments zunächst sehr einfach. Der wesentliche Satz lautete: „Du bist frei, einen anderen Mann zu heiraten."[67] Die Papyri von Elephantine belegen jedoch, dass es bereits in vortalmudischer Zeit im jüdischen Ehevertrag feste Formeln für den Scheidungsfall gab. Im Papyrus G von Assuan heißt es: „Morgen oder an einem anderen Tag wird Mibtachja in der Gemeinde aufstehen und sagen: ich hasse meinen Mann As-Hor, und so soll sie den Preis des Hasses [das ist die Scheidung] voll auf die Waage geben und As-Hor fünf Schekel und 2 d in Silber zuwägen und alles, was sie mitgebracht hat bis zum letzten Zwirn, kann sie mitnehmen und sie kann gehen, wohin sie will, ohne Streit und Wort. Morgen oder an einem anderen Tag wird As-Hor in der Gemeinde aufstehen und sagen: ich hasse mein Weib Mibtachja, soll er ihren Brautpreis verlieren und sie kann alles, was sie mitgebracht hat, mitnehmen bis zum letzten Zwirn an einem Tag mit einer Hand und sie kann gehen, wohin sie will, ohne Streit und Wort."[68]

Später, besonders an den rabbinischen Akademien Babyloniens, wurde der Text dann detailliert ausgearbeitet. Maimonides[69] gibt den folgenden Wortlaut wieder:

„Am … Tag der Woche …, dem … Tag des Monats …, im Jahre … nach Erschaffung der Welt, unserer Zeitrechnung, in der Stadt X am Strom Y (oder an dem Gewässer Y). Ich N., Sohn des N., mit dem Zunamen N., der ich mich heute in der Stadt X befinde, welche liegt am Strome Y, habe eingewilligt, aus freiem Willen und ohne Zwang, dich zu entlassen, loszulösen und zu scheiden, dich, mein Weib N., Tochter des N., das sich heute in der Stadt X am Strome Y befindet. Du bist bisher mein Weib gewesen, jetzt aber sei losgelöst, entlassen und geschieden von mir, sodass dir erlaubt sei, über dich künftighin selbst zu verfügen und jeden Mann, den du willst, zu heiraten. Und niemand soll dich hieran hindern, und du seiest von nun an für alle Zukunft erlaubt für jedermann. So erhältst du von mir den Scheidebrief, die Urkunde der Entlassung und den get der Loslösung nach dem Gesetze Moses und Israels.
Unterschriften: N. N., Sohn des N. N., Zeuge,
N. N., Sohn des N. N., Zeuge."[70]

Dieses Dokument muss nach ganz genauen Regeln von einem Schreiber (*sofer*) ausgefertigt sein, der auf ausdrückliche Veranlassung des Ehemannes handelt.

66 Dtn 24:1.3.

67 M Git 9:3.

68 *Blau* 20.

69 MT Gerushin 14:12. Vgl. *David W. Amram*, The Jewish Law of Divorce According to Bible and Talmud with Some Reference to Its Development in Post-Talmudic Times, New York 1975, 157–158.

70 Deutscher Text nach JL, Bd. 2, 1144.

Jeder Jude kann als Schreiber fungieren,[71] aber nur ein qualifizierter *sofer* kennt die genauen Regeln so gut, dass Fehler vermieden werden können. Die Schreibutensilien (Pergament oder gutes Papier[72], Gänsekiel[73], dokumentenechte Tinte[74]) müssen durch den Mann erworben worden und damit sein Eigentum sein. Den *get* müssen zwei Zeugen bestätigen.[75] Bevor er geschrieben wird, muss der Mann das Sündenbekenntnis (*widdui*) sprechen, um sich den Ernst der Angelegenheit zu vergegenwärtigen. Ist der Scheidebrief geschrieben, erhält die Frau ihn aus den Händen des Mannes. Der Scheidebrief führt die Namen der Ehepartner, ihren Wohnsitz und andere Angaben auf, weil die Möglichkeit einer Namensverwechslung zur Ungültigkeit der Scheidung führen könnte. Hat die Frau den *get* freiwillig aus den Händen ihres Mannes entgegengenommen, hört sie auf, seine Frau zu sein.

Der Akt der Übergabe verlangt zwei Zeugen und die Anwesenheit des Rabbiners, des Schreibers und normalerweise eines Quorums von zehn Männern. Der *get* wird dann dem Rabbiner zurückgegeben, der ihn an allen vier Ecken einschneidet und zu seinen Akten legt. An seiner Stelle stellt der Rabbiner eine Bestätigung über den Vollzug der Scheidung aus.[76] Dieses Vorgehen soll ausschließen, dass die Gültigkeit des *get* von dritter Seite und ex post hinterfragt werden kann.

5.4 „Bis dass der Tod uns scheidet"

Nach dem Jüdischen Recht löst der Tod eines Partners die Ehe. Damit steht es dem anderen frei, wieder zu heiraten. Es gibt jedoch Fälle, in denen es ungewiss ist, ob der Ehepartner noch lebt. Von besonderer Bedeutung ist das im Fall einer mutmaßlichen Witwe. Jeglicher Zweifel im Zusammenhang mit dem Tod ihres Mannes würde einen Schatten des Zweifels auf die Gültigkeit einer Ehe werfen, die sie als Witwe eingeht, und auf den Status der Kinder, die aus dieser zweiten Ehe hervorgehen würden. Es sei daran erinnert, dass die Ehe einer verheirateten Frau mit einem zweiten Mann durch das biblische Gesetz verboten ist. Diese Ehe wäre ungültig, und die Nachkommen aus einer solchen Ehe wären *mamserim*.

Ein Beweisproblem stellt sich freilich lediglich in besonderen Fällen. Verschwindet der Mann auf Reisen spurlos oder ist er offenbar auf See ertrunken oder

71 ShA, EH 123:1.

72 ShA, EH 124:2; 124:18.

73 ShA, EH 125:22.

74 ShA, EH 125:1.

75 bT Kid 13a; ShA, EH 154. – Die Zeugen dürfen weder miteinander verwandt sein noch mit einer der beiden Scheidungsparteien; sie müssen männliche, religiös praktizierende Erwachsene sein, und es dürfen keinerlei Interessenkollisionen bestehen: ShA, EH 130:1.

76 *Klein*, A Guide to Jewish Religious Practice, 488.

kehrt er von einem Armee-Einsatz nicht zurück und seine Frau erhält die Nachricht, er sei „vermisst, vermutlich tot" – in all diesen Fällen sagt das rabbinische Recht, dass sein Tod nicht mit letzter Sicherheit festgestellt worden sei. Dasselbe gilt sogar dann, wenn später ein Leichnam gefunden wird, von dem man annimmt, es sei seiner, jedoch nach einer so langen Zeit, dass er nicht mehr mit Sicherheit identifiziert werden kann. (Das rabbinische Recht rechnet mit dieser Möglichkeit, wenn der Eintritt des Todes drei Tage oder mehr zurückliegt.) Solange die Unsicherheit andauert, gilt die Frau des mutmaßlich Verstorbenen als nach wie vor verheiratet; sie wird als *aguna* („gebunden") bezeichnet und darf nicht wieder heiraten. Um eine solche tragische Situation wo immer möglich zu vermeiden, hat das rabbinische Gesetz für solche Fälle die üblichen Beweisregeln sehr stark gelockert.

Anstatt zwei Zeugen zu fordern wie in anderen Zivilfällen, erklärt das *bet din* einen Zeugen für ausreichend. Dieser eine Zeuge kann auch eine Frau oder ein naher Anverwandter sein (früher auch ein Sklave) – sogar die mutmaßliche Witwe selbst. In einigen Fällen – besonders wenn kein Grund vorliegt, ein sachfremdes Motiv zu vermuten – kann es sogar ein Kind oder ein Nichtjude sein. Ferner wird auch ein Beweis aus zweiter Hand anerkannt, und unter bestimmten Voraussetzungen wird sogar der schriftliche Nachweis zugelassen. Allerdings: Wer immer der Zeuge sei – der Inhalt der Zeugenaussage muss sein, dass eine oder mehrere Personen dem Sterben oder der Beerdigung beigewohnt oder aber den Leichnam identifiziert haben. Eine allgemeine Todesvermutung ohne Beweise reicht jedenfalls nicht aus.[77]

Während sie in Friedenszeiten sehr selten sind, nimmt in Zeiten des Krieges, der Gewaltherrschaft oder anderer Katastrophen die Zahl der *agunot* stark zu. In jüngerer Zeit gab und gibt es viele jüdische Witwen, denen nach rabbinischem Recht die erneute Heirat verwehrt ist, weil ihre Männer unter Umständen gestorben sind, die den erforderlichen Nachweis ausschließen, z. B. während des Zweiten Weltkriegs oder in den nationalsozialistischen Konzentrationslagern. Die orthodoxen rabbinischen Autoritäten haben sich daher intensiv mit diesem Problem befasst. Als ein Ausweg ist sogar vorgeschlagen worden, dass ein Mann, der sich selbst der Gefahr seines spurlosen Verschwindens aussetzen will, seiner Frau einen „bedingten Scheidungsbrief" (*get al tanai*) ausstellen solle, der ihr im Falle seines unbezeugten Todes die Freiheit gibt, sich wiederzuverheiraten. Doch das Problem der *aguna* bleibt eines der größten Probleme, mit denen sich die rabbinische Rechtsprechung konfrontiert sieht.[78]

Das liberale Judentum hat das Problem vor langer Zeit überwunden, indem es erklärt hat, dass auch in Fällen wie diesen die Rechtsprechung des Landes gilt. So beschloss die Philadelphia Conference von 1869, dass die Entscheidung der Frage, ob der Mann oder die Frau für tot oder verschollen erklärt werden soll, den staatlichen Gerichten überlassen werden muss.[79] Auf ähnliche Weise er-

77 Zu diesem hochkomplizierten Gebiet des rabbinischen Rechts vgl. M Jeb 10:15–16 und die Gemara dazu im bT; MT Gerushin 13; ShA, EH 17.

78 JL, Bd. 1, 133–136; EJ 1928, Bd. 1, 1066–1070; EJ 1971, Bd. 1, 429–433; *Schereschewsky*, Agunah.

79 *Mielziner* 114.

klärte die Augsburger Synode von 1871, dass die Entscheidung der Zivilgerichte über eine Todeserklärung auch für jüdische Belange wirksam sei.[80] Im liberalen Judentum darf eine Frau also erneut heiraten, wenn das zuständige staatliche Gericht ihren Mann für tot erklärt hat.

Exkurs: Das Problem der *aguna* (*von Adrian M. Schell*[81])

Das Problem der *aguna*, der „gebundenen Frau", ist seit talmudischer Zeit ungelöst. Mit der Möglichkeit der Zivilehe in der Diaspora und der Gründung des Staates Israel hat es sich unter orthodoxen Voraussetzungen weiter zugespitzt. Nach einer Zivilscheidung kann die Situation entstehen, dass der Ehemann seiner früheren Frau den religiösen Scheidebrief nicht ausstellt. Da keine rechtliche Handhabe gegenüber dem Ehemann besteht, ist die Frau u. U. nicht in der Lage, eine neue Ehe einzugehen. In verschiedenen Staaten der Vereinigten Staaten von Amerika, z. B. in New York, kann der Ehemann im Rahmen der Zivilscheidung allerdings dazu verpflichtet werden, den Scheidebrief auszustellen. Im Staat Israel, in dem Scheidungen nur nach dem Religionsgesetz durchgeführt werden können, nutzt der Ehemann jedoch mitunter die Situation aus, dass nur er den Scheidebrief initiieren kann: Seine Ausstellung wird z. B. an finanzielle Bedingungen geknüpft oder an den Verzicht auf das Sorgerecht für die gemeinsamen Kinder.[82]

Nach traditionellem Jüdischem Recht vollziehen die Ehepartner selbst die Scheidung. Dieses Rechtsgeschäft unterliegt dem Erfordernis der Freiwilligkeit, deshalb sind beide Ehegatten zur Scheidung auf die Mitwirkung des anderen angewiesen.[83] Dies gilt auch in den Fällen, in denen ein Rabbinatsgericht die Scheidung anordnet. Ist die Scheidung nicht möglich, weil der Mann geschäftsunfähig, verschollen oder nicht willens ist, bleibt die Frau in dieser Ehe gefangen, selbst wenn sie einen Grund zur Scheidung hätte.[84] Sie wird zur *aguna*, zur gebundenen Frau, weil ihr – im Gegensatz zum Mann – die Möglichkeit einer Zweitehe nicht offensteht. Als *aguna* wird außerdem auch eine Witwe bezeichnet, die noch an das Gebot der Leviratsehe gebunden ist und noch nicht (durch die *chaliza*) aus dieser Verpflichtung entlassen wurde.

Auch wenn die Frau einer Scheidung ebenfalls zustimmen muss, ist ein Mann nicht im gleichen Maße von einen Fehlen der Zustimmung zur Scheidung vonseiten seiner Frau betroffen, wie es umgekehrt der Fall ist, da es ihm möglich ist,

---

80 *Mielziner* 114 und *Philipson* 315.

81 Adrian M. Schell, Rabbinerstudent am Abraham Geiger Kolleg an der Universität Potsdam.

82 *Monique Susskind Goldberg / Diana Vila.* Za'akat dalot – pitronot halakhtiyim li-ve'ayat ha-'agunot bi-zemanenu (Halakhic Solutions for the Agunot of Our Time), Jerusalem 2006, VII. Generell bietet dieses Buch (in hebräischer Sprache mit englischer Zusammenfassung) eine gute Übersicht über die Diskussion zum Problem der *aguna*.

83 *Gotham* 42–43.

84 *Klein,* A Guide to Jewish Religious Practice, 451.

unter bestimmten Bedingungen einen *hetter nissuin*, eine Genehmigung für eine weitere Eheschließung, zu erhalten.

Die Rabbiner haben in der orthodoxen Auslegung der jüdischen Tradition durchaus versucht, den betroffenen Frauen zu helfen, etwa durch eine Erleichterung bei den notwendigen Zeugenaussagen,[85] solange diese den Tod des Ehemanns als Tatsache und nicht bloß als Vermutung belegen konnten.[86] Die Erleichterungen beruhen auf der Rechtsvermutung, dass in Dingen, die sich in Kürze von selbst offenbaren werden, nicht gelogen wird. Denn die Frau müsste selbst das größte Interesse daran haben, weder sich selbst noch das Rabbinergericht zu täuschen, da bei der Wiederkehr des tot geglaubten Mannes für die Frau schwere Folgen in familien- und vermögensrechtlicher Beziehung einträten.[87] Sie dürfte in diesem Fall weder bei dem ersten noch bei dem zweiten Mann bleiben, und Kinder aus der neuen Ehe würden als *mamserim* gelten. Zudem würde sie sämtliche güterrechtlichen Ansprüche verlieren.[88]

Im Allgemeinen kennt die Halacha Regeln, nach denen Modifikationen vorgenommen werden können. Bis heute hat das orthodoxe Judentum jedoch keine zufriedenstellende Lösung für die *aguna* gefunden, auch deshalb, weil es sich scheut, diese Regeln zur Modifikation des Religionsgesetzes anzuwenden.[89] Das konservative Judentum hat sehr intensiv über das Problem – eine charakteristische Bruchstelle der Tradition mit den realen Problemen der Menschen – nachgedacht. Einige der Lösungsansätze, die daraus entstanden sind, zeigen aber auch, warum das liberale Judentum einige Regeln vollkommen aufgehoben hat, statt sich um die Umgehung der Problematik zu bemühen. So ist z. B. der Vorschlag der Wiederbelebung des Konkubinats zur Umgehung des Problems der *aguna* technisch denkbar, aber aus ethischen Erwägungen nicht wünschenswert. Vor dem skizzierten Hintergrund ist es dennoch von Interesse, sich diese Vorschläge zur Problematik der *aguna* genauer anzusehen.[90]

Bedingter get

Die rabbinischen Autoritäten waren sich einig, dass präventive Maßnahmen der beste Ansatz seien, um das Problem der *aguna* gar nicht erst entstehen zu lassen. Im Talmud findet sich folgender Präzedenzfall: „Rabbi Schmuel bar Nachmani

85 „Wegen der Verlassenheit haben es ihr die Rabbanan erleichtert": bT Jeb 88a; ShA, EH 17:1–2. *Zemer* 40–41.

86 ShA, EH 17:29.

87 bT Jeb 89a.

88 bT Jeb 88a.

89 *Zemer* 29.

90 Vgl. *Klein*, A Guide to Jewish Religious Practice, 498. Zur Diskussion halachischer Alternativen vgl. *Ben-Zion Schereschewsky*, Agunah, in: Menachem Elon (Hrsg.), The Principles of Jewish Law, 412–413. Zum Thema Eheannullierung vgl. *Louis M. Epstein*, Marriage Annulment, in: Rabbinical Assembly – Committee on Jewish Law and Standards (Hrsg.), Proceedings of the Committee on Jewish Law and Standards of the Conservative Movement 1927–1970, Jerusalem 1997, 1524–1536. Vgl. zur gesamten Thematik *Susskind Goldberg / Vila*.

sagte im Namen von Rabbi Jonathan: ‚Wer in den Krieg zog bei den Kriegen des Hauses David, schrieb seiner Frau den Scheidebrief.'"[91]

Dieser *get* war bedingt und galt nur für den Fall, dass der Ehemann nicht vom Schlachtfeld zurückkehrte.[92] Verhindert werden sollte damit, dass der Bruder des Soldaten und die Ehefrau die Leviratsehe eingehen mussten. Es wurde also die Verpflichtung des Bruders aufgehoben. Dieses Verfahren wurde, vor allem in späteren Zeiten, als eine Möglichkeit betrachtet, *agunot* bei vorhersehbaren Gefahr von vornherein gar nicht entstehen zu lassen.

So stellte ein Kaufmann vor einer gefährlichen Reise seiner Frau einen solchen bedingten *get* aus. Ein vergleichbares Verfahren schlägt auch Louis Epstein vor: Während der Eheschließung erklärt der Ehemann in Gegenwart von Zeugen, dass seine Frau unter bestimmten Bedingungen beim Rabbinergericht eine Scheidung beantragen kann, wobei sie dann im Namen ihres Mannes handelt.[93] Gegen diesen „Scheidebrief aus Liebe" spricht allerdings eine wörtliche Auslegung von Dtn 24:1–2, wo von Scheidung nur gesprochen wird, wenn die Frau die Gunst des Ehemannes verloren hat. Deshalb verwundert es nicht, dass der Vorschlag des Präsidenten der konservativen Rabbinic Assembly of America von orthodoxer Seite vehemente Opposition erfuhr.[94] Unter dem Druck dieser heftigen Gegenwehr wurde Epsteins Lösungsansatz durch das konservative Judentum dann auch nicht approbiert.

Heute entstehen die meisten Fälle von *aguna* aber nicht aufgrund von unklaren Todesfällen oder vermissten Ehemännern, sondern aufgrund der Tatsache, dass der Ehemann sich weigert, einen *get* auszustellen. In diesen Fällen bleibt die Ehe halachisch bestehen.

Das konservative Judentum diskutiert sechs Lösungsansätze, um das Problem der *aguna* zu umgehen: voreheliche Vereinbarungen, Vereinbarungen in der *ketubba,* bedingte Ehe, Konkubinat, erzwungener *get* und Annullierung der Ehe.

Voreheliche Vereinbarungen[95]

Unter vorehelichen Vereinbarungen sind in der Regel zivilrechtliche Verträge (Eheverträge) zu verstehen, die von beiden Parteien vor der jüdischen Hochzeit geschlossen werden. So können beide Partner festlegen, dass sie eventuell entstehende Konflikte vor ein Rabbinatsgericht oder einen Mediator bringen, dass der Ehemann im Falle einer zivilen Scheidung der Ehefrau innerhalb einer bestimmten Frist einen *get* ausstellen muss oder dass derjenige von beiden, der einer Scheidung nicht zustimmt, dem anderen einen angemessenen Geldbetrag

91 bT Schab 56a; bT Ket 9b.

92 *Klein,* A Guide to Jewish Religious Practice, 455.

93 *Louis Epstein,* Hatza'ah Lema'an Takanot Agunot [Ein Vorschlag, um Agunot zu vermeiden], New York 1930; vgl. *Susskind Goldberg / Vila* 151 ff.

94 *Agudas HaRabbanim,* Le'Dor Aharon, Brooklyn 1937; *Judah Lubetsky,* Ain Tnai BNisuin, Wilna 1930.

95 *Susskind Goldberg / Vila* xiii.

zahlen muss bzw. dem Partner oder der Partnerin bis zur ordentlichen jüdischen Scheidung in vollem Umfang unterhaltspflichtig bleibt. Die Bedingungen lassen sich vor einem Zivilgericht einklagen und verschaffen damit gerade den Frauen in der Diaspora einen größeren Handlungsspielraum. So kann ein Zivilgericht das Inkrafttreten der zivilen Scheidung z. B. an die Aushändigung des Scheidebriefs binden, falls dies im Ehevertrag festgelegt wurde.

Vereinbarungen in der ketubba[96]

In diesem Lösungsansatz wird die *ketubba* selbst als eine Art voreheliche Vereinbarung herangezogen. Zusätzlich zu den in einer traditionellen *ketubba* aufgeführten Verpflichtungen eines Ehemannes wird ein weiterer Absatz formuliert, der die Verpflichtungen des Ehemannes im Falle einer Trennung von seiner Frau näher regelt. So sieht die häufig als „Lieberman Clause" bezeichnete Lösung vor, dass sich die Eheleute in allen Statusfragen zu ihrer Ehe dem *bet din* unterwerfen, wenn sie selbst keine einvernehmliche Lösung finden können.

Bedacht werden muss dabei jedoch, dass Zusätze auf der *ketubba* nur kurz und recht einfach formuliert sein können und dass die *ketubba*, um Gültigkeit vor einem Zivilgericht zu erlangen, in der Landessprache vorliegen und auch den rechtlichen Standards entsprechen muss.

Bedingte Ehe[97]

Im Gegensatz zu einem bedingten Scheidebrief, der unter bestimmten Bedingungen der Ehefrau überreicht wird, sieht dieser Ansatz vor, die Ehe als Ganzes beim Eintreten bestimmter Bedingungen rückwirkend für ungültig zu erklären. Das Jüdische Recht kennt konditionale Rechtsfälle, und zwar sowohl in finanziellen als auch in personenstandsrechtlichen Angelegenheiten. Der Talmud akzeptiert z. B. Verlobungen, die an die Erfüllung bestimmter Bedingungen geknüpft sind, die dann jedoch zum Zeitpunkt der Eheschließung erfüllt sein müssen. Die Frage, ob die Gültigkeit der Ehe auch an Bedingungen geknüpft werden darf, die erst später eintreten, ist Gegenstand der Rechtsdebatte.

So entschied Rabbi Israel von Bruna (Mahari Bruna, 1400–1480): Wenn der Bruder des Bräutigams ein Apostat sei, könne eine Bedingung gesetzt werden, die eine rückwirkende Ungültigkeit der Ehe für den Fall vorsehe, dass der Ehemann ohne Erben stirbt und der Frau vom Bruder die Befreiung von der Leviratsehe verweigert wird.[98] Andere Rabbiner erweiterten diese Regelung auch auf Brüder, die aus den unterschiedlichsten Gründen eheunfähig sind und damit auch nicht die Frau aus der Verpflichtung zur Leviratsehe entlassen können (selbst verschollen, krank usw.).

---

96 *Susskind Goldberg / Vila* xv.

97 *Susskind Goldberg / Vila* xvi–xviii.

98 *Susskind Goldberg / Vila* 129.

Im 20. Jahrhundert haben einige Rabbiner diese Entscheidung aufgegriffen, als mehr und mehr Ehemänner nach einer zivilen Scheidung ihrer Verpflichtung nicht nachkamen und die Frauen ohne die Aushändigung eines Scheidebriefs verließen. So formulierten Rabbiner in Frankreich im Jahre 1907 eine mögliche Bedingung, die die Ehe rückwirkend annulliert, sollte die Ehe zivil geschieden werden.[99] Rabbiner in Istanbul legten 1924 weitere Annullierungsgründe fest:[100] Der Ehemann verlässt die Frau ohne ihre Zustimmung für eine längere Zeit; der Ehemann beachtet die Anweisungen eines jüdischen Gerichts nicht, ist geisteskrank oder hat eine ansteckende Krankheit; der Schwager der Frau ist verschwunden oder widerspenstig.[101] Jüngere rabbinische Entscheidungen aus den USA (aus den 1960er Jahren) haben die Bedingungen für eine Annullierung der Ehe erweitert: Es gibt eine zivile Scheidung, der Ehemann heiratet erneut oder behandelt seine Frau in unmoralischer Weise. All dies muss vor einem Rabbinergericht bewiesen sein (so Rabbi Eliezer Berkowitz 1966). Das konservative Judentum in den USA legte 1968 fest, dass seit der Zivilscheidung sechs Monate vergangen sein müssen, damit die Ehe annulliert werden kann.[102] Der Lösungsweg der bedingten Ehe stößt jedoch bei vielen (vor allem orthodoxen) Rabbinern auf Widerspruch, da er die Würde der Ehe als Rechtsinstitution herabsetze und im Falle einer Annullierung die gemeinsamen Ehejahre rückwirkend als wildes Zusammenleben gelten müssten.

Konkubinat[103]

Ein kreativer Lösungsansatz, das Problem der *aguna* zu umgehen, ist für einige Rechtsgelehrte das Konkubinat. Solange diese Verbindung strikt monogam bleibt, die Partner verantwortungsbewusst miteinander umgehen und die Frau die Gesetze zur Reinheit der Familie beachtet, sieht der große norddeutsche jüdische Rechtsgelehrte Rabbi Jacob Emden (1697–1776) in dieser Möglichkeit kein grundsätzliches Problem.[104] Kinder aus dieser Beziehung würden halachisch als legitim gelten, beide Elternteile wären ja bekannt. Die Gefahr, dass vor allem die Frau nach einer Trennung ohne Versorgung zurückbleiben könnte, kann entweder durch eine zivile Ehe (die bekanntlich keinen Einfluss auf den jüdischen Status hat) oder durch zivilrechtliche Vereinbarungen umgangen werden. Zudem

99 *Susskind Goldberg / Vila* 138.

100 *Zemer* 42.

101 *Susskind Goldberg / Vila* 138–139.

102 *Susskind Goldberg / Vila* 142 ff.

103 *Susskind Goldberg / Vila* xxi–xxii.

104 So auch Eliyahu Hazzan (1845–1908) und Jacob Mosche Toledano (1880–1960), der sefardische Oberrabbiner von Tel Aviv. Maimonides war allerdings der Meinung, das Konkubinat gebühre nur einem König. Ribasch (Isaak ben Scheschet Perfet, 1326–1408) begründete seine Ablehnung des Konkubinats damit, dass es den Anschein einer promiskuitiven Beziehung haben würde und die positive *mitzwa*, eine Frau zu ehelichen, entwerte. Denn eine Konkubine gelte ja weiterhin als unverheiratet, sodass das rabbinische Verbot übertreten werde, mit einer Unverheirateten den Beischlaf zu vollziehen. Vgl. *Susskind Goldberg / Vila* 216–217.

haben die meisten Staaten inzwischen weitgehende Regelungen zur Absicherung von nichtehelichen Lebensgemeinschaften, darunter auch der Staat Israel.

Hier kann man auch, zumindest ihrer halachischen Auswirkung nach, diejenigen Ansätze einordnen, die ein neues jüdisches Rechtsinstitut vorschlagen, welches zwar das Zusammenleben der Partner regeln soll und auch eine Zeremonie am Anfang vorsieht, aber keine Ehe im vollen Sinne etabliert.[105]

Erzwungener Scheidebrief

Nach dem jüdischen Gesetz muss ein Ehemann den *get* freiwillig aushändigen, andernfalls ist die Scheidung ungültig – mit allen Konsequenzen für die Frau. Trotzdem erwähnt bereits die Mischna[106] (im Talmud weiter erläuterte[107]) Fälle, in denen die Rabbiner eine Scheidung erzwingen konnten. Dies waren mehrheitlich Fälle, in denen dem Mann aufgrund seines Berufes oder einer Krankheit ein unangenehmer Geruch anhaftete. Mittelalterliche und moderne Rabbiner haben dann versucht, die Gründe für einen erzwungenen Scheidebrief zu erweitern. Da die Ausführungen im Talmud nicht eindeutig sind, gibt es zwei unterschiedliche Richtungen in den Entscheidungen. Maimonides entschied, dass eine Frau nicht gezwungen werden könne, intim mit jemandem zu verkehren, den sie hasst. Daher dürfe ein *get* unter Umständen auch erzwungen werden. Rabbenu Tam (Jacob ben Meir Tam, 1100–1171) dagegen lehnte die Erzwingung eines Scheidebriefs ab. Die Geonim, rabbinische Autoritäten aus dem 7. bis 10. Jahrhundert, verfügten einen Erlass (*takkana*), der es erlaubte, die Ausstellung eines *get* zu erzwingen. Spätere Rabbiner schränkten die Gültigkeit des Erlasses auf die Zeitperiode der Geonim ein, sodass in der heutigen Zeit im Wesentlichen nur die jemenitischen Juden, die den Entscheidungen des Maimonides folgen, die Erzwingung eines *get* für zulässig halten, wenn die von ihm genannten Umständen gegeben sind.

In Israel, wo die Rabbinatsgerichte bis zu einem gewissen Grade „öffentliche Gewalt" ausüben können, besteht zwar die Möglichkeit, den widerspenstigen Ehemann mit Geldstrafen zu belegen, ihn ebenfalls zu „binden", d. h. ihm keine weitere Ehe zu gestatten, oder ihn gar in Haft zu nehmen, aber letztendlich bleibt doch die Ehe bestehen, bis der Ehemann zustimmt.[108] Zudem nutzen nur wenige Gerichte diesen Spielraum aus – aus Sorge, andere Autoritäten könnten die Gültigkeit der Scheidung anzweifeln.

---

105 *„Derech kidduschin"* als Sonderform des Konkubinats ist ein Vorschlag von Professor Meir Simchah Feldblum; vgl. *Susskind Goldberg / Vila* xxiii.

106 M Git 9:8; bT Git 88b.

107 bT BB 48a.

108 *Susskind Goldberg / Vila* xxiv–xxvi.

Die Eheschließung als Transaktion mit verdecktem Mangel

Ein möglicher anderer Ausweg besteht darin, einen Formfehler bei der Eheschließung zu vermuten, der dann zur Ungültigkeit der Ehe führt: Ähnlich wie bei einem Kauf mit verdeckten Mängeln stellt die Ehefrau im Nachhinein Fehler[109] in der Transaktion fest und erklärt, dass sie sich unter diesen Umständen nie auf die Verlobung bzw. Ehe eingelassen hätte.[110] In eine ähnliche Richtung geht auch der letzte Vorschlag.

Eheannullierung

Die Möglichkeit der Eheannullierung durch das Rabbinat sehen einige begründet in einer Bestimmung aus dem Talmud, nämlich Ketubbot 3a. Da die Eheschließung durch rabbinisches Recht begründet wurde, sei auch eine Annullierung durch Rabbiner möglich,[111] z. B. wenn der Bräutigam nicht Eigentümer des Eherings gewesen ist, mit dem er seine Frau geheiratet hat, oder dieses Eigentum ihm nachträglich aberkannt wurde. Damit wäre die Eheschließung nicht gültig, und das Paar müsste als unverheiratet gelten. Es gibt Beispiele in der orthodoxen Rechtsliteratur seit dem 19. Jahrhundert, in der für die auf biblischem Gesetz beruhende und somit für das Gericht unantastbare Institution der Ehe eine Eheannullierung erreicht wurde. 1804 erließ z. B. der Rabbiner von Triest, Avraham Elieser Halevi, mit Zustimmung zweier Kollegen eine Verordnung zur Eheannullierung, bei der das Rabbinergericht die Eheschließungssumme zu „herrenlosem Gut" erklärte.[112] Ähnlich entschieden die Rabbinen in den Fällen, in denen die Ehe durch Beischlaf etabliert wurde. Hier handelt es sich nicht um rabbinisches Recht, sondern um eine aus der Tora abgeleitete Regelung.[113] Das Argument lautet dann gegebenenfalls: Da der Beischlaf nicht zur Begründung einer Ehe stattgefunden habe, sei damit die Ehe nicht gültig zustandegekommen.[114] Eine weitere Möglichkeit der Annullierung, die heute durchaus Anwendung findet, liegt darin, den jüdischen Status eines Ehepartners anzuzweifeln. Da Ehe-

109 Solche Fehler können physischer und psychischer Natur sein, etwa Grausamkeit, physische oder seelische Gewalt und Untreue.

110 bT BK 110b–111a, später bestätigt u. a. durch Entscheidungen von Rabbenu Simcha von Speyer (Simcha ben Samuel, 13. Jahrhundert), Rabbi Yitzchak Elchanan Spector (19. Jahrhundert) und Rabbi Moshe Feinstein. *Susskind Goldberg / Vila* 311–312.

111 bT Ket 3a: „[...] wer sich [eine Frau] antraut, tut dies gestützt auf die Bestimmungen der Rabbanan, und die Rabbanan haben seine Trauung annulliert [...]" *Zemer* 41. *Bleich, J. David.* Kidushei Ta'ut – Annulment as a Solution to the Aguna Problem, in: Tradition 31,1 (1997), 90–128. *Epstein, Louis M.* Marriage Annulment, in: Rabbinical Assembly / Committee on Jewish Law and Standards (Hrsg.), Proceedings of the Committee on Jewish Law and Standards of the Conservative Movement 1927–1970, Jerusalem 1997, 1524–1536. *Susskind Goldberg / Vila* xxix f.

112 *Freimann* 314–320. Weitere Beispiele aus Frankreich, der Türkei, Rumänien und Ägypten finden sich bei *Zemer* 43–45.

113 bT Jeb 90b: „Die Rabbanan haben seine Beiwohnung zu einer außerehelichen gemacht."

114 *Zemer* 42.

schließungen zwischen jüdischen und nichtjüdischen Partnern nach Jüdischem Recht nicht möglich sind, gelten solche Ehen als nicht geschlossen. Diese Herangehensweise ist deshalb äußerst problematisch, weil damit ganze Familien für nichtjüdisch erklärt werden könnten – mit weitreichenden Auswirkungen weit über das Familienrecht hinaus. Dieser Ansatz kann also nur als verwerflich bezeichnet werden.

5.5 Die liberale Position zu den Problemfeldern des jüdischen Scheidungsrechts

Die soeben erörterten Probleme im Zusammenhang mit *agunot* und auch die Lösungsvorschläge des konservativen Judentums machen deutlich, dass aus der Sicht des liberalen Judentums das rabbinische Scheidungsrecht erhebliche ethische Fragen aufwirft. Erstens stammt es größtenteils aus einer Zeit, als der rechtliche Status der Frau um einiges geringer war als der des Mannes. Und auch nachdem diese Ungleichheit beträchtlich gemildert worden ist – insbesondere durch Rabbi Gerschoms Dekret, das eine Einwilligung der Frau zur Scheidung verlangt –, wirkt sie immer noch in erheblichem Maße nach, vor allem im eigentlichen Scheidungsvorgang und in den Formulierungen des *get*. In gewisser Hinsicht ist dieses Problem sogar noch akuter geworden, da die rabbinischen Gerichtshöfe außerhalb Israels – anders als früher – den Mann heute nicht mehr zwingen können, einen *get* zu geben. Hinzu kommt, dass der Mann nicht selten seine Frau erpresst, indem er ihr den *get* nur mit finanziellen Zugeständnissen zu geben bereit ist. Darüber hinaus sind die Konsequenzen in dem Fall, dass er den *get* nicht zu geben bereit ist, für die Frau viel gravierender als für den Mann selbst: Zwar stehen sich beide dann insofern gleich, als keiner von beiden erneut in einer orthodoxen Synagoge heiraten kann. Wenn beide jedoch zivilrechtlich erneut heiraten, sind die Kinder der Frau aus der zweiten Ehe nach rabbinischem Recht *mamserim*,[115] die Kinder des Mannes dagegen sind *koscher*. Die Frau ist nämlich, rechtstechnisch gesehen, immer noch verheiratet. Daher gilt ihre zweite Ehe als Ehebruch, während die zweite Ehe des Mannes technisch nur als Polygynie anzusehen ist.[116]

Probleme dieser Art haben die jüdische Reformbewegung seit ihren Anfängen bewegt. Bereits 1843 machte Rabbiner Samuel Holdheim den Vorschlag, die Scheidung als bloß zivilrechtlichen Akt zu betrachten: Dadurch würde ein *get* überflüssig. Rabbiner David Einhorn unterstützte Holdheims Auffassung auf der Philadelphia Conference von 1869. Wenn zwei Menschen sich im Leben verbinden, so meinte er, sei es die Aufgabe der Religion, diesen Bund zu segnen. Seien aber die heiligen Bande einmal zerrissen, so könne die Religion dies nur in

115 M Qid 3:12; ShA, EH 4:2.

116 Vgl. o. 2.1.

Trauer und Stille hinnehmen. Nach Einhorn könne das Judentum deshalb eine religiöse Heiligung für eine Ehe nicht aufrechterhalten, wo es nichts zu segnen gebe.[117] Andere plädierten dafür, dass der *get* zwar reformiert, aber nicht abgeschafft werden solle – dies nicht zuletzt unter Hinweis auf die Haltung von Rabbinern in Europa, zuletzt vertreten durch Abraham Geiger auf der Leipziger Synode 1869: Es sei also wünschenswert, hier mit den europäischen liberalen Rabbinern konform zu gehen.[118] Schließlich einigte man sich auf die folgende Erklärung: „The dissolution of marriage is, on Mosaic and rabbinical grounds, a civil act only which never received religious consecration. It is to be recognized, therefore, as an act emanating altogether from the judicial authorities of the state. The so-called ritual Get is in all cases declared null and void."[119]

Das liberale Judentum erkannte lange die Zivilscheidung als gültige Auflösung der Ehe an, und bis heute bleibt die Resolution von Philadelphia 1869 der offizielle Standpunkt der Union of Reform Judaism in Nordamerika.[120] Von Zeit zu Zeit sind jedoch auch Zweifel daran ausgesprochen worden. Zum Beispiel haben Jakob J. Petuchowski und zuletzt Mark Washofsky für eine Reform des liberalen jüdischen Scheidungsrechtes auf der Grundlage der Gleichstellung beider Geschlechter plädiert. Washofsky vertritt die Meinung, dass das Prinzip, wonach allein das Landesrecht den Ausschlag gebe, bei der Scheidung nicht ohne Weiteres anwendbar sei: ebenso wie die Ehe betreffe die Scheidung sowohl das religiöse als auch das zivile Recht.[121]

Das gegenwärtig gültige Rabbi's Manual der Central Conference of American Rabbis von 1988 empfiehlt ein „ritual of release", also eine religiöse Zeremonie zur Beendigung der Ehe. Diese ist jedoch nicht mit der Gewährung eines Scheidebriefes gleichzusetzen.[122]

In Deutschland zielte man nicht auf eine Abschaffung der religiösen Scheidung, sondern auf ein verändertes Verfahren. So wurden bereits auf den Synoden von Leipzig 1869 und Augsburg 1871 Vorschläge für eine Reform der traditionellen jüdischen Gesetze zur Scheidung und zum Scheidungsverfahren gemacht. Auf der Ersten Israelitischen Synode von Leipzig fasste die Mehrheit der anwesenden Rabbiner zusammen mit Abraham Geiger die folgenden Beschlüsse: Die religiöse Scheidung müsse vereinfacht werden. Sie solle gleich im Anschluss an die

---

117 *Mielziner* 133.

118 *W. Gunther Plaut*, The Growth of Reform Judaism, New York 1965, 259.

119 *Washofsky*, Jewish Living, 170.

120 Zur Diskussion über die Ehescheidung als zivilrechtlichen Akt vgl. auch: Assemblée des Israélites de France et du royaume d'Italie, Transactions of the Parisian Sanhedrim, London 1807, 152 ff sowie *Holdheim* 159 ff; vgl. ferner Protokolle der Rabbiner-Conferenz, abgehalten zu Philadelphia vom 3. bis zum 6. November 1869, New York 1870, und *Mielziner* 135; *Irwin H. Haut*, Divorce in Jewish Law and Life, New York 1983, 59–61. Zur Anerkennung der Zivilscheidung als gültige Auflösung der Ehe vgl. *Freehof*: Reform Jewish Practice, 106 und *Jacob* (Hrsg.), Questions and Reform Jewish Answers, 369–374 (233: A Reform Get).

121 *Washofsky*, Jewish Living, 171.

122 *CCAR*, Rabbi's Manual (1988), 245–246.

Zivilscheidung erfolgen, vor der Zivilscheidung sollten Rabbiner den Versuch der Versöhnung machen, der Scheidebrief solle kurz und in der Landessprache verfasst sein, und für beide Parteien solle eine Ausfertigung erstellt werden. Die religiöse Scheidung solle auch durch ein Rabbinergericht ausgesprochen werden können, wenn eine Partei nicht damit einverstanden sei. Eine Wiederverheiratung der Frau sei auch ohne religiöse Scheidung möglich. Eine Witwe und eine Konvertitin sollten darüber hinaus einen *kohen* heiraten können.[123] Die Vorschläge zu einer Neufassung des Scheidebriefes in der Landessprache wurden jedoch in Deutschland nicht umgesetzt.

Außerhalb Israels ist ein *get* trotz der Bedeutung, die er für das orthodoxe Judentum besitzt, heute kaum mehr als eine bloße Formalität. Das rabbinische Scheidungsrecht ist in der Diaspora heute zivilrechtlich weitgehend wirkungslos und aus liberal-jüdischer Sicht in vieler Hinsicht veraltet. Die innerjüdischen Differenzen über den *get* sind gegenwärtig unauflösbar. Orthodoxe und auch konservative Juden sind nach wie vor der Auffassung, dass eine erneute Heirat mit zivilrechtlich geschiedenen Personen ohne *get* dem göttlichen Gesetz zuwiderlaufe. Für eine Frau bedeutet sie darüber hinaus in der Orthodoxie, dass ihre Nachkommen aus einer solchen Ehe mit dem Makel der *mamserut* behaftet sind. Liberale Juden vertreten ebenso nachdrücklich die Überzeugung, dass das Festhalten am *get* nur eine antiquierte Ungleichheit endlos fortsetze und dass in dem Fall, wo der Mann keinen *get* geben will, Ungerechtigkeit und unverdiente Not die Folge sei. Modern mutet der Ansatz des jüdischen Scheidungsrechts an, das Prinzip des gegenseitigen Einvernehmens zu verknüpfen mit dem Streben nach Versöhnung, dem *schalom bajit*. Bedeutsam ist schließlich die jüdische Erkenntnis: Ist eine Ehe unwiederbringlich gescheitert, so ist es richtig, sie aufzulösen – so tragisch das auch sein mag.

5.6 Wiederheirat

Das Judentum erhebt keine Einwände gegen die erneute Heirat von Menschen, die verwitwet oder geschieden sind. Im Gegenteil ist es der Meinung, dass es grundsätzlich nicht wünschenswert ist, wenn der Mann ohne eine Frau lebt oder eine Frau ohne einen Mann.[124] Ein Witwer sollte aber nach rabbinischem Recht generell warten, bis drei Feste (nicht nur Neujahr und der Versöhnungstag) vorüber sind, bevor er erneut heiratet. Hat er jedoch kleine Kinder oder braucht er jemanden, der sich um ihn kümmert, so kann er nach sieben Tagen der Trauer wieder heiraten. Allerdings sollte diese zweite Ehe erst nach den 30 Trauertagen

123 *CCAR* Yearbook 1 (1889), 106 ff; *CCAR*, Rabbi's Manual (1988), 234: „Kohen Marrying a Giyoret – While the Codes forbid such a union (E. H. 6.8), we permit it since we no longer recognize the special status of Kohanim. The Conservative movement has now adopted our practice in this regard, though with certain cautions." Vgl. *Klein*, A Guide to Jewish Religious Practice, 388.

124 MT Ishut, 15:16; ShA, EH 1:8.

vollzogen werden. Falls er die Pflicht zur Fortpflanzung noch nicht vollständig erfüllt hat, kann sie aber auch schon unmittelbar nach den sieben Tagen der Trauer vollzogen werden.[125] Nach den Eheverboten aufgrund verwandtschaftlicher Nähe darf der Witwer die Mutter oder Tochter seiner verstorbenen Frau (also seine Schwiegermutter bzw. Stieftochter) nicht heiraten, wohl aber die Schwester seiner Frau.[126]

Eine Witwe darf nicht vor Ablauf von drei Monaten nach dem Tod ihres Mannes erneut heiraten, damit keine Unklarheit über die Vaterschaft eines eventuellen Kindes aufkommt.[127] War sie jedoch zu dem Zeitpunkt, als ihr Mann starb, entweder schwanger oder hat sie gestillt, so muss sie warten, bis das Kind 24 Monate alt ist, weil dies das Alter ist, in dem nach rabbinischer Tradition ein Kind normalerweise abgestillt wird.[128] Die Augsburger Synode von 1871 hat diese Zeit auf ein Jahr reduziert und lässt eine weitere Verkürzung zu, wo dies im Interesse der Witwe oder des Kindes ist.[129]

Nach den Gesetzen zur verwandtschaftlichen Nähe darf eine Witwe ihren Schwager nicht heiraten,[130] und wenn ihr Mann kinderlos gestorben ist, darf sie überhaupt nicht wieder heiraten, wenn sie nicht zuvor die traditionelle Zeremonie der *chaliza* durchlaufen hat. Auch die Heirat mit einem Mann, der als Zeuge für den Tod ihres früheren Mannes fungiert hat, ist ihr nicht erlaubt.[131] Die einzige weitere Einschränkung hat vor 2000 Jahren ihre Anwendung verloren: nämlich das Verbot für eine Witwe, den Hohepriester zu heiraten.[132]

Was den Zeitraum angeht, der vergehen muss, bevor sie wieder heiraten dürfen, gelten für Geschiedene dieselben Regeln wie für Verwitwete – mit einer Ausnahme: Ein geschiedener Mann darf die direkten Verwandten seiner früheren Frau zu deren Lebzeiten nicht heiraten, nicht einmal ihre Schwester. Eine geschiedene Frau darf außerdem niemanden heiraten, der als Zeuge oder Stellvertreter bei der Scheidung fungiert hat. Sie darf auch keinen *kohen* heiraten.[133] Des Weiteren verbietet ihr das rabbinische Recht für den Fall, dass sie aufgrund eines tatsächlichen oder vermuteten Ehebruchs geschieden worden ist, die Heirat mit demjenigen, der der Scheidungsgrund gewesen ist. Eine solche Ehe muss, wenn sie dennoch geschlossen worden war, aufgelöst werden.[134] Das liberale Judentum hingegen lässt solche Ehen in einigen Fällen zu. Allerdings haben rabbinische Gerichte heute nur wenige Sanktionsmöglichkeiten, zum Beispiel die

125 ShA, YD 392:2.

126 Lev 18:18; ShA, EH 15:26.

127 M Jeb 4:10.

128 bT Jeb 42a; MT Gerushin 11:25; ShA, EH 13:3.11. Der Grund dafür ist die Vorstellung, dass der eheliche Verkehr mit dem zweiten Mann in die Milchproduktion eingreife und so die Gesundheit des Kindes gefährdet werde.

129 *Mielziner* 62; *CCAR*, Rabbi's Manual (1988), 240.

130 Vgl. Lev 18:16 und 20:21.

131 bT Jeb 25a; MT Gerushin 10:14; ShA, EH 12:1.

132 Lev 21:14; MT Isure bi'ah 17:1–2.

133 MT Isure bi'ah 17:1–2.

134 bT Sota 27b; MT Sota 2:12; ShA, EH 11:1.

Verweigerung der erneuten Heirat, wenn eine Person eine zivilrechtliche, aber keine jüdische Scheidung erhalten hat.

Damit bleibt noch eine Frage: Dürfen Geschiedene einander wieder heiraten? Nach der Bibel[135] darf eine Frau (wie erwähnt) ihren ersten Mann nicht erneut heiraten, wenn sie nach der Scheidung einen anderen Mann geheiratet hatte. Dieses Verbot gilt auch dann, wenn dieser zweite Mann inzwischen gestorben ist oder sich seinerseits von ihr geschieden hat. Allerdings galten die Kinder aus einer solchen verbotenen Ehe nicht als *mamserim*.[136]

Abgesehen von dieser Ausnahme erlaubt und fördert das rabbinische Recht jedoch die erneute Heirat eines geschiedenen Paares. Eine solche Heirat ist in den Tagen zwischen Pessach und dem Laubhüttenfest erlaubt,[137] und sie kann auch unmittelbar nach der Scheidung stattfinden, ohne die übliche Wartezeit.[138]

In diesen Regelungen kommt erneut zum Ausdruck, dass das Judentum im Auseinanderbrechen einer Ehe grundsätzlich eine Tragödie sieht. Wenn also die ehemaligen Partner selbst nach einer Scheidung gewillt sind, ihre Ehe wiederzubeleben, ist dies ein Akt, den man begrüßen und erleichtern sollte. Denn die Ehe ist – um auch daran nochmals zu erinnern – für das Judentum ein Zustand, der Heiligkeit und Glück herstellt. Eine heilige und glückliche Ehe ist die Erfüllung eines wesentlichen Teils jenes von Weisheit und Liebe getragenen Plans, den Gott für das Leben des Menschen vorsieht.

135 Dtn 24:1–4; vgl. auch Jer 3:1 und *Amram* 82–86. Eine exzellente Analyse der Gründe für dieses Gesetz findet sich bei *Reuven Yaron*, The Restoration of Marriage, in: Journal of Jewish Studies 17 (1966), 1–11.

136 M Jeb 4:12.

137 ShA, OH 546:2.

138 ShA, EH 13:4.

Anhang

Solemnizing a Marriage Between a כהן and a Convert

Rabbi Arnold M. Goodman

This paper was adopted by the CJLS on March 12, 1996 by a vote of fifteen in favor and three abstentions. Voting in favor: Rabbis Kassel Abelson, Ben Zion Bergman, Stephanie Dickstein, Elliot Dorff, Jerome Epstein, Shoshana Gelfand, Myron Geller, Arnold Goodman, Vernon Kurtz, Lionel Moses, Mayer Rabinowitz, Avram Reisner, Elie Spitz, Gordon Tucker and Gerald Zelizer. Abstaining: Rabbis Baruch Frydman-Kohl, Judah Kogen and Paul Plotkin.

שאלה

May a member of the RA officiate at the marriage between a כהן and a convert?

תשובה

In 1967, the CJLS adopted a תשובה, by Rabbi Isaac Klein permitting RA members to solemnize such marriages.[1] His paper, like Rabbi Bokser's on the marriage between a כהן and a divorcee, was written during a period in which the role of the כהן was, if not dismissed, then significantly reduced.[2]

While Rabbi Klein does not deal with the increasing irrelevance of כהונה, he concludes, "In these cases we should also take into consideration the opinion that the status of all Kohanim today is in doubt," which he supports with a brief quote from the Magen Avraham, *"she'ayn machzik oto k' kohen vadai."*[3]

Rabbi Klein bases his approval of a Rabbi officiating at the marriage between a כהן and a convert on the grounds that Leviticus 21:7 does not specifically mention a convert but a זונה, a word which the Talmud expanded to include all women whose moral purity was impugned. This Rabbinic interpretation is reinforced by a verse in Ezekiel that limits a כהן to marry a woman *mizarah beit Yisrael.*"[4]

Following a review of the later authorities, Rabbi Klein can only conclude, "the accepted law has been that a כהן may not marry a גיורת."[5]

---

1 *Rabbinical Assembly Proceedings* (RAP), 1968, p. 219–223.
2 *RAP.*, 1954, p. 55–61.
3 *RAP.*, 1968, p. 223.
4 Ezekiel 44:22.
5 *RAP.*, 1968, p. 221.

Rabbi Klein then refutes the assumption that whoever is not a בת ישראל is בחזקת זונה. He reminds us that the proselyte is "...most worthy of love, appreciation and endearment. Again and again the Talmud stresses that the proselyte is equal in every respect to an Israelite from birth. The case of a כהן is practically the only exception."[6]

For him a new factor to be considered is חילול השם. Basing his argument on two responsa, the first by Rabbi David Hoffman[7] and the second by Rabbi Yehudah Leib Zirenson,[8] Rabbi Klein concluded, "...there could be no greater חילול השם than for us to declare that such a marriage is forbidden because female proselytes are considered as having the status of זונות because their people are *shtufim b'zimah*.[9]

While Rabbi Klein does not refer to Rabbi Bokser's concern that upholding such prohibitions would present Judaism as being arbitrary and indifferent to human happiness, it is obvious that those who accept this caveat with regard to marriage with a divorcee would apply it also in the case of a convert. Rabbi Klein concludes, "in view of all the foregoing, it is our considered opinion that we permit a כהן to marry a גיורת.[10]

As noted above, prohibition of a כהן-convert marriage is rooted in the interpretation of the word זונה in Leviticus and in the verse in Ezekiel that the woman be of the seed of the house of Israel. While the Rabbinic interpretation of זונה is deemed to create a Biblical prohibition, the reality today is that a Gentile woman is not *ipso facto* a זונה. In fact to embrace this position can lead to a חילול השם, demeaning the Torah not only in the eyes of the Gentiles, but in the eyes of Jews who view the Gentile world differently than did our Talmudic ancestors and subsequent generations until this era.

Given the large number of Gentiles who have become Jews-by-choice, any ruling that even alludes to a non-Jewish woman as being a זונה would also make a mockery of the efforts of our colleagues to bring converts into our midst and to commit them to a life of מצוה. It would also convey a negative message to thousands upon thousands of the children of converts and their families.

The Torah does not explicitly prohibit a כהן from marrying a גיורת. The prohibition derives from the Rabbinic interpretation of the term "זונה" in Leviticus 21:7. By rejecting the Rabbinic principle that Gentile women are *b'chezkat z'nut*, there is no need to invoke the principle of *"la'akor davar min haTorah."* It is not the Biblical prohibition which is the focus of our concern but its Rabbinic interpretation which does not conform either to our moral sense or to the sad reality that the sexual morality of Jewish women – and men – do not differ to any major degree with what prevails throughout our society. The high incidence of Jewish men and women living together prior to marriage concerns us, but this merely

6 Ibid., p. 7.

7 Rabbi David Hoffman, *Melamed L'Ho'il*, Vol. 3, 8.

8 Ma'archay Leib #72.

9 *RAP.*, 1969, p. 222.

10 Ibid., p. 223.

indicates that Jewish and Gentile women have embraced similar values when it comes to sexual behavior.

Since a convert is regarded as part of the House of Israel, Ezekiel's insistence that a כהן marry the seed of the House of Israel is realized. The Talmud instructs us that bringing up the ancestry of a גר violates the Biblical prescription of *"lo tonu"* you shall not oppress (with words). The view that a גר is to be wholeheartedly embraced as reflected in Maimonides. famous response to Obadiah, a convert, who queried whether he could recite the words, "Our God and God of our Fathers."

Maimonides replied: "Abraham, our father, peace be with him, is the father of his pious posterity who keep his way and the father of his disciples and of all the proselytes who adopt Judaism. Therefore you shall pray, Our God and God of our fathers, because Abraham, peace be unto him, is your father."[11]

Conclusion

Given our ongoing commitment to accepting converts and the fact of modern life that Jews and non-Jews often develop relationships leading to marriage, we affirm Rabbi Klein's conclusion that – following conversion of the Gentile – a marriage between a כהן and a גיורת is not a prohibited marriage and may be solemnized by a member of the Rabbinical Assembly.

Quellenangabe: *Arnold M. Goodman:* Solemnizing a Marriage Between a Kohen and a Convert. Approved by the CJLS in 1996. In: *Abelson, Kassel / David J. Fine* (Hrsg.). Responsa: 1991–2000, Rabbinical Assembly New York 2002, 593–598

11 Franz Kobler, *A Treasury of Jewish Letters,* Letter of Maimonides, p. 194 ff.

Solemnizing the Marriage Between a כהן and Divorcee

Rabbi Arnold M. Goodman

This paper was adopted on March 12, 1996 by a vote of twelve in favor, four opposed, and two abstentions. Voting in favor: Rabbis Kassel Abelson, Ben Zion Bergman, Stephanie Dickstein, Elliot Dorff, Jerome Epstein, Shoshana Gelfand, Myron Geller, Arnold Goodman, Mayer Rabinowitz, Elie Spitz, Gordon Tucker, and Gerald Zelizer. Voting against: Rabbis Judah Kogen, Vernon Kurtz, Paul Plotkin, Avram Reisner. Abstaining: Rabbis Baruch Frydman-Kohl, Lionel Moses.

שאלה

May a member of the RA officiate at the marriage between a כהן and a divorcee?

תשובה

In 1952 the CJLS adopted a responsum authored by Rabbi Ben Zion Bokser[1] permitting RA members to solemnize such a marriage. This התר has been widely accepted by the overwhelming majority of the RA although his recommendation, that "where such marriage is to take place, the rabbi seek to persuade the couple to refrain from a large public wedding,"[2] has not been widely observed.

Rabbi Aaron Blumenthal, in a concurring opinion, differed with Rabbi Bokser, and argued that such marriages be treated no differently than any other.

I return to this responsum not because I disagree with Rabbi Bokser, but because his paper fails to offer a satisfactory rationale for overturning a clear Biblical prohibition.

In his responsum, Rabbi Bokser reviewed the sources clearly forbidding such marriages but concluded, "A rabbi who officiates at such a marriage has not acted in a manner inconsistent with his Judaism."[3]

His paper was written during a period in which the role of the כהן was, if not dismissed, then certainly significantly reduced. Rabbi Bokser reflected this sentiment in his contention in 1951, "...the very few prerogatives left to the כהן stand as a vital reminder of the immense progress made in the democratization of Judaism."[4]

1 *Proceedings of the Rabbinical Assembly*, 1954, p. 55–61.
2 Ibid., p. 61.
3 Ibid., p. 58.
4 Ibid., p. 56.

While the role of the כהן continues to be marginal in most of our Congregations, there has been a revival of interest in the institution of the כהונה and its place within our Movement. Not surprisingly issues focusing on the status of the כהן have come before the CJLS.

In 1990, Rabbi Mayer Rabinowitz concluded, "Where a Rabbi feels that a Congregation or service would be better served calling people up to the Torah as ראשון, שני, שלישי, it is entirely permissible to do so. This system allows any congregant who may normally be granted an עליה at that service to be honored with any of the עליות during the service."[5]

In response to this paper which was overwhelmingly approved by the Committee, Rabbi Herbert Mandl wrote what was a limited dissent. Distinguishing between חול and Shabbat/Yom Tov, he permitted flexibility during the former services but argued for maintaining the practice of giving the first עליה to the כהן at the latter services. Yet even on Shabbat and Yom Tov, the כהן might be bypassed "provided it does not become a habitual practice Sabbath after Sabbath without reserving at least some special occasions and circumstances when a כהן will be honored."[6] Rabbi Mandl is clear that his reading of the sources does permit the כהן to waive his right to the first עליה, and that this be made clear when a non-כהן is called up first. His paper was also overwhelmingly approved.

The central issue in the above papers and in the CJLS debates was whether a כהן had special status by virtue of the historic and traditional interpretation of "וקדשתו." The flexibility shown by Rabbi Rabinowitz in permitting Congregations to do away with giving the first עליה to a כהן was based on the assumption that the practice was מדרבנן. Had his research concluded that it was מדאורייתא, his conclusion may have been otherwise.

The prohibitions of a כהן marrying a divorcee is clearly מדאורייתא. The text in Leviticus clearly forbids a marriage with a divorcee. Rabbi Bokser begins his paper by recognizing that "there is no question that Jewish law objects to such marriage. It is Biblically forbidden. The Talmud reaffirms this prohibition..."[7] He develops his argument by showing that where such a marriage does take place, the Talmud ruled קדושין תופסין.[8] To be sure, the children of such marriage are and disqualified from priestly functions, but in the event that they do perform a function it is valid בדיעבד.

The rest of the תשובה is a discussion of the rationale behind the prohibition, the less jaundiced view we have today of a divorcee, the diminished role of the כהן in our times and the fact that "great numbers of כוהנים_today are not conscious of any special status."[9]

He observes that "finding of a suitable mate is difficult," and "we must accept the fact that an unequivocal condemnation of such a marriage and an unwillingness to officiate may present Judaism as arbitrary and indifferent to personal

---

5 Rabbi Mayer Rabinowitz, "Rishon or כהן," p. 10.

6 Rabbi Herbert Mandl, "May a Non-כהן Be Called Up First to the Torah?" p. 9–10.

7 Bokser, op cit., p. 56.

8 Talmud Bavli, *Kiddushin* 67a.

9 Bokser, op cit., p. 56.

happiness and as placing legal formalisms above human values, with the result that such people would feel driven to leave the Synagogue and Jewish observances generally."[10]

It is always dangerous to impute a rationale to a Biblical commandment, but the very term גרושה (from the root, גרש, to chase away) underscores the tendency to lay the cause of divorce at the feet of the woman.

Was the גרושה regarded as a "discard" and hence not fit for a כהן who was to embody perfection? This point can certainly be argued.

Divorce is viewed differently today. It is often an opportunity for a second chance, and our continued embrace of the Biblical prohibition of the marriage between a כהן and a גרושה could reinforce the ancient prejudice against a divorced woman.

Even if we are willing, however, to extend a welcoming hand to a גרושה, the Biblical prohibition is clear, and the CJLS, reflecting our Movement's commitment to halakhah, must root its decision in appropriate halakhic principles.

The authority to overturn a Biblical prohibition is debated by Rabbi Hisda and Rabbah in a famous sugya in *Yevamot*.[11] The issue is "האם בית דין מתנין לעקור דבר מין התורה?"

On Uprooting a Biblical Prohibition

R. Hisda's carefully marshaled arguments are challenged by Rabbah, but there is no question that R. Hisda has articulated a principle that resonates within the Talmud, The Rabbis, in fact, granted a בית דין authority "to uproot" in three instances.

1. *B'shev va'al ta'aseh*. There are instances where the Rabbis ruled that a mitzvah not be performed. Specific examples of this principle are not blowing shofar on Shabbat or blessing lulav and etrog on Shabbat out of concern that the Shabbat ban on carrying in public be violated.

2. *B.kum va.seh*. When there is הוראת שעה, the demands of the moment, it is permitted to violate a specific prohibition, in order to prevent erosions from commitment to the Tradition. The example cited is Elijah offering a sacrifice on Mt. Carmel in order to turn the people back from idolatry.

3. *B'davar she'b'mammon*. The principle of הפקר בית דין הפקר – gives a בית דין the right to declare money or articles ownerless.

The Talmud in *Nazir* 43a permits a כהן, in clear violation of Biblical law, to involve himself in the burial of his minor wife whose father was dead. In a famous *tosfot*, Rabbi Yitzhak explains that by Biblical law, she is not a מת מצוה because she has other family. Yet since her relatives and family may have abandoned her, the Rabbis regarded her as a מת מצוה, and even though a בית דין does not have the au-

10 Ibid., p. 57.

11 Talmud Bavli, *Yevamot* 89a–90b.

thority to uproot a Biblical prohibition, *"in an instance where there is* פנים וטעם לדבר*, it is universally accepted that there is authority to uproot."*[12]

Later authorities were reluctant to assume such unilateral authority. Yitzhak Gilat's review of the later literature demonstrates the dual concern that later-day authorities did not have the requisite knowledge, piety, etc., of their Talmudic forbearers and the fear that invoking this principle would create the proverbial slippery slope, thereby weakening the entire halakhic structure. Later authorities thus imposed severe limitations on the conditions and situations where it would be appropriate and necessary "to uproot."[13]

Thus the statement in the Yerushalmi, "when we can fulfill both their [the sage's] word and the Torah's, you fulfill them. Where you cannot fulfill the words of both, you negate their words and fulfill the words of the Torah."[14] Or in the words of the Bavli "The Torah comes and negates the Rabbis."[15]

Yet the right "to uproot" was never completely prohibited. There was often the need for an escape hatch, and the right of Rabbinic authorities to do so was articulated by the Rashba as follows: "It was not a matter of the sages deciding on their own to uproot a matter of the Torah, but it is one of the mitzvot in the Torah to obey the 'judges in your day' and anything they see necessary to permit is permissible from the Torah."[16]

The high intermarriage rate is of deep concern. In an instance when two Jews express their desire to marry one another, are we not beholden to remove barriers to their relationship? The high divorce rate is a reality. All too often second marriages of a divorcee are to a non-Jew, and these women are often single mothers with minor children. Exposing them to a home with a non-Jewish stepfather who introduces into their lives a host of non-Jewish relatives is not in the best interests of the Jewish people.

When a גרושה is prepared to marry a Jew, albeit a כהן, is it appropriate for us, in this day and age, to refuse to solemnize the marriage? Even a strategy of seeking to counsel the couple against marriage because of their respective statuses and agreeing to officiate בדיעבד casts aspersions upon their relationship. A ringing endorsement of their intended union will affirm the importance our Movement attaches to endogamous marriages.

We also regard divorce differently than did our Biblical and Rabbinic forbearers. We no longer perceive the divorced woman as being guilty of "ערוות דבר" (an unsavory act). To exclude a Jewish woman who is divorced from marrying the man with whom she is in love, affirms the negative status of the divorcee. This is inconsistent with our view of divorce or of our assessment of the character of a woman who happens to be a גרושה.

One could defend the decision permitting such marriages by arguing that every כהן is a ספק, but such an approach creates its own problems. Would we then be honest in our attempts to reintroduce *duhaning* into our Services and to repopu-

12 Talmud Bavli, *Nazir* 43b, Tosfot, והאי מת מצוה.

13 Yitzhak Gilat, *P'rakim B'Hishtal'shut HaHalacha*, p. 191–204.

14 Yerushshalmi *Ketubot* 10:2.

15 Talmud Bavli, *Shabbat* 128b.

16 *Chidushai Rashba, Nedarim*, p. 90a.

larize the פדיון הבן ceremony? To be sure, we can argue that the קדושה of the כהן should lead to restrictions and regard marriage with a גרושה (or a גיורת) as being the price paid for special status. Those to whom the כהונה is a privilege may well accept this and other limitations. The vast majority of כוהנים an our Congregations do not perceive themselves as enjoying a unique status nor will they accept any limitations on their behavior because of their כהונה. Hence most כוהנים do not דוחן, they will visit cemeteries and have probably never affiliated at a פדיון הבן.

There are those who contend that a כהן in our day has lesser holiness because there is no longer a בית המקדש where כוהנים offered קרבנות. Are we prepared to say that even if the Temple were to be rebuilt and sacrifices restored that we would still wish to regard a גרושה as an inappropriate bride for a כהן? While but a rhetorical question at this juncture of history, it touches upon our willingness to reinterpret the status of the גרושה.

The hard fact confronting us is that the Torah is clear that a כהן is not to marry a divorcee. Nothing in that verse speaks of the level of the קדושה of the כהן. Even after Temple times, וקדשתו was interpreted to vest the כהן with certain prerogatives in terms of the Synagogue Service and the פדיון הבן. The contention in this paper is that despite the קדושה of the כהן, he may marry a divorcee for the two reasons cited above. The large number of divorcees make it highly probable that a כהן will find his intended among the divorced women an our community. This high divorce rate together with the high intermarriage rate mandate that we do not place a barrier to such a marriage. This is a הוראת שעה justifying uprooting the Biblical prohibition of Leviticus 21:7. Our willingness to do this is further supported by our view that a divorcee is not of a lesser status than her non-divorced sister.

הוראת שעה speaks of crisis. Should the current rate of intermarriage be reversed, a future Law Committee may well decide to review this issue. At this time, however, we face a crisis of such proportion that we dare not, in good conscience, stand between the marriage of two Jews whose union as forbidden by virtue of his being a כהן and she a divorcee.

Our steadfast refusal to solemnize their marriage, or even to agree to do this only after seeking to dissuade them, may well lead the couple to be married either in a civil ceremony or in a ceremony without full חופה and קדושין. The couple, knowing of our disapproval of their relationship, will find little comfort within our Movement and its Synagogues.

Arguing for עקירה of Leviticus 21:7 in effect removes it as a prohibition. While the Talmud, accepting the reality of such marriages in its day, ruled קדושין_ופסין, the children were חללים and denied all privileges of כהונה, while their father sacrificed his special status only as long as he continued in the marriage. Our decision to negate the prohibitions reaffirms the status of both father and child. Congregations which reserve the first עליה for כוהנים, which have *duhaning* and which encourage פדיון הבן, are to regard such fathers and sons as acceptable כוהנים.

New times bring new issues and concerns, and affirming the argument of the Rashba, it is the Biblically ordained right and duty of the judges or leaders to rule in the best interests of the people and the Torah. For the Conservative Movement, the CJLS is the body vested with the judicial and legislative authority to adapt halakhah in light of contemporary reality and modern concerns.

The decision to uproot Biblical prohibitions and Rabbinic tradition can never be treated lightly. Rashba reminds us that halakhic authorities have been granted the power, either through outright legislation or through midrashic interpretation, to abandon even a Biblical prohibition. The caveat before us is well stated by our colleague, Rabbi Joel Roth who reminds us that "...יראת שמים is a *sine qua non* of halakhic authorities. It is the characteristic that guarantees, to the extent anything can, that what motivates halakhic authorities in their commitment to the integrity of the system they govern. יראת שמים on the part of the systemic authorities assures that their actions are taken לשם שמים."[17]

Rashba's principle of granting authority to "the judges in your day" is the rationale permitting uprooting," albeit only after a careful analysis of contemporary needs. We are challenged not to be timid in advocating changes which we, in good conscience, believe are demanded by the shifting circumstances in which we now find ourselves.

Conclusions

1. The prohibitions of a כהן marrying a divorcee is clearly Biblical. The reality is that very few כוהנים who turn to us for marriage are concerned about their status as כוהנים. Our refusal to solemnize their marriage would only lead them to be married either in a civil ceremony or in a ceremony without full חופה and קדושין.

2. While we regret the dissolution of a marriage, divorce in our day offers men and women an opportunity for a second chance to develop a successful marital relationship. We also no longer perceive a divorcee as a woman who has been discarded by her former husband and hence not suitable as a spouse for a כהן.

3. The principle that בית דין מתנין לעקור דבר מין התורה is applied only when faced with extreme situations, and we regard intermarriage crises as such a situation. We also note the high rate of intermarriage of divorced women who are often single mothers with minor children.

4. We, therefore, support the decision of two Jews to marry even when he is a כהן and she is a גרושה, and a member of the Rabbinical Assembly may solemnize such marriage.

5. With the negating of the prohibition in Leviticus 21:7, children born of marriages between a כהן and a גרושה are not חללים, and the כהן is no longer disqualified to serve as a כהן in our Services or rituals.

6. Such marriages may be properly celebrated in a public manner. *Our goal continues to be to assured that such celebrations be כשר.*

Quellenangabe: *Arnold M. Goodman:* Solemnizing the Marriage Between a Kohen and Divorcee. Approved by the CJLS in 1996. In: *Abelson, Kassel / David J. Fine* (Hrsg.). Responsa: 1991–2000, Rabbinical Assembly New York 2002, 599–601

17 Rabbi Joel Roth, *The Halachic Process*, p. 203.

Entwurf zum Ehevertrag

Königlich Westphälisches Konsistorium der Israeliten (1810)

Der ewige allgütige Schöpfer und Erhalter dieser Erde, segne den heiligen Bund, den er einst im Paradiese stiftete, und der heute auch zwischen nachstehenden Personen verabredet ward: nämlich der Jüngling[1]; Herr N.N., Sohn des Herrn N.N. und dessen Gattin, der Frau N.N., hat zu seiner künftigen Ehegattin die Jungfrau N.N., Tochter des Herrn N.N. und dessen Gattin, der Frau N.N. erkoren. Beide Verlobte sagen sich unverbrüchliche Treue bis in den Tod zu, und wollen sich, wenn es nicht früher geschehen sollte, längstens am ... des Jahres Achtzehnhundert und ... (nach Israelischer Zeitrechnung am ... des Jahrs ...) nach vorgängiger Aufnehmung der deshalbigen Civil-Akte und Trauungs-Ceremonie, nach der Weise Moses und Israels, wirklich ehelich vereinbaren. Sie versprechen sich zugleich Folgendes gegenseitig:

Erstens. Derjenige Theil, welcher etwa diese Verlobung nicht, zur bestimmten Zeit, durch Vollziehung der Ehe, in Wirklichkeit setzt, soll, wenn er keinen gültigen Weigerungsgrund hat, dem andern Theile ... Franken baaren Geldes, an dem, vorhin zur Hochzeit bestimmten Tage erlegen.

Zweitens. Wird die Ehe wirklich vollzogen; so soll zwischen diesen Ehegatten keine Gütergemeinschaft Statt finden, vielmehr der Ehemann stets, so lange die Ehe dauert, oder wenn sie ohne Schuld der dermaligen Braut getrennt wird, verbunden seyn, seine Ehegattin, standesmäßig, zu unterhalten; es mag nun die Erhaltung erfordern, was sie will; denn die Ehefrau soll nichts für ihre Nahrung, ihre Kleider, ihre Wohnung, ihre Gesundheit, oder wie sonst nur das Bedürfniß genannt werden möge, auch nichts für die, aus der ehe entsprießenden Kinder aufzuwenden haben. Es verspricht der Bräutigam

Drittens, alles, was seine dermalige Braut ihm nicht als Brautschatz zubringen, und ihr jetzt oder künftig gehören wird, ihr ganz zu überlassen; damit sie es völlig nach ihrer Willkühr verwalten und benutzen könne. Nicht minder schenkt er ihr hierdurch,

Viertens, eine Morgengabe[2] von 800, man schreibt Achthundert Franken[3], zahlbar nach dereinstiger Auflösung der Ehe. Die Morgengabe fällt jedoch

---

1 Oder der Wittwer. Es versteht sich, dass hier, wie überall, die nöthigen Abänderungen vom Herrn Notar zu treffen sind, welche zugleich (wenn dieser Vertrag nicht etwa einem, besonders zu entwerfenden Notariatsinstrument nur angeheftet würde) das Erforderliche wegen der Zeugen hinzuzufügen hätte. Gegenwärtiges Formular nämlich soll nur dazu dienen, um zu zeigen, wie ein solcher vertrag gemacht werden **kann**, nicht wie er gemacht werden **muß.**

2 Nach Israelitischen Gebräuchen nämlich muß jede Gattin, auch die ärmste, eine Morgengabe bekommen.

3 Bei der Nichtjungfrau: 400 Franken.

hinweg, wenn die dermalige Braut in dieser Ehe verstirbt, ohne ein Kind aus solcher zu hinterlassen.

Außerdem verspricht der Bräutigam

Fünftens, seiner Frau einen Trauring zu geben auch für … Franken Geschenke zu machen, welche ihr Eigenthum wird in dem Augenblicke, als sie es empfängt. Wären ihr auch die Geschenke vor Vollziehung der Ehe gegeben; so behält sie solche, Falls auch letztere durch Schuld des Bräutigams oder dessen Ableben niemals erfolgte. Wären sie aber noch nicht gegeben, und die Ehe würde nicht vollzogen; so fallen sie, gleich der an die Ehevollziehung geknüpften, Morgenabe, weg und findet nur die, oben im ersten Artikel festgesetzte Strafe Statt. Nicht minder sagt;

Sechstens, der Bräutigam zu, … Franken in die Ehe zu bringen (auch seiner Braut einen Chaliza-Brief von seinen erwachsenen Brüdern, vor der Hochzeit, auszuwirken[4]

Sie, die Braut, hingegen verspricht ihrem Bräutigam,

Siebentens, ihm am Hochzeitsmorgen die Summe von … Franken, als Brautschatz, zuzubringen, auch

Achtens, mit Kleidern für die Festtage sowohl als auch für die übrigen Tage, sich, vor Vollziehung der Ehe, zu versehen, jedoch so, daß die Anzahl und Beschaffenheit derselben lediglich von ihrem und der Ihrigen Gutdünken abhange. Unter dieser Bestimmung will sie auch andre bewegliche Sachen mit in die Ehe bringen, welche jedoch ihrer Verfügung, wegen deren Gebrauche, lediglich überlassen bleiben sollen.

Sie hat

Neuntens, versprochen, ihrem Bräutigam für … Franken Geschenke zu geben, und vor ihnen soll eben das gelten, was im gegenseitigen Falle, im fünften Abschnitte festgesetzt wurde. Sollte

Zehntens, die jetzige Braut im ersten Jahre nach der Vollziehung der Ehe mit Tode abgehen; so fallen ihre, nach dem siebenten Artikel, in … Franken bestehenden Brautschatzgelder ihrem Erben zu, und bleibt, wenn dieser Erbe ihr Kind ist, dem Witwer der gesetzliche Nießbrauch. Stirbt die jetzige Braut im zweiten Jahre nach Vollziehung der Ehe; so bleibt ihrem Wittwer die Hälfte des Brautschatzes. Verscheidet sie aber im dritten oder in einem folgenden Jahre; so bleiben, Kraft gegenwärtiger Schenkung, ihm alle Brautschatzgelder. Versterben mag jedoch die jetzige Braut, als demnächstige Ehefrau, zu welcher Zeit es sey, so erhält,

4 Die in ( ) geschlossenen Worte dieses Artikels finden nicht Statt, wenn der Bräutigam keinen, und ändern sich, wenn er nur einen erwachsenen Bruder hat.

Elftens, deren sodanniger Wittwer, sie mag Kinder hinterlassen oder nicht, Kraft dieser Schenkung, ohne dass er also deshalb Erbe wird, das Eigenthum aller Kleidungstücke, so wie alle andern beweglichen Sachen, die seiner verstorbenen Frau eigenthümlich gehörten, und sie in die gemeinschaftliche Wohnung brachte, einzig das baare Geld, oder überhaupt alles geprägte oder gemünzte Metall und die Aktivforderungen ausgenommen.

Würde hingegen der Ehemann vor der Ehefrau mit Tode abgehen; soll diese sodann,

Zwölftens, in Ansehung ihrer, im siebenten Abschnitte erwähnten Brautschatzgelder folgende Vortheile genießen: Jedenfalls nämlich bekommt sie solche vollständig ausgezahlt. Ist aber der Mann innerhalb des zweiten Jahrs nach Vollzeihung der Ehe gestorben; so empfängt die Witwe, als Vermehrung, noch außerdem einen vierten Theil der Brauthschatzgelder. Stirbt jedoch der Mann im dritten oder in einem folgenden Jahre der Ehe; so empfängt sie noch außerdem ein andres Viertheil der Brautschatzgelder, also diese selbst zurück und, unter dem Titel der Vermehrung, halb soviel, als sie betragen; dieses Letztere findet auch Statt, wenn sie ein lebendes Kind aus der Ehe hat, der Mann mag sterben, zu welcher Zeit es sey. Ehe übrigens die Wittwe ihre Brautschatz- und Vermehrungs-Gelder bekommen hat, muß sie aus dem Nachlaße ihres Mannes, standesmäßig, unterhalten werden; doch hängt es von der Wittwe ab, die Gelder erst nach dem Verlaufe eines Jahres von Zeit seines Todes anzunehmen, und also während solches sich aus dem Nachlasse unterhalten zu lassen.

Dreizehntens. Die Kleidungstücke und ähnliche beweglichen Sachen, welche der Mann der Frau anschaffte, werden, gleich den Geschenken, alsbald deren Eigenthum.

Vierzehntens. Jeder Theil vermag, durch testamentarische Verordnungen, zum Besten des Ueberlebenden, den Gesetzen angemessene Verfügungen zu treffen. Doch hängt es von Letzterm ab, solche anzuerkennen, oder sich der Vortheile zu gehalten, welche der gegenwärtige Vertrag ihm einräumt.

Fünfzehntens. Beide Theile verpfänden sich gegenseitig, zur Sicherstellung ihrer, in diesem Vertrage enthaltenen Zusagen, ihr gegenwärtiges und künftiges Vermögen jeder Art, insofern solches außer dem Königreiche Westphalen befindlich seyn wird. Außerdem aber bleiben der dermaligen Braut und ihren Erben alle Vorrechte, welche die Gesetze den Eheweibern wegen ihres Eingebrachten und überhaupt zueignen.

Sechzehntens. In Ansehung aller Punkte, welche in gegenwärtiger Übereinkunft nicht anders bestimmt sind, unterwerfen sich alle Betheiligte ausdrücklich den Verfügungen der, im Königreiche Westphalen dermalen geltenden Gesetze. Deshalb können auch die obigen Verwilligungen nach dem Ableben des einen der künftigen Ehegatten einer Minderung unterworfen werden, falls die Gesetze solche vorschreiben sollten.

Siebenzehntens. Daß gegenwärtige Uebereinkunft, welche beide Theile gegenseitig feierlich annahmen, vest und unverbrüchlich gehalten werden solle: deshalb verbürgten sich, unter Verpfändung ihres jetzigen und künftigen, außer dem Königreiche Westphalen befindlichen Vermögens, von Seiten des Bräutigams dessen Vater, Herr N.N., dessen Mutter, Frau N.N. und ec.; von Seiten der Braut aber deren Vater, Herr N.N., deren Mutter, Frau N.N. und ec.; denn was die sich verbürgenden Frauenzimmer betrifft, so sind dieselben von Seiten ihrer Ehemänner zugleich dazu ermächtigt worden. Die Bürgen jeden Theils versprachen auch dem andern Theile, wegen der erwähnten Strafe, als Selbstschuldner zu haften; falls der zurücktretende Theil sie nicht an dem, zur Hochzeit bestimmten Tage bezahlte, ohne daß Letzterer zuvor belangt zu werden braucht.

Achtzehntens. Alle bisher genannten Personen erkennen jeden Punkt gegenwärtiger, ihnen vorgelesenen Uebereinkunft, als ihrem Willen völlig gemäß, an, und unterzeichnen die, im Notariats-Archiv aufzubewahrende Urschrift dieses Instruments eigenhändig.[5]

So geschehen zu ...; am ... im Jahre ... (Israelitischer Zeitrechnung am ... im Jahre ec.)

Königl. Westphäl. Konsistorium der Israeliten

Berlin. Kalkar. Steinhardt. Fränkel. Heinemann.

Merkel, Sekretär.

Quellenangabe: Sulamith, 3. Jg., Heft 1 (1810), S. 294 ff

5 Sind nichtschreibekundige vorhanden; so wird dies natürlich vom herrn Notar ausdrücklich bemerkt.

Commitment Ceremonies For Heterosexual Couples. Jewish Wedding Ceremony in the Absence of a Civil Marriage License

CCAR Responsa Committee 5764.4 (2003/04)

She'elah

A retired heterosexual couple has approached me to perform a commitment ceremony for them in lieu of a wedding, since they wish to avoid losing social security benefits but still want to have a ceremony affirming their mutual love and commitment. They wish for their relationship to be validated in the eyes of our faith and also in the eyes of their family. They have cited the gay/lesbian commitment ceremonies as precedent. Should such a ceremony be conducted? (Rabbi Michael Sternfeld, Chicago, IL)

Teshuvah

Our she'elah raises the issue of a commitment ceremony, in lieu of a wedding, for a heterosexual couple. In this responsum, we wish to deal as well with the question of whether a Jewish wedding should be provided for a couple who, though eligible to marry under Jewish law and tradition, do not wish to obtain a marriage license from the government.[1] While these situations differ, they both involve a desire on the part of the couple to achieve Jewish religious recognition for their union and simultaneously to avoid becoming husband and wife in the eyes of civil law.

1. Jewish Wedding Ceremony in the Absence of a Civil Marriage License. We begin with the second question because it affords us a basis from which to analyze the first. Rabbi Solomon B. Freehof, in a teshuvah published in 1974,[2] rules that a rabbi[3] should not officiate at a wedding when the couple, seeking "to avoid

---

1 As we will explain below, the "civil government" in question is the one in power today in the countries where we reside: a regime elected democratically and characterized by the rule of law. It is in such countries that the principle dina demalkhuta dina has force.

2 Contemporary Reform Responsa (CTRR), no. 21.

3 Today, of course, this formulation would include the cantor and, for that matter, any mesader kidushin, a "celebrant" of a Jewish wedding. According to Jewish law, the presence of a rabbi or other communal official is not a requirement for a valid marriage. On a minimal basis, explains Shulchan Arukh Even Ha'ezer 27:1, all that is required is the performance of an act of marriage (kidushin) – for example, the groom gives the bride an object of monetary value under the clear mutual understanding that this action is to effect a betrothal–in the presence of two witnesses.

reduction in the total of their Social Security," do not take out a marriage license. He bases this decision upon the Talmudic principle dina demalkhuta dina, "the law of the state is valid in Jewish law."[4] That is, Jewish law holds as binding upon Jews all laws enacted by the civil state that fall within its legitimate domain. By the government's "legitimate domain," as Rabbi Freehof reminds us, the tradition means "civil matters, taxes, business law, etc., but not...ritual matters."[5] Jewish law would never countenance an effort by the civil government to restrict our freedom of worship or ritual observance, and since "marriage and divorce are deemed spiritual matters in which the law of the state does not apply,"[6] we would properly resist any effort by the government to interfere in these areas.[7] On the

---

The marriage is valid without clerical sanction. Still, since medieval times it has been the universal Jewish custom to prohibit weddings unless they have been approved in advance by the local rabbi, most often with the rabbi (or a designated representative) serving as mesader kidushin. For one example, see Resp. Rambam, ed. Blau, no. 348 (= ed. Freiman, no. 156), where Maimonides describes the takanah of 1187 in Egypt requiring that the local rabbi participate in all weddings. For a number of similar takanot spanning all the major centers of Jewish civilization, see Avraham Freiman, Seder kidushin venisu'in (Jerusalem: Mosad Harav Kook, 1964). This practice has usually been justified on the grounds that the legal and halakhic issues surrounding marriage are sufficiently complicated to warrant the supervision of a recognized expert in Jewish law. The usual citation is B. Kidushin 6a: "anyone who is not an expert in divorce and marriage law should not deal with these matters." The Shulchan Arukh cites this statement as authoritative halakhah (EHE 49:3). The Talmudic context of this statement does not mention the issue of rabbinic supervision of or participation in the wedding. Rashi (s.v. lo yehei) interprets it to mean that a non-expert should not presume to issue authoritative halakhic decisions (hora'ah) in these areas of the law. This says nothing about whether the mesader must be an "expert." The Turei Zahav commentary to Shulchan Arukh 49, no. 1, makes this point explicit: the Talmudic passage does not refer to the wedding ceremony itself and therefore does not mean that a rabbi or scholar must preside over it. On the other hand, R. Ya'akov Reischer (18th-cent. Germany) reads the passage as well as Rashi's interpretation of it to the opposite effect: the wedding itself may be conducted only by a competent scholar, either the local rabbi (mara de'atra) or his designate (Resp. Shevut Ya'akov 3:121).

4 The principle, attributed to the amora Shmuel, is found in B. Gitin 10b and parallels.

5 All citations of Rabbi Freehof in this paragraph are in CTRR loc. cit., at pp. 101-103. For a comprehensive analysis of the nature and limits of this legal principle, see Shmuel Shilo, Dina demalkhuta dina (Jerusalem: Defus Akademi Yerushalim, 1975).

6 With these words, Rabbi Freehof concedes the weakness of one of the major theories that Reform Jews have traditionally advanced in favor of the abandonment of Jewish divorce procedures (gitin and gerushin) and the acceptance of civil divorce as sufficient for remarriage. That theory, advanced during the nineteenth century by R. Samuel Holdheim in Germany and by R. David Einhorn in the United States, holds that divorce is a matter of monetary law (dinei mamonot) falling legitimately under the purview of civil authority according to the principle of dina demalkhuta dina. This Committee has concurred with Rabbi Freehof; see our critique of the Holdheim/Einhorn theory in our responsum "Divorce of an Incapacitated Spouse," no. 5756.15. There, we write: "[i]n recognition of these facts our movement has created a 'Ritual of Release' which, though it does not take the place of the traditional get, serves as 'a form of religious divorce' for couples who desire it and 'may eventually lead us to reopen the matter of a Reform get'" (footnotes omitted).

7 For example, the civil government may not tell rabbis that they must officiate at a mixed marriage or at a marriage between two non-Jews. Similarly, the state may not determine the structure and content of a Jewish wedding service.

other hand, "if the state imposes a tax on the entire community, it is a valid mandate in Jewish law that the tax must be paid." A rabbi should not officiate at such a wedding, not because the state has the right to define rabbinical prerogatives, but because "Social Security legislation is a civil matter…valid in Jewish law." Therefore, even from the perspective of Jewish tradition, "the Rabbi may not assist in contravening the laws of Social Security."

Rabbi Freehof also notes that it may well be a violation of state law for a clergyperson to officiate at a wedding where no license has been issued.[8] This legal prohibition is also valid under the principle dina demalkhuta dina, for state has a legitimate interest in regulating the monetary and familial aspects of marriage: ownership of property, issues of inheritance, child custody and the like. Therefore, the state may legitimately require a couple to register their marriage with the proper authorities, and we rabbis would be expected under Jewish law to honor this requirement.

This Committee affirms the decision of Rabbi Freehof, which is also endorsed by the Central Conference of American Rabbis: we do not officiate at weddings in the absence of a valid marriage license.[9] We would simply add that the principle dina demalkhuta dina has been justified in halakhic tradition on the theory that the residents of the community "willingly accept the king's laws and statutes upon themselves."[10] Other justifying theories are offered as well,[11] but we find this one, which emphasizes the will of the people as the basis of the law's validity, to be the most congenial to our own democratic temperament. Indeed, as citizens of the state in which we reside, we are the malkhut, the state itself; its laws are our laws, which we as citizens have enacted by taking part in its democratic processes and which we have stipulated in advance to accept as valid and binding. Since we have participated in the establishment of Social Security legislation as well as the rules that enable the state to regulate the monetary aspects of marriage, it would be hypocritical for us to aid individuals or couples in the contravention of these laws.

Against this conclusion, it might be argued that when we rabbis officiate at weddings we do so primarily as representatives of the Jewish tradition and not as agents of the state. Thus, when a marriage license has not been issued, a rabbi might legitimately perform a wedding ceremony on the grounds that this is a purely "religious" ritual, so that the marriage might be valid in the eyes of Judaism even if not recognized by civil law. We disagree, because the Jewish tradition that this rabbi represents does not make such a distinction between "religion" and

---

8 Rabbi Freehof, op. cit. at pp. 100–101, discusses the fact that the rules on this subject will vary among local jurisdictions.

9 Rabbi's Manual (New York: CCAR, 1988), 246.

10 Rashbam, B. Bava Batra 54b, s.v. veha'amar shmu'el dina demalkhuta dina. The verb used by Rashbam (R. Shmuel b. Meir, 12th-cent. France) is mekablim: that is, the people accept the king's laws as valid. A similar verb is used by Rambam (Yad, Gezeilah 5:18): hiskimu, that is, the people ratify the king and his laws. Rambam uses this same verb in the Introduction to his Mishneh Torah to describe Israel's willing acceptance of the Babylonian Talmud as the standard of halakhah.

11 For the other theories, see our responsum no. 5757.1, "Loyalty to One's Company Versus Love for Israel" ( ), at notes 7–12.

"state." In Judaism, the wedding is both a ritual and a legal ceremony, one that forges monetary bonds, as well as spiritual ones, between the couple.[12] These aspects of marriage are inseparable in our law; there is no such thing as a Jewish marriage that is valid "religiously" but not "legally," that has spiritual but not material consequences. To suggest otherwise is to distort the essential content of Jewish marriage as well as to encourage couples to "marry" while evading the law.

2. Commitment Ceremonies for Heterosexual Couples. We can now turn to the present she'elah: granted that a rabbi should not perform a wedding that is not recognized by state law, may he or she arrange a "commitment ceremony" in its stead? Such a ceremony, though "affirming" a couple's union, is emphatically not a wedding and therefore creates no marriage, either in Jewish or in civil law. Since the state, which would not recognize this union as a marriage, requires no license for it, no evasion of the law is involved. As our she'elah notes, rabbis may perform this non-marriage ritual for same-gender couples.[13] Why, then, should they deny it to heterosexuals?

Our answer is that the two situations are not analogous. Same-gender couples do not enjoy the legal right to marry in virtually any of the communities in which we live.[14] A commitment ceremony is their only Jewish recourse, the only ritual means available to them for affirming their union. Rabbis who perform commitment ceremonies urge the couples to take all legal steps available to them to demonstrate and enact their mutual social and legal obligations. In other words, these ceremonies are the closest possible existing equivalent to legal marriage for same-gender couples in most jurisdictions. A heterosexual couple, by contrast, need search for no "equivalent" to marriage, for marriage itself is the means by which, in our tradition, a couple establish their union and build a household together. Among all other human relationships, marriage is unique in that, through the wedding ceremony, a couple sanctify their bond by declaring it to be an exclusive and inviolable one, not open to other partners. It is for this reason that the ceremony of marriage is termed kidushin, a word that denotes holiness and consecration, separateness and exclusivity.[15] Similarly, marriage is a union

---

12 See Yad, Ishut 12:1 ff: the wedding ceremony is the formation of a contract by which the husband and wife obligate themselves to a series of financial rights and responsibilities. While we have yielded to the state the power to regulate and to enforce these obligations, we are not neutral towards them. There is no such thing as a Jewish marriage without concurrent monetary rights and duties.

13 The CCAR has resolved that "the relationship of a Jewish, same gender couple is worthy of affirmation through appropriate Jewish ritual"; see "Resolution on Same Gender Officiation", below, p. 184 f. The resolution adds, importantly, that "we recognize the diversity of opinions within our ranks on this issue. We support the decision of those who choose to officiate at rituals of union for same-gender couples, and we support the decision of those who do not." For arguments both in favor of and opposed to officiation at same-gender commitment ceremonies, see our responsum no. 5756.8.

14 At this writing, the legal situation is in flux in a number of jurisdictions.

15 It is not clear why the Rabbinic Jewish tradition chose the word kidushin (from the Hebrew root k-d-sh, "holy; to sanctify") to denote marriage. Biblical Hebrew, as the Talmud notes (B. Kidushin 2b), does not use that term. The Talmud suggests that the Rabbis sought to make a point about the

that aspires to stability and permanence. Through the ceremony of marriage, the couple commit themselves to one another, legally and financially as well as spiritually and emotionally, pledging to maintain the household they form in the face of all but the most insurmountable difficulties.

We presume that the couple in question wish to define their own relationship in these terms. They see themselves, in other words, as husband and wife, as a couple in the fullest, most permanent sense of that word. Yet while Judaism offers marriage as the means of establishing such a relationship, the couple have chosen to reject that option for themselves. We are not insensitive to the reason they cite for their decision. As we have written, financial duress ought not to prevent couples from fulfilling the mitzvah of marriage, and Judaism calls upon us, as individuals and as an organized community, to help remove the monetary obstacles in their path. As Jews have always done, we can offer financial assistance to couples in need.[16] If we regard the Social Security law to be unfair in its treatment of married couples, we can work to change the law. The fact remains, however, that though this couple seek to "validate" their relationship "in the eyes of our faith," our faith offers no other ritual means than marriage for "validating" – i.e., sanctifying – a heterosexual relationship.[17]

We stress, again, that this couple seek to affirm a relationship that is tantamount to marriage. By arranging a "commitment ceremony" instead of a wedding, they wish to declare themselves married in the eyes of everyone but the state. For this reason, their device is in substance an attempt to evade the law. It also runs counter to our own Jewish tradition, which does not recognize a "marriage" that is spiritually but not legally binding. The rabbi should not arrange a commitment ceremony for them.

Quellenangabe: Commitment Ceremonies For Heterosexual Couples (CCAR Responsa Committee 2003/04). http://data.ccarnet.org/cgi-bin/respdisp.pl?file=4&year=5764 (15.12.2008)

---

ritual nature of the marital union: by "consecrating" his wife, the husband "forbids her to all other as though she belonged to the Temple (hekdesh)." In our Reform Jewish wedding ceremonies, the bride "consecrates" the groom as well, testifying to our understanding that marriage is a mutually exclusive relationship. That which is holy or sacred – kadosh – is separate and distinct from all others. See, for example, Leviticus 19:2, "You shall be holy (kedoshim) because I, Adonai your God, am holy (kadosh)," and Rashi and Ramban ad loc.

16 On all of this, see our responsum "Marriage and Financial Distress," Teshuvot for the Nineties, no. 5754.9, pp. 225-229). Providing financial assistance to couples wishing to marry is referred to by our tradition as the mitzvah of hakhnasat kalah .

17 See our responsum no. 5756.10. As discussed there, Jewish law once recognized–but has long since rejected – the institution of concubinage (the pilegesh) as a form of non-marital, long-term conjugal relationship.

On Homosexual Marriage

CCAR Responsa Committee 5756.8 (1996)

She'elah

May a Reform rabbi officiate at a wedding or "commitment" ceremony between two homosexuals? Does such a union qualify as *kiddushin* from a Reform perspective? (Rabbi Sidney M. Helbraun, Northbrook, IL)

Teshuvah

The majority of the members of this Committee respond in the negative to this *she'elah*. In our opinion, a Reform rabbi should not officiate at a ceremony of marriage between two persons of the same gender, whether or not this ceremony is called by the name *kiddushin*.

A minority of us, whose names are indicated at the conclusion of this *teshuvah*, disagree, holding that a Reform rabbi may officiate at a wedding or "commitment" ceremony for two homosexuals, although for important historical and theological reasons, that ceremony should perhaps not be called *kiddushin*.

This is, for us, an uncommonly long responsum. It is long because our discussion of this issue brought forth among us a number of profound disagreements, not only over the specific question of homosexual marriage but also over the nature of Reform Jewish religious discourse, at least as it is practiced among those of us committed to the responsa process and to the literature of liberal *halakhah*. In trying to talk to each other about this question, we discovered that we as a Committee had ceased to share the most elemental kinds of assumptions necessary for a common religious conversation. We were speaking different languages, languages that used similar words and terminology but which defined them in starkly and irreconcilably different ways. Hence, we discovered that we were no longer talking *to* or even arguing *with* each other; rather, we were conducting a series of parallel monologues in place of the dialogue of text and tradition that has served us so well in the past. We know that we are not alone in this experience, for we have noticed the same difficulties of communication in virtually all other discussions that have taken place within the Conference on this explosive subject.

We have decided therefore to depart from our normal practice, which is to present the decision of the Committee's majority and to register the dissents, should they exist, in a note or in a separate opinion. We have thought it useful to reconstruct the "discussion" which took place within our Committee, to explain the positions of *both* points of view as carefully as we can. The point is not to reach some kind of synthesis between the two, for as we have indicated, such a meeting of the minds did not occur and shows no prospect of taking place in the near future. Nor is it to imply a sense of neutrality on our part as to the proper answer to this *she'elah*, for both our majority and our minority are quite confirmed in their particular opinion. We hope instead that through the very process of explanation we can describe with some adequacy the width and the depth of the chasm that divides us. We hope, too, that the thorough enunciation of our reasoning might help us to begin the recovery of that common language of discussion and argument which has deserted us and whose existence is the necessary precondition to our existence as a religious community. And finally, we hope that alongside the deep disagreements which no majority opinion can put to rest, our words might serve to remind us and our colleagues of those values and goals upon which we do agree and to whose attainment we stand committed.

Introduction. This question, currently one of the most controversial issues on the agenda of the Reform rabbinate, has been an extraordinarily difficult one for our Committee. This is not because we disagree as to its answer. Disagreement is commonplace among us, as it should be. Like the rabbis of old, we sometimes find *machloket* to be problematic,[1] but we accept its inevitability and indeed welcome it as a necessary and indispensable test of our ideas and presumptions. We do not shrink from argument. The difficulty in this case arises from the fact that argument itself, understood as the joint deliberative attempt to reach common ground through persuasive speech, has broken down and proven impossible.

In order for an argument to occur at even the most elementary level, its opposing sides must be able to express themselves in a language which both can speak fluently. That language, the vernacular of the interpretive community, consists of a set of shared intuitions and premises. These serve as the common starting points for reflection and debate; they are the values by which all participants in the conversation analyze and measure their assertions; they represent the standards of justification to which both sides appeal in their attempt to persuade the other. Although the existence of a common language of argument does not guarantee unanimity or even a predominant consensus among the members of the community, it at least offers the prospect that persuasion can take place. It is that prospect, and only that prospect, which makes argument meaningful and worthwhile. In the absence of a language common to all members of the community, a language through which each side of a debate might articulate its position in the reasonable hope of convincing the other of the rightness of its point of view, argument no longer makes sense, true conversation can no longer take place, and the continued existence of the community *as* a community, a collective whose members are united by a shared language with which to imagine and describe their deepest commitments, in imperiled.

On this *she'elah*, we have discovered that we no longer share a language of argument. The presumptions and definitions, the techniques and approaches that

1 "At first, there was but one *machloket* in Israel...but when the students of the schools of Hillel and Shamai became numerous and did not study sufficiently, the disagreements multiplied, and Israel was divided into two sects...which will not reunite until the coming of the Messiah"; *PT* Chagigah 2:2 (77d).

customarily serve as starting points for our discussions have failed us in this case. We have split into two or more camps, each framing the issue in a language of argument which the other side finds foreign, indecipherable, and obtuse.

Let us illustrate. Under normal circumstances, we converse about the questions submitted to us in the language of "tradition," a language composed of the resources of the Jewish past, its sacred texts and the history of their interpretation. We comprehend this tradition, to be sure, as Reform rabbis who possess a liberal and liberating textual tradition of our own. And with the insight derived from that particular perspective, we work with the texts of the past, constructing answers which we think speak to our time and our community. On this question, however, "tradition" offers but the most uncertain guidance. We have been unable to reach a consensus as to whether Jewish tradition is at all relevant to our discussion, whether it can serve as a useful framework for our response. Some of us accord significant persuasive weight to the voice of tradition on the issue of sexual orientation, as we do on every issue. Others contend that the tradition has little of value to say to us, because its teachings about homosexuality reflect the long-since-abandoned assumptions and prejudices of ages past. One participant in our debate has suggested that the very concept of "tradition" be understood in a radically new way, that we identify it not with the literary corpus of sacred text but exclusively with those principles which, discoverable in those texts, lead us in the direction of justice and progress. According to this reading, we could reject the discrete holdings and teachings of the Jewish past and replace them with an entirely contradictory decision, all in the name of "tradition" itself. The language of "tradition," in other words, no longer unites us in a common conversation, for the simple reason that as a Committee we cannot agree as to what that language is, says, or means with respect to the question before us.

Our discussions are generally framed in other languages as well. Like Reform Jews generally, we ascribe great weight to considerations of justice and ethics, to the findings of science and human knowledge, and to the lessons we learn from history and contemporary culture. Each of these more "modern" discourses reflects our religious openness to the world and all that is in it, our eagerness to learn from the best that the human mind and experience can offer. While we seek, as a matter of general practice, to affirm the stance of tradition wherever possible, we are ready to abandon or to modify that stance when we find that it conflicts intolerably with our sense of the good and the just, when it would throttle the spirit of liberality to which we are committed. Yet these languages, too, like that of tradition, lead us in radically divergent directions. Put oversimply, while the voice of modernity (or, perhaps, of post-modernity) convinces some of us that homosexual couples deserve the right to Jewish marriage, most of us, with all respect, disagree; though we, too, are Jews of the contemporary world, committed to doing justice and to heeding the call of knowledge, it is far from obvious to us that the tide of the times sweeps us to say "yes." To say that we are "liberal" and "enlightened," that is, does not automatically answer this question for us, any more that does the simple assertion of our attachment to Jewish faith and tradition.

Again, the problem is not the fact that we disagree over the answer but rather that we lack any consensus as to how to go about reaching it. Each side appeals for support to particular conceptions of "tradition," "justice," "progress" and "Reform" which the other side does not accept. The result is that there is little ground for common persuasive discourse. Argument, in other words, has come to an end.

Given this state of affairs, although the majority of the members of this Committee respond in the negative to our *she'elah*, it is extraordinarily difficult for us to issue a decision, in the normal sense of that term, as we usually do. We shall indeed, as we usually do, tally the votes among us and express the majority viewpoint. With that, however, we are painfully aware that *as a Committee* we lack a shared conceptual approach to this issue and that in the absence of a common discourse it matters little that one side or the other holds a numerical advantage among us. No majority decision could ever dispose of a question when the minority rejects the very foundations upon which that decision rests. No positive contribution can be made toward the resolution of this debate when the reasons and arguments advanced by either side are greeted with indifference or acrimony by the other. When no conversation can occur, no real learning is possible. When no real learning is possible, teaching becomes irrelevant. And in a place where teaching is irrelevant, rabbis have no ground upon which to stand and to speak.

We want, rather, to turn our attention away from *ending* the debate and toward its satisfactory resumption. The task of this Committee, we believe, is not only to issue decisions but also, and perhaps more so, to *argue*, to justify those decisions in a language which helps unite us with other Reform Jews in the pursuit of religious understanding. As rabbis, we reveal our deepest Jewish and moral commitments precisely through the process of argument, in the language with which we justify and explain ourselves and our decisions. On this issue, until now, language has failed us because it has divided us; argument has deadlocked, community has vanished. And it is to this situation we feel compelled to respond. It is our hope as a Committee that, in discussing this *she'elah*, we might begin to recover the rudiments of a common language of argument and justification. If we can identify some lines of thought, however vague and general, which help us *as a community* to articulate and to argue our positions on the question before us, then we will feel that we have accomplished our most significant objective.

The goal of this responsum is therefore to describe, as carefully as possible, the impasse we have reached; to outline with precision the points of disagreement among us; and to suggest those grounds upon which we agree, which offer the hope of a common direction which we might pursue in our ongoing conversation.

I Sexual Orientation, Homosexuality, and Jewish Tradition

We begin with a consideration of how the topic of homosexuality is construed within the Jewish tradition in general and within our own Reform tradition in particular. We want to hear what these traditions have to say, even though their message does not, as we have indicated, answer this *she'elah* for us as a Committee.

The Torah explicitly condemns the practice of male homosexual intercourse. Leviticus 18:23 instructs: "do not lie with a male as one lies with a woman (*mishkevey ishah*); it is an abhorrence (*to'evah*)." In Leviticus 20:13, we read: "if a man lies with a male as one lies with a woman (*mishkevey ishah*), the two of them have done an abhorrent thing (*to'evah*). They shall be put to death;[2] their bloodguilt is upon them." In both cases, the prohibition appears as part of a list of forbidden sexual acts (incest; adultery; relations with a menstruating woman; sex with animals) associated with the customs of the Canaanite peoples whose land is assigned by God to Israel.[3] Indeed, the Canaanites have defiled the land by committing these abhorrent acts (*to'evot*; 18:26, 30) and the land, as it were, cooperates with God's plan by "spewing" out its offending inhabitants to make way for the Israelites (18:24ff; 20:22ff). The Torah admonishes Israel[4] to keep far from these practices and instead to observe God's statutes, which are a source of life (18:5) and holiness (20:7–8, 26).[5]

Rabbinic literature adds relatively little to this legal material. The Talmud contains few mentions of overt homosexual acts and no reports of executions carried out as punishment.[6] We cannot determine how prevalent homosexual behavior may have been in the society of the time. At any rate the rabbinic sources, which we utilize as the building-blocks of our own textual conversation, imply that the phenomenon was either not widespread or successfully hidden or suppressed. Thus, while Rabbi Yehudah forbids a lone unmarried male from pasturing a beast and two unmarried males from sleeping together under a common blanket, the *chakhamin* permit these practices, because "Jews are not suspected of homosexual relations and of buggery."[7] On the other hand, "one who avoids even *yichud* (being alone together) with another man or a beast is deserving of praise."[8] Some authorities hold that "in these days" of moral decline, it is essential to prohibit *yichud* between unmarried men.[9] Others, however, do not believe that the breakdown of sexual mores in "our communities" warrants such a stringency.[10]

2 See *M.* Sanhedrin 7:4, *BT* Sanhedrin 54a-b, and *Yad*, Isurey Bi'ah 1:4: the penalty is *sekilah*, or "stoning" according to its particular halakhic form (*M. Sanhedrin* 6:4).

3 Male homosexual intercourse features as one of the wicked deeds of the Sodomites (hence, „sodomy"; Gen. 19:5) and of the Benjaminites in Gibeah (Jud. 19:22). In addition, the *kadesh* or male prostitute (I Kings 14:24, 15:12; II Kings 23:7) proscribed in Deut. 23:18 may have provided male homosexual intercourse; thus, at any rate, is how the Talmud (*BT* Sanhedrin 54b) interprets the verse, although *Targum Onkelos* reads it differently.

4 However, rabbinic tradition affirms that male homosexual intercourse (*mishkav zakhur*), like the other *arayot*, is forbidden to Gentiles as well; *BT* Sanhedrin 58a-b; *Yad*, Melakhim 9:5.

5 The concept of holiness is here identified with that of *distinctness*, of separateness from other peoples and their way of life (20:24, 26), a theme to which we shall return below.

6 See, for example, the story of R. Yehudah ben Pazi, who discovers two men having intercourse in the attic of the house of study. They warn him to keep silent, since in court his own testimony would be outweighed by theirs; *YT* Sanhedrin 6:3(6), 23c.

7 *M.* Kiddushin 4:14; *BT* Kiddushin 82a; *Yad*, Isurey Bi'ah 22:2; *SA* EHE 24.

8 *Yad, loc. cit.*

9 R. Yosef Karo in *SA, loc. cit.* See *Be'er Hagolah, no.* 3: "these are his own words"; *i. e.*, an opinion not derived from sources or precedent.

10 *Bayit Chadash* to *Tur*, EHE 24; *Chelkat Mechokek* and *Beit Shemuel* to *SA, loc. cit.*; *Yam shel Shelomo*, Kiddushin 4:23; *Arukh Hashulchan*, EHE 24, par. 6. This applies in general. When a man has committed an act of homosexual intercourse, some require that he avoid all *yichud* with males in the future; see R. Chaim Pelaggi, *Ruach Chayim* EHE 24.

Female homosexual activity is not mentioned by the Torah, in all probability because, unlike the forbidden unions (*arayot*) of Leviticus 18 and 20, it does not involve actual intercourse. Rabbinic tradition on the subject is somewhat mixed. The Babylonian *amora* Rav Huna was of the opinion that "women who commit lewdness with each other" (*nashim hamesolelot zo bezo*) are forbidden to be married to a priest." This act, he thought, counted as a form of harlotry (*zenut*) which normally disqualifies a woman from marriage to a *kohen* (Lev. 21:7).[11] The final *halakhah*, however, took the view that since this act, though licentious (*pritzuta*), was not one of actual intercourse, these women were permitted to marry into the priesthood, though they remained subject to the corporal punishment customarily meted out to all who violate the standards of sexual propriety.[12] Female homosexual behavior, if not one of the *arayot*, is nonetheless stigmatized as an example of "Egyptian practice" (*ma'aseh eretz mitzrayim*) which is prohibited to Jews under the broad sweep of the prohibitions of Leviticus 18. "And what is 'Egyptian practice'? For men to marry men, women to marry women, and for a woman to marry two men."[13]

To the extent that the sources offer a rationale for the Toraitic and rabbinic condemnation of homosexual behavior, we find that the concern over the breakdown of marriage, the bearing of children, and "normal sexuality", the proper and accepted relations between the genders, figures prominently. The Talmud explains that the prescription that the male shall "cleave unto his wife" (Gen. 2:24) comes explicitly to prohibit homosexual intercourse; that is to say, homosexual behavior threatens marriage and childbirth.[14] Bar Kaparah offers an agadic etymology for *to'evah*, the biblical term for "abhorrence": *to'eh atta bah*, "you go astray after it."[15] The fourteenth-century Spanish commentator R. Nissim b. Reuven Gerondi explains: "one abandons heterosexual intercourse (*mishkevey isha*) and seeks sex with males."[16] That is to say, since sexual union is traditionally expressed within the context of marriage, the indulgence in homosexual intercourse is destructive of this most basic unit of society and community.[17] This theme continues in the medieval *Sefer Hachinukh, mitzvah* 209:

> God desires that human beings populate the world He created.[18] Therefore, He has commanded that they not destroy their seed through acts of unnatural intercourse which do not bear fruit (*i.e.*, children). These acts violate not

11 *BT* Shabbat 65a-b; *BT* Yevamot 76a, Rashi, *s. v. pesulot lekehunah.*

12 *BT* Yevamot 76a; *Yad* Isurey Bi'ah 21:8; *SA* EHE 20:2.

13 *Sifra* to Lev. 18:3; *Yad loc. cit.*

14 *BT* Sanhedrin 58a. Note Rashi's comment to the next part of the Genesis verse, "and they shall become one flesh": "a child is created by both male and female, and it is in the child that their flesh becomes one."

15 *BT* Nedarim 51a.

16 *Ran*, Nedarim 51a, *s. v. to'eh atta bah.*

17 See also *Gen. Rabah* 26:5 and *Lev. Rabah* 23:9: the generation of the Flood was destroyed because they wrote wedding contracts for males and animals.

18 See *BT* Gitin 41b and Arakhin 2b: the world was created only for the sake of the commandment "be fruitful and multiply", as it is said (Isaiah 45:18), "He did not create it for waste, but formed it for habitation."

only the commandment of marital intercourse (*mitzvat onah*) but also every standard of sexual propriety, since by its nature homosexual intercourse is despised by every person of reason. Thus, the human being, who was created to serve his God, should not bring shame upon himself through such disgusting behavior. And for these reasons the rabbis prohibited a man from marrying a barren woman or one who is past childbearing years.[19]

All of this leads to the general impression that, in Jewish tradition, homosexual behavior is a transgression against the order of nature; it is "an offense against the foundations of the universe (*yesodot haberi'ah*) to lie carnally with another male."[20]

The search for the "reasons for the commandments" (*ta'amey hamitzvot*) has always been a controversial one in halakhic discourse. Ultimately, after all, Jewish tradition holds that a *mitzvah* is a *mitzvah*, a divine decree (*gezerat hamelekh*) whose authority does not diminish because of our inability to fathom its purpose.[21] Indeed, the example of King Solomon's reliance upon the stated reasons for the laws of kingship in Deuteronomy 17:14–19 is traditionally cited to prove that the investigation of *ta'amey hamitzvot* leads to disobedience of the Torah.[22] Despite this fear, however, the rabbis recognized the value of discovering meaning in the *mitzvot* even when it was not readily apparent in the biblical text. The Rambam is the great example of one who devoted much of his intellectual energy to this search, as is evidenced by Part III of *Moreh Nevukhim* and by his programmatic statements in the *Mishneh Torah*.[23] And it is almost superfluous to remind ourselves that the search for *reasons*, the rationale and purpose of religious observance, has been a hallmark of Reform Judaism since its inception. When we find that biblical commandments and other traditional institutions no longer reflect our religious consciousness or speak to the felt needs of our times, we do not hesitate to set them aside. Reform Jews have justified their rejection of the old ways according to a number of doctrines – the spirit of prophetic Judaism, the belief in progressive revelation, the commitment to personal religious autonomy, to name but a few. What unites all of them, however, is an awareness that any religious observance or pattern of life, in order to fully express our sense of God and holiness, must correspond to our conception of morality and of appropriateness. Put differently, a *mitzvah* cannot oblige us unless it has a *ta'am*, a rationale, unless it makes *sense* to us in some fundamental way. And for many Reform Jews, including some of us on this Committee, the biblical and rabbinic tradition concerning homosexuality no longer makes that kind of sense, for several reasons.

1. It no longer makes sense to look upon homosexuality as a *to'evah*. That very term has become ambiguous given our religious world-view and our habits of

---

19 *BT* Yevamot 61b-62b; *Yad*, Ishut 15:7. A dispute exists in the literature as to whether a man ought to continue to try to beget children even after he has fulfilled the Toraitic *mitzvah* of procreation. Rambam holds, at least as a matter of Torah law, that one who has fulfilled this commandment may then marry a woman who is not capable of bearing children.

20 *Torah Temimah* to Lev. 18:22, no. 70, on *BT* Ned. 51a.

21 *BT* Berakhot 33b; *Yad*, Tefilah 9:7.

22 *BT* Sanhedrin 21b.

23 See *Yad*, Me'ilah 8:8 and Temurah 4:13.

speaking. The Torah, for example, labels three categories of actions as "abominations": idolatry (Deuteronomy 17:4), the eating of forbidden animal species (Deuteronomy 14:3), and the sexual prohibitions of Leviticus 18 and 20. What these sins share in common is decidedly not the fact that they violate what we would call the "moral law." Rather, they transgress against the biblical boundaries of holiness which are meant to distinguish Israel from the other nations. These are acts, in other words, which are not necessarily "immoral" but Jewishly inappropriate.[24]

The problems with this concept for contemporary Reform Jews are therefore obvious. We as a movement have long since done away with the dietary laws as an obligatory element of our religious practice. Although many Reform Jews observe *kashrut* or avoid the biblically-prohibited species, we surely do not say that those in our community who eat these foods are committing an "abomination" thereby. We still oppose "idolatry," but even though we may not accept the practices of other faith communities, we do not tend to label their religious traditions as *avodah zarah*. Our attitude toward the religions of our neighbors is one of tolerance, not "abhorrence." We continue, of course, to abhor many of the sexual unions proscribed in Leviticus 18 and 20, but we do so not so much because the Torah finds them abhorrent but because we see them as violations of our most cherished moral standards. We condemn incest, for example, because it inherently involves an abusive relationship between family members of unequal status and power; it is an act that is destructive of the healthy personality, one which inflicts deep emotional and psychological damage that might never be healed. We oppose adultery on the grounds that an adulterous act is a transgression against trust and moral commitment between wives and husbands. Even when a spouse knowingly tolerates the adultery of his or her partner, we oppose such behavior as destructive of the family unit.

But while "abhorrence" may be a proper reaction toward many of the forbidden sexual unions (*arayot*), it does not apply to the case of homosexuality, for the issues cited in the sources as rationales for the prohibition fail to strike us as convincing on moral grounds. This is especially true in that we, unlike our ancestors, are aware of the possibility of committed, stable, monogamous, and loving relationships between members of the same gender. This structure of human life, which parallels the institution of heterosexual marriage, does not produce moral evil; it neither abuses nor betrays the innocent. Nor can we seriously contend that it threatens the family unit and the bringing of children into the world. In a social climate of increasing tolerance, homosexual people are correspondingly more likely to resist entry into heterosexual marriage for the sake of appearance and propriety. An acceptance of homosexuality does not, therefore, augur the breakdown of a household that is less and less likely to exist in the first place. In addition, when homosexual couples are able to bring children into their lives by means of adoption and artificial insemination, it is not true that engaging in homosexual behavior inevitably means the abandonment of that Jewish ideal.

---

24 See *BT* Avodah Zarah 66a and 71a, and Rashi to Deut. 14:3: a *to'evah* is that which God declares "abominable" and not necessarily that which we, on the basis of our unaided reason or moral sense, would find to be so.

We of the minority do not wish to be misunderstood. We do not claim that the concept of *to'evah* is of no religious relevance. We, no less than our colleagues, are prepared to view an act as "abominable" when it offends our most basic sense of holiness and Jewish propriety. We simply wish to emphasize that Reform Jews are no longer persuaded to avoid a particular act merely *because* the Torah calls it a *to'evah*. For us to accept this designation, the act must be abhorrent to *us*; it must strike *us* as a transgression against the most basic standards of *kedushah* that the Jewish people are called upon to uphold. And we no longer view homosexuality as such a transgression.

2. It no longer makes sense to classify homosexual behavior as a sin, much less a *to'evah*, given our contemporary understanding of the nature of human sexual orientation.[25] This is not to imply that we "understand" fully just what causes a person to "be" a heterosexual or a homosexual or even that we as a society can come to any satisfactory consensus as to what those terms actually mean.[26] It is to say, rather, that we tend to regard homosexuality *as* an orientation, as the product of a complex of causational factors which render it, like heterosexuality, a part of one's psychological makeup rather than the result of a conscious choice on the part of the individual. With this reality in mind, we can conclude that the biblical and rabbinic proscriptions of homosexual behavior do not speak to the situation as we know it today. The Torah, that is to say, punishes males who choose to perform homosexual intercourse; it is silent on the phenomenon of *homosexuality*, a constitutional orientation to seek sexual intimacy with those of one's own gender. In order to be punished for committing a sin, the act must be the outcome of the sinner's choice, whether that choice is made willfully and knowingly (*bemezid*) or accidentally (*beshegagah*). If, however, an individual commits an act under coercion and duress (*ones*), Jewish law exempts that person from punishment.[27] What

---

25 In this we part company from the opinion expressed by our teacher, R. Solomon B. Freehof, who in a 1973 responsum (*American Reform Responsa*, no. 13) clearly declares homosexuality to be in the category of "sin." We would note that his *teshuvah* makes no mention at all of the nature of homosexuality as a sexual orientation, a structure of psyche which is not the product of individual choice. As such, we feel that its message has lost much of its relevance for today.

26 We cannot, in this setting, enter into a detailed consideration of the vast scientific literature on the nature and causes of human sexual orientation. Nor, for that matter, are we qualified to judge the scientific accuracy of that material. The CCAR's Ad Hoc Committee on Homosexuality and the Rabbinate, reporting to the Conference in 1990 (*CCAR Yearbook* 100 (1990), 109–110, found that the scientific community lacked unanimity on this question and that the very definition of sexual orientation depends largely upon the interpretations and constructions which various disciplines and groups place upon that concept.

27 The rule is *ones rachmana petarei*, "one is legally exempt for acts committed under duress"; see *BT* Bava Kama 28a and parallels. A problem with this analysis is that *gilui arayot*, the commission of acts of intercourse forbidden in Lev. 18 and 20, is normally prohibited even on pain of death; *BT* Sanh. 74a. Moreover, *ones* in sexual cases applies only to the female or passive "partner;" the male or active "partner" by definition is said to perform intercourse with intention; see *BT* Yevamot 53b and *Yad*, Isurey Bi'ah 1:9. However, see *Yad*, Yesodey Hatorah 5:4: when a person commits any act, including *gilui arayot*, under duress, he or she does not suffer the Torah's prescribed punishment. Moreover, there are times when human nature "compels one to desire" an otherwise forbidden

we know about sexual orientation suggests that it is emphatically not a matter of choice. We also know that gays and lesbians are as capable as heterosexuals of establishing monogamous, stable, and loving relationships with their partners. The tradition, which portrays homosexual behavior as promiscuous and unnatural, clearly does not address reality as we know it to be. And Judaism has not survived and flourished for millennia by ignoring reality. On the contrary: it accepts it, deals with it, and changes its perceptions accordingly.

3. It no longer makes sense to treat homosexuality as a *to'evah* when many of us in all sincerity no longer respond to it with "abhorrence" or "abomination." This has much to do with our increased awareness of and exposure to gay and lesbian people in our culture. Those who were taught to despise homosexuals and their "lifestyle" have found their perceptions radically altered as they have worked alongside gays and lesbians in business and in school, in the professions and the arts. Gays and lesbians, too, are active members of our synagogues, colleagues in the rabbinate, and creative contributors to our religious and intellectual life. We have come to know homosexual people *as* people, as human beings who, despite their difference from the rest of us, share the hopes and dreams and human aspirations that are common to us all. All of this has helped to personalize what was once simply a "phenomenon" and a deviation from the norm. It is more difficult to abhor a person, a flesh-and-blood human being, than an idea in the abstract. We have put faces on the idea of homosexuality, and this has made us think deeply about how we have acted and ought to act in the face of that idea, that reality. We have come to realize that our former knee-jerk reactions were hasty, uninformed, out of place.

4. It no longer makes sense to single out homosexuals for distinctive treatment when we acknowledge that we are liberals, heirs to a tradition of thought which holds that a human being's most personal decisions are properly left to private discretion with a minimum of interference from the state or the community. We tend to believe that most matters of sexuality between consenting adults are the business of those adults and not of outside institutions. It is our Reform Jewish practice to speak of these issues in the language of civil rights, a rhetoric of political liberation rather than moral rebuke. Thus, in 1977, the Central Conference of American Rabbis (CCAR), noting its long-standing support for the civil liberties of "all people, especially for those from whom these rights and liberties have been withheld," called for legislation to decriminalize homosexual acts between consenting adults and to remove any and all vestiges of discrimination against homosexuals as persons.[28] Moreover, we have adopted this stance within our own ranks. We reject any suggestion that a candidate's homosexuality be used as a bar to deny automatically his or her entry into the rabbinate; we urge that "all rabbis, regardless of sexual orientation, be accorded the opportunity to fulfill the sacred vocation that they have chosen."[29]

---

thing and thus mitigates the act from the law's point of view (*Yad*, Isurey Bi'ah 1:9). This can be said to apply to our case, where homosexual behavior results from an orientation which, whatever its cause, is beyond the control or the will of the individual.

28 *CCAR Yearbook* 87 (1977), 86; *CCAR Yearbook* 100 (1990), 107.

29 *CCAR Yearbook* 90 (1990), 109 and 111. There, it is reported that the Hebrew Union College-Jewish Institute of Religion considers a rabbinical-school applicant's sexual orientation only within the

Our attitudes toward homosexual people have departed, radically so, from those which one might derive from the traditional sources.

5. Finally, it no longer makes sense, to some of us, to deny to homosexual people the spiritual satisfactions of Jewish marriage. The CCAR has already declared its support for "the right of gay and lesbian couples to share fully and equally in the rights of civil marriage."[30] This is generally understood to mean a broad endorsement of the goals of "domestic partner legislation", under which same-sex partnerships might qualify for the financial and social benefits which society accords to married couples: tax exemptions and deductions; health insurance coverage, and so forth. To this extent, the resolution accords with the *halakhah*, which permits individuals to make stipulations in matters of monetary law (*diney mamonot*) that contradict the financial arrangements set forth in the Torah itself.[31] A community may therefore decide to treat a homosexual couple as a married couple, at least from a monetary standpoint, determining its laws of taxation and social welfare accordingly. But implicit in this position, some of us feel, is the recognition that *marriage* as a social institution is a proper "fit" for homosexual relationships which, like the best heterosexual relationships, can and do embody the qualities of love, respect, and exclusive commitment. Put differently, marriage is arguably the best and most proper framework within which the adult Jew whose natural desire for intimacy is with members of the same gender can conduct his or her relationships.

For these reasons some of us believe that the time has come for us as rabbis and as a movement to extend this recognition of homosexual relationships to the sphere of religious marriage. We base this belief upon our understanding of Jewish tradition and of Reform Jewish precedent. We hold that homosexuality is no longer a *to'evah*; it is not a mental illness nor a social deviancy; it is not a perversion of the natural order. Homosexuality is not a choice or a preference; it is not something that one decides to do or to abstain from doing. It is, like heterosexuality, the way one is. It is not, in short, what is condemned by Leviticus 18:23 and 20:13. As such, it makes no sense on religious or moral grounds to differentiate between people on the basis of sexual orientation. As liberals, as Reform Jews, we no longer accept any of the theoretical rationales of the prohibitions against homosexual behavior. We partake of a religious culture which affirms the right and the duty of its members to set aside those aspects of the tradition which no longer reflect our consciousness of reality and morality. We therefore lack any defensible moral or religious grounds to withhold from gays and lesbians the opportunity to express the sanctity of those unions in precisely the way that heterosexual couples have always expressed it: through marriage.

And yet, despite their cogency, these arguments do not convince all of us, certainly not a majority of this Committee, to endorse rabbinic officiation at same-

---

context of that applicant's overall suitability for the rabbinate generally. The resolution as passed by the Conference endorsed this admissions policy.

30 *CCAR Yearbook* 106 (1996), 330.

31 See *BT* Bava Metzi'a 94a and *Yad* Ishut 6:9. On this basis, a husband and wife can stipulate whatever financial arrangements they wish to govern their marital affairs; see *Yad*, Ishut 12:1 ff.

sex "marriage" or commitment ceremonies. We would point out that no resolution of the CCAR has expressed its approval of officiation. The very resolution which calls for gay and lesbian couples to be granted the benefits of civil marriage explicitly declares that "this is a matter of civil law, and is separate from the question of rabbinic officiation at such marriages." The Conference, in other words, does not take the final step of equating civil and religious marriage for homosexuals as do some of our colleagues. Indeed, to the extent that the Conference and its constituent committees have expressed an opinion on the subject, that opinion has been negative. This Committee has held that "however we may understand homosexuality...we cannot accommodate the relationship of two homosexuals as a 'marriage' within the context of Judaism", for none of the elements of *kiddushin*, of traditional Jewish marriage, can be invoked for that relationship.[32] And such was the position of the CCAR's Ad Hoc Committee on Homosexuality and the Rabbinate, whose majority stated in 1990:[33]

> in Jewish tradition heterosexual, monogamous, procreative marriage is the ideal human relationship for the propagation of the species, covenental fulfillment, and the preservation of the Jewish people. While acknowledging that there are other human relationships which possess ethical and spiritual value and that there are some people for whom heterosexual, monogamous, procreative marriage is not a viable option or possibility, the majority of the committee reaffirms unequivocally the centrality of this ideal and its special status as *kiddushin*.

It is true that this *she'elah* asks us to reconsider all these precedents and that it is our right and our duty to do so. Yet it is at the least of some real significance that we as a rabbinate do not officially recognize homosexual relationships as marriage. Those of us who are not persuaded that the time has come to change this position wish to explain, as respectfully and cogently as we can, why we continue to adhere to our view.

1. We begin by suggesting that, in this argument, the burden of proof does not rest with us. This is no mere debaters' quibble. Frequently, in discussions of this sort in liberal circles such as ours, one hears the question posed as "why not?" That is to say, "why *shouldn't* we, as liberals who are open to new ideas, adopt this change?" To frame the issue in this way is to declare that, at least on this subject, the cumulative weight of millennia of Jewish tradition hardly counts. That tradition, as we have seen, condemns homosexual behavior in no uncertain terms, and even the Reform Jewish tradition has to date spoken negatively to the subject of our *she'elah*. As members of the Responsa Committee, we take tradition seriously and consider it prayerfully. Even on this subject, so often (and, to some of us, falsely) presented as a stark contrast between the values of the present versus those of an outdated past, tradition serves as our interpretive starting point.

---

32 *Contemporary American Reform Responsa*, no. 200 (from 1985). See also *American Reform Responsa*, no. 14 (from 1981).

33 *CCAR Yearbook* 100 (1990), 110.

Those who advocate a revolutionary transformation of Jewish marriage law and practice rightly shoulder the burden of proving that theirs is the better position.

We would add, parenthetically, this note concerning "tradition."[34] We do not form our moral beliefs out of thin air, as the result of some contemplative procedure carried on exclusively within ourselves. Nor do we derive them from some absolute source of moral truth that is accepted as determinative by all people everywhere. All our moral beliefs are socially constructed, rooted in the traditions and in the communities in which we participate. A community is the embodiment of a tradition, an ongoing, historically-centered argument about how a particular form of the ideal life is to be lived. A tradition, to be sure, can and does change; it develops as its members respond to new experiences which impel them to revise or modify their beliefs. For this reason, "argument" is a central and necessary feature of the life of any community. But this development and this argument always occur in reference to the beliefs, values, and accumulated experience of that community's past. Traditions, therefore, are inescapably particular; they are the record of a *particular* community's thought, experience, and struggle with circumstance and change.

What this teaches us is that the choice we face is not a decision between a particular Jewish tradition on the one hand and some set of universally-valid moral precepts on the other, because the latter does not exist in the real world. *All* evaluative concepts with which we measure and construct our moral universe – concepts such as "good," "evil," and "religious fulfillment" – are *particularly* determined. They emerge from specific traditions, from the historical religious experiences of specific communities. Our dilemma on this subject arises from the fact that we, as liberal Jews, belong to different communities, each with its own historically-centered tradition. The tradition of Western modernity – which, we point out, is no less "particular" or "historically-centered" than any other – lends itself to certain interpretations, and these affect us deeply. But we are also members of a religious community called Israel, and this means that among the particular vantage points from which we reflect upon our beliefs, the texts and sources of Jewish tradition must inevitably play a central role. We believe that our authority to act as rabbis, especially to officiate at weddings as *mesadrey kiddushin,* flows not from our perception of ourselves as "modern spiritual leaders" but from our standing as representatives and teachers of Torah and Jewish tradition. Our moral horizon is shaped, to a significant extent, by our interaction with Jewish literature and the Jewish past. It is so; it must be so; and we need not apologize when those sources call upon us to consider conclusions which differ from those seemingly demanded by the other particular traditions in which we partake.

2. Those who advocate homosexual marriage have not, in the opinion of our majority, met their burden of proof. That is, their arguments do not succeed in

34 Readers will note the affinity between the ideas expressed in this paragraph and the works of such contemporary thinkers as Hans-Georg Gadamer, Alisdair MacIntyre, Michael Perry, Hillary Putnam and others. We are in no position to consider here whether these thinkers are „right" about the concept of tradition. We refer to them only as a reference point for a view we find persuasive: namely, that all moral thinking begins with tradition.

overcoming the opposition to this practice found in both the Jewish and the Western traditions.[35] We do not accept the suggestion that the ritual category of *to'evah* is irrelevant to the question under discussion. While we Reform Jews have departed from traditional practice in many areas, we continue to "abhor" virtually all of the sexual prohibitions listed in Leviticus 18 and 20 as destructive of the Jewish conception of a life of holiness and morality.[36] While it may be true that we as a community no longer look upon homosexual behavior, as we once did, as a revulsive act, the fact remains that no Jewish community has ever gone so far as to sanctify as marriage a sexual relationship which the Torah defines as *ervah*. Not even we, with all our liberality, have ever done this before.[37] To do so now would be a revolutionary step, one which would sunder us from all Jewish tradition, including our own, down to the most recent times.

At this point, we raise the delicate issue of Jewish unity. The extension of *kiddushin* to gays and lesbians would break so sharply with the standards of religious practice maintained by virtually all Jewish communities as to wreak havoc upon our relationships with most of them. A decision of this nature would continue a trend, which many Reform rabbis find quite troubling, of pushing the Reform movement toward the margins of our people, of the Jewish community as a whole. It would have dramatic and negative effects upon the standing of our Progressive colleagues in Israel and elsewhere. We know that the slogan "*kelal yisrael*" has often been used to intimidate us, to urge us to compromise our Reform Jewish principles to mollify those who will never compromise their own. We also know that the Ad Hoc Committee on Homosexuality and the Rabbinate has already addressed this issue, declaring that while we ought to be sensitive to this concern, we must make our decision independently of it, in the context of the North American situation, according to "the principles and practices of Reform Judaism."[38] Gives, however, that our majority believe that the principles and practices of Reform Judaism do *not* require that we sanction marriage for homosexual couples, we would not set aside our concern for Jewish unity – which, we submit, is itself a "Reform Jewish principle."

3. Reform Judaism, as most of us understand it, does not mandate gay/lesbian marriage. Yes, we recognize that the attitudes of our community and society to-

35 It bears emphasis that this *she'elah* is not a case of conflict between "Jewish tradition" on one side and "modernity" on the other. As of this writing, no "modern", "liberal" Western jurisdiction recognizes homosexual marriage as legally valid. This fact is evidence that the "modern Western tradition" is at least as divided as we are on this question and offers but uncertain support to the advocates of same-sex marriage.

36 This is a point of vital significance. While the fact that Reform Judaism has departed from traditional standards of practice in one area suggests that we might abandon them in another, it does not logically *require* that we do so. Each issue has to be judged on its own particular merits.

37 The prohibition against sex with a *nidah*, or menstruating woman (Lev. 18:19), may be something of an exception. Though we have never "legalized" it, the subject is absent from virtually all discussions of sexual ethics in Reform Judaism. At any rate, the *halakhah* also distinguishes between the *nidah* and the other *arayot* in that *kiddushin* with the former, unlike with the latter, is recognized as valid; *BT* Yevamot 49b and *SA* EHE 61:1.

38 *CCAR Yearbook* 100 (1990), 110–111.

ward homosexuals and homosexuality have undergone a profound transformation in recent years. All of us are encouraged at the signs that a long history of repression and hatred is at last beginning to give way to a spirit of tolerance and inclusion. All of us stand as one behind the statement of the Ad Hoc Committee that "all human beings are created *betselem Elohim* ('in the divine image'). Their personhood must therefore be accorded full dignity. Sexual orientation is irrelevant to the human worth of a person."[39] But this affirmation, which demands that we work for full social and political equality for gays and lesbians, does not logically require that we must also support a Jewish religious "right" to homosexual marriage. From our acknowledgement of the right of gay and lesbian couples to arrange their financial affairs in the way they see fit, it does not logically follow that we must declare that their relationship partakes of the same religious sanctity as does traditional marriage. Similarly, we recognize that the understanding of homosexuality as an orientation rather than an intended choice (*ones* rather than *ratzon*) leads to the conclusion that the act of homosexual intercourse cannot be understood in traditional legal terms as a punishable sin. Again, however, the fact that a pattern of behavior is in some way involuntary does not necessarily mean we must sanctify it. Indeed, given the prevailing uncertainty as to the causes and development of sexual orientation – genetic or environmental? constitutional or socially constructed? – some of us are quite hesitant to draw the kinds of conclusions which need to be drawn in order to justify the institution of homosexual marriage.[40]

4. We are, all of us, committed to enabling gays and lesbians to live full Jewish lives within our communities. And, since we acknowledge that gays and lesbians are as capable as heterosexuals of forming monogamous, stable, and loving relationships, this commitment might – or might not – suggest a ritual response that reflects the spiritual reality which shapes the lives of these Jewish human beings. We shall consider this question in detail in Part III of this responsum. In itself, however, this commitment does not require that we endorse the creation of a religious institution of marriage for homosexuals when the entirety of Jewish tradition suggests that "marriage" is an exclusively heterosexual phenomenon. Again, it does not logically follow that our concern for gays and lesbians demands that we officiate at marriage ceremonies for them.[41]

39 Ibid., 109.

40 See note 26. As the Ad Hoc Committee on Homosexuality and the Rabbinate notes, „the specific origin of sexual identity and its etiology are still imperfectly understood"; *CCAR Yearbook* 100 (1990), 109. In other words, we do not know with scientific certainty just what sexual orientation *is* or how a person develops one kind of sexual orientation as opposed to another. While we as individuals may believe that we are in possession of a clear understanding of the nature of sexual orientation, we *as a Committee* are unable to advance beyond the uncertainty expressed by the Ad Hoc Committee.

41 Similarly, while we must show love and concern for the intermarried couples in our midst, such a duty in no way *requires* that we as rabbis offer religious sanction to their unions. This analogy does not, of course, perfectly mirror the situation of homosexual couples. The differences and similarities will be discussed in Part III, below. It is cited here merely to demonstrate that compassion for human persons does not automatically entail that we offer ritual sanction their particular sexual relationships.

From this discussion it should be obvious that the members of this Committee differ widely and deeply on the general subject of sexual orientation and on the specific issue of homosexuality and Judaism. We disagree fundamentally on the relevance of the Jewish, Reform Jewish, and Western traditions in addressing the issues raised by this *she'elah*. The moral and religious commitments that we do share lead us to radically differing conclusions. None of the moral languages we customarily speak when arguing our positions affords us sufficient common ground to arrive either at an answer or even at a consensus as to how the question is to be addressed.

II *Kiddushin*, Reform Judaism, and Homosexuality

There is, however, another way to frame the issue. Perhaps, we might say, we ought not to proceed from a consideration of our attitudes toward homosexuality and sexual orientation but rather from our conception of Jewish marriage. As our *sho'el* puts it: do homosexual unions "qualify as *kiddushin* from a Reform perspective"? That is to say, given that we recognize the existence of stable and committed gay and lesbian relationships, do these unions display enough of the major characteristics of marriage so as to deserve that title? To put the question in this way entails that we define, as carefully and as fully as we can, what we mean by "Jewish marriage." Does our definition of that institution allow for its extension to gay and lesbian couples? It is to this exploration we now turn.

It is important to note that, when we refer in this section to "marriage," we do not mean the idea of marriage in the abstract or marriage as a cross-cultural anthropological fact. We mean rather *Jewish* marriage as an aspect of the social and religious life of a particular historical community. Jewish marriage is an institution and a pattern of life with its own unique structure and history. It resembles, in many respects, other institutions of marriage, yet in many other ways it differs from them, and radically so. To say that a monogamous homosexual union is "like" a marriage does not prove, therefore, that it qualifies under the definition of *Jewish* marriage. Before we can ask whether to extend the possibility of marriage to gay and lesbian couples, we need first to understand the institutional nature of Jewish marriage and to consider the variations which Reform Judaism has introduced into the practice. It is in this way, and only in this way, that we can begin to consider whether homosexual couples can be included within the circumference of a "Reform perspective" on *kiddushin*.

What is Kiddushin? The word *kiddushin*, by which we designate Jewish marriage, is discussed as follows in an important Reform Jewish text:[42]

> Nothing clarifies the Jewish attitude toward marriage quite as well as the traditional name for the wedding ceremony, *Kiddushin*, derived from the Hebrew *kadosh* – holy – … while all relationships, like all time and space, should be considered essentially sacred, certain relationships are especially exalted. In Juda-

42 R. Herbert Bronstein, in Rabbi Simeon J. Maslin, ed., *Gates of Mitzvah* (New York: CCAR, 1979), 123–124.

> ism the Holy of Holies of all relationships, to which the poetic genius of the Hebraic spirit turned most often for the paradigm of the covenant between God and Israel, was and is the covenant between husband and wife...A sacred entity comes into being in Jewish marriage. As in the *Kiddush* of Shabbat we set apart a period of *time* as holy, in *Kiddushin* the husband and wife set each other apart...
>
> *Kiddushin* is the rooting of the human in the realm of the sacred, with the goal that all our relationships become holy, bearing the blossom and the fruit of life.
>
> A Jewish marriage, then, takes place when a man and a woman [say] to [each] other: "Behold you are consecrated to me...according to the tradition of Moses and Israel." It is as if each were saying to the other: "I will do everything that I can to make our relationship sacred."

This passage speaks the language of *agadah*, the evocative, lyrical, and metaphorical vernacular of Jewish lore. Taking as its point of departure a single word, *kiddushin*, it weaves a rich tapestry of religious ideas. What do we mean by "sacred", *kadosh*? What can it mean to call the institution of marriage a "sanctification"? How do the images, feelings, and responses we associate with the concept of holiness shed light upon the nature and purpose of the marital bond? To the extent that we adopt this agadic approach to the definition of *kiddushin*, then surely it is possible to make a place for gays and lesbians within the institution of marriage. For if *kiddushin*, like its Hebrew root, implies a "setting apart," the creation of a relationship of exclusive commitment and devotion similar to that which defines the relationship of Israel to its God, then homosexuals, who are as capable as heterosexuals of establishing exclusive and loving unions, deserve to be included.

Yet the *agadah* does not define *kiddushin*, any more than poets define marriage. True, *agadah* calls our attention to the most exalted possibilities inherent in the union of husband and wife. But it does not describe (because that is not its function) the nature of marriage as a legal institution, which it manifestly is.[43] That is to say, the full meaning of *kiddushin* cannot be conveyed by means of a homiletical treatise upon the etymology of that word. It is a complex of law and custom which, like "marriage" in every other social tradition, effects far-reaching transformations in the legal status of the parties involved. Our hearts soar at the mention of the aggadic aspects of *kiddushin*. But to ignore the legal, halakhic aspects of Jewish marriage is to distort what *kiddushin* really is and the way it functions in the fabric of traditional Jewish life.

Kiddushin is the rabbinic legal term for "Jewish marriage," which means first and foremost a marriage contracted between two Jews.[44] A marriage contracted

---

43 We know that „Reform Jewish marriage" is often identified in the public mind as a purely „spiritual" endeavor, the legal aspects of the marital union being left to the control of the state. We regard this as an unfortunate historical error. In Jewish religious thought, marriage is a legal as well as a spiritual institution, and to understand marriage as a category of *Jewish* life requires that we take both its aspects seriously. That the legal implications of marriage are determined in practice by the civil law in most Western countries does not alter this elemental fact of history and religion.

44 *M.* Kiddushin 3:12. The *halakhah* recognizes the validity of a marriage between two Gentiles, in that the "children of Noah" are forbidden the *arayot*, the proscribed sexual practices of Leviticus 18, which include adultery. See also *Yad*, Ishut 1:1, where Rambam describes the law of marriage "be-

with one of the *arayot* – a partner to whom one is prohibited by Leviticus 18 – is invalid, and no *get* is required to permit the parties to remarry.[45] The legal bond of *kiddushin* (also called *erusin*) is created by a *ma'aseh kinyan*, an act of acquisition performed between the couple. In its accepted, customary form,[46] this act requires that, in the presence of two witnesses,[47] the man give the woman a ring or some other object of monetary value and declare, either in an explicit verbal formula or by behavior which clearly manifests his intent, that he wishes her to he his wife.[48] If she accepts the ring or object in a manner which indicates her freely-given consent to the marriage,[49] the couple are betrothed, though the marriage process is not completed until the ceremony of *chupah* or *nisu'in*.[50]

Kiddushin creates the following legal consequences.

1. The wife enters the husband's legal domain, or *reshut*, meaning that she is permitted sexually only to her husband. In so doing she becomes an *ervah* to all other men, and sexual intercourse between her and any of them is adultery. This, as far as the Talmud is concerned, is the original meaning of the word *kiddushin:* "he forbids her to all other men, as though she were *hekdesh* (consecrated property)."[51] The wife's status changes only at the dissolution of the marriage, upon the husband's death or upon divorce, at which time the woman "acquires herself" and re-enters her own *reshut*.[52]

2. The list of *arayot*, of forbidden sexual partners, expands to include the relatives of the spouse, as mentioned in Leviticus 18 and 20. The offspring of any of those prohibited unions, whether incestuous or adulterous, is a *mamzer*.[53]

3. Once the couple are betrothed, the laws of levirate marriage and release (*yibum* and *chalitzah*) go into effect. Should the husband die without having children, his widow is forbidden to remarry until her brother(s)-in-law perform either of these two rituals.[54]

---

fore the Torah was given" and *Magid Mishneh ad loc.* However, the word *kiddushin* never designates non-Jewish marriage, and Jewish law is indifferent as to the ritual or ceremony by which Gentile traditions effect the marriage bond.

45 *M.* Kiddushin 3:12.

46 *M.* Kiddushin 1:1 lists three methods of effecting the *kinyan*: *kesef* (money); *shetar* (written document); or *bi'ah* (sexual intercourse). While any of these methods is halakhicly valid, the use of *kesef* is the universal custom; *Yad*, Ishut 3:21. Out of moral concern, the early Babylonian *amoraim* forbade the use of *bi'ah* as a method of contracting marriage; *BT* Kiddushin 12b.

47 *BT* Kiddushin 65b-66a; *Yad*, Ishut 4:6.

48 *BT* Kiddushin 5b-6a; *Yad*, Ishut 3:1. The wife is the passive party here; she neither gives the money nor recites the formula. If, however, *he* gives the money and *she* recites the formula, some authorities suggest the marriage may be valid. See *SA* EHE 27:8.

49 Marriage, unlike any other *kinyan*, requires the clear consent of the "acquired" party, the wife; *BT* Kiddushin 2b and Bava Batra 48b; *Yad*, Ishut 4:1.

50 *BT* Kiddushin 10a; *Yad*, Ishut 10:1.

51 *BT* Kiddushin 2b. Tosafot, *s. v. de'asar*, notes that the use of *hekdesh* language in a secular transaction is unique to marriage; thus, perhaps, the sanctity of marriage lies at least in part in its essential un-likeness to every other kind of legal act.

52 *M.* Kiddushin 1:1 and Rashi, *s. v. vekonah et atzmah*.

53 *M.* Kiddushin 3:12.

54 Deut. 25; *Yad*, Yibum Vechalitzah 1:1.

All the other legal consequences of Jewish marriage, primarily those relating to the financial arrangements between the husband and wife, come into being at the ceremony of *nisu'in*.

Kiddushin, therefore, is a legal transaction which alters the conjugal status of the parties involved, making them subject to the laws of adultery, *arayot*, and *mamzerut*. The nature of *kiddushin* as a matter of legal experience is best summarized perhaps in the words of the blessing (*birkat erusin*) which the rabbis ordained for recitation at the time the transaction is carried out:[55]

> Praised are You, Adonai our God, sovereign of the Universe, Who has sanctified us through *mitzvot* and commanded us concerning the forbidden relations (*arayot*), Who has forbidden us to the betrothed (*ha'arusot*) and has permitted us to those whom we have married (*hanesu'ot*) by means of *chupah* and *kiddushin*. Praised are You, Adonai our God; You sanctify (*mekadesh*) Your people Israel by means of *chupah* and *kiddushin*.

In other words, Jewish marriage as a legal act establishes and transforms previously existing sexual boundaries. Two individuals who were previously forbidden to each other sexually are now permitted as husband and wife. Individuals who previously were potential marriage partners have now, due to their family relation to our spouse, become *arayot*, prohibited as incest. A formerly unmarried woman is now forbidden by the law of adultery to all men but her husband until he dies or the two of them are divorced.[56]

It is through reference to the *arayot*[57] that we can understand the meaning of *kiddushin* as a legal institution. It is a "sanctification," a "setting apart", the creation of an exclusive sexual relationship between husband and wife by which God sanctifies (*mekadesh*) Israel. Just as the early rabbis understood the commandment to "be holy" as a call to abstain from the *arayot*, so *kiddushin* rests upon a clear conception of the sexual relationships which the Torah has prohibited and permitted to the Israelite community. There is no such thing, in other words, as *Jewish* marriage in the absence of the prohibitions of the *arayot*, the recognition of the boundaries of permitted and prohibited sexual intercourse. And no marriage is a valid *Jewish* marriage if it is contracted between persons prohibited to each other as *arayot*.

Reform Judaism and Kiddushin. At this juncture we should ask ourselves whether and to what extent we continue to accept this halakhic notion of *kiddushin* in our Reform practice. For if our understanding differs substantially from that of the rabbinic tradition, we might have strong ground on which to claim that very different sorts of "marriage" qualify as *kiddushin* "from a Reform perspective."

Again, differing perspectives exist among us.

On the one hand, some of us would argue that Reform Jewish marriage is essentially different from the biblical and rabbinic institutions of *erusin* and *kid-*

55 *BT* Ketubot 7b. See *Yad*, Ishut 3:24, where the conclusion (*chatimah*) of the benediction is simply: … *mekadesh yisrael*, "Who sanctifies Israel."

56 And see Rashi, *BT* Ketubot 7b, *s. v. ve'asar lanu*: even the husband is forbidden to his betrothed wife, under rabbinic if not Toraitic law, until the time of *chupah* (*nisu'in*).

57 *Sifra* to Lev. 19:2, and see Rashi and Ramban *ad loc.*

dushin. We do not regard marriage as a *kinyan*, an act by which the woman is "acquired" by her husband and passes into his legal domain. We reject the association of marriage with the other "acts of acquisition" – of land, chattel, Hebrew and Canaanite slaves – redacted together in the first chapter of *Mishnah* Kiddushin. And the widespread custom among us for the bride to "sanctify" the groom, just as he "sanctifies" her, by offering him a ring and pronouncing the formula *harey attah mekudash li* suggests that we have transformed marriage into an egalitarian, reciprocal reality which differs substantially from the structure of *kiddushin* in the halakhic tradition.

The tradition's linkage of marriage to the *arayot* is also problematic for us. It is a fact, first of all, that we no longer observe the laws of *yibum*, *chalitzah*, and *mamzerut*. And, as we discuss above, the very notion of *arayot* has been reconstructed in our discourse from a ritual to a moral problem. Thus, while we without any doubt acknowledge that numerous sexual relations remain forbidden, our primary concern is that the union between spouses be one that expresses our deepest moral conceptions of marriage, that it be one of exclusive sexual commitment. And there is no reason why gays and lesbians cannot establish such a union. When we stand under the *chupah*, we celebrate a joining together of two individuals in a relationship of equality and of love, one that promises emotional as well as sexual fulfillment, one which allows them to build a home that expresses Jewish values. This, in its essence, is what we mean when we call our marriages by the name *kiddushin*. If gay and lesbian couples, no less than their heterosexual counterparts can aspire to that kind of relationship, it would seem that *kiddushin* or "marriage", as *we Reform Jews* understand those terms, are fit names for it.

Yet the majority of us would argue that this definition of Reform Jewish marriage, while accurate, is but part of a wider picture. The classical rabbinic conception of *kiddushin* retains much of its relevance for us. We note, first of all, that the language of *kinyan* or acquisition is the mechanism by which Jewish law creates legal obligations of any kind; thus, even if we no longer hold that the husband "acquires" the wife, both parties do indeed "acquire" from the other all the legal obligations which flow from the formation of marriage. In addition, we would claim that the reciprocal act of "sanctification" which takes place under a Reform Jewish *chupah* indicates the *strengthening* rather than the abandonment of the concept of *kiddushin*. It is our conviction that *both* bride *and* groom pass into the other's domain. The exclusivity of the marital relationship, the "setting apart" that lies at the heart of the idea of holiness and *kiddushin* itself, is now a mutual reality. We have not discarded the idea of *kiddushin*. On the contrary: we have extended its definition and its essence so that all its power and stringency apply to the husband as well as to the wife.[58]

The issue of *arayot*, too, remains central to our conception of marriage. It is certainly true that, when standing under the *chupah* on the day of their great joy, the bride and the groom in all likelihood do not think about the laws of incest, adultery, and divorce. Their minds and those of the community are rightly centered

58 To refer again to the above citation from *Gates of Mitzvah*: "in *Kiddushin* the husband and wife set each other apart."

upon the more agadic and poetic elements of the union they are forming. Yet the legal facts of personal status continue to define the structure of Jewish marriage as we understand it. We may not discuss the *arayot* in our wedding sermons, but they are no less real to us on that account. We abhor incest[59] and marital infidelity, and we do not remarry either husband or wife until they have brought an end to their marriage by legal means.[60] The marital ceremony, as the *birkat erusin* teaches us,[61] comes to establish the contours of the *arayot;* it draws lines and sets boundaries which we continue to respect. *Kiddushin* is therefore more than an exalted moment of spirituality. It is as well a *legal* institution, whose structure and boundaries, no less than its feelings and emotions, are legitimate matters of rabbinic concern.

Given that the function of *kiddushin* has always been to draw lines that separate us (*i.e.*, "sanctify us") from the *arayot*, it is implausible to suggest that this legal act can actually permit a sexual relationship which the Torah and all of tradition so define.[62] Moreover, as we have noted, *kiddushin* effects a change in the legal status of the parties by making them subject to the laws of adultery and divorce and by expanding the range of the prohibited incestual *arayot*. Whatever the potential of homosexual couples to establish loving and stable relationships, these laws do not apply to them. The partners in a homosexual union cannot legally commit incest with each other's relatives; they cannot legally commit adultery; and neither requires a divorce should he or she desire to enter into a Jewish marriage. It therefore makes little sense to use the term *kiddushin* to describe a union which involves none of these matters and does not alter the legal status of its participants.[63]

---

59 See the list of „Prohibited Marriages", both *de'oraita* and *derabanan*, in *Rabbi's Manual*, 235–236.

60 While the Reform movement in the United States accepts the validity of civil divorce (*Rabbi's Manual*, 244–246), the preponderant majority of our colleagues elsewhere require a *get* before remarriage. In addition, the American movement has explained its acceptance of civil divorce in traditional halakhic terminology: since divorce in Jewish law is regarded as a matter of monetary law (itself a controversial assumption), a divorce decree emanating from a civil court is valid at Jewish law under the doctrine of *dina demalkhuta dina*. In this sense, we continue to practice "Jewish divorce," since the secular courts act as our designated agents. On the history of Reform and the divorce question see *ARR*, no. 162, Solomon B. Freehof, *Reform Jewish Practice I*, 99–110, and Moses Mielziner, *The Jewish Law of Marriage and Divorce in Ancient and Modern Times* (Cincinnati: Bloch, 1884), 130–137. Moreover, the introduction of the Ritual of Release (*Rabbi's Manual*, 97–104) suggests that the movement is beginning to reconsider the necessity of some Jewish ritual procedure to mark the dissolution of a marriage.

61 It is true, but irrelevant, that the text of this *berakhah* in our *Rabbi's Manual*, 52–53, omits the prohibitions of *arayot* and *arusot*. Would anyone seriously argue that incest and adultery are thereby permitted? The omission may reflect the aesthetic concerns of the *Manual*'s liturgists, but its amended text does not describe our understanding of marriage as a legal institution.

62 We use the terms *ervah* and *arayot* here in their traditional Judaic context: they refer to those sexual unions which the Torah so classifies and no Jewish marriage can take place between the two individuals involved. Whether we as individuals or as a group feel that any one of these unions is no longer "sinful" is a separate question and quite irrelevant to the point we are making here.

63 Some suggest that we institute divorce procedures for gay and lesbian couples and that we prohibit sexual infidelity among them as though these were adultery and incest. This would have the effect of making homosexual unions fully parallel to traditional marriage. The problem, of course, is that these boundaries and requirements would be entirely our own creation; they are not what

Most of the members of this Committee oppose the use of the term *kiddushin* to describe a gay or lesbian union, precisely because the historic definition of that term, its legal content and the notions of *kedushah* which lie at its foundations rule out its application to anything but heterosexual Jewish marriage. We accept the traditional understanding of *Jewish* marriage as that kind of marriage which recognizes and is contracted within the sexual boundaries set by the Torah's law of *arayot*. Even those of us who believe that *kedushah*, sanctity, can exist in gay and lesbian relationships and who would recognize those unions as a form of Jewish marriage concede that the word *kiddushin* is difficult to separate from its heterosexual connotations.

III Gay and Lesbian Unions: Toward a Response

Although the disagreements among us are real and deep, proceeding from radically different perspectives on homosexuality and Judaism and on the nature of Jewish marriage, there are some things – to be sure, basic and elementary things – on which we do see eye to eye. Therefore, before we rehearse our differences, let us acknowledge those assumptions we share in common. In the midst of divisiveness, these points of agreement may serve to remind us that, though we dispute the answers, we as rabbis are united by the questions we ask and by the religious commitments that stir us to ask them.

We agree that all human beings, regardless of sexual orientation, are created in the image of God and that it is the religious duty of Reform rabbis to treat all of them with respect and with love. This statement, we further agree, is more than a platitude; it is an aspiration which calls us to action. It demands of us that we receive all those who come before us with compassion and empathy. It demands that we hear them before we preach to them, that we listen to their stories of pain and exclusion, and that we respond to them as rabbis, as teachers of an ancient and honorable religious tradition.

And we agree that this response, first and foremost, must be one of invitation. Two centuries of modernity have brought us much progress, but they have exacted a price in the form of Jewish alienation. In our day, when so many Jews for so many reasons are spiritually exiled from Torah and from Jewish life, the *mitzvah* of outreach partakes of the age-old Jewish dream of *kibutz galuyot*. We must practice that *mitzvah* with all our strength.

What, then, do we say and how do we respond to the gays and lesbians in our midst who join together in committed relationships and seek to build a home and a life according to a pattern that expresses Jewish values? What does the duty of compassion and empathy, the *mitzvah* of outreach require us to do?

For some of us, that duty requires the institution of wedding ceremonies for homosexual couples. To include gay and lesbian Jews as equal members of our communities means that we must advance far beyond mere toleration of their

the Torah considers „adultery", „incest", and „divorce." It is the Torah's definition of *arayot* – and *not* our own – which is central to the traditional conception of *kiddushin*.

presence. They should rather be encouraged, like their heterosexual counterparts, to find partners and to form monogamous, stable, and hopefully permanent relationships. We do not believe that, in so doing, we either promote homosexuality or lead more heterosexuals to become homosexuals; we believe, rather, that we will be reducing the number of gay and lesbian couples who are living in unstable or promiscuous fashion.

More than that: the fact that gay and lesbian Jews are seeking to hold ceremonies establishing their relationships formally and celebrating them is not a threat to the traditional Jewish values of marriage and family but a supreme tribute to them. When two Jews marry, they do not seek only to legitimize their sexual relations and their offspring. They link themselves to the Jewish past, present and future and to a series of concentric circles of family, friends, community, and *kelal yisrael* around them. The wedding ceremony is that moment of magical transformation when two individuals become a *bayit beyisrael*. These layers of meaning do not disappear when the individuals are homosexual.

The ritual format by which Jewish tradition affirms this transformation is the wedding. Since we know that sexual orientation is both unalterable and irrelevant to the capacity of an individual to form a loving and stable relationship with another; and since it is our business and our calling to promote the formation of Jewish households which affirm Jewish values, we should offer wedding ceremonies to gay and lesbian Jewish couples. Some Reform rabbis will call these ceremonies *kiddushin*, while others may prefer a different term that carries less historical baggage. Some will structure a ceremony filled with the rituals and choreography of the traditional Jewish wedding (*chupah*, wine, the breaking of a glass, the reading of a *ketubah*, and so forth); others may prefer to create new ceremonies whose imagery does not so obviously mirror that of the traditional wedding of bride and groom. But in either case, we will be fulfilling our rabbinic responsibilities to Jewish people in our time, in the world and the culture in which we live.

The majority of the members of this Committee, however, do not interpret our responsibility as rabbis to warrant officiation at weddings or wedding-like "commitment ceremonies" for gay and lesbian couples. We hold that we are empowered to "officiate" only and exclusively at *Jewish* marriage ceremonies, and we know of no form of "Jewish marriage" other than *kiddushin*. We understand *kiddushin*, in both its traditional and its Reform Jewish manifestations, as an institution whose legal essence excludes homosexual relations. The performance of a ceremony that resembles but is not *kiddushin* does not qualify as a Jewish marriage, even if the couple regard it as such.[64]

It is true that we Reform Jews are accustomed to creating new liturgies and rituals all the time, so that we might substitute another language and another kind of wedding ceremony for *kiddushin* should we for whatever reason deem the latter unsuitable for gay and lesbian unions. Yet so long as we hold that "heterosexual, monogamous, procreative marriage is the ideal human relationship for the propagation of the species, covenental fulfillment, and the preservation of the

64 The operative concept here is *ein kiddushin tofsin*: "Jewish marriage is impossible" between these two persons"; see *M.* Kiddushin 3:12.

Jewish people,"[65] we believe that, however we respond to those whose relationships do not adhere to this ideal, the public ceremony which celebrates Jewish marriage should correspond to it as closely as possible.

It is also true that not all Jewish marriages realize this ideal. Not all Jewish marriages, for example, are procreative. According to *halakhah*, a marriage between a man and a woman who cannot have children, while certainly to be discouraged as long as the man has not fulfilled his obligation to "be fruitful and multiply", is nonetheless valid.[66] To this we would say, first, that the Jewish tradition has tended to view this situation as one of sadness and even tragedy, and second, that the marriage of an intentionally childless couple, if not ideal from the rabbinic perspective, does not transgress the biblical *arayot*. No power which we feel we possess as rabbis is sufficient to declare any of the relationships prohibited in Leviticus 18 and 20 to be a Jewish marriage.

It is true, moreover, that gay and lesbian couples are capable of establishing stable and committed relationships – marriages in fact if not in law. The same is true of couples of mixed religious identity. We are well aware of the pressures placed upon rabbis to officiate at mixed marriages, on the grounds of outreach, compassion, a desire to include the couple within the Jewish fold. We accept those values; we do not wish to turn the intermarried couple away from the Jewish community. But we as a Conference and as a Committee have resolved that these concerns do not warrant our officiation at mixed marriages, for among other reasons because we cannot define mixed marriage as *Jewish* marriage, the only kind of marriage we as a community are empowered to provide. We are deeply concerned that, by granting recognition to gay and lesbian unions, we will be unable in the future to defend our position on mixed marriage. Our congregants will wonder, with some justification, why we officiate at one kind of marriage that Torah finds unacceptable but not at another.

The two cases, of course, are not exactly parallel. The non-Jewish partner in a heterosexual relationship has the option to convert to Judaism. Jewish marriage is a real possibility for that couple, and the rabbi can say: "I am not turning you away; I offer you the option of Jewish marriage as this community understands it. Should you not accept that option according to its inherent rules, that is *your* choice. You have by your own free will rejected Jewish marriage; the community has not rejected you."[67] So long as we recognize sexual orientation as unalterable, the element of "choice" does not apply. If we do not offer them marriage, there *is* no other religious option available for gay and lesbian couples. Moreover, when both partners in a homosexual union are Jews, their household will by definition

65 See above, at note 32.

66 *Yad*, Ishut 1:7; Isserles, *EHE* 1:3, and *Resp. Rivash* (R. Yitzchak b. Sheshet, 14th-cent. Spain/North Africa), no. 15: while the ideal (*lekhatchilah*) standard is to require a man to marry a fertile woman, it is "no longer customary for the courts to exercise coercion over this."

67 In a similar way, we do not offer religious sanction to the relationship of an unmarried couple. They can choose to accept the sanction we do offer: Jewish marriage. If they reject that option, it is not our responsibility to make a „better offer."

be a Jewish one, something we cannot say in the same way for a religiously-mixed couple. A rabbi who officiates at wedding ceremonies for two Jewish homosexuals can therefore explain with consistency and justification why he or she does not also officiate at mixed marriages.

With all of that, however, we continue to live in a world where appearances count and where impressions can make all the difference. When a rabbi conducts a commitment ceremony for a homosexual couple, we cannot expect that the community will *not* learn from that act that Judaism, as represented by the rabbi, sanctions this union as a marriage, even though Jewish law and tradition do not recognize it as such. Distinctions between one kind of "non-Jewish marriage" and another, if obvious to the rabbi, will not be so clear to the community. Inevitably, the rabbi will be placed under ever-increasing pressure to officiate at mixed marriages, which are *also* unions between loving and committed persons which Jewish tradition does not recognize as marriage. And even if that individual rabbi can withstand the pressure, the Reform rabbinate as a whole will be buffeted by what many in our community will consider justified outrage. When some Reform rabbis depart from tradition to the extent that they conduct "weddings" – by whatever name – for gays and lesbians, many of our congregants will ask, quite reasonably, why they and other Reform rabbis refuse at the same time to abandon tradition to marry religiously-mixed couples.

That most of us are disinclined to conduct wedding ceremonies for gay and lesbian couples does not imply that we can make no positive ritual response to their presence within our communities. On the contrary: so long as we welcome them into our midst, it is our duty as rabbis to accompany them, as we seek to accompany all our people, along the path of Jewish life. How might we do this, if we do not recognize homosexual unions as marriages?

We might begin by acknowledging that, whether or not we define them as "marriages," homosexual unions are *households,* the nuclear social and family units which compose our communities and whose strength and stability is a primary Jewish religious concern. To speak of a gay or lesbian union as a household does not imply that we offer ritual sanctification to their sexual union or, indeed, that we must say anything about it. It is to recognize that, however we understand the nature of *kiddushin,* we are dealing here with a Jewish home, the classic environment of the Jewish experience. These individuals have formed a union bonded together by cords of love, and *that,* without any question, is a positive Jewish value.

This recognition quite properly brings any number of ritual responses in its wake. We are all familar with ceremonies, traditional and creative, which speak to the life of the Jewish household. Families dedicate their homes, and they celebrate significant moments in the lives of their members. The ceremonies which mark these occasions are as appropriate for gay and lesbian households as for all others. In addition, even though most of us are hesitant to sanction actual wedding ceremonies for gays and lesbians, there is no reason why a community cannot offer a ceremony of welcome for any new household which joins their ranks. A number of us, too, see no reason why homosexual couples might not observe their personal *semachot* at the synagogue as do other Jews, perhaps by sponsoring a *kiddush* or an *oneg shabbat.* If words of Torah are spoken on these occasions, they may take on the character of a religious festivity, a *se'udat mitzvah*. To accept homosexual couples as households, in other words, is to invite them to express that identity according to the full range of possibilities afforded by the Jewish ritual tradition.

We realize that those who favor rabbinic officiation at homosexual weddings may view the ritual recognition of gay and lesbian households as an inadequate substitute. Yet they may concede that, viewed against the backdrop of sacred text and Jewish history, the declaration by a rabbinic body that gays and lesbians can form a household and constitute a family represents a remarkable transformation in Jewish religious thought. To say that the community ought to accept gay and lesbian couples as households in every respect, if not a totally satisfactory solution to the problem before us, can still do much to focus our people's attention and energies upon its most essential aim: the strengthening of Jewish life for *all* Jewish families. And this may help restore a sense of community that seems at times to have disappeared in the controversy surrounding this issue.

IV Conclusion

To summarize, we note the following points.

1. We as a Committee acknowledge that our beliefs concerning the nature of human sexual orientation differ significantly from those of the past, even the recent past. The majority of us, however, are not persuaded that this transformation in our attitudes requires that we recognize and insitute a system of homosexual marriage within our congregations and communities.

2. The majority of this Committee define "Jewish marriage" as *kiddushin*. That concept, whether understood according to its traditional terms or its Reform interpretation, is a legal institution whose parameters are defined by the sexual boundaries which Jewish law calls the *arayot*. Homosexual relationships, however exclusive and committed they may be, do not fit within this legal category; they cannot be called *kiddushin*. We do not understand Jewish marriage apart from the concept of *kiddushin*, and our interpretation of rabbinic authority does not embrace the power to "sanctify" any relationship that cannot be *kiddushin* as its functional equivalent. For this reason, although a minority of us disagree, our majority believes that Reform rabbis should not officiate at ceremonies of marriage or "commitment" for same-sex couples.

3. Our duty of outreach and our concern for all Jews require that rabbis and communities consider other ritual and social means by which homosexual couples might express their identity as households and families within the wider community of Israel.

In presenting this responsum, we have sought to outline the various positions held by our members as completely and as honestly as we can. The result is a *teshuvah* which, because it speaks several different languages of argument, expresses in literary form the deep divisions which split us and all our colleagues in the Conference. Though we have arrived at a majority opinion, we have failed to reach a consensus as to how we as a community ought to understand and talk about this question. Some day, history may permit us as a movement or a Conference to reach that consensus. Some day, the controversy over the Jewish religious status of gay and lesbian unions may be resolved to the satisfaction of all. Given, however, that such a day is yet far off, we do not believe that anything of value can be accomplished by declaring through majority vote that one position or the other is the official policy of the Conference. A resolution at this juncture would do little to bring us together. It would persuade no one; it would change no minds. On the contrary: it would stifle the possibility of genuine conversation among us, serving but to enrage and to embarrass the adherents of the losing side. We urge our colleagues to refrain from taking that step.

What do we advocate in its stead? We call upon our colleagues to do what we have so haltingly attempted to do in this responsum: to talk; to explain; to justify and to argue. Our goal should be the recovery of a common discourse on this most divisive of subjects. To achieve it will take much time, a great deal of patience, and no little faith in each other. And it will require that we renew each day our commitment to conduct our discussion in an atmosphere of mutual respect. No disagreement that occurs among us, however heated, and no controversy that divides us, however intractable, should cause us to doubt or to denigrate the religious sincerity of those who take the opposing view. As rabbis, we owe each other the presumption that all of us are students and lovers of Torah, whose intentions are honorable even though our arguments do not always succeed in persuading. We know that mutual respect does not guarantee that we will reach a solution satisfactory to all. Yet we also know that, in its absence, no solution and no learning are possible.

C.C.A.R. Responsa Committee Mark Washofsky, Chair
Joan S. Friedman, David Lilienthal, Bernard Mehlman, W. Gunther Plaut,
Richard S. Rheins, Jeffrey K. Salkin, Daniel Schiff, Faedra L. Weiss

Joan S. Friedman and Bernard Mehlman side with the minority position as expressed in this responsum.

Moshe Zemer agrees with the conclusion and the decision of the majority of the Committee that same-sex unions do not qualify as *kiddushin* and that Reform rabbis should not officiate at wedding or commitment ceremonies for gay or lesbian couples. He will append a separate responsum.

Quellenangabe: On Homosexual Marriage (CCAR Responsa Committee 1996) *Address, Richard F. / Joel L. Kushner / Geoffrey Mitelman* (Hrsg.). Kulanu: All of Us – A Program and Resource Guide for Gay, Lesbian, Bisexual and Transgender Inclusion, New York 2007, 301–325.

Resolution on Same Gender Officiation

CCAR Resolution 2000

Background

Over the years, the Central Conference of American Rabbis has adopted a number of positions on the rights of homosexuals, on homosexuality in the rabbinate, and advocating changes in civil law pertaining to same-gender relationships.

In 1977, the CCAR adopted a resolution calling for legislation decriminalizing homosexual acts between consenting adults, and calling for an end to discrimination against gays and lesbians. The resolution called on Reform Jewish organizations to develop programs to implement this stand.

In 1990, the CCAR endorsed the report of the Ad Hoc Committee on Homosexuality and the Rabbinate. This position paper urged that "all rabbis, regardless of sexual orientation, be accorded the opportunity to fulfill the sacred vocation that they have chosen." The committee endorsed the view that "all Jews are religiously equal regardless of their sexual orientation." The committee expressed its agreement with changes in the admissions policies of the Hebrew Union College-Jewish Institute of Religion, which stated that the "sexual orientation of an applicant [be considered] only within the context of a candidate's overall suitability for the rabbinate," and reaffirmed that all rabbinic graduates of the HUC-JIR would be admitted into CCAR membership upon application. The report described differing views within the committee as to the nature of *kiddushin*, and deferred the matter of rabbinic officiation.

A 1996 resolution resolved that the CCAR "support the right of gay and lesbian couples to share fully and equally in the rights of civil marriage," and voiced opposition to governmental efforts to ban gay and lesbian marriages.

In addition to these resolutions, two CCAR committees have addressed the question of same-gender officiation. The CCAR Committee on Responsa addressed the question of whether homosexual relationships can qualify as *kiddushin* (which it defined as "Jewish marriage"). By a committee majority of 7 to 2, the committee concluded that "homosexual relationships, however exclusive and committed they may be, do not fit within this legal category; they cannot be called *kiddushin*. We do not understand Jewish marriage apart from the concept of *kiddushin*." The committee acknowledged its lack of consensus on this question.

The Ad Hoc Committee on Human Sexuality issued a report in 1998 which included its conclusion, by a committee majority of 11 with 1 abstention, that "kedushah may be present in committed same gender relationships between two Jews and that these relationships can serve as the foundation of stable Jewish families, thus adding strength to the Jewish community." The report called upon the CCAR to support all colleagues in their choices in this matter, and to develop educational programs.

Resolution

WHEREAS justice and human dignity are cherished Jewish values, and

WHEREAS, in March of 1999 the Women's Rabbinic Network passed a resolution urging the Central Conference of American Rabbis to bring the issue of honoring ceremonies between two Jews of the same gender to the floor of the convention plenum, and

WHEREAS, the institutions of Reform Judaism have a long history of support for civil and equal rights for gays and lesbians, and

WHEREAS, North American organizations of the Reform Movement have passed resolutions in support of civil marriage for gays and lesbians, therefore

WE DO HEREBY RESOLVE, that the relationship of a Jewish, same gender couple is worthy of affirmation through appropriate Jewish ritual, and

FURTHER RESOLVED, that we recognize the diversity of opinions within our ranks on this issue. We support the decision of those who choose to officiate at rituals of union for same-gender couples, and we support the decision of those who do not, and

FURTHER RESOLVED, that we call upon the CCAR to support all colleagues in their choices in this matter, and

FURTHER RESOLVED, that we also call upon the CCAR to develop both educational and liturgical resources in this area.

Quellenangabe: Resolution on Same Gender Officiation (2000). In: *Address, Richard F. / Joel L. Kushner / Geoffrey Mitelman* (Hrsg.). Kulanu: All of Us – A Program and Resource Guide for Gay, Lesbian, Bisexual and Transgender Inclusion, New York 2007, 329 f.

Homosexuality, Human Dignity & Halakhah

Rabbis Elliot N. Dorff, Daniel S. Nevins, and Avram I. Reisner

This paper was approved by the CJLS on December 6, 2006, by a vote of thirteen in favor and twelve opposed (13-12-0). Voting in favor: Rabbis Kassel Abelson, Pamela Barmash, Elliot Dorff, Myron Fenster, Robert Fine, Myron Geller, Susan Grossman, Adam Kligfeld, Allan Lucas, Aaron Mackler, Daniel Nevins, Avram Reisner, and Gordon Tucker. Voting against: Rabbis Jerome Epstein, Baruch Frydman-Kohl, Robert Harris, Vernon Kurtz, Leonard Levy, Paul Plotkin, Joseph Prouser, Mayer Rabinowitz, Joel Roth, Philip Scheim, Loel Weiss, and David Wise.

The Committee on Jewish Law and Standards of the Rabbinical Assembly provides guidance in matters of halakhah for the Conservative movement. The individual rabbi, however, is the authority for the interpretation and application of all matters halakhah.

שאלה

What guidance does halakhah offer to Jews who are homosexual? Which intimate activities are permitted to them, and which are forbidden? How shall Conservative Judaism relate to gay and lesbian couples?

תשובה

אורו של משיח, כשזורח בלב, הוא מלמד לכבד את הבריות כולם "והיה בולם ההוא שרש ישי אשר עמד לנס עמים אליו גוים ידרשו והיתה מנחתו כבוד. (ישעיה יא:י)"

The light of the Messiah, when it blazes in the heart, teaches one to dignify all people: "It shall be on that day that the root of Jesse will stand as a sign to the nations, and peoples will seek him, and his consolation shall be dignity (Isaiah 11:10)."[1]

I Introduction

No subject elicits as much heated controversy in contemporary religious discourse – Jewish and non-Jewish – as the status of gay and lesbian people, their sexual lives and their relationships. For some, this is a basic matter of civil rights and justice. The traditional prohibition of homosexual sex is, in this view, bigoted and intolerable. The opposite perspective is equally unequivocal: biblically-based

1 Rabbi Abraham Yitzhak HaKohen Kook, Mussar Avikha, Midot Rayah, "Kevod" 1:9. This text is cited by Hebrew University law professor Nahum Rakover in his book, *Gadol K'vod Habriot: K'vod Ha-Adam K'Erekh-Al* (Jerusalem: Ministry of Justice, Mishpat Ivri Library, 1998), p. 26 [Hebrew].

mores are immutable, and the burden is therefore upon gay and lesbian people somehow to change their sexual orientation or else to practice life-long celibacy.

This responsum is a collective effort by three rabbis who initially wrote separate papers on the subject of halakhah and homosexuality.[2] Together we are able to present a more comprehensive study of the dilemma faced by observant Jews who are gay or lesbian, the implications of earlier halakhic treatises,[3] and the options available within traditional p'sak halakhah to guide their intimate lives. We have abridged our earlier collective responsum while retaining many of the detailed arguments in the end notes. In this way we intend to make our paper accessible to a broader range of readers.

This responsum works within the limits of traditional halakhic discourse. To do otherwise would compromise the integrity of the halakhah and would accomplish nothing for those gay and lesbian people who strive to live as observant Jews. People who are not Torah observant have no particular need for a traditional halakhic responsum. But people who are observant and are also gay or lesbian are caught in a terrible dilemma, with no halakhic guidance about the integration of their Jewish identity and their sexual orientation. Our core conviction is that dignity for gay and lesbian Jews – as for heterosexual Jews – results neither from blanket permission nor from blanket prohibition of all sexual activity, but rather from situating it within the matrix of איסור והיתר, permission and prohibition, which permeates all of Jewish life.

---

2 Our separate papers were among nine responsa prepared for the second CJLS retreat on halakhah and homosexuality, in March 2005. Elliot Dorff wrote, "Judaism and Homosexuality: Rekindling a Sense of Holiness in Sexual Life;" Avram Reisner wrote, "What If I Truly Love My Fellow?" and Daniel Nevins wrote, "Homosexuality, Human Dignity and Halakhah." Although the papers differed significantly in methodology and style, they shared a conclusion that the biblical ban on anal sex could be separated from the rabbinic prohibitions of other forms of homosexual intimacy, and that there was greater possibility to accommodate homosexuals within that realm. We presented a combined 68-page responsum at the March 2006 retreat. The current draft addresses criticisms offered by the CJLS at that reading and also streamlines the argument and style into a more user-friendly format. We thank our colleagues who reviewed and critiqued this responsum, in particular, Rabbis Benjy Siegel, David J. B. Krishef, David Rosenn, Roderick Young, David Fine, Aaron Mackler, Andy Sacks, Gershon Freidlin, Simchah Roth, Len Gordon and David Teutsch, as well as Professor Benjamin Sommer, and Mr. Paul Magy. This responsum, of course, expresses our own opinions.

3 A substantial and varied literature on homosexuality and Judaism has developed in recent years, starting with the responsa addressed by the CJLS in 1991–1992 by Rabbis Bradley Artson, Elliot Dorff, Reuven Kimmelman, Mayer Rabinowitz, Avram Reisner and Joel Roth. Our RA colleague Rabbi Simchah Roth's responsum, "Dear David: Homosexual Relationships – A Halakhic Investigation" also informed our thinking on this subject (it is available on-line at: http://www.bmv.org.il/ab/dd.asp). Two Orthodox rabbis have recently published insightful studies on the subject: Rabbi Steven Greenberg, *Wrestling with God and Men: Homosexuality in the Jewish Tradition* (Madison: Univ. of Wisconsin Press, 2004) and Rabbi Chaim Rapoport, *Judaism and Homosexuality: An Authentic Orthodox View* (London: Vallentine Mitchell, 2004). The film, "Trembling before G-d" and the Israeli collection of narratives edited by Irit Koren, *Closet within a Closet: The Stories of Orthodox Gay and Lesbians* (Yediot Aharonot Press, 2003) [Hebrew], as well as hundreds of personal communications have added insight and urgency to this investigation.

Contemporary Jewish law is based upon the legal and moral texts found in the Written and Oral Torah. The Written Torah famously pronounces that "God created humanity in His image" (Genesis 1:27; 9:6), that "It is not good for man to live alone" (Genesis 2:18), that you must "Love your neighbor as yourself" (Leviticus 19:18) and that "God is good to all; His mercies apply to all creatures" (Psalms 145:9). The Oral Torah (Talmud, Midrash and Codes) draws upon these and many other biblical passages to create a system of law that sanctifies the daily lives of those who serve God in truth.

The Committee on Jewish Law and Standards (CJLS) has a long and proud history of addressing weighty issues of ritual and social practice as our community wrestles with the challenges of observing Jewish law in a modern context. We are motivated always by our tradition's mandate that rabbis in every generation apply Jewish law sensitively and effectively to the new circumstances of their time, drawing upon not only the precedents of our tradition but also its fundamental concepts and values. The issue of homosexuality and halakhah is particularly contentious in our historical moment, but it is hardly unique when compared to the complex topics addressed by our predecessors. Fifty years ago our committee was similarly occupied by the subject of *agunot*, women who had been abandoned by their husbands but who were considered "chained" to them by the law. Then too, critics warned that the creative halakhic solutions fashioned by the CJLS would be the undoing of halakhah but, in fact, this has emerged as one of the finest hours of modern rabbinic leadership. Our predecessors applied classical halakhic principles in new ways in order to free women from this legal quandary.

Dor dor v'dor'shav – each generation demands its own interpretations of Jewish law. As the Torah says, "When a matter shall arise that confounds you...you shall go and inquire of the judge who shall be in that day, and they will tell you the law" (Deut. 17:9). For the CJLS to avoid this issue or to declare that nothing can be done for homosexuals who wish to observe the halakhah would be to abandon the Torah's mandate. Indeed, were we unable to find compelling guidance in the halakhah for the sexual lives of our contemporary Jews, including those who are gay and lesbian, that would be a terrible defeat for our religious mission.

Some may object to our proposal by predicting that gay men will find our limited permission unacceptable.[4] We, however, believe that those motivated to live within the framework of halakhah are necessarily willing to accept limits on personal autonomy – as long as they are feasible – for the sake of pursuing a life of holiness.[5] Others may object that human dignity is a peripheral concern of the halakhah incapable of modifying our ancient sexual ethic. We, however,

---

4 We have, in fact, discussed the subject of abstaining from anal sex with both secular and observant gay men. It is evident that while many gay men consider this to be the most fulfilling form of sexual intercourse, others avoid it for a variety of reasons ranging from aesthetics to health and religious concerns. Among Orthodox gay men there is a documented trend to avoid anal intercourse because of the explicit biblical ban while maintaining an otherwise gay lifestyle. See, *Closet within a Closet*, p. 90.

5 Rabbi Eliezer Berkowitz studies the halakhic role of feasibility in his book, *Not in Heaven: The Nature and Function of Halakha* (New York: Ktav Publishing House, Inc., 1983), p. 12. Citing the rabbinic principle, היכא דאפשר – אפשר, היכא דלא אפשר – לא אפשר (what is possible is possible; what is impossible is

believe that dignity is a central concern of the Written and Oral Torah and is a well established halakhic principle.[6] We approach this challenging subject with reverence for God, humility, and with respect for the dignity of humans, all of whom are created in the divine image.

II Contemporary Theories of Sexual Orientation

The idea of sexual orientation is a relatively recent construct first developed in the late nineteenth century. Prior to this time, homosexual behavior was generally understood as a deviation from the normative conduct of otherwise heterosexual individuals. In recent decades, researchers have formulated a more definitive idea of sexual orientation as an integral component of individual identity. Yet even modern psychological studies acknowledge that people do not divide neatly into the binary categories of heterosexual and homosexual. Although some individuals' sexual orientation is clear and consistent throughout life, others experience ambiguous or evolving sexual attractions to people of the same or opposite gender.[7]

There remains much to be learned regarding the psycho-social construction of sexual orientation, yet this much is absolutely clear to the leading scientific authorities of our day: homosexual orientation is not a form of mental illness;[8] it is not inherently harmful to individuals[9] or to their children[10] or

impossible), Berkowitz shows that the halakhah demands compliance with that which is not only physically possible, but reasonably feasible. See discussion in section IV below.

6 In the written Torah, the foundational concept is the creation of humanity in the divine image. This concept is emphasized by Rabbi Akiva in Avot 3:14. We shall describe the legal application of human dignity in detail below.

7 See Edward O. Laumann, and Robert T. Michael, *Sex, Love, and Health in America: Private Choices and Public Policies* (Chicago: Univ. of Chicago Press, 2001), Table 12.2, "Sexual Behavior by Age, Country, and Gender," p. 445. Line C: "% reporting any same-sex partners within the past year" and line D. "% reporting any same-sex partners over the lifetime (Britain) since age 18 (United States)" document moderate variation of homosexual activity over the course of time for both men and women in Great Britain and the United States.

8 APA 2005 Statement: "Psychologists, psychiatrists, and other mental health professionals agree that homosexuality is not an illness, mental disorder, or an emotional problem. Over 35 years of objective, well-designed research has shown that homosexuality, in and of itself, is not associated with mental disorders or emotional or social problems. Lesbians, Gay men, and bisexual individuals are capable of leading healthy and productive lives."

9 Eli Coleman, "Toward a New Model of Treatment of Homosexuality: A Review," in Elfin Moses and Robert Hawkins, *Counseling Lesbian Women and Gay Men* (Columbus: Merrill Publishing Company, 1982), p. 225. "Many other studies have been conducted that have not found any psychopathology of male homosexuality as measured by psychological profiles...the only major difference found between groups of homosexuals and heterosexuals was choice of sexual object."

10 Jennifer L. Wainright, Stephen T. Russell, and Charlotte J. Patterson, "Psychosocial Adjustment, School Outcomes, and Romantic Relationships of Adolescents with Same-Sex Parents," Child Development 75:6, pp. 1886–1898. Before this study, as critics were quick to point out, research in this

families;[11] and it is not subject to reversal by means of any available therapy (see below). Furthermore, social acceptance of gay relationships will not "convince" children to become homosexual who would otherwise be heterosexual;

area has had various limitations – in particular, small sample groups and a lack of educational or socioeconomic diversity. But this most recent study is based on the National Longitudinal Study of Adolescent Health, a survey of more than 12,000 high school students from across the United States. Forty-four adolescents identifying as homosexual were compared with an equal number of adolescents identifying as heterosexual, matching characteristics of race, socio-economic class, region of residence, etc. as much as possible. Although the sample size of 12,000 is much larger than previous studies, the result is the same: teens with same-sex parents were identical to those with opposite-sex parents in almost every area analyzed, from anxiety levels to autonomy, and even in grade-point average. It was the degree of warmth, caring, understanding, and acceptance in the parent-child relationship, not the gender of the parents or the parents' partners, that strongly influenced the children's development. Gay and lesbian parents are just as likely as heterosexual-parents to meet – or to fail to meet – their children's needs for healthy development. Put another way, sexual orientation is irrelevant to promoting and rearing a physically, mentally, emotionally, and socially healthy child. What matters is who the parents are as people and parents, not whom they love. For earlier research on this and the statement of the American Psychological Association, see the Appendix to this responsum written by Dr. Judith Glassgold.

11 This charge – of disrupting family stability – may indeed have been accurate in Talmudic and Medieval times. It happens even in our own time that men and women marry, father or bear children, and only later discover that they are constitutionally homosexual and are unable to alter or suppress their sexual orientation. This problem is heightened by the fact that American culture (and rabbinic culture as well) actively supports one form of sexual orientation and oppresses another, forcing people who begin to discover themselves as homosexuals to deny their sexuality to themselves and to others. We shall document the marked lack of success with which these efforts at self-suppression and denial typically end. A man who is married in his teen years or early twenties, for example, who finds himself unable to find emotional or erotic satisfaction within marriage and who discovers that he can find that nurturance and satisfaction only with another male is indeed likely to become a home-wrecker, and the same is true for a woman who discovers that she can find emotional and sexual satisfaction only with another woman.

In our own day, with homosexual orientation a recognized reality, it is much more likely for homosexuals to resolve their sexual identity before finding themselves in an unfortunate, socially-coerced marriage. Instead, some gay and lesbian couples – in some pockets of America that do not act to prevent stable homosexual couples – are able to form steady relationships of love, support, and responsibility. Recent marriages, civil unions, and domestic partnerships in the tens of thousands in the Netherlands, Belgium, Spain, Canada, Vermont, California, and Massachusetts; attempts to form a legally recognized marriage by literally thousands of homosexual couples in areas where that level of legal recognition is not available (including the dramatic cases of New Paltz, New York and San Francisco, where the mayors acted against state law in authorizing such marriages); the many attempts by homosexuals and others to change the law to permit the legal marriage of homosexuals in California, New Jersey, New York, and other states; and the many other attempts by homosexuals to adopt children and to establish legal parenthood for children born to their partners all indicate the degree to which homosexuals desperately want to establish families rather than threaten them.

Furthermore, adultery and divorce among heterosexuals clearly wrecks homes in far larger numbers than homosexuals leaving heterosexual unions after reconciling themselves to their homosexuality, and the prospect of adultery or divorce does not prevent us from marrying heterosexuals and celebrating their unions. We thus certainly should not desist from permitting

current research indicates that sexual orientation is set in a person at an early age, long before sexual experimentation takes place. What social acceptance will do, however, is reduce the amount of discrimination against gays and lesbians and their need to remain in the closet, with all the suffering, indignity, and the increased risk of suicide that this entails. These conclusions are documented in the appended review of the psychological literature provided to us by Dr. Judith Glassgold.

People who identify as gay or lesbian are not able to become heterosexual. While some people of ambivalent sexual orientation are capable of functioning as heterosexuals, those for whom homosexual orientation has become an integral feature of their personal identity are not able to transform into heterosexuals.[12] The following 2005 statement by the American Psychological Association summarizes the current scientific consensus about sexual orientation and individual volition:

> Human beings cannot choose their sexual orientation. Sexual orientation emerges for most people in early adolescence or late childhood without any prior sexual experience. The experience of sexual attraction and falling in love is one that individuals experience as outside their conscious control. Although we can choose whether to act on our feelings, psychologists do not consider sexual orientation to be a conscious choice.[13]

The near total failure of advocates of "cure" to convert homosexuals into heterosexuals obviates the halakhic significance of tracing the source of homosexuality. Gay and lesbian people are homosexual and will remain so. Even those who have attempted a "cure" have been unable – in the vast majority of cases – to change their orientation. For the halakhist, therefore, the issue of significance is not the

---

homosexual unions on the much less remote chance – chance though it be – that this will lead some homosexuals in heterosexual unions to divorce their spouses.

Forcing homosexuals into heterosexual roles is the sure way to subvert the loving and supportive nature of family life. With the decline of early, arranged marriages, there is no longer significant danger of homosexuality destroying the family. And the sure way to remove whatever danger might be left would be to encourage homosexuals to create monogamous homosexual families so they do not have to try to hide, to deny their own adult need to love and be loved by someone of the same sex, and to pose in a relationship that creates only victims and hurt.

12 A vocal minority in the psychological profession disputes this conclusion and argues that some highly motivated homosexuals may in fact pursue therapy which would allow them to maintain stable heterosexual relationships. To document this point of view, our colleague Rabbi Leonard Levy cites the clinical work of psychologist Nicholas Cummings, Ph.D., as well as the article by Robert L. Spitzer, M.D., "Can Some Gay Men and Lesbians Change Their Sexual Orientation? 200 Participants Reporting a Change from Homosexual to Heterosexual Orientation," *Archives of Sexual Behavior* 32, no. 5 (October 2003), pp. 403–417). However, we emphasize that authority for the determination of sexual orientation ultimately devolves upon the individual gay or lesbian person. As with other therapies, we trust the person who is directly affected to determine the best path for his mental and physical health. As the Talmud says, אדם קרוב אצל עצמו "a man understands himself" (Yevamot 25b; Sanhedrin 9b–10a). Our paper addresses a person who has already determined that he or she is gay or lesbian.

13 The full document is available online at: www.apahelpcenter.org/articles/article.php?id=31.

origin of homosexual orientation, but rather the permanence of such an orientation by the time sexuality reaches consciousness.[14] Whether sexual orientation is determined by nature or nurture or some combination of both does not alter the resultant orientation, whether that orientation is heterosexual, homosexual, or something in between.[15]

Moreover, the pursuit of futile therapy has caused great personal anguish to gay and lesbian individuals.[16] It has undermined their dignity and endangered

---

14 We make no theological claim, as Rabbi Roth asserts, about what the origin of sexual orientation says about the nature of God ("Homosexuality Revisited," p. 54). Every human body will at some point in a person's life make it impossible for him or her to fulfil a *mitzvah*. This does not imply immorality in the Creator; the moral problem arises when human interpreters of the divine will refuse to consider what the best available scientific knowledge teaches them about what is possible to expect of their fellow humans. The demand that gay and lesbian people attempt life-long celibacy or subject themselves to discredited psychological experiments is a moral challenge for rabbis, not for God.

15 It is impossible to measure whether the percentage of homosexuals in the societies of the past has been greater in those that were more accepting of homosexuality than in those who were not. It is noteworthy in this regard, however, that, as the research cited by Dr. Glassgold and as older findings demonstrate, children raised in gay or lesbian households grow up to be heterosexual at precisely the same ratio as children reared in heterosexual homes. If acceptance and even practice of homosexual sex by those who love and raise you does not make you a homosexual, surely acceptance by those you know less well and to whom you have weaker attachments should not have that effect. We have no evidence that social acceptance in and of itself produces more homosexuals, and the studies of children being raised by homosexual parents seem to indicate that acceptance and even growing up in the context of homosexuals who love and support you does not make you homosexual. Thus the worry expressed by some heterosexual parents that greater social acceptance might convince their own children to be homosexual is unfounded. Rather, as Dr. Glassgold's summary of current research indicates, sexual orientation takes root in individuals at an early age and is unalterable.

The only thing that we can control is whether people's experience as homosexuals in the Jewish and general communities will be dignified or degrading. Greater social acceptance should eliminate negative social evaluations of homosexuals and thus diminish the number of suicides among (especially) teenage homosexuals; it may also reduce the number of homosexuals who desperately try to act like heterosexuals, including dating and even marriage, often resulting in extramarital homosexual liaisons, divorces, and psychological trauma affecting the entire family unit.

16 This position was cogently presented to the Committee on Jewish Law and Standards (CJLS) at its March 2004 retreat by psychiatrist Dr. Abba E. Borowich, an Orthodox therapist who is the founder of the Mesorah Society for Traditional Judaism and Psychiatry and an advisor to the Rabbinical Council of America and Yeshivah University.

In a letter co-signed with another Orthodox therapist, Naomi S. Mark, Dr. Borowich wrote: "As therapists, we see the pain and fall-out of many of these marriages when often, years later, there is a regression to homosexuality despite a sincere attempt at heterosexual adaptation. Situations like these can have disastrous consequences for the spouses, the children and, of course, the individuals themselves. The fact that there are no long term follow-up studies that confirm the 'success' of conversion therapy argues against guiding susceptible individuals towards this treatment. Perhaps change is possible, but it remains unclear that there is a technique that works repeatedly in a manner that can be reproduced. What is clear is that there are terrible consequences for people who are misled." (*The Jerusalem Post*, Sept. 6, 2001.)

their spiritual and even physical health. The medical literature has documented elevated rates of suicidal thinking and attempts among gay and lesbian teens and adults.[17]

There is also an emergent literature on the damage caused to married couples and their children when one spouse "comes out" as gay.[18] Such revelations often result in divorce, leaving the heterosexual spouse devastated. There are physical and mental health risks to all parties, including the children. This tragic situation demands the thoughtful and thorough attention of the Jewish community, including its rabbinic leadership and halakhic authorities.

In this responsum, we will argue that the permanent social and sexual loneliness mandated by halakhic precedent for homosexuals undermines their human dignity. However, we reject attempts to distort this argument by claiming that, if so, every human desire deserves to be satisfied. In fact, Judaism teaches us constantly to bend individual desire to fulfil the will of God.[19] Some sexual desires must be delayed, and some must be permanently suppressed.[20] What distinguishes the situation of gay and lesbian Jews from others who experience forbidden sexual desires is that heretofore, gay and lesbian Jews have had absolutely no permitted avenue for sexual expression or for the creation of a committed

17 See M. Ploderl and R. Fartacek, "Suicidality and associated risk factors among lesbian, gay, and bisexual compared to heterosexual Austrian adults," *Suicide and Life-Threatening Behavior* Dec. 2005 35 (6): 661–670; and R. L. Kitts, "Gay adolescents and suicide: understanding the association," *Adolescence*. 40 (159) [Fall 2005]: 621–628. A search at www.pubmed.gov under the terms "gay, suicide, teen" generates dozens of references

18 Amity Pierce Buxton, Ph. D. *The Other Side of the Closet: The Coming-Out Crisis for Straight Spouses and Families*, Revised and Expanded Edition (John Wiley & Sons, 1991, 1994). See also Jane Gross, "When the Beard Is Too Painful to Remove" *New York Times*, August 3, 2006. "Data on these marriages is scarce and unreliable because of the various ways of defining "gay" in demographic research. Studies in the 1970s and 80s, using inconsistent methodology, found anywhere from one-fifth to one-third of gay men were or had at one time been married. All the therapists and gay men interviewed for this article assumed that percentage would be far lower in today's more accepting society. But Gary J. Gates, a demographer at the Williams Institute, a research group that studies gay issues at U. C. L. A., blended data for *The New York Times* from the 2000 Census and a 2002 federal survey of family configurations, and found that the percentage of gay men who had ever been married could be as high as 38 percent – or as low as 9 percent – depending on whether respondents were asked their sexual orientation, whom they had sex with or whom they found attractive. Of the 27 million American men currently married, Mr. Gates found, 1.6 percent, or 436,000, identify themselves as gay or bisexual. Of the 75 million men who have ever been married, 1.8 percent, or 1.3 million, identify themselves that way. But, in both cases, when the men are asked about behavior if they have ever had sex with men, not what they consider their sexual orientation, the number of men who have ever been married doubles." See also web page: www.marriedgay.org.

19 Leviticus 19:2. See, for example, Rashi's comment to this verse: קדשים תהיו – הוו פרושים מן העריות ומן העבירה, שכל מקום שאתה מוצא גדר ערוה אתה מוצא קדושה, "You shall be holy. Separate yourself from sexual transgression and other sin, for wherever you find a fence around sexual transgression, you find holiness."

20 The former category includes sexual relations between a man and a woman in *niddah*. The latter category includes rape, incest, adultery, pedophilia and bestiality.

romantic relationship. It is this situation of absolute and permanent isolation that undermines their human dignity.

Regarding bisexuals, we understand that some people experience sexual attraction to both men and women.[21] Because the heterosexual ideal is enshrined in over three millennia of Jewish texts, because heterosexual marriages alone are recognized by established Jewish law, and because bisexuals do have a permissible avenue for sexual and romantic intimacy, we instruct any Jew who has sexual longings for someone of the opposite sex to marry a Jew of the opposite sex and to maintain complete fidelity to his or her spouse. While this may involve the sacrifice of some sexual satisfaction, this is a common consequence of marital fidelity, which gives greater priority to stable relationships than to the erotic desires of each individual.[22]

We are aware of a recently documented trend among teens and young adults to experiment sexually with multiple partners of different genders.[23] Some youths, referred to as "ambisexual," or "heteroflexible," eschew the establishment of a clear sexual identity. Such promiscuous behavior is risky and can prevent the development of a healthy and stable sexual identity. Moreover, sexual promiscuity, whether heterosexual, homosexual, or both, undermines the traditional Jewish values of modesty, fidelity, and the belief that our bodies are containers of precious souls that bear the image of God.[24] The same concern for human dignity that has stimulated us to reconsider the rabbinic prohibitions on homosexual intimacy also requires us to instruct young adults to refrain from sexual promiscuity and to do everything possible to prepare themselves for a traditional marriage.

---

21 In a March 7, 2006 *New York Times* article by Katy Butler, the complex relationship between romantic and sexual attraction was discussed: "Helen Fisher, a research anthropologist at Rutgers University, said in an interview that human partnerships are shaped by three independent neurochemical brain-body systems, responsible respectively for sexual attraction, romantic yearning and long-term attachment. 'The three systems are very fickle. They can act together, or they can act separately,' Dr. Fisher said. This, she said, helps explain why people can be wildly sexually attracted to those they have no romantic interest in, and romantically drawn to – or permanently attached to – people who hold no sexual interest. 'Once the system is triggered, it's so chemically powerful that you can easily overlook everything about that person that doesn't work for you' Dr. Fisher said. 'Even straight people have fallen in love with people they could never make a life with,' she said." Dr. Fisher's findings were first published under the title, "Lust, Attraction, and Attachment in Mammalian Reproduction" in the journal *Human Nature* (1998).

22 Some have argued that requiring bisexuals to seek marriage partners among the opposite sex may prevent them from finding their *beshert*. While this may be true, it is not different from our instructing single people to limit their dating to fellow Jews.

23 See Alex Morris, "The Cuddle Puddle of Stuyvesant High School" in *New York Magazine*, February 6, 2006. http://www.nymag.com/news/features/15589/ According to a National Center for Health Statistics report released in September 2006, 11% of 15–19 year old American girls claim to have had same-sex encounters.

24 For an excursus on Jewish sexual ideals, see Elliot N. Dorff, *"This Is My Beloved, This Is My Friend": A Rabbinic Letter on Human Intimacy* (New York: Rabbinical Assembly, 1996); republished in Elliot N. Dorff, *Love Your Neighbor and Yourself: A Jewish Approach to Modern Personal Ethics* (Philadelphia: Jewish Publication Society, 2003), Chapter Three.

Nevertheless, it is evident that by early adulthood, some Jewish men and women have discerned that they are homosexual and will not be able to enter a traditional heterosexual marriage. Given this reality, and given the ineffectiveness of any therapies to allow them to function within the ancient heterosexual norms of Judaism, we are presented with a significant dilemma: what guidance does Jewish law offer to people who are not able to live within its heterosexual norms?

III Halakhic Sources Regarding Homosexual Intimacy

A The Biblical Prohibition

The standard codes of Jewish law establish all-encompassing prohibitions on homosexual contact. However, only one act is explicitly prohibited in the Torah: anal sex between men. This is established in the holiness code section of Leviticus. Chapter 18:22 states:

ואת זכר לא תשכב משכבי אשה תועבה הוא.

> Do not lie with a male the lyings of a woman; it is abhorrent.

Leviticus 20:13 restates the law, adding a severe punishment for both partners:

ואיש אשר ישכב את זכר משכבי אשה תועבה עשו שניהם מות יומתו דמיהם בם.

> If a man lies with a male the lyings of a woman, the two of them have done an abhorrent thing; they shall be put to death – their bloodguilt is upon them.

What does it mean for a man to lie with a man with the "lyings of a woman"? The Talmud derives from this plural construct that there are two forms of sexual intercourse between a man and a woman, vaginal and anal (Sanhedrin 54a). The Sages understand these verses to prohibit anal sex between men without any exception, even as the other sexual behaviors on this list are forbidden without exception.

Ancient authors employed euphemism when describing sex, making it difficult to prove exactly what activities they understood to be included within these verses. Is it possible that the biblical prohibition called *mishk'vei ishah* and later, by the Rabbis, *mishkav zakhur*, includes actions other than anal intercourse?[25] These verses have been variously translated, but almost all readers conclude that they

---

25 Despite some vagueness and euphemism in the terms used, these verses refer to anal penetration. That has been the unquestioned interpretation of these passages throughout the ages. To begin with the biblical text's own testimony, virgins are described as women "אשר לא ידעו משכב זכר" (who have not had carnal relations with a man – Numbers 31:18) and the non-virgin is known as "אשה יודעת משכב זכר" (who has known a man carnally – Judges 21:11). Thus vaginal intercourse is described by the term משכב / *mishkav*. This term is twinned with the verb ידע / to know, which in this context also refers to copulation ("והאדם ידע את חוה אשתו ותהר" / the man [viz. Adam] knew his wife Eve and she conceived – Genesis 4:1).

The obvious corollary to that penetrative vaginal intercourse with regard to a woman, when spoken of with regard to a man, is anal intercourse. The term ידע is apparently used similarly with reference to homosexual activity in the Sodom story (Genesis 19:5) and in the parallel story of the

prohibit anal sex between men, with the first verse addressing only the insertive partner, and the second verse including the receptive partner.[26] Judaism is based on how the Rabbis interpreted the Bible, and so the crucial point for legal purposes is that the Rabbis read these verses to refer to anal sex. Their only debate regarded whether 18:22 penalizes the receptive as well as the insertive partner.[27] In 20:13 the penalty for both partners is made explicit.[28]

Our colleague, Rabbi Joel Roth, has argued that the rabbinic expression for heterosexual anal sex, *biah shelo kedarkah*, may possibly include not only homosexual anal sex, but even oral sex between men.[29] Rabbi Roth is *sui generis* in this

---

handmaiden of Givah, used there equally about non-consensual homosexual activity and heterosexual rape (Judges 19:22, 25).

The Sages recognized that meaning, and interpreted acutely that the term משכבי אשה (female sexual relations) is plural because it refers to both types of penetrative copulation that might be performed by a man with a woman, vaginal and anal, or as they are generally termed, כדרכה and שלא כדרכה or 'usual' and 'unusual.'

They defined penetration, הערא‍ה, as the act that calls down the biblical penalties for illicit sexual relations in both vaginal and anal penetrations of a forbidden relative (Yevamot 54a), and it is that that invokes the biblical penalties of male copulation and of bestiality (Sanhedrin 55a). We agree with Rabbi Roth that הכנסת העטרה and not only full penetration is included in this prohibition. This penetration was classed as the biblical prohibition of משכב זכור, male homosexual relations. The Sages were careful to distinguish this biblically prohibited penetrative activity from other erotic activity leading to ejaculation, which was classed as דרך איברים (by way of the limbs) and prohibited not under the biblical prohibition of male homosexual relations, but under the separate prohibition against wasting seed (Niddah 13b). As Rashi explains:

דרך איברים – היינו שכבת זרע לבטלה ואינו משכב זכור, דבמשכב זכור כתיב משכבי אשה.

By way of the limbs – this is wasting seed, but not homosexual relations, for about male homosexual relations the Torah says: "the lyings of a woman."

Thus it is that both the Torah and the Rabbis understood that the prohibition of משכב זכור (male homosexual relations) specifically and exclusively refers to male anal penetrative copulation.

26 This terminology is based on Saul M. Olyan's study, "And with a male you shall not lie the lying down of a woman": On the meaning and significance of Leviticus 18:22 and 20:13" in *Journal of the History of Sexuality* (5:2, October 1994), pp. 179–206. Olyan argues that the penalty for the receptive partner in 20:13 was a later addition to the holiness source (H), but for our purposes, there is no difference.

27 See Rashi to Leviticus 20:13, משכבי אשה – מכניס כמכחול בשפופרת, "lyings of a woman – he inserts as the painting stick is inserted in the tube" (he refers to the mascara-style applicators used in antiquity to apply *khol*). See Bava Metzia 91a, and Jastrow, p. 782. In Midrash Sifra and in Bavli Sanhedrin 54b the prohibition of the receptive act is discovered by Rabbi Yishmael by reference to the *kadesh* or male cultic prostitute in Deut. 23:18 and I Kings 14:24. Rabbi Akiva finds evidence for the prohibition of the receptive act in Leviticus 18:22 itself by revocalizing *tishkav* into the passive form *tishakeiv*, i. e. "you shall not be laid by a man as a woman."

28 Sifra, Kedoshim, Parsha 10, Ch. 9:14. An extended analysis of this question is offered by Michael L. Satlow, "They Abused Him Like a Woman" *Journal of the History of Sexuality* (5:1, July 1994), pp. 1–25, esp. 9–12.

29 He writes in "Homosexuality Revisited" (Unofficial CJLS responsum, revised Nov. 2006, p. 18), "What would follow from what we have been discussing is that fellatio is as biblically forbidden as anal intercourse, making those males who engage in it with other males liable for the full penalty of the biblical law." We, however, are not aware of any rabbinic text which employs the expression

reading, which is rejected by other contemporary halakhic interpreters, including Orthodox rabbis Dr. Abraham Steinberg and Chaim Rapoport.[30]

Moreover, the definition of *mishkav zakhur* is made abundantly clear at Yevamot 83b, which discusses the prohibition of homosexual relations with an *androginus*. An androginus is defined as a person with both male and female external genitalia, but is considered legally male.[31] The Talmud states that such an androginus has the potential to transgress *mishkav zakhur* in two places. If, as Rabbi Roth argues, oral sex is to be included in the transgression of *mishkav zakhur*, then any male has two potential orifices about which one may be liable. Why does the Talmud specify an androginus? Clearly only of the androginus is this true, for oral sex is not considered *mishkav zakhur*.

Indeed, Rava reports the explanation in the name of the son of Hamduri:

> "ואת זכר לא תשכב משכבי אשה" – אי זהו זכר שיש בו שני משכבות? הוי אומר זה אנדרוגינוס.
> "Do not lie with a male as one lies with a woman [lit. the lyings of a woman]" – Who is a male who has two "lyings?" Conclude: this is an androginus.

Only with an androginus are there two biblically prohibited acts between male lovers. Otherwise, the only act forbidden by these verses is anal intercourse. There is no other way for men to have intercourse that would be considered משכב זכור. This source clearly excludes oral sex between men from the category of *ervah* with its severe penalties.[32]

---

biah shelo kedarkah to describe homosexual sex, nor does Rabbi Roth cite any. Moreover, Rabbi Roth does not cite even one prooftext which explicitly includes heterosexual oral sex in the category of *biah shelo kedarkah*. He does produce a variant reading (Venice 1594 edition) of the Rema to Shulhan Arukh E. H. 25:2 which implies that *biah shelo kedarkah* can describe something other than penetration of the anus. However, this variant reading is unclear, it does not mention oral sex, and of course, it is not referring to gay sex.

30 Rabbi Roth quotes and translates Rabbi Avraham Steinberg's entry in *Encyclopedia of Medical Halakha* [Hebrew] s. v. מיניות [sexuality] – .איסור משכב זכור המחייב מיתה וכרת הוא דווקא בביאה דרך פי הטבעת "The prohibition against homosexual acts which incurs the penalty of death and karet is specifically through anal intercourse." Rabbi Rapoport writes, "In the case of *mishkav zachar*, this refers specifically to anal penetrative intercourse." *Judaism and Homosexuality: An Authentic Orthodox Approach*, p. 2.

31 Rabbi Roth again has a distinctive take on this text. He claims that אנדורגינוס – חייבין עליו סקילה משתי מקומות means that a man who has sex with an androginus may be held liable for him once as a male and once as a female, rather than once for his vagina and once for his anus. His translation of משתי מקומות to mean "in two ways" instead of "in two places" is improbable. Moreover, his reading is undermined by the gemara's actual words, ?אי זהו זכר שיש בו שני משכבות "what kind of male has two lyings – it must be an androginus." The only kind of male who has שני משכבות, two ways to be laid, is an androginus. If oral sex were one of the options, then every male would have שני משכבות.

We agree with Rabbi Roth that the gemara's terms זכרות שלו and נקבות שלו are confusing, yet his suggestion that the former refers to oral sex is tendentious and unconvincing. Rabbi Yom Tov b. Avraham's explanation is more compelling: בזכרות שלו פי' מאחוריו "his masculine side means his behind" (Ḥiddushei HaRitb"a to Yevamot 83b). The androginus has a female place of intercourse – his vagina – and a masculine place of intercourse – his anus. These are his two משכבות. There is no reason to think that the mouth is involved. We stand by the plain meaning of this text.

32 A second Talmud passage that carries this implication is a passage on Sanhedrin 55a where an amora asks, in the context of a discussion of homosexual relations, what prohibition applies to one

In contrast, our colleagues Rabbis David Fine, Robert Fine and Myron Geller have argued that the verses in Leviticus should be understood to prohibit only those sexual relationships that offer no possibility of marriage.[33] In an age when gay marriage is permitted by some jurisdictions, they argue, the Torah's ban is no longer universal. Although they present their reading as "the *p'shat*," there is nothing simple or contextual about this interpretation. Nowhere does the passage mention marriage. The list of forbidden sexual relations includes menstrual sex, which can occur within a marital context. It is hard to accept that the Torah

---

who achieves sexual penetration on himself. The initial reaction is that that would be impossible, but Rav Ashi opines that while it would be impossible with an erection, it might be possible flaccid. (In that case, since the penetration was only achieved in a non-ejaculatory condition, there are those who exempt him and those who would find him liable both as the penetrator and as the penetrated, which are both capital offences with regard to homosexual penetration). Oral penetration would be more rather than less likely upon erection for one sufficiently flexible. It is clear, then, that that is not what Rav Ashi has in mind. A flaccid penis, on the other hand, but not an erect one, could be bent to achieve anal-self-penetration.

A third source is in Yerushalmi Megilah 4:1, discussing Ezra's decree that a woman should wear a *sinar*, a laced garment covering her genitals, both front and back (בין מלפניה בין מלאחריה), R. Tanhum bar Hiya explains that this was decreed,

מפני מעשה שאירע. מעשה באשה שבעלה קוף מכדרכה ושלא כדרכה

Because of the event that happened. This was a case of a woman whom an ape raped in both the "natural" and "unnatural" ways.

A *sinar* is required to protect her against unnatural intercourse, but a veil was not considered. Thus it is clear that the Rabbis were careful to define anal penetration, and only that, as the second prohibited act of penetration of illicit sexual relations.

Rabbi Roth concedes that in this source, at least, ושלא כדרכה means anal sex; however, he says, correctly, that this does not prove that oral sex could not also be called ביאה שלא כדרכה. We have provided three sources which use this expression the way it is commonly interpreted: anal sex. Rabbi Roth has not provided one source which mentions oral sex in this category. An argument from silence is not sufficient to overturn the standard definition. Finally, we remind Rabbi Roth that ביאה שלא כדרכה is commonly associated with pain, as in the rape of Dina (Genesis 34:2; see Rashi there). Oral sex is not commonly associated with pain.

33 "Same Sex Relations in a New Context." They claim, "According to *parshat arayot*, real sex requires sanctification, codified later by halakhah as *kiddushin*. Outside of marriage, sexual relations are forbidden." However, even a cursory reading of these chapters undermines this claim, since there is no mention of marriage in them, and certainly no prohibition of sexual relations outside of marriage between a man and an unmarried and unrelated woman. The authors state that, surely, "the Torah had a sense of marriage, and the fact that marriage was sacred" yet they do not produce any support for their theory that this section of the Torah is about marriage (actually, the Torah nowhere describes a marriage ritual, just a man "taking" a woman). They describe their reading as a *pshat*, but also as a *mi'ut*, which is of course a midrashic technique.

Another difficulty with this approach is that it makes a halakhic heiter for gay sex dependent upon the availability of gay marriage or at least civil unions in public law. Given the unsettled state of public law on this subject both within and without the United States, this strikes us as a poor foundation for the halakhah. Moreover, it is not our practice to alter the halakhah to accord with public law in matters of sexual ethics. Civil law does not penalize adultery, yet Jewish law rightfully insists upon marital fidelity.

forbids bestiality only because it offers no opportunity for marriage. This reading, too, is *sui generis* – unsupported by either ancient or modern commentaries.

Rabbis Fine and Geller's responsum offers one of many alternative readings of these verses offered in recent years. Various writers[34] have proposed, respectively, that these verses forbid anal sex only when in a context that is: cultic, or coercive, or non-loving, or non-procreative, or bisexual.[35] Yet none of these interpretations is *p'shat*, the exclusive contextual reading of these verses. Although we sympathize with the motivation that inspires such readings, as a general rule the established rabbinic understanding of the Torah governs halakhah, even when modern scholarship is at one in proclaiming a different *p'shat* (which is hardly the case here). Simply stated, these verses have been understood and codified as creating an unqualified prohibition on anal intercourse between men, rather than a conditional and limited restriction.

Moreover, the particular negative commandment associated with male homosexual sex is listed in the Torah among the גלויי עריות (literally, "exposures of nakedness" known as *arayot*), and of these prohibitions it is said יהרג ואל יעבור, "one should die rather than transgress."[36] To strike this law from the Torah is a radical step. On the other hand, to expand the biblical prohibition beyond what is actually written is unnecessarily harsh. The Torah forbids anal sex between men, nothing more, and nothing less.

---

34 Rabbis Brad Artson, Steven Greenberg, Jacob Milgrom, as well as Dr. Shai Cherry have each offered variants on such a new *"pshat."*

35 Jacob Milgrom's commentary on Leviticus advances another argument unheard of in other commentaries to these verses. Milgrom argues that Lev. 18:22 is prohibiting male-male sex only in cases where the men are related to each other (in a degree similar to the other incest provisions for heterosexuals found in chapter 18). He associates the use of the plural *mishk'vei* ("beddings") in this verse with its use in Genesis 49:4 where Jacob scolds Reuben his son with having sex with his father's concubine. "In effect," he concludes, "this means that the homosexual prohibition applies to Ego with father, son, and brother (subsumed in v. 6) and to grandfather-grandson, uncle-nephew, and stepfather-stepson, but not to any other male." Jacob Milgrom, *Leviticus* 17–22 in the *Anchor Bible* series (New York: Doubleday, 2000), p. 1569. He credits his student David Stewart with this insight. See p. 1786. In "Comment E: Who Says Homosexuality is a Sin?" Milgrom expands upon this reasoning, dismissing the entire prohibition of anal sex between men unless they are related to one another. By so doing, however, Milgrom distorts the clear context of the verse. Although the bulk of the chapter deals with incest, the chapter proceeds after verse 18 to deal in other miscellaneous sexual prohibitions. Verse 18:22, which prohibits male-male intercourse is embedded among verses that prohibit other sexual transgressions: menstrual sex, adultery, bestiality, and Molekh worship, sexual prohibitions that go beyond the purely incestuous. The Rabbis did not understand this verse as prohibiting male-male incest. Rather, they found male-male incest doubly prohibited, forbidden as a matter of male-male intercourse, based on this verse, and as a matter of incest, based on an extrapolation of verse seven (See Sanhedrin 54a).

36 The three cardinal rules of יהרג ואל יעבור "one should die rather than transgress" עבודת כוכבים וגלוי עריות ושפיכות דמים "idolatry, sexual transgression and murder" are stated in BT Sanhedrin 74a and codified by Rambam in Hilkhot Y'sodei HaTorah 5:2, and the Shulhan Arukh at Yoreh De'ah 157:1.

B Rabbinic Prohibitions on Homosexual "Approach"

The Torah prohibits anal sex between men, while remaining silent regarding other forms of sexual intimacy between men and between women. Nevertheless rabbinic codes describe a much broader prohibition of all male and female homosexual intimacy. R. Joseph Karo writes in Shulhan Arukh, Even HaEzer 20:1:

> הבא על אחת מן העריות דרך איברים, או שחבק ונשק ונהנה בקירוב בשר, הרי זה לוקה וחשוד על העריות.
> Whoever copulates with one of the forbidden relations non-genitally, or hugged and kissed [them] or enjoyed skin-to-skin contact – such a person is lashed, and is suspected of *arayot* [forbidden intercourse].

His words echo those of Maimonides, who explains that, although these intimate acts are not to be categorized as actual sexual intercourse, they are prohibited separately by the Torah as "things that lead to prohibited sexual relations." He writes, in *Hilkhot Issurei Biah* 21:1:

> הרי זה לוקה מן התורה. שנאמר: "לבלתי עשות מחוקות התועבות וגו," ונאמר "לא תקרבו לגלות ערוה" כלומר: לא תקרבו לדברים המביאים לידי גילוי עריות.
> Such a person is lashed according to the Torah, for it says (Lev. 18:30): "not to engage in any of the abhorrent practices..." and it says (Lev. 18:6): "None of you shall come near...to uncover nakedness," that is to say: Do not approach those things that lead to prohibited sexual relations.

Indeed, Maimonides lists this as a separate prohibition, negative mitzvah number 353 in his *Sefer HaMitzvot*, basing himself on a text in the Sifra that interprets the verse in that way.[37]

Other authorities reject this assessment. Ramban (Nahmanides) argues at length in his comments to *Sefer HaMitzvot* that "do not approach" is not a biblical prohibition, noting that the Sifra text is not cited by the Talmud. On the contrary, two amoraim, R. Pedat (Shabbat 13a) and R. Yose b R. Bun (Y. Sanhedrin 7:7), explicitly assert

---

37 Sifra (Aharei Mot 13:2 and 21):

> "לא תקרבו לגלות" – אין לי אלא שלא יגלה. מנין שלא יקרב? ת"ל: "ואל אשה בנדת טומאתה לא תקרב לגלות ערותה."
> אין לי אלא בנדה בל תקרב ובל תגלה. ומניין לכל העריות שהן בבל תקרבו ובל תגלו? ת"ל: "לא תקרבו לגלות."
> "ונכרתו הנפשות העושות" – מה תלמוד לומר? לפי שנאמר: "לא תקרבו'" יכול יהו חייבין כרת על הקריבה? ת"ל: "העושות"
> – ולא הקרבות.

"None of you shall come near...to uncover" – I only know that one should not uncover. Whence do I learn that one should not approach? It says (Lev. 18:19): "Do not come near a woman during her period of impurity to uncover her nakedness." I only know about a menstruant that one may neither have sexual intercourse with her nor approach her. Whence do I learn that one should not have relations nor approach any forbidden relation? It says: "None of you shall come near...to uncover." "Such persons shall be cut off (Lev. 18:29)" – What does this teach? Since it says, "None of you shall come near," might it be that people are liable for [the punishment of] *karet* for an approach? Therefore I learn, "such persons [lit. persons who do so]" – not those who approach [only].

This version of the Sifra is that of Maimonides' citation in *Sefer HaMitzvot*. It conforms in content, but not in specific language, to that in published editions of Sifra.

that when the Bible speaks of "approach" it is referring euphemistically to sexual intercourse,[38] and their view is unrefuted by any other amoraic comment.[39]

> דאמר ר' פדת: לא אסרה תורה אלא קריבה של גילוי ערוה בלבד שנאמר לא תקרבו לגלות ערוה.
>
> For R. Pedat says that the Torah only prohibits an approach which is characterized by sexual relations, as it says "None of you shall come near… to uncover nakedness."
>
> אמר ר' יוסי בר, בון' היא בל תקרב היא בל תגלה.
>
> Said R. Yosi b'R. Bun: "Do not approach" means do not uncover.

This reading better suits the biblical context, where the verse appears as a preamble to extensive details of the cases of explicit forbidden intercourse, and not as a separate prohibition.[40]

Rabbi Roth has argued that Nahmanides does not in fact view "approach" as a rabbinic prohibition; rather, his disagreement with Maimonides is limited to the question of whether "approach" is a separate biblical prohibition.[41] This assertion is problematic. The gemara cited by Nahmanides above clearly states, לא אסרה תורה "the Torah did not forbid…" and Nahmanides himself writes, אצלם זה האיסור מדרבנן נבין מהם כי "we understand from them that this prohibition is rabbinic." In his conclusion, Ramban writes, ומה שאמר ר' פדת לא אסרה תורה, ירצה בו שאינו אסור כלל. "When R. Padat said that the Torah did not forbid [approach] he means to say that it is not forbidden at all." The Vilna Gaon reviews this debate, saying, הנ"ל אסמכתא היא

---

38 Ramban's arguments can be found at length in his commentary to Maimonides's *Sefer haMitzvot*, negative commandment #353. He writes, in part:

הנה אין "לא תקרבו לגלות ערוה" נדרש להם לאו בפני עצמו כברייתא השנויה בספרא אבל ידרשוהו בקריבה של גילוי ערוה בלבד…
אין זה עיקר מדרש בלאו הזה, אלא קרא אסמכתא בעלמא. והרבה מאד כן בספרא וסיפרי.

Now, 'None of you shall come near…to uncover nakedness' is not interpreted by them to be a negative commandment of its own, as the Baraita in the Sifra has it. They interpret it to mean sexual relations only…This is not a primary exegesis of a negative commandment, rather the verse is just a [homiletical] support. There are many such exegeses in Sifra and Sifrei.

There he fully explains the Talmudic discussion that surrounds the dictum of R. P'dat and cites several other proofs that "approach" cannot be biblically prohibited.

39 On Shabbat 13a Ulla is cited as saying the "any approach" is prohibited, but he does not claim that that ruling is biblical rather than rabbinic, and he himself is cited as excepting his relatives, which, as Ramban points out, is more consistent with the view that the prohibition is rabbinic in origin. An unattributed text is understood to disagree with R. Pedat, there, but Ramban insists that that is with regard to a subsidiary point, and does not represent an argument that "approach" is biblically prohibited.

40 Chapter 18 of Leviticus is a dramatic call to the Israelite nation not to follow the corrupt ways of the gentiles whose behavior the Israelites were familiar with most intimately, the ways of the Egyptians and the Canaanites. The *midrash* (Sifra d'Rabbi Ishmael, *Aharei Mot, parsheta* 9:8) asks acutely what that might mean, since clearly the Torah can't intend not doing anything like their neighbors, even building houses and engaging in agriculture? The verse in questions serves as an introduction to the detailed list that follows in answer to that implied question. Were this intended as a separate prohibition derived from the primary prohibition of *arayot*, it would have been placed at the end, after verse 20, and not before the prohibitions which are its predicate.

41 Rabbi Joel Roth, "Homosexuality Revisited," 2006 http://www.rabbinicalassembly.org/docs/Roth_Final.pdf.

והרמב"ן השיג עליו וכתב דכל "Nahmanides challenged [Maimonides] and wrote that all the above is an אסמכתא (rabbinic interpolation)." He concludes that according to Nahmanides, אלמא בנשיקה אפילו לאו אין בו "there is not even a [biblical] prohibition of non-penetrative intimacy."[42] We do not see any evidence in the Nahmanides or his commentators that he considers "approach" to be a biblical prohibition.

In summary, Nahmanides holds that only anal sex is *assur d'oraita* (biblically prohibited); the broader restrictions are forbidden by the Rabbis.[43] The *p'shat* of the Bible favors Nahmanides, as do the clear amoraic statements, and we are convinced by those arguments. But there is another major reason why we cannot accept Maimonides' more stringent view, or to put it plainly, why we must realize that we have long since rejected it. For if "approach" is truly to be considered a biblical prohibition, then not only sexual play but even *negiah* (casual touching) and *yihud* (momentary seclusion) would be biblically prohibited to all but a married couple where the woman is not in *niddah*. Maimonides, who is very prohibitive in areas of sexual mores, writes in *Hilkhot Issurei Biah* 11:18,

> ואסור לאדם שידבק באשתו בשבעת ימים נקיים אלו ואע"פ שהיא בכסותה והוא בכסותו ולא יקרב לה ולא יגע בה אפילו באצבע קטנה, ולא יאכל עמה בקערה אחת.
>
> It is forbidden for a man to get close to his wife in these seven 'clean' days, even though they both are fully clothed; he may not approach her or touch her even with a little finger, nor may he eat with her from a single bowl.[44]

---

42 Biurei HaGR"A to Shulhan Arukh, E. H. 20:1.

43 This debate between Rambam and Ramban remains unsettled, with Ḥelkat M'ḥokek, in his commentary to Shulhan Arukh (E. H. 20:1) citing Rabbi Shimshon ben Tzemaḥ Duran supporting Ramban's position, and Baer Heitev and the comments of the Gaon of Vilna presenting both equally, side by side, as does the relevant section in the *Entsiklopedia Talmudit* (Volume VI, 111–112). As late as the 19th century Rabbi Jacob Ettlinger is cautious in judging the issue. He writes (Binyan Tzion 75):

אם נחליט שיש כאן איסור ערוה כיון דלדעת הרמב"ם יש בנגיעה בבשר ערוה לאו ד"אל כל שאר בשרו לא תקרבו.

"If we were to conclude that this is an ervah (a biblically prohibited sexual relation), for it is the opinion of Maimonides that touching a prohibited person is prohibited by the negative commandment of 'None of you shall come near…'" As his use of "if" indicates, Rabbi Ettlinger is not prepared to assert that this is a biblical prohibition despite Maimonides' opinion.

The predominant tendency among Aḥaronim seems to have been to seek a middle ground. Beginning this line, Rabbi Isaac de Leon, who seeks to defend Maimonides's positions in his commentary *Megillat Esther* to Maimonides's *Sefer haMitzvot*, finds that only with regard to lying naked with a forbidden relative or a menstruant, which is likeliest to lead to actual sexual intercourse, does the prohibition of "approach" have biblical force. Into this category would fit all forms of sexual play. All other extensions of the prohibition of "approach," such as lying together clothed, eating together, *yihud* (being alone together), and *negiah* (touching) are to be seen as rabbinic rulings, beyond the force of biblical mandate. While de Leon's position is appealing, it is presented as an explanation and defense of Maimonides's thinking, which it clearly does not represent. On the other hand, Ramban himself understands that lying naked with a forbidden relative or a menstruant (thus sexual play) is the highest order of "approach," but he understands it, too, to be only rabbinically prohibited. According to Ramban and his followers, the Sifra text is only an *asmakhta* (a rabbinic interpolation), not a true biblical derivation.

44 That Maimonides appears to consider this also a biblical prohibition follows from his broad language at the beginning of the Mishneh Torah where he writes in his list of the commandments of

The corollary provisions in Shulhan Arukh, Yoreh Deah 195 and Even HaEzer 21 are even more severe ("he should not kid or laugh with her... eat with her on the same table... She should set aside special clothes... so that they are always cognizant...).

However, our community does not enforce, and indeed does not accept, these severe prohibitions. We do not hold, as a matter of fact, that the laws of "approach" are biblically mandated, but rather that they are in the category of rabbinic fences and borders that are all ultimately intended to protect against transgression of the fundamental biblical rules about sexual conduct. Just as the Sages of old exempted themselves from some of the severity of the laws against contact between the sexes between relatives,[45] so have we concluded that average people can be trusted to maintain appropriate relations despite social kissing and hugging and moments alone together, even behind locked doors.[46]

---

negative commandment #353, "One may not approach *arayot* in ways that lead to intercourse, such as hugging and kissing, or flirting or signaling." See Beit Shmuel, Even haEzer 20:1. This is the tack that we associate with the ultra-Orthodox, forbidding mixed bathing because,

לא תקרבו לגלות ערוה – ובכללם גם לעמוד לפניו ערומה או אף חצי ערומה באופן שמגרי[ם] יצ[ר] הר[ע]. וזה עיקר כוונת ההולכים לשם, ומחוייבים למסור נפשו ע[ל] ז[ה]

(you shall not come near... to uncover nakedness – included in [these prohibitions] is to stand before him naked, or even half naked, in such a way as to incite lustfulness... that is the prime intent of those who go there, and they are required to give their life over this.)"

M. R. Mordechai Ya'akov Breisch, 20th c. Switzerland, Ḥelkat Ya'akov, Yoreh Deah 138.3]. But see the last note for a less extreme reading of Maimonides.

45 Shabbat 13a: "Ulla...would kiss his sisters upon their bosoms (some say: hands)." Tosafot s.v. *u'fliga*: He knew of himself that he would not harbor improper thoughts because he was a perfectly righteous man. Ramban cites Kiddushin 81b in making his case: "the story of Rav Hanan bar Rava who sat his minor granddaughter in his lap and was informed that she had already been betrothed, which is to say that such behavior would be forbidden with a married woman, but they did not say anything about a prohibition due to forbidden relations with his relative...Then he said: 'I...believe...that this is all for the sake of heaven.' Were 'approach' an absolute negative commandment of the Torah it would not be permitted to the righteous...who are acting for the sake of heaven. All of this is a fence and border, therefore it is permissible for relatives for those who are reliably not suspect."

46 Even those who insist that "approach" is a biblical offense with regard to the prohibited classes of heterosexual contact affirm that being secluded or even sleeping together naked is permitted to two males without concern about sexual misconduct. The Mishnah, Kiddushin 4:14, reports that whereas Rabbi Judah sought to prohibit single men "sleeping together in one cloak," generally understood to mean sleeping naked under one cover, the Sages permitted this. Their response to Rabbi Judah is recorded on Kiddushin 82a: "They said to Rabbi Judah: 'Jews are not suspected of transgressions of *mishkav zakhur* (male anal homosexual intercourse) or of bestiality.'" Maimonides, who is stringent regarding heterosexual "approach," codifies this dictum, writing [Issurei Biah 22:2]:

לא נחשדו ישראל על משכב זכור ועל הבהמה, לפיכך אין אסור להתייחד עמהם.

Jews are not suspected of transgressions of *mishkav zakhur* (male anal homosexual intercourse) or of bestiality, therefore it is not prohibited to be alone with them.

Where concern about intercourse was absent, no prohibition of "approach" was considered necessary. In our day, despite the rise in open homosexual behavior, we regularly send our young adults to university dorm rooms shared with same-sex roommates and allow same-sex nakedness in gymnasium showers and dressing rooms without a second thought. We focus on our expecta-

Nahmanides discusses the logic of legal fences. We prohibit a man from sleeping in one bed, even clothed, with his neighbor's wife out of obvious concern for the urgings of desire in such a situation; but we permit sleeping together clothed to a married couple when she is a menstruant, or to relatives, for there is less reason to fear transgression. Even they, however, may not sleep together naked nor engage in sexual play. This is not a matter of biblical decree then, but a matter of common sense – where there is danger of the core prohibition being flouted, there is need for a legal fence. That is the reason that that very same fence might be waived for those who are not under suspicion of transgression in this regard. Normative Jewish law and custom recognize no bar to males establishing a homestead. But sexual play remains rabbinically prohibited.[47]

---

tion of personal discipline in all matters. We expect that an individual can attend to himself and will not fall into forbidden sexual activity, heterosexuals and homosexuals alike. In this, the status of homosexuals sharing a bed is like that of a man sharing a bed with his wife who is *niddah*.

47 An additional prohibition is that of the prohibition of destruction or wasteful emission of seed (השחתת זרע, הוצאת זרע לבטלה). Again the issue of whether the prohibition is *d'oraita* (biblical) or *d'rabbanan* (rabbinic) greets us. In his *Entziklopedia Hilkhatit Refuit* (2:407–409) Dr. Abraham Steinberg begins his discussion with this:

יש הסוברים שאיסור השחתת זרע הוא מן התורה, יש מי שכתב שהאיסור הוא הלכה למשה מסיני, ויש הסבורים שהאיסור הוא מדרבנן...מאחר שאיסור השחתת זרע לא נתפרש באופן ישיר בתורה, נחלקו הפוסקים...ביחס למקורו...הפוסקים הסוברים שאיסור השחתת זרע הוא מדרבנן דחו את המקורות האפשריים מן התורה בדרכים שונות.

There are those who hold that the prohibition of destroying seed is biblical, someone wrote that it is a law stemming from Moses at Sinai, and some hold that the prohibition of destroying seed is rabbinic…Since the prohibition of destroying seed was not directly made evident in the Torah, the halakhic authorities differ… regarding its source…Those authorities who hold that the prohibition of destroying seed is rabbinic rejected the potential sources from the Torah in different ways.

Steinberg actually offers a list of the many ways to derive destruction of seed from the Torah that have been offered, naming nine such derivations. When the authorities across generations are unable to find a convincing source (or to at least to narrow the field to only one or two possibilities), it is likely, that the prohibition is not, in fact, from the Torah.

Maimonides himself, who pushed the biblical interpretation of "approach," is unable to credit the argument that destruction of seed is biblical, or that it may merit the biblical penalty of lashes. He writes (Commentary to Mishnah Sanhedrin 7:4):

אין להוצאת שכבת זרע בענין חיוב העונשין סרך בשום פנים, אלא כיון שהכניס האבר יתחייב העונש עליה...ואם בא אדם על ערוה מן העריות באבר זולתי הזכרות אינו חייב עונש, ואפילו הוציא שכבת זרע, לפי שהוא דבר שנחלקו עליו ולא פסק בו הש"ס ואין לענוש אלא על דבר מפורש שאין בו ספק – ומכל מקום הוא דבר ערוה.

Emission of seed has no place whatsoever among punishable acts. Only when one inserts the penis is one liable…Where a person has penetrative sexual contact with one of the forbidden sexual relations with an extremity other than the penis, he is not liable for a punishment, even if he emitted seed, since this is a matter that people differed about, and the Talmud did not rule, and one is not to punish except when matters are clear, without a doubt – but it is still an act of prohibited sexual relations.

Now recall that Maimonides considers approach to the illicit relatives its own biblical prohibition, so that, as he continues to say, this case would be liable to lashes for the approach, just not for sexual relations *per se*, nor for the destruction of seed.

Despite the huge homiletical push to control masturbation, which explains the many verse derivations which we take to be purely homiletic, there is an interesting history of forgiving emission of seed wherever it appears appropriate. Spilling of seed was to be avoided within a married

C Lesbian Intimacy

To this point we have not considered what the tradition has to say specifically about female lesbian sexual activity. The Bible is silent on the subject, but some

---

relationship as well, whenever possible, according to Maimonides, [Hilkhot Issurei Biah 21:9], yet that matter is left, in practice, to the discretion of the couple. The Talmud permits all sexual behavior within marriage without mention of such a proviso (Niddah 20b). It is to be noted that Maimonides, himself, included the prohibition of spilling seed only among the less substantive restrictions and preferred practices collected in chapter 21 of Hilkhot Issurei Biah, which practices and restrictions command no rabbinic monitoring nor punishment upon infraction. Maimonides, there, objects, as well, to marriage to a female minor, apparently due to consideration of wasting seed [21:18], even though the Talmud is replete with provisions for just such a practice. The majority of authorities permit marriage to a minor, post-menopausal or infertile woman, despite the wasting of seed, since it is כדרך כל הארץ (the way of the world) (See Bayit Ḥadash to Tur, Even HaEzer 23). It is further a matter of fairly broad consensus that emitting seed for the purposes of fertility treatments should be permitted (Steinberg, 2:415). Some have even suggested that spilling of seed may be permitted as a lesser transgression where it prevents a greater sin (Beit Shmuel and Hokhmat Shlomo to Shulhan Arukh, Even haEzer 23:1 as well as other sources cited by R. Simcha Roth in his responsum "Dear David". R. Roth proposes that the matter of homosexual non-anal sex be treated as just such a displacement activity which sublimates the desire for anal sex to other activities and should be permitted on that basis). See http://www.bmv.org.il/ab/dd.asp.

Many other ways have been suggested by which to neutralize the prohibition of spilling seed which would be applicable to a male same-gender relationship. Rabbenu Tam associated its prohibition with the antithesis of procreation, therefore concluding that women, who are not commanded with regard to procreation, were also not prohibited from destroying seed [Tosafot Yevamot 12b, s. v. shalosh]. Others limit it to the specific act of Er and Onan, coitus interruptus. In this regard see the speculations of Rabbi Solomon Zalman Auerbach who is cited in Dr. Abraham Abraham's Nishmat Avraham to Even HaEzer 23, #1 [III, p. 107] as speculating that "perhaps one… who is unable to marry a wife should be permitted to wastefully spill seed. Or concerning that which Arukh laNer wrote, that it is [prohibited] on account of [general] destruction…, perhaps if he does it for enjoyment then it is not destruction [for its own sake]. But if the prohibition is a Mosaic Law given at Sinai, then it follows that one may not be lenient at all."

Rabbi Chaim Rapoport cautiously writes along these lines: "The ruling of the Chelkat Mechokek and the Bet Shmuel – whatever its rationale may be – may provide rabbis and counselors with useful guidelines when instructing homosexuals. In what almost inevitably amounts to commitment to lifelong celibacy, there are bound to be situations in which some homosexuals will find themselves on the verge of violating the biblical prohibition of male-to-male intercourse or the rabbinic extensions of that prohibition…. In all such situations, it is possible that the mentor may be justified in taking recourse to the views expounded by the above mentioned authorities when forming their advice to their charges." *Judaism and Homosexuality: An Authentic Orthodox View*, p. 142, note 11.

Our position on that last question is clear – As R. Dorff has written (*Matters of Life and Death*, p. 119): "To date, none of the three movements has taken an official position validating masturbation, but in practice the tradition's abhorrence of masturbation is largely ignored." Rabbi Walter Jacob of the CCAR published a 1979 responsum entitled "Masturbation" which concludes, "Although the statements of tradition are very clear [in forbidding], we would take a different view of masturbation, in the light of current psychological thought. Masturbation should be discouraged, but we would not consider it harmful or sinful." The text can be read at: http://data.ccarnet.org/cgi-bin/respdisp.pl?file=153&year=arr.

sages have discovered indirect hints of a biblical prohibition. In Issurei Biah 21:8, Maimonides codifies the Midrash found in Sifra:

> נשים המסוללות זו בזו אסור' וממעשה מצרים הוא שהוזהרנו עליו. שנאמר: כמעשה ארץ מצרים לא תעשו. אמרו חכמים: מה היו עושים? איש נושא איש ואשה נושא[ת] אשה ואשה נשאת לשני אנשים. אף על פי שמעשה זה אסור' אין מלקין עליו' שאין לו לאו מיוחד והרי אין שם ביאה כלל. לפיכך אין נאסרות לכהונה משום זנות, ולא תיאסר אשה על בעלה בזה...וראוי להכותן מכת מרדות הואיל ועשו איסור.
>
> Women who rub one against the other – this is forbidden. It is among the acts of Egypt against which we were warned, for it says [Leviticus 18:3]: "You shall not copy the practices of the land of Egypt." The Sages said [Sifra, *Aharei Mot, parsheta* 9:8]: "What is it that they would do? A man would marry a man, a woman marry a woman, or a woman marry two men." Even though this practice is prohibited, one does not receive lashes, for there is no specific biblical prohibition and it is not called 'intercourse' at all. Therefore, they are not prohibited [from marrying] into the priesthood on account of prostitution and a woman is not prohibited to her husband on account of this... But it is appropriate to give them [rabbinic] lashes for rebelliousness, since they have done a prohibited thing.

In his responsum of 1992, Rabbi Joel Roth argued that despite the penalty for lesbian sexual activity being rabbinic, and despite the Talmud's characterization of it on Yevamot 76a as פריצותא בעלמא "simply licentiousness," the ban followed from the biblical prohibition of gentile acts that lies at the heart of the chapter of *arayot* (prohibited sexual relations) and should therefore be viewed as a biblical prohibition.

Once again, Nahmanides questions whether this midrash is a formal derivation, representing biblical law. It is part of the very same series of midrashim in Sifra which, as we noted above, are not cited by the Talmud. Although Leviticus clearly intended by "their laws" the specifics of sexual impropriety given within the biblical text of that chapter, the Talmud uses this verse to refer to a list of practices prohibited because of magic, superstition and hints of faith in idolatry. That is the context of all of the references to "their laws" or the similar concept that is associated with this, *"darkhei haEmori"*–"the ways of the Amorites." Thus there is reason to doubt that the prohibition against female lesbian activity derived by Midrash Sifra from Leviticus 18:3 was regarded as biblical in the eyes of the Sages.[48] Since female homosexual activity cannot lead to a biblically prohibited act, as even Maimonides noted, the general rabbinic prohibition can have been

48 Darkhei haEmori (דרכי האמורי) is the preferred rabbinic term. It appears in Mishnah Shabbat 6:10, and is associated there with the verse in Leviticus by the commentator Bartenura, as well as by Rashi on Shabbat 67a and the Talmud itself on Avodah Zarah 11a. Mekhilta d'Arayot [Sifra, Aharei Mot 13:9] utilizes this identity as well:

> "ובחוקותיהם לא תלכו" – וכי מה הניח הכתוב שלא אמרו?...ת"ל "ובחוקותיהם לא תלכו" – שלא תלכו בנימוסות שלהן, בדברים החקוקין להם כגון תיטריות וקרקסאות והאסטריות. ר, מאיר אומר: אלו דרכי האמורי שמנו חכמים.
>
> "Nor shall you follow their laws" – What did the Torah leave over that it did not specify? ... Therefore it teaches, "nor shall you follow their laws" – that you should not follow their customs, the things that are instituted for them like theaters, circuses and gladiatorial combats. Rabbi Meir says: These are the ways of the Amorites that the Sages listed.

predicated only, as the Talmud says, on a general aversion to licentiousness and a concern for the preservation of the heterosexual family.

D *Ervah* and *S'yag*: Distinguishing the Biblical and Rabbinic Prohibitions

We conclude that there is only one prohibited sexual relation of *arayot* among homosexual behaviors, which is anal sex between men, and that other restrictions have no basis in biblical legislation. The operative reasoning for the broader prohibitions – from proximity to petting and even to oral sex – is that of the סייג, the legal fence, establishing the distance rabbinic authorities felt necessary to assure that the biblical prohibition would not be transgressed, and the more general concerns about propriety and the preservation of the family.

While some readers might conclude from the texts reviewed above that Jewish law imposes a universal and undifferentiated ban on all homosexual intimacy, we must emphasize the nuances found in this literature. The dominant voice of rabbinic interpretation follows Maimonides and the Tur/Shulhan Arukh in regarding lesbian intimacy and male homosexual acts other than anal sex as all *assur d'oraita*, banned by the Bible, albeit indirectly. Yet Nachmanides is convincing in his assertion that this ruling is an *asmakhta*, a later rabbinic interpolation, for the Bible itself never mentions or prohibits any of these acts.

The Torah's most severe sexual prohibitions are identified as *ervah* (plural: *arayot*). In antiquity, these were punishable by death as well as by the severe divine penalty known as karet. Of these sexual prohibitions alone did the rabbis

---

And where, in the view of Rabbi Meir, did the Sages list them? The Tosefta of Shabbat, chapters 6 and 7, appears to be that list, which is referred to by the Talmud on Shabbat 67a as בפרק אמוראי "in the Amorite chapter".

[N. B.: The Mekhilta d'Arayot appears in printed versions of the Sifra, A<u>h</u>arei Mot 13:3–15 and Kedoshim the whole of chapter 9. These two sections deal expressly with the *Arayot* section of Leviticus, chapters 18 and 20, and are an interpolation into the Sifra, as is evident, for the verses discussed have a running midrash in the Sifra that the sections of the Mekhilta d'Arayot interrupt and repeat. Whereas the Sifra is a descendant of Akiban midrash, in *Mevo'ot leSifrut haTannaim*, p. 640, J.N. Epstein establishes that *Mekhilta d'Arayot* is Ishmaelian.]

One more datum in this regard. In Rabbi Eliezer of Metz's Sefer Yereim #313 (cited by Bet Yosef to Shulhan Arukh, Yoreh Deah 178 and in Lieberman's *Tosefta Kifshutah*, Shabbat p. 80) he writes:

וחכמים פירשו מה המעשים וחוקים שהורגלו לעשות לשם תורה שלהם...ובתוספתא דשבת מונה כל מה שהיתה קבלה ביד חכמים שהיו מחוקותיהם. ואין להוסיף עליהם. ואינם מסברא כי אם מקבלה.

The Sages set forth which practices and norms they had grown accustomed to according to their canon...In the Tosefta of Shabbat there is listed everything about which the Sages had a tradition that it was [prohibited as] part of "their laws." One may not add to them. They are not garnered by reason but by tradition.

If Rabbi Eliezer is correct, then it is certainly not correct to attribute any prohibition with regard to female lesbian sexual activity to biblical categories of prohibition.

For more on the status of the prohibition of female lesbian activity, see Chaim Rapoport, *Judaism and Homosexuality: An Authentic Orthodox View* (London: Valentine Mitchell, 2004), pp. 3–4 and his extensive notes, #17–22, pp. 143–147.

teach, *yeihareig v'al ya'avor*, that one should die rather than transgress. We have demonstrated that only one form of homosexual intimacy, anal intercourse between men, is prohibited at this level as an *ervah*. We must conclude that any Jew who seeks to fulfil the Torah's commandments must avoid this forbidden act.

We have learned that *ervah* is legally defined as penetrative intercourse, whereas lesbian intimacy is deemed by the Talmud as *peritzut*. Other forms of sexual petting between same-sex partners are banned under the general banner of "approaching," with Maimonides viewing this as a biblical level prohibition, and Nachmanides as a rabbinic interpolation. Neither rabbi would deem "approaching" to be an act of *ervah*, but neither would permit it either. Those opposed to any halakhic accommodation of homosexuals have the advantage of the great codes of Maimonides and Rabbi Karo on their side. Readers seeking to disentangle the biblical ban from the accretion of rabbinic prohibitions, and thereby to diminish the severity of the ban, may rely on the trenchant arguments of Nachmanides.[49]

Yet at the conclusion of this section we must acknowledge that the established halakhah presents a comprehensive ban upon homosexual intimacy. Even if most of the possible activities are banned "only" by rabbinic authority, we are rabbis who accept and promote the authority of our predecessors. Our liturgy, diet, festival cycle, ethical and civil codes and all other aspects of religious life are directed by rabbinic precedent. As individuals and as rabbinic leaders of our communities and movement, we are dedicated to spreading these teachings and inculcating their practice. We understand that there is a need for fences to prevent Jews from transgressing the Torah's sexual prohibitions. If anal sex between men is a cardinal prohibition, then it is clear why our predecessors thought that non-anal sex should generally be prohibited as a fence around the Torah. Whether we follow Maimonides or Nahmanides,, the established halakhah presents a complete ban on all acts of homosexual intimacy.

However, our predecessors assumed that this ban would lead those with homosexual inclinations back into heterosexual marriages; nowhere do the Sages suggest that celibacy is a desired Jewish outcome. Given what we have learned about sexual orientation in recent decades, this assumption is no longer valid. To uphold the halakhah's comprehensive ban is to consign a significant class of Jewish women and men to life-long celibacy or communal condemnation. This result is problematic not only for the affected individuals, but also from the vantage of the halakhah's own mandate to safeguard human dignity.

49 When in doubt regarding a biblical prohibition, the general practice is to adopt the stricter view, ספק דאורייתא לחומרא. We do not argue that Ramban's interpretation results in a permission of homosexual intimacy, only that it proves the rabbinic status of that prohibition.

IV Dignity, Disgrace and D'rabbanan

A The Realm of Feasibility

Unlike other subjects that pit individual liberty against traditional halakhic norms, this topic affects the very ability of many Jews to participate within our religious community. Observant Jews who are gay or lesbian are caught in an impossible dilemma, unable to fulfil the traditional Jewish norm of heterosexual marriage, usually incapable of practicing life-long celibacy,[50] and yet unwilling to abandon a life of Torah and mitzvot. In those rare occasions in which we consider modifying or even reversing a rabbinic precedent, we look for guidance and support from within the rabbinic tradition itself. This is precisely the situation in the present case as we seek to balance the ancient code of Jewish sexual ethics with our obligation to provide a place of dignity for gay and lesbian Jews.

Rabbi Eliezer Berkowitz studies the halakhic role of feasibility in his book, *Not in Heaven: The Nature and Function of Halakha*. Citing the rabbinic principle, היכא דאפשר – אפשר, היכא דלא אפשר – לא אפשר (what is possible is possible; what is impossible is impossible),[51] Berkowitz shows that the halakhah demands compliance with that which is not only physically possible, but reasonably feasible:

> In the application of the principle of the possible, the impossible is not the objectively impossible, but that which is not reasonably feasible. The category of the *efshar*, the possible, represents what in view of human nature and with proper attention to human needs is practically or morally feasible.[52]

The question that has been placed before *poskei halakhah* in our day is whether the demand of celibacy that has been made of observant homosexuals is practically or morally feasible. Of course, the exercise of bending individual desire to the demands of tradition is a core component of the Torah's central commandment: קדשים תהיו כי קדוש אני ה' א-להיכם "Become holy, for I the Lord your God am holy." Yet the premise of this demand is that it is essentially possible. Moses makes this point forcefully in his final speech in Deuteronomy (30:11–14):

> כי המצוה הזאת אשר אנכי מצוך היום לא נפלאת הוא ממך ולא רחקה הוא: לא בשמים הוא לאמר מי יעלה לנו השמימה ויקחה לנו וישמענו אתה ונעשנה: ולא מעבר לים הוא לאמר מי יעבר לנו אל עבר הים ויקחה לנו וישמענו אתה ונעשנה: כיקרוב אליך הדבר מאד בפיך ובלבבך לעשתו:

---

50 A homosexual may be מוחל בכבודו (waive his own dignity) and attempt to walk the lonely path of celibacy in his service of God as a form of יסורין של אהבה, "afflictions of love" (Brakhot5a–b). Halakhic authorities, however, cannot arrogate to themselves the place of God and insist that homosexuals waive their own dignity and accept their fate as forever alone. Rather, we should follow the example of Rabbi Yochanan, who, visiting Rabbi Chiya bar Abba, asked him, ?חביבין עליך יסורין, "are your sufferings welcome?" When Rabbi Chiya replied, לא הן ולא שכרן, "neither them nor their reward," Rabbi Yochanan lifted him up, relieving him from his suffering and isolation. This is an apt metaphor for our current project.

51 Bava Kama 84a; Ḥulin 11b–12a; Niddah 67b.

52 Eliezer Berkowitz, *Not in Heaven: The Nature and Function of Halakha* (New York: Ktav Publishing House, 1983), p. 12.

> For this mitzvah which I command you today is not too grand for you, nor is it far away. It is not in heaven, that it be said, "who will ascend to heaven to get it for us, and teach us how to do it?" It is not across the sea, that it be said, "who will cross over the sea for us to get it for us, and teach us how to do it?" For the word is very close to you; it is in your mouth and in your heart to do it.

The Torah is possible – it is the gift of life, not a path to suffering and destruction of the physical self.[53] The Torah and its commandments are love, though like any true love, they demand heroic commitment from those who would embrace them. In requiring that observant homosexuals avoid all sexual contact for life, the halakhah is not asking for heroism but inviting failure.

The experience of other faiths that mandate celibacy for their clergy is instructive here. Many clergy who have taken a vow of celibacy have found it impossible to fulfill. Celibacy is even less feasible for those who never voluntarily decided to take such a vow as a matter of religious devotion and vocation, but rather simply discovered themselves to be gay or lesbian. God, after all, created us as sexual beings. That does not justify all sexual acts, but it does indicate that God intended that we be able to express ourselves sexually. Jewish law should therefore show gays and lesbians, as it shows heterosexuals, the circumstances in which sexual relations are permitted.

B The Realm of Humiliation

Feasibility, however, is not the only halakhic objection to our status quo. If celibacy for homosexuals were merely considered unfeasible, then our topic would be amenable to individual dispensations rather than challenging the entire structure of the law. However, there is a second halakhic principle that is undermined by our current policy: human dignity. The halakhic status quo is deeply degrading to gay and lesbian Jews. Quite apart from social and literary trends that have taught contempt for homosexuals, legal norms that either ignore them or cruelly demand the absolute suppression of their libido create an environment of humiliation. At this point it is impossible for responsible *poskim* to ignore this dynamic.

In Hilkhot Teshuvah (4:4), Maimonides lists five sins from which it is difficult to desist since they are treated casually by most people. Among them is dignifying oneself through the humiliation (even passive) of another. Because most people are indifferent to the humiliation of others, there is little social motivation for the offender to repent and restore respect to his neighbor. This description helps explain the great reluctance of many religious authorities to reconsider the dilemma of homosexuals. True, liability for humiliation is generally limited in

53 Rambam, Hilkhot Shabbat 2:3, הא למדת שאין משפטי התורה נקמה בעולם אלא רחמים וחסד ושלום בעולם. "This teaches that the laws of Torah are not vengeance for the world, but rather mercy and compassion and peace for the world."

halakhah to cases where it is intentional,[54] yet given the social ferment surrounding gay rights in recent years, it is difficult to dismiss accusations of intentional indifference to the plight of homosexuals by many religious leaders.

This dilemma is a matter of human dignity, כבוד הבריות, and as such it evokes the principle[55] stated dramatically and repeatedly in the Talmud: גדול כבוד הבריות שדוחה [את] לא תעשה שבתורה, "So great is human dignity that it supersedes a negative commandment of the Torah."[56] Yet no sooner is this potentially radical principle enunciated than it is limited specifically to the commandment that establishes rabbinic authority, לא תסור, "do not stray from the law they [i. e., the rabbis] teach you right or left."[57] This concern for human dignity is cited in both Talmuds to override certain injunctions, but it is not considered capable of overturning an explicit biblical rule.[58]

C Human Dignity in the Talmud

רבי אליעזר אומר, יהי כבוד חברך חביב עליך כשלך.

> Rabbi Eliezer says, "Let your neighbor's dignity be precious to you as your own. (Avot 2:10)

If heterosexual marriage and celibacy are not realistic options for gay and lesbian Jews, then we must ask what kind of lifestyle is best for them as individuals and for the Jewish community as a whole. For the sake of human dignity, gay and lesbian Jews need a realistic guideline for their observance of the Torah and mitzvot. How is this possible given what we have learned?

The value concept כבוד הבריות, human dignity, has a long legal history within Judaism. Rabbi Eliezer's statement above is not an abstract platitude devoid of legal consequences. Nor is Rabbi Akiva's statement, חביב אדם שנברא בצלם "beloved is humanity, created in the divine image." (Avot 3:14) While human dignity may not be the ultimate value in the halakhic system (divine dignity has priority), it is cited frequently in the Talmud as a principle with normative consequences.[59]

---

54 Rambam, *Hilkhot Hovel Umazik*, 1:10.

55 Professor Nachum Rakover studies the concept of human dignity in his book, *Gadol Kvod haBeriyot – kvod ha-adam k'erekh-al* (Jerusalem: Ministry of Justice, Mishpat Ivri Library, 1998). He observes that while "*Kevod haBeriyot*" is a significant concern of the Tannaim, extending God's dignity to His creatures, it is in Amoraic sources that it develops into a legal principle with jurisgenerative power. See p. 41.

56 BT Berakhot 19b, Shabbat 81b, 94b, Eruvin 41b, Megilah 3b, Bava Kama 79b, Menahot 37b, 38a and PT Nazir 56a.

57 Deuteronomy 17:11 as applied in the primary text on this concept, Berakhot 19b.

58 Professor Rakover notes that גדול כבוד הבריות is in fact used to override an איסור דאורייתא in a case where the biblical obligation to return a lost object is waived out of concern for the dignity of the elderly person who found it. See Berakhot 19b, Bava Metzia 30a, Sanhedrin 18b, and in Rakover, pp. 54–55. Still, the principle of כבוד is not generally applied to overturn biblical verses, which are considered the source of life, and therefore of human dignity.

59 Rabbi Akiva's statement reminds us that Jewish texts discuss the dignity not merely of humans, but of creations. The Hebrew term בריות, creations, indicates that human dignity is a derivative of

The primary text for this topic is Tractate Berakhot 19b, where we learn that a sage must strip off a garment in public should it be found to contain כלאים, a mixture of threads forbidden by the Torah (Leviticus 19:19). Since appearing unclothed in public (even not fully naked) is considered a great בזיון, disgrace, this ruling teaches us that human dignity is secondary to divine dignity. Were the sage publicly to ignore the biblical prohibition of כלאים, his brazen act would give priority to human dignity over divine dignity.[60] For this reason, he must strip off the garment, even in public.

Yet the Talmud continues to describe cases where human dignity does in fact override rabbinic and even biblical imperatives. In each case the Talmud seeks to contextualize and limit the supersession of individual dignity over established halakhah, but the cumulative effect remains significant. In order to comfort a mourner, a kohen may accompany him even through a field that may have human remains buried within it. The Talmud limits this leniency to בית הפרס, a field of doubtful status. In other words, the kohen may not ignore the Torah's command that he avoid the ritual impurity caused by proximity to the dead (Leviticus 21:1) in order to accompany and thus give dignity to a mourner, but he may ignore the Rabbis' expansion of that ruling to even בית הפרס.

The next case seems even bolder. Rabbi Elazar bar Zadok, who was a kohen, recalls, מדלגין היינו על גבי ארונות של מתים לקראת מלכי ישראל "we used to go skipping across graves to greet the kings of Israel." This would appear to place the dignity of the human king higher than God's dignity, represented by the biblical verse. Once again, the Talmud limits the impact of this anecdote, stating that most graves are designed in a way that minimizes the transmission of impurity.[61] Moreover, the Rabbis gave great deference to the king, who represented the dignity of the entire nation.

Grammatically, Rabbi Elazar bar Zadok's use of the past continuous מדלגין היינו indicates that this supersession of the law based upon the demands of human dignity was "a continuous or repeated action."[62] This Talmudic example, together

divine dignity, כבוד ה׳. As a consequence, כבוד הבריות applies broadly to all humans, and not only to Jews. A second consequence is that human dignity is secondary to divine dignity. This prioritization is expressed in the Talmud by citing Proverbs 21:30: ואין תבונה ואין עצה לנגד אין חכמה, "there is no wisdom, nor comprehension nor counsel against the Lord." That is, even those qualities of wisdom that most highly exalt humanity in rabbinic eyes pale in comparison to God's glory. Moreover, if the wise oppose God, they forfeit their own claims to dignity. On the other hand, the degradation of another human is seen as a degradation of the divine image, and the Sages therefore took extraordinary measures to protect human dignity.

60 Other sources add nuance to this ruling, discussing whether the stature of the sage is to be considered, whether it matters if the violation is intentional or not, whether stripping would be necessary if he had no undergarments, and whether another person who noticed כלאים on his neighbor should wait until they reach a private place before informing him. It is possible that only a sage is required to humiliate himself in this fashion.

61 This may refer to ossuaries, which typically left enough space between the bones and the lid to intercept טומאה.

62 Miguel Perez Fernandez, *An Introductory Grammar of Rabbinic Hebrew*, tr. John Elwolde (Leiden: Brill, 1997), section 16.13a (pp. 108–109). See also Moshe Z. Segal, *Dikduk Leshon HaMishnah* (Tel

with more recent halakhic applications of the principle of human dignity, refutes the claims of some that it functions only as an emergency measure, and never as a permanent policy.

Returning to Brakhot, our general principle is now stated dramatically:

> תא שמע: גדול כבוד הבריות שדוחה [את] לא תעשה שבתורה. ואמאי? לימא: אין חכמה ואין תבונה ואין עצה לנגד ה'! – תרגמה רב בר שבא קמיה דרב כהנא בלאו (דברים י"ז) דלא תסור. אחיכו עליה: לאו דלא תסור דאורייתא היא! אמר רב כהנא: גברא רבה אמר מילתא לא תחיכו עליה, כל מילי דרבנן אסמכינהו על לאו דלא תסור, ומשום כבודו שרו רבנן.
>
> Come and learn: So great is human dignity that it supersedes a negative commandment of the Torah. And why? Don't we say, "there is no wisdom, nor comprehension nor counsel against the Lord"? (Proverbs 21:30) Rav bar Sheba interpreted it thus before Rav Kahana: "[this principle applies only] to the negative commandment of 'do not stray'" (Deut. 17:11). They [i.e., his colleagues] laughed at him, saying, "'Do not stray' is itself from the Torah!" But Rav Kahana said to them, "When a great man states a matter, do not laugh at it. For all of the words of the Sages are supported by the negative commandment of 'do not stray,' but for his dignity, the Rabbis permitted him [to ignore their ruling]."

This passage establishes that the Sages waived their own dignity (i. e., the power of their precedents), but not the dignity of the Torah, in deference to the dignity of other people. While the Sages traced their own authority to the verse from Deut. 17:11, they still distinguished between the stature of their rulings and those of the Torah itself.

In the hierarchy of halakhic values, God's dignity is highest, but human dignity is not far below, as Psalm 8:6 famously declares: ותחסרהו מעט מא-להים וכבוד והדר תעטרהו "That You have made him little less than divine, and adorned him with glory (כבוד) and majesty."[63] Indeed, the final passage of this sugya in Brakhot 19b gives an example in which the clear biblical command (Deut. 21:1) to return a lost object (in this case, a stray animal) is waived for an elder when the dignity of the finder would be compromised by the obligation to lead the animal back to its owner. Here the maxim גדול כבוד הבריות שדוחה [את] לא תעשה שבתורה supersedes not only a rabbinic injunction, but even a biblical command, albeit via the passive mechanism of שב ואל תעשה, "sit and do not act."

Yet in other Talmudic contexts, this principle is restricted to superseding rabbinic injunctions. For example, in Shabbat 81a–b, permission is granted to carry smooth stones up to a roof on Shabbat to be used for hygienic purposes.[64] Here a form of carrying prohibited by the rabbis, but not the Torah, is permitted in

---

Aviv: Devir, 5696) section 230 (and also 232), p. 130. He describes the combination of היה and a beinoni verb as yielding פעולה מתמידה ונמשכת "an activity that is constant and continuous."

63 The fuller reference: Psalms 8:5–6: מה־אנוש כי־תזכרנו ובן־אדם כי תפקדנו: ותחסרהו מעט מא־להם וכבוד והדר תעטרהו "What is man that You have been mindful of him, mortal man that You have taken note of him. That You have made him little less than divine, and adorned him with glory (כבוד) and majesty." NJPS trans. We thank Professor Benjamin Sommer for this association as well as the grammatical sources in the prior note.

64 בעא מיניה רבה בר רב שילא מרב חסדא: מהו להעלותם אחריו לגג? – אמר ליה: גדול כבוד הבריות שדוחה את לא תעשה שבתורה.

deference to human dignity. A similar case is brought at Eiruvin 41b. Likewise in Shabbat 94b, Rav Nachman allowed the removal of a dead body from a house to a כרמלית on Shabbat, out of deference to human dignity.[65]

Another application of our principle comes from Megilah 3b. Which mitzvah takes precedence, reading *Megilat Esther* at its prescribed time, or attending to the burial of an abandoned body? The abandoned body has priority, for "so great is human dignity that it supersedes a negative commandment of the Torah."[66, 67]

In Talmud Hagigah 16b, a story is related in the name of Abba Eliezer of a departure from the policy preventing women from laying hands on the sacrifice in order "to make them feel pleased. "This passage does not cite human dignity, but it is an example of rabbinic consideration for the feelings of an excluded population to participate more fully in the public rituals of Judaism.[68]

A further Talmudic example of human dignity superseding a halakhic prohibition comes from Yerushalmi Nazir 56a.[69] Here a *nazir*[70] is given permission to follow a crowd that is taking an impure road rather than going out of his way to walk a pure road alone. Unlike the case in Bavli Brakhot 19b, the Yerushalmi allows him to take even a biblically prohibited path. In support of this permission, the Yerushalmi cites our principle with a variation: דאמר רבי זעירא גדול כבוד הבריות שדוחה למצוה בלא תעשה שעה אחת, "for Rabbi Zeira says, 'so great is human dignity that it supersedes a negative commandment temporarily." That is, the prohibition remains in force, but in this situation the *nazir* is given a temporary waiver from the biblical prohibition.

From this brief survey of the citation of human dignity in Talmudic texts,[71] we learn that this principle is not merely a soft value, but is also used in hard legal applications to override even the biblical requirements that a nazir not defilehimselfand that all Israelites must return lost objects. In addition, forms of carrying prohibited by the Rabbis on *Shabbat* can be waived for the sake of human dignity.

There are significant restraints upon the application of this principle. It is claimed in the Talmud and codes to apply only to rabbinic prohibitions, though the Bavli releases individuals from biblically-based monetary obligations (such

65 ההוא שכבא דהוה בדרוקרא, שרא רב נחמן בר יצחק לאפוקיה לכרמלית. אמר ליה רבי יוחנן אחוה דמר בריה דרבנא לרב נחמן בר יצחק: כמאן – כרבי שמעון, אימר דפטר רבי שמעון מחיוב חטאת – איסורא דרבנן מיהא איכא! – אמר ליה: האלהים! דעיילת ביה את, ואפילו לרבי יהודה (שרי). דמי קאמינא לרשות הרבים? לכרמלית קאמינא! גדול כבוד הבריות שדוחה את לא תעשה שבתורה.

66 בעי רבא: מקרא מגילה ומת מצוה הי מינייהו עדיף? מקרא מגילה עדיף משום פרסומי ניסא, או דלמא מת מצוה עדיף – משום כבוד הבריות? בתר דבעיא הדר פשטה: מת מצוה עדיף. דאמר מר: גדול כבוד הבריות שדוחה את לא תעשה שבתורה.

67 The negative commandment would be straying from the rabbinic instruction that the *megilah* must be read at its prescribed time.

68 See Tosfot s. v. לעשות נחת רוח לנשים and the parallel sources in Rosh HaShanah 33a etc.

69 תלמוד ירושלמי מסכת נזיר פרק ז דף נו טור א/ה"א. תני היו שני דרכים מתאימות אחת רחוקה וטהורה ואחת קרובה וטמאה אם היו הרבים הולכין ברחוקה הולך עמהן ואם לאו הולך בקרובה מפני כבוד הרבים עד כדון בטומאה שהוא מדבריהן ואפילו בטומאה שהוא מדבר תורה מן מה דאמר רבי זעירא גדול כבוד הבריות שדוחה למצוה בלא תעשה שעה אחת.

70 *Nazir*: a person who has taken a vow to avoid ritual impurity, haircuts and grape products.

71 This survey has in fact been limited to those passages that cite our entire phrase, גדול כבוד הבריות שדוחה [את] לא תעשה שבתורה. However, *Kvod habriot* appears explicitly or implicitly in many other contexts, such as Hagigah 16b, which is described by Professor Sperber (see below).

as returning lost property) based on human dignity.[72] The Yerushalmi does not make this distinction, but at least in the case of Rabbi Zeira cites dignity only for a temporary suspension of a biblical commandment rather than a permanent deletion of a mitzvah.

Nevertheless, these texts indicate that when our Sages of blessed memory claimed to value human dignity, they truly meant it, and translated this value into normative practice.[73] For example, The Shulhan Arukh (OH 312) cites human dignity in allowing one to carry stones for sanitary purpose on Shabbat within the type of area the the Rabbis generally prohibited carrying:

> משום כבוד הבריות התירו לטלטל אבנים לקנח, ואפי' להעלותם לגג עמו דהוי טרחא יתירה, מותר.
>
> For the sake of human dignity, they permitted carrying smooth stones to wipe with. And even to carry them up to the rooftop, which is a great effort, is permitted.

Tosafot comments on the Talmudic permission to sell a Torah scroll in order to marry a wife that this may be justified based on human dignity.[74]

Of course, there is no objective measure of human dignity. The Talmudic sources are sensitive to the different circumstances of people based on age, class, scholarship and other factors. It is interesting that several of the waivers granted to the *kohen* and the *nazir* address the indignity of walking alone, therefore investing more importance in this social indignity than in the requirement to remain ritually pure.

The opposite of dignity, בושת, or disgrace, is a major offense in Jewish law.[75] Fear of shaming illiterate individuals led to exempting them from reciting the biblically-required first fruits declaration, and allowing the *kohen* to read on their behalf. The same concern led to the modification of many funeral customs,[76] and also to the separation of the role of *aliyah laTorah* from the obligation to chant the actual text. Shame too is a relative phenomenon. If all people have a benefit and one person is excluded, he or she is shamed. The families established by heterosexual Jews are recognized and celebrated by the Jewish community, whereas homosexual Jews have been ignored or scorned. This shame demands the attention of the larger community.[77]

---

72 See discussion by Eliezer Berkowitz, *Not in Heaven*, p. 23.

73 See Rashi to Sukkah 36b s. v. *mutar l'hakhnis*; Beitzah 32b s. v. v'ha<u>h</u>a; Mena<u>h</u>ot 38a s. v. *b'lav d'lo*.

74 Tosfot to Bekhorot 29a s. v. *"heikhi azil"*, referring to Megilah 27a, which cites Isaiah 45:18, "God created the earth "not for chaos…"

75 Some primary sources on בושת include M. Bava Kama 83b, Rambam <u>H</u>ovel *umazik* 1:1, Tur/S. A. H. M. 120:3. See also the article in *Entzayklopedia Talmudit*.

76 Moed Katan 27b.

77 It is of course true that other people, such as interfaith couples, may experience the shame of exclusion by the Jewish community. However, significant efforts are being made to draw them near, and such couples always have the option of upgrading their social status in the Jewish community via conversion of the non-Jew to Judaism.

D Human Dignity in Medieval and Modern Halakhic Sources

Based on the Talmudic texts above, we see that concern for human dignity trumps both positive and negative commandments, generates both exemptions and obligations, and is activated by challenges to the physical and the social needs of an individual. Perhaps this principle had a glorious but short-lived run, disappearing from the stage of halakhic discourse? In fact, גדול כבוד הבריות has retained its power, though it is seldom cited as sweepingly in later sources as in the Talmud.[78]

The Shulhan Arukh, as already noted, ratifies the Talmudic permission to carry stones to the roof on Shabbat, citing human dignity.[79] The Levush comments, "And not merely for a major aspect of *kevod haberiot*, but even for a much lesser one [such as being able to use a wood splinter to pick one's teeth]."[80]

Rabbi Moses Isserles permitted a couple whose dowry arrangements were delayed to marry on Friday night, despite the prohibition of marrying on Shabbat, because "it would shame the bride and groom if they were not married." (OH 339:4)[81] These examples generally describe extraordinary circumstances (בדיעבד) that should be avoided when possible (לכתחלה). Still, they demonstrate the enduring power of human dignity as a legal construct in permitting the otherwise forbidden in order to avoid humiliation. Indeed, human dignity is cited 81 times in the Shulhan Arukh and its primary commentaries to permit otherwise forbidden actions.

In his essay "Congregational Dignity and Human Dignity: Women and Public Torah Reading," Bar Ilan Professor Daniel Sperber assembles a diverse assortment of ways in which human dignity has been cited in recent centuries.[82] Professor Sperber says that גדול כבוד הבריות "has been given wide application" in various halakhic contexts. In the responsa literature, Sperber finds numerous references to human dignity superseding a rabbinic law. A sixteenth century responsum of Rabbi Joseph bar Lev prevented a man who married a second wife when his first was barren from divorcing the second woman and keeping the children, citing the principle of human dignity.[83] Rabbi Abraham Yitzhak HaKohen Kook waived the disqualification of women from participating in producing a Torah scroll, allowing them to sew together its panels, by reference to human dignity.[84]

Rabbi Eliezer Waldenberg cites human dignity to allow a hearing impaired person to wear (and carry) a hearing aid on Shabbat.[85] First he considers whether the use of a hearing aid can be justified under the rubric of פקוח נפש, protecting health or avoiding danger. Having rejected this rationale, he turns to the dignity

78 A search on the Bar Ilan Responsa Project (version 12+) yields 440 citations, 248 of them from responsa.

79 Orah Haim, 312:1. משום כבוד הבריות התירו לטלטל אבנים לקנח.

80 Levush to Orah Hayim 312:1, par. 1.

81 See discussion in Rabbi Joseph Telushkin, *A Code of Jewish Ethics*, Vol. 1 (New York: Bell Tower, 2006), p. 279.

82 *The Edah Journal*, 3:2, 2002 (Elul 5763). Available on-line at www.edah.org.

83 *Responsa of Maharibal*, part 1, sec. 40.

84 *Responsa Da'at Kohen*, sec. 169.

85 *Responsa of Tzitz Eliezer*, Vol. 6, sec. 6, par. 3.

of a hearing impaired individual, and uses the Talmud's reasoning with great force and sensitivity:

> למדנו מהאמור דהותרה איסור טלטול מוקצה משום כבוד הבריות שלא יתבזה האדם מגרמת אי הטלטול בעיני עצמו ובעיני הבריות באיזה דרך שהוא. וא"כ לפי"ז הרי נדמה דאין לך כבוד הבריות גדול מזה כמניעת בושה ובזיון מהחרש מאי שמעו לקול המדברים אליו, דאין לתאר גודל החרפה ובושת הפנים ואי הנעימות הנגרמת לו מדי בואו בין אנשים ובבהכ"נ = ובבית הכנסת= והוא בודד לו, אינו מקשיב להנעשה, ולא יכול להשיב למה ששואלים אותו, באופן שאיכא בזה משום כבוד הבריות יותר מהנידונים האמורים, ועוד זאת, בבשתו זאת מעורב גם צער רב על ביטול תפלה בצבור ושמיעת קה"ת ואיש"ר = קריאת התורה ואמן יהא שמיה רבה= וקדושה ובכדומה בביטול קיום חביל מצות קלות וחמורות, ולכן שפיר יש להתיר טלטול מוקצה משום כבוד הבריות גדול כזה ולהתיר לחרש לשאת בשבת מכונת – החרשים.
>
> We have learned from that said [in the Talmud and codes] that the prohibited act of carrying *muktzeh*[86] [on Shabbat] was permitted in deference to human dignity, lest the person be humiliated, whether in his own eyes or in the eyes of others, due to being unable to carry [e.g. smooth rocks for wiping] in any way. And if so, it seems that there is no greater matter of human dignity than preventing embarrassment and humiliation of the hearing-impaired person due to inability to hear those who speak to him. One cannot describe the great humiliation, shame and discomfort caused to him when he walks among people and in synagogue and is isolated, unable to hear what is happening, unable to reply to that said to him, for this is more a matter of dignity than the subjects mentioned [in the Talmud]. Moreover, together with humiliation is mixed great anguish at his inability to participate in public prayer, and to hear the Torah chanted, and to respond "Amen, *yehei shemei rabbah*" and kedushah, and similarly, his inability to fulfil the package of commandments, small and great. Thus, it is certainly proper to permit him to carry *muktzeh* because of such a great instance of human dignity, and to allow the hearing-impaired person to carry a hearing aid on Shabbat.

Rabbi Waldenberg writes compassionately about two levels of human dignity at risk: the humiliation of being socially excluded from the life of his community, and the anguish at being unable to fulfil the mitzvot. In the beginning of his responsum, Rabbi Waldenberg stipulates that his permission applies only to cases in which the hearing-impaired person agrees not to turn the device on and off on Shabbat. From his perspective this act, which is done quite casually at other times, would violate a primary category of Shabbat labor.[87] Moreover, there is a concern for מראית עין (misleading appearance): other Jews might see him using the hearing aid and assume that they may operate electrical appliances on Shabbat. Even though these are reasonable concerns that could lead to capital offenses, Rabbi Waldenberg sets them aside in favor of the need for the hearing-impaired person to have a dignified part in Jewish society.

---

86 *Muktzeh* means touching an object, such as a match, which is used primarily for a prohibited purpose. Striking the match would violate the biblical prohibition of *mav'ir* (burning), but even touching the match violates the rabbinic s'yag (fence) of *muktzeh*.

87 Rabbi Waldenberg considers turning on a battery-powered device on *Shabbat* to be prohibited as *maviir* (lit. burning; also, consumption) and turning it off to be prohibited as *m'khabeh* (lit. extinguishing; also, conservation).

This example demonstrates that human dignity as a legal consideration is not limited to temporary dispensations but can also be summoned for a permanent accommodation.[88] It also shows that even when there is a danger that the limited permission of a rabbinically prohibited act could arguably lead to the violation of a biblically prohibited act, we are allowed to be lenient for the sake of human dignity. Rabbi Waldenberg notes both the social and the religious elements of exclusion; human dignity is a legitimate and powerful consideration of the law.

In light of this long, well established, and broad application of the value of human dignity, Professor Sperber cites the human dignity of women to justify their permission to read Torah in public, even if some people still consider this to violate כבוד הצבור, the dignity of the congregation. Human dignity is a central value of Jewish theology and law. In making her case for the expansion of women's ritual participation within Orthodoxy, Professor Tamar Ross describes the role of values (meta-halakhah) such as human dignity within halakhic discourse in clarifying the telos or ideal vision of the halakhah.[89]

Rabbi Aaron Lichtenstein, Rosh Yeshivah of Yeshivat Har Etzion, published an article on the role of human dignity in halakhah in the Israel Defense Force journal, *Ma<u>h</u>anayim*.[90] He observes that many poskim have been reluctant to cite כבוד הבריות explicitly in their *piskei din*, but that this value is frequently the background motivation for a *poseik's* decision. Rabbi Lichtenstein understands this reluctance, and indeed fears that the liberal citation of human dignity could undermine the authority of rabbinic norms in general. Nevertheless, he argues that this hesitation to cite כבוד הבריות explicitly results in the weakening of a significant halakhic and theological principle. If the halakhah is reduced to the mechanical application of precedent without concern for its moral motivations, its religious significance is greatly diminished.

The State of Israel, lacking a constitution, has turned for precedent to both Jewish law (*mishpat ivri*) and what is called Jewish heritage (*moreshet Yisrael*). The former category includes the formal legal texts of our tradition, while the latter category includes the broader moral and religious teachings of Judaism. In the 1985 case, *Naiman v. Chairman, Central Elections Committee*, the scope and impact of Jewish heritage as a source of modern Israeli law was examined. Justice Men-

---

88 In a letter addressed to the CJLS in March, 2006, Rabbi David Golinkin argued that *Kvod habriot* is utilized exclusively on a temporary basis (*sha'ah achat* in the Yerushalmi's phrase) and is therefore inapplicable to our subject. However, this restriction is used only in the Yerushalmi, and there it is referring to an exemption from a biblical prohibition. While most dignity issues are time-limited, several of these modern applications are recurrent. Indeed it is not evident that the Talmudic cases are all time-limited. As Rabbi Elazar b. Zadok recalls in Brakhot 19b, *medalgim hayinu al gabei aronot shel metim likrat malkei Yisrael*, "we used to skip over graves to greet the kings of Israel." See note 62.

89 Tamar Ross, *Expanding the Palace of Torah: Orthodoxy and Feminism* (Waltham, MA: Brandeis UP, 2004), esp. chapter 4, "The Meta-Halakhic Solutions of Modern Orthodoxy," p. 65.

90 *Ma<u>h</u>anayim*, (new series) No. 5 Iyyar 5753. We thank Rabbi David Rosen for providing us with his translation of this article. A somewhat longer version, delivered as a lecture by Rabbi Lichtenstein under the title "*Kevod Ha-beriyot*: Human Dignity in Halakha," is available in a transcript and translation prepared by Aviad Hacohen and David Silverberg at the Yeshivat Har Etzion Israel Koschitzky Virtual Beit Midrash.

achem Elon summarized the role of meta-principles in halakhah: "The principles of freedom, justice, equity and peace pervade the world of Halakhah and Judaism; nowhere in that world are they absent."[91]

Since 1950, the State of Israel has passed eight "Basic Laws" (חוקי יסוד), largely related to the functioning of the government and army. In 1992, the Knesset passed "Basic Law: Human Dignity and Freedom" (חוק יסוד: כבוד האדם וחירותו). In four of its twelve clauses[92] it establishes a broad entitlement to dignity in Israel.[93]

---

91 Menachem Elon, *Jewish Law: History, Sources, Principles* (Philadelphia: Jewish Publication society, 1994) Vol. IV, p. 1840. Elon discusses the metaprinciple of human dignity and equality on pp. 1850–1854:

The principles of freedom, justice, equity and peace pervade the world of Halakhah and Judaism; nowhere in that world are they absent. These principles serve a dual role: (1) as legal principles in many areas of the law, and (2) as metaprinciples for establishing legal and adjudicatory policy. Such metaprinciples as "They are my servants and not servants of servants," "do what is right and good," "judge your neighbor fairly," "justice, justice shall you pursue," "her ways are pleasant ways, and all her paths, peaceful," are prime examples of legal norms that establish policy in various areas of the law. In light of the policy so established, specific rules are derived on the basis of the principles of freedom, justice, equity, and peace. The same is true of a number of other similar metaprinciples. A vast amount of material may be found in the sources of the Jewish heritage concerning these metaprinciples and their application to various areas of the law, and these principles have been discussed in philosophical and scholarly literature.

92 The full text of "Basic Law: Human Dignity and Liberty" is available at http://www.knesset.gov.il/laws/special/eng/basic3_eng.htm. Here is the official translation:

1. Purpose. The purpose of this Basic Law is to protect human dignity and liberty, in order to establish in a Basic Law the values of the State of Israel as a Jewish and democratic state.
2. Preservation of life, body and dignity. There shall be no violation of the life, body or dignity of any person as such.
3. Protection of property. There shall be no violation of the property of a person.
4. Protection of life, body and dignity. All persons are entitled to protection of their life, body and dignity.
5. Personal liberty. There shall be no deprivation or restriction of the liberty of a person by imprisonment, arrest, extradition or otherwise.
6. Leaving and entering Israel. (a) All persons are free to leave Israel. (b) Every Israel national has the right of entry into Israel from abroad.
7. (a) All persons have the right to privacy and to intimacy. (b) There shall be no entry into the private premises of a person who has not consented thereto. (c) No search shall be conducted on the private premises of a person, nor in the body or personal effects. (d) There shall be no violation of the confidentiality of conversation, or of the writings or records of a person.
8. Violation of rights. There shall be no violation of rights under this Basic Law except by a law befitting the values of the State of Israel, enacted for a proper purpose, and to an extent no greater than is required.
9. Reservation regarding security forces. There shall be no restriction of rights under this Basic Law held by persons serving in the Israel Defence Forces, the Israel Police, the Prisons Service and other security organizations of the State, nor shall such rights be subject to conditions, except by virtue of a law, or by regulation enacted by virtue of a law, and to an extent no greater than is required by the nature and character of the service.
10. Validity of laws. This Basic Law shall not affect the validity of any law (din) in force prior to the commencement of the Basic Law.

1. זכויות היסוד של האדם בישראל מושתתות על ההכרה בערך האדם, בקדושת חייו ובהיותו בן חורין, והן יכובדו ברוח העקרונות שבהכרזה על הקמת מדינת ישראל.
1א. חוק-יסוד זה, מטרתו להגן על כבוד האדם וחירותו, כדי לעגן בחוק-יסוד את ערכיה של מדינת ישראל כמדינה יהודית ודמוקרטית.
2. אין פוגעין בחייו, בגופו, או בכבוד של אדם באשר הוא אדם.
4. כל אדם זכאי להגנה על חייו, על גופו ועל כבודו.

1. Basic human rights in Israel are grounded in the recognition of human worth, in the sanctity of human life and freedom, and these are honored in the spirit of the principles included in the declaration establishing the state of Israel.
1a. This basic law is intended to protect human dignity and freedom in order to secure in basic law the values of the State of Israel as a Jewish and democratic state.
2. It is forbidden to harm the life, body, or dignity of a person in that he is human.
4. Every person is entitled to protection of his life, body and dignity.

This basic law has been cited in a broad array of appeals to the Israeli Supreme Court in cases considering the rights of Arab citizens, those of Jewish settlers expelled from Gaza, and the complaint of Alice Miller, a female Israel Air Force pilot.[94] The status of gay relationships has been granted State recognition as ידוע בצבור, publicly recognized, in cases awarding social security and inheritance benefits to a male partner of a military officer and in the registration of two women as them others of an adopted child.[95]

Our purpose in citing this Basic Law and its application in protecting the rights of gay and lesbian Israelis is to demonstrate the centrality of human dignity not only within the discourse of traditional halakhic sources but also in the State of Israel.[96] As the CJLS reviews the status and halakhic guidelines applicable to gay and lesbian Jews, what consideration shall be given to their claims to human dignity?

---

11. Application. All governmental authorities are bound to respect the rights under this Basic Law.
12. Stability. This Basic Law cannot be varied, suspended or made subject to conditions by emergency regulations; notwithstanding, when a state of emergency exists, by virtue of a declaration under section 9 of the Law and Administration Ordinance, 5708–1948, emergency regulations may be enacted by virtue of said section to deny or restrict rights under this Basic Law, provided the denial or restriction shall be for a proper purpose and for a period and extent no greater than is required.

93 See discussion of this basic law in Rakover, pp. 14–17 and the full Hebrew text on p. 193, Appendix IV.

94 Israeli Supreme Court decisions may be searched on the web site: www.court.gov.il/heb/index.htm and at nevo.co.il.

95 Although the primary consideration in the latter case, which was decided in favor of the two mothers on January 10, 2005, was for the good of the child, the court also found that to exclude the plaintiffs from consideration as a family based on their being the same gender would violate their dignity as established in the 1992 basic law.

96 We thank Ronen Hausirer for his assistance in accessing these cases. See also Orit Kamir, שאלה על כבוד ישראלית וכבוד האדם "Israeli Honor and Dignity: Social Norms, Gender Politics and the Law" [Hebrew] (Jerusalem: Carmel, 2005).

E The Human Dignity of Homosexuals

Tel Aviv University professor Delphine Haiun writes perceptively about the relationship between dignity as an internal state and dignity within a social context:[97]

> *Kavod* is the inner value that makes man a human being, that gives him/her identity as such; it constitutes a condition of human existence for him/her. This signification can slide into more institutional connotation, also present in the Bible. The *kavod* is, then, the social nature of a human being, his/her status, his/her importance, his/her value in society...Since the Middle Ages, the word *kavod* has represented the name of God. What makes us human beings is the divine part of us, the presence of God in us.

This description resonates with our experience. For gay and lesbian Jews, it is impossible to ensure an internal state of dignity as long as their social status is one of utter humiliation. The Rabbis recognized the social component of shame in calling attention to the fact that people are shamed (and are owed compensation for that) not only when they themselves feel humiliated, but also when that person's family or community recognizes something that has happened to that person as embarrassing.[98]

Rabbi Joel Roth has argued in his responsum, "Homosexuality Revisited" that human dignity is cited in the Talmud to permit person X to violate the law only in order to protect the dignity of person Y.[99] This would mean that a gay or lesbian Jew may not claim an exemption from the rabbinic prohibitions for the sake of his or her own dignity. Rabbi Roth believes that human dignity may not be used as a rationale by a person to violate the law for his own sake – this, he argues, would be a theological absurdity in that an observant Jew would be invited to place his own dignity higher than God's. Of course, this is precisely the argument used in the Talmud for why human dignity does not supersede biblical law. Yet the Talmud does not discern a theological objection when human dignity supersedes rabbinic law. It even provides a *drashah* to explain that "sometimes you can ignore the injunction" because of human dignity.[100]

Some of our examples do indeed conform to Rabbi Roth's view of human dignity as an altruistic principle. A Jew may detour from the task of reading *Megilah* or performing a *brit milah* in order to assure the burial of an unattended corpse (מת מצווה). Yet, other examples clearly refer to the dignity of the actor himself: An elder need not return a lost object, since this act would undermine his dignity. A person may carry stones in a כרמלית in order to wipe off excrement for his own dignity's sake. A superior court judge need not testify in a lower court. A man

97 Delphine Haiun, "The Israeli Patients' Rights Law: A Discourse Analysis of Some Main Values" in *Korot: The Israeli Journal of the History of Medicine and Science, Healing Individuals, Healing Society*, Volume 17 (2003–2004), pp. 97–124.

98 Bava Kamma 86b.

99 Joel Roth, "Homosexuality Revisited," 2006.

100 Brakhot 19b; Bava Metzia 30a; Sanhedrin 18b.

caught [or carried off by gentiles] outside of the Shabbat boundary, the תחום שבת, and therefore prohibited from moving more than four cubits, may nevertheless move away from a place where he has defecated, or move to a private location for his own dignity's sake.

Rabbi Roth argues that even the latter cases concern not the dignity of the actor, but the dignity of his neighbors. He claims, for example, that a man is allowed to carry stones and clean himself so that others will not be offended by his smell; he is allowed to walk more than four cubits into a secluded location so that others will not be offended by seeing him defecate; as an elder, he is exempted from returning a lost object so that others will not be humiliated by his need to fulfil this mitzvah. We find Rabbi Roth's claim unconvincing since the Talmudic cases do not make this distinction,[101] and it is hard to believe that the primary

101 To support his interpretation, Rabbi Roth quotes the Rosh to Eiruvin 41b, who in turn quotes a responsum of Rav Hai Gaon:

וחזי לן תשובה לרב האי גאון ז"ל בהאי עניינא ומתחזי לן מינה דהאי כבוד הבריות מפני בני אדם שרואין אותו ולא משום כבוד עצמו הוא, כי כתוב בתשובתו: מיהו אם הוצרך לנקביו ויש שם בני אדם שהוא מתבייש לפניהם יש לו לצאת מאותן ד' אמות עד מקום שהוא יושב בסתר או יחידי ועושה צרכיו כי כבוד הבריות דוחה את הדבר הזה.

We have seen a responsum of Rav Hai Gaon z"l on this subject and it appears to us from this that this case of Kvod habriot [human dignity] relates to the people who are watching him, and is not for his dignity himself, for it is written in his responsum, "Yet if he needs to move his bowels, and there are people present before whom he is embarrassed, he may exit those four cubits to a place where he may the Shabbat boundary].

The Rosh continues to permit the man to leave his secluded location afterwards since it would not be dignified to sit next to his feces all day. Rabbi Roth has a complicated interpretation of this text, which we cite:

While I suspect that some will read this and assume it supports the view opposite to the one I am espousing, I think not. First of all, the Rosh makes clear that the odor commonly associated with relieving oneself is the primary factor here. And secondly, I believe that the Rosh's point is that once one has relieved himself he then becomes "other" vis-a-vis the discomfort caused by the odor. So, in the final analysis, the Shabbat passage also is a case of X violating the law out of deference for the honor of Y.

We have read and reread both the primary source and Rabbi Roth's interpretation of it, and simply do not understand this interpretation. The only person present is the man who moved his bowels and who is now stuck beside his excrement. He was embarrassed to relieve himself where other people were watching, and now he is embarrassed to sit in private in a filthy location. It is apparent to us that the Sages were concerned with the dignity of the actor, and that the significance of the other people is that their presence exacerbates his humiliation.

This last point is supported by the particular language used by Rosh, ולא משום כבוד עצמו הוא, "it is not because of his own [in]dignity." The source for this phrase is Ta'anit 15b-16a, regarding the procedure for public fasting. The custom was for people to embarrass themselves by placing ashes on their own heads, but the Nasi and the head of the court had others place the ash upon them. Why?

מאי שנא דשקיל איניש אחרינא ומנח להו? – אמר רבי אבא דמן קסרי: אינו דומה מתבייש מעצמו [טז עמוד א] למתבייש מאחרים.

Why differentiate and have other people place [the ash] upon them? Rabbi Abba of Caesarea says, 'one who embarrasses himself is not like [16a] one embarrassed by others.'

Rashi explains that because of their importance, the leaders accepted additional humiliation (דאיכא עגמת נפש טפי) by having the ash placed on them by others. This passage apparently provides the language employed by the Rosh for a similar purpose – it is far more embarrassing when oth-

concern in these cases is the dignity of bystanders[102] rather than that of the person most directly affected.

Rabbi Louis Ginzberg discusses the concept of כבוד הבריות in his great commentary on Yerushalmi Brakhot.[103] Contrasting this concept with the similar idea of כבוד הרבים, Rabbi Ginzberg writes, שכבוד הבריות משמעו דבר שאדם מונע עצמו ממנו כדי שלא יתבזה בין בני אדם, וכבוד הרבים דבר שאדם שיש בו נימוס עושה אותו לכבוד הצבור, "For the meaning of *kvod habriot* is that a man withholds himself from something so that he not be humiliated among people, whereas *kvod harabim* is a thing done by a polite man for the dignity of the public." A few lines earlier Rabbi Ginzberg explicitly states regarding the man required to strip off forbidden garments שבזיון גדול הוא לו להראות ערום בין הבריות, "for it is a great humiliation to him to appear naked before other people." Rabbi Ginzberg states that the law is more sensitive to the humiliation of the individual than to the disrespect to the public. This commentary supports our understanding that *kvod habriot* describes the dignity of an individual within his or her social context.[104]

Dignity is a social phenomenon.[105] In all of these cases, there is interplay between the dignity of the actor and the dignity of his neighbors. For a person to smell filthy in isolation may be uncomfortable, but it becomes humiliating only when others smell him. His humiliation humiliates them and vice versa. For a mourner to walk home alone from the funeral may be depressing, but his dignity is impugned only when it appears that a neighbor has refused to walk with him. For a sage to strip off forbidden clothes in public may be an affront to the dignity of his neighbors, but this is certainly because they feel horrified to have witnessed his humiliation. For a sage to be forced to stand in testimony in a lower

---

ers participate in the humiliation of an individual. In Ta'anit, they do so by placing ash on his head; in Eiruvin, they do so by watching him defecate. What is clear is that the concern is not the embarrassment of others, but the embarrassment of the actor which is exacerbated by the presence of other people. The phrase is also used in Sanhedrin 42a regarding the embarrassment of a judge. In all of these cases, dignity is undermined and embarrassment augmented when others participate in or even witness one's own discomfort.

102 In the Eruvin case, the bystanders are most likely the very gentiles who carried him out of town in spite. What other Jews would be outside the Shabbat boundary? These gentiles would probably enjoy watching him sit stranded in his four cubits and even being forced to defecate and stay put. It is exceptionally hard to believe that in this case the Rosh is more concerned with the dignity of these cruel strangers than of the Jew they have tormented. The *gemara* concludes by encouraging such a person to use his permission to walk to a privy to also re-enter the Shabbat boundary and thus escape his predicament.

103 פירושים וחדושים בירושלמי (ניו יורק: ב"מ הרבנים, תש"א), חלק ג', ע' 103.

104 We thank Rabbi Alvan Kaunfer for drawing our attention to this reference.

105 A number of modern thinkers, most especially Charles Taylor and Emanuel Levinas, have expanded our understanding of what it means to be a community. See Charles Taylor: *Sources of the Self: The Making of the Modern Identity* (Cambridge: Cambridge University Press, 1989); *Ethics of Authenticity* (Cambridge, MA: Harvard University Press, 1991); and *Modern Social Imaginaries* (Durham: Duke University Press, 2004). See also Emanuel *Levinas: Existence and Existents,* Alphonso Lingis, trans. (The Hague: M. Nijhoff, 1978); *Totality and Infinity:An Essay on Exteriority,* Alphonso Lingis, trans. (The Hague: M. Nijhoff, 1979); *Ethics and Infinity,* Richard A. Cohen, trans. (Pittsburgh: Duquesne University Press, 1986).

court humiliates him and also his students, who feel that they have participated in his humiliation. It is therefore not accurate to discuss the dignity of X as if it were separate from the dignity of Y. As Rabbi Waldenberg writes in the passage cited above, the halakhah considers the person's dignity, "whether in his own eyes, or in the eyes of others." Some cases are primarily about the actor's dignity, and some are primarily about the dignity of his neighbor, but all are ultimately about the social fabric of Israel.

This, of course, is precisely our point. We are concerned for the dignity of gay and lesbian Jews not only because we are sympathetic to their dilemma, but also because their humiliation is our humiliation. We wish to welcome them, but we do so in such a forbidding fashion that they are repeatedly humiliated. Looking at our own congregations, we too are embarrassed by our cold welcome. For example, a gay man told us of going to minyan to say kaddish during *shloshim* for his father. The rabbi prevented him from leading services because he was gay, and then showed him an entire list of "leadership activities" from which he was banned based on that rabbi's interpretation of the CJLS's 1992 consensus statement. This humiliation was experienced not only by an individual, but by an entire congregation.[106] When gay and lesbian Jews are finally welcomed to take their rightful places in our community, then we will have safeguarded their dignity as individuals, and our dignity as a community.

It is difficult to imagine a group of Jews whose dignity is more undermined than that of homosexuals, who have to date been told to hide and suppress their sexual orientation, and whose desire to establish a long-term relationship with a beloved friend have been lightly dismissed by Jewish and general society. They have, in effect, been told to walk alone, while the great majority of Jews are expected to walk in pairs and as families. In such a context, where is the dignity of homosexual Jews? How can we hide from their humiliation? What halakhic recourse is available to integrate gay and lesbian Jews into the observant community with full dignity?

Here we acknowledge the lessons of modern science and psychology in teaching that homosexual orientation is not an individual decision but rather a core component of human identity often established by childhood. For the contemporary *poseik* to possess this information, to hear the distress of gay and lesbian Jews eager to observe the Torah, and simply to state that nothing can be done is to ignore the halakhic principle of human dignity.

Until this point, halakhic authorities have maintained a complete ban on all intimate acts by homosexuals. The most generous opinions have viewed homosexuals as devoid of individual agency,[107] and thus exempt from the most violent penalties of the law. Yet even such opinions establish the spurious ideals of: celibacy, which is impossible for many people; conversion therapy, which has been discredited by the psychological profession; or surreptitious sexual behavior, which is dangerous on many levels. None of these options allows for a gay or

106 Statement made to Rabbi Nevins at a public lecture in Springfield, NJ on Sept. 12, 2006.

107 By using either the category of אנוס or תינוק שנשבה בין הגרים.

lesbian Jew to live openly and honestly within the Jewish community. None of these solutions provides for his or her dignity.

It is not possible to set aside the explicit biblical prohibition on anal sex that is stated twice in Leviticus and frequently reaffirmed by the Rabbis. As we have shown, the *kvod habriot* principle supersedes rabbinic, not biblical law. Of course, there is a theoretical way to overturn biblical law via the legislative mechanism of *takkanah* (decree). We do not find this mechanism to be appropriate in our case, because *takkanah* requires the consent of the majority of the population, and this subject remains quite controversial in the observant Jewish community.[108]

However, the rabbinic restrictions upon gay men and lesbian women that result in a total ban on all sexual expression throughout life are in direct conflict with the ability of these Jews to live in dignity as members of the people of Israel. For this reason, the halakhic principle of *gadol k'vod habriot* must be invoked by the CJLS to relieve their intolerable humiliation.[109] We must make open and rigorous efforts to include gay and lesbian Jews in our communities, to provide a proper welcome and a legal framework for the normalization of their status in our congregations.

We are aware that the continued biblical ban on anal sex may be extremely difficult for some gay men to observe, and that this ban is in some ways more challenging than the ban on menstrual intimacy for heterosexual couples for 7–14 days per month.[110] However, this responsum provides gay men with other options for sexual intimacy, with full social acceptance in the observant Jewish community, and with a feasible path to a life of Torah observance.[111] Many observant Jews who are gay have already adopted this practice.[112]

---

108 תלמוד בבלי מסכת בבא קמא דף עט עמוד ב. לפי שאין גוזרין גזרה על הצבור – אלא אם כן רוב צבור יכולין לעמוד בה.

109 It has been argued against the proposal made in this paper that if one permits sexual play to homosexuals whose intercourse is forbidden as *ervah*, there is no reason to forbid sexual play short of intercourse to an adulterous or incestuous couple. But that is clearly untrue. *Kvod habiot* applies in this situation and does not in those, in which case all the rabbinic prohibitions remain in place. We do argue that the fences against intercourse have historically included sexual play and also more distant contact such as innocent touching (*negiah*). And we agree with Rabbi Roth that it is only the prohibitions on innocent contact which have fallen away, whereas prohibitions on lustful sexual play remain in force. The burden of this paper has been that for homosexuals alone should *kvod habriot* be understood to push aside these rabbinic restrictions, while they remain in place without question with regard to all other *arayot*.

110 Depending on which of the three validated CJLS responsa is followed, and upon the length of a woman's menstrual flow. Rabbi Susan Grossman's responsum on the laws of menstruation mandates sexual abstinence for partners, including lesbian couples, during either woman's period.

111 In any event, compliance with this ruling will now be in the private domain, even as compliance with *hilkhot niddah* by heterosexual couples is in the private domain. Thus the dignity of gay couples will be assured though they have a challenging biblical prohibition to govern their sexual conduct.

112 See note 4.

F Gay and Lesbian Relationships

If the halakhah is able to address the sexual and social needs of gay and lesbian Jews, what is the status of their relationships? Surely the halakhah is not indifferent to decisions made by gay and lesbian Jews about their intimate relationships. Surely it is better for gay and lesbian Jews to establish monogamous relationships with other Jews and thereby to establish stable Jewish households. Surely promiscuity ought to be no more acceptable among homosexuals than it is among heterosexuals. Surely the establishment of family units is central to the preservation of human dignity. For all of these reasons, we favor the establishment of committed and loving relationships for gay and lesbian Jews. The celebration of such a union is appropriate with blessings over wine and *sheheẖeyanu*, with psalms and other readings to be developed by local authorities.

Yet can these relationships be recognized under the rubric of Jewish *kiddushin* (marriage)? Does their dissolution require a ritual of *gerushin* (divorce)? What format and force would such rituals require?[113] These are complicated and controversial questions that deserve a separate study. We have no objection to informal rituals of celebration for gay couples, including the elements mentioned above, but we are not able in this responsum to address the many halakhic questions surrounding gay marriage. Our paper does not provide for rituals of *kiddushin* for gay and lesbian couples.

G Regarding Halakhic Interpretation, Legislation and their Consequences

Parallel to the intensive consideration of halakhic sources presented in this responsum (and its companions) has been a debate about the ramifications of this decision for the halakhic process and for the Conservative Movement worldwide. Our colleague, Rabbi Joseph Prouser, has argued that any leniency on this subject should be considered a *takkanah*, an act of rabbinic legislation. To justify this argument, he has produced a novel definition of the *takkanah* as any ritual innovation departing from precedent.[114] However, his definition does not accurately describe most takkanot of Jewish history, which have dealt largely with economic matters. The official rules of the CJLS state, "*Takkanot* and *gezeirot* are

113 Rabbi Simcha Roth has proposed a same-sex contract based upon the model of partnership rather than the traditional marital model of *kiddushin* and the imposition of unilateral fiscal obligations upon the husband.

114 Rabbi Joseph H. Prouser, "Settled Law in Unsettling Times" in *The United Synagogue Review* (Fall-Winter 2006): p. 14, 16–17. Rabbi Prouser ascribes this definition of *takkanot* to Rabbi Elliot Dorff, co-author of this paper. However, Rabbi Dorff has written extensively on this subject and understands *takkanot* to be acts of rabbinic legislation that are not based upon textual and legal precedents, but are rather the pure assertion of rabbinic authority to change the law. That is not the case in the present responsum. Rabbi Dorff includes a fuller description of the nature of *takkanot* in "The Internal Rules of the CJLS." Rabbi Prouser's article is currently available at: http://www.uscj.org/images/prouser.pdf.

historically amendments to the law that, in the judgment of the author, cannot or need not be substantiated by the usual methods of legal interpretation but which the author nevertheless thinks should be adopted and therefore decreed."[115]

In contrast, this paper affirms biblical law and depends upon established halakhic principles and precedents for its conclusions. We contend that the halakhic status quo violates the Talmudic principle of *gadol kvod habriot*. We therefore propose a solution that will allow our communities to fulfil this halakhic obligation more fully. In other words, our responsum precisely follows the format of rabbinic interpretation rather than legislation.

Perhaps for this reason, Rabbi Prouser does not challenge our responsum based upon its form, but rather on its conclusions, which differ from halakhic precedent. If his is to become the new definition of a *takkanah* – any variation from established precedent – then many if not most CJLS decisions of the past century as well as the decisions of other halakhic bodies and *poskim* through the centuries would also need to be considered *takkanot*. The elimination of the *mechitzah* would be a *takkanah*. So too would be the triennial reading of the Torah, the awarding of joint aliyot, the calling of women to the Torah, as well as stringencies such as our recent prohibition of shackling and hoisting animals for ritual slaughter. So too would a host of talmudic precedents, including, for example, changing "eye for an eye" from retribution to compensation; maintaining that the Torah requires eating unleavened bread only on the first day of Passover rather than the seven days mandated in the Torah; or that the Amidah can replace the daily sacrifices.[116]

Rabbi Prouser's argument must be rejected because: it is not an accurate description of the historical use of *takkanot*; it fails to note that our responsum is based upon established principles of halakhic interpretation; and, because this radical new view of *takkanot* would undermine the legitimacy of many established practices of Conservative Judaism and, indeed, of talmudic Judaism and all its successors.

Rabbi Prouser advances a separate critique that only in the United States is the exclusion of homosexuals perceived as a problem of human dignity demanding new halakhic consideration. Entire regions such as Latin America, Canada, and Israel are allegedly unconcerned with this issue, and would be alienated from the Conservative Movement were a lenient position to be validated by the CJLS. While there are indeed several prominent opponents of change in these regions, some of the most outspoken advocates of inclusion of gay and lesbian Jews live and work in these same regions. It appears that many younger people across the

115 The Committee on Jewish Law and Standards, "Committee Procedures and Policies" (March 2006), p. 9.

116 Retribution (Exodus 21:22–25; Leviticus 24:17–22; Deuteronomy 19:15–21) replaced by compensation: M. Bava Kamma 8:1 and the Talmud thereon. The Torah requires eating unleavened bread for seven days on Passover: Exodus 23:15; Leviticus 23:6; Numbers 28:17; Deuteronomy 16:3. The Talmud and later Jewish law, however, limit the requirement to eat unleavened bread only to the first day: B. Pesahim 120a; M. T. Laws of Hametz and Matzah 6:1. The Amidah replaces the daily communal sacrifices: B. Berakhot 26b.

globe view the halakhic status quo as demeaning to gay and lesbian Jews and as a cause for alienation from the system of Jewish law.

Some have argued that even if gay and lesbian Jews are to be welcomed in our communities, they still should not be ordained as clergy, who are expected to represent our ideal of Torah observance. Although we agree that the clergy should be role models of the mitzvot which apply to all Jews, they are also entitled to the same consideration of their dignity as are other Jews. As our Talmudic examples have demonstrated, considerations of human dignity were extended to the rabbis of antiquity, and we should not discriminate against the clergy of today.

Finally, some have maintained that once we permit homosexual Jews to create unions that are celebrated in some form of Jewish ceremony and to be students and ultimately graduates of our professional schools, all other sexual prohibitions of the Jewish tradition will soon fall as well. This kind of "slippery slope" argument is faulty on several grounds. First, the very essence of moral and legal sophistication is the increasing ability that one learns to distinguish cases. Second, the arguments that we have mustered to permit homosexual unions and ordination simply do not apply to adultery, incest,[117] bestiality, rape, or any of the other prohibitions of sexual acts in the Torah.

On the contrary, we insist that the Jewish values and norms that apply to heterosexual sex be observed by homosexuals as well, including fidelity, safety, respect for one's sexual partner, modesty, and love. Far from undermining Judaism's sexual norms, this responsum seeks to extend them to homosexual sex. The CJLS recently[118] reaffirmed the practice of *hilkhot niddah,* which regulate heterosexual relationships in light of the Torah. This responsum brings the light of Torah to the regulation of homosexual relations as well.

It is impossible to know whether this decision would, on balance, strengthen or weaken the Conservative Movement. We are not prophets, but are rather students of Torah. This responsum represents many years of study of this complicated subject and our best attempt to be instructed by what we have learned from the Written and Oral Torah. We pray that our interpretation will be considered authentic and convincing not only by our rabbinic colleagues on the CJLS, but also by the broader community of God-fearing and observant Jews.

Having studied this important topic for many years, and having considered the approaches of other rabbis, we are humbled by its complexity and signifi-

117 Incest is often cited as the next step on the slippery slope. We reiterate that our application of the halakhic precept of human dignity applies to homosexuals only because under the status quo, they have no permitted romantic or sexual partners for life. This simply does not apply to individuals who are sexually attracted to members of their family. Moreover, the continued comprehensive halakhic ban on incest is supported by nearly universal civil law, and by other Jewish imperatives such as our obligation to guard against child molestation.

118 On September 13, 2006, the CJLS validated three papers: "Mikveh and the sanctity of Being Created Human," by Rabbi Susan Grossman; "Reshaping the Laws of Family Purity for the Modern World," by Rabbi Miriam Berkowitz; and "Observing Niddah in Our Day," by Rabbi Avram I. Reisner. The responsa differed in methodology, style and substance, yet all three affirmed the continued authority and relevance of the Torah's teachings regarding the rules of *niddah.*

cance. We are motivated by our obligations to be loyal custodians of Torah and defenders of the dignity of our fellow person. We conclude this complicated conversation with an ancient rabbinic prayer: יהא רעוא דלא תבייש ולא תתבייש "May it be God's will that we not humiliate another, nor be humiliated ourselves." (Moed Katan 9b).

V Conclusions

A *Piskei Din*: Legal Findings

Based upon our study of halakhic precedents regarding both sexual norms and human dignity, we reach the following conclusions:

1. The explicit biblical ban on anal sex between men remains in effect. Gay men are instructed to refrain from anal sex.
2. Heterosexual marriage between two Jews remains the halakhic ideal. For homosexuals who are incapable of maintaining a heterosexual relationship, the rabbinic prohibitions that have been associated with other gay and lesbian intimate acts are superseded based upon the Talmudic principle of *kvod habriot*, our obligation to preserve the human dignity of all people.
3. This ruling effectively normalizes the status of gay and lesbian Jews in the Jewish community. Extending the 1992 CJLS consensus statement, gay and lesbian Jews are to be welcomed into our synagogues and other institutions as full members with no restrictions. Furthermore, gay or lesbian Jews who demonstrate the depth of Jewish commitment, knowledge, faith and desire to serve as rabbis, cantors and educators shall be welcomed to apply to our professional schools and associations.[119]
4. We are not prepared at this juncture to rule upon the halakhic status of gay and lesbian relationships. To do so would require establishing an entirely new institution in Jewish law that treats not only the ceremonies and legal instruments appropriate for creating homosexual unions but also the norms for the dissolution of such unions. This responsum does not provide *kiddushin* for same-sex couples. Nonetheless, we consider stable, committed, Jewish relationships to be as necessary and beneficial for homosexuals and their families as they are for heterosexuals. Promiscuity is not acceptable for either homosexual or heterosexual relationships. Such relationships should be conducted in consonance with the values set out in the RA pastoral letter on intimate relationships, *"This Is My Beloved, This Is My Friend": A Rabbinic Letter on Intimate Relations.*[120] The celebration of such a union is appropriate.

---

119 We expect homosexual students to observe the rulings of this responsum in the same way that we expect heterosexual students to observe the CJLS rulings on *niddah*. We also expect that interview committees, administrators, faculty and fellow students will respect the privacy and dignity of gay and lesbian students in the same way that they respect the privacy and dignity of heterosexual students.

120 See note 24.

B Afterword

This subject has riveted the attention and commanded the energies of us as individuals and of our movement to a greater extent than any other topic in recent memory. Given the fact that observant Jews who are gay or lesbian constitute a small minority of the Jewish people, this might seem surprising. The great importance of this topic signifies a broader attempt to understand the nature of human dignity in our time.

We realize that it will take time for our congregations and other arms of the Conservative movement to develop a consensus on this challenging subject. The concepts and policies we have advocated represent a sea change in attitude within traditional Judaism. There is a genuine conflict between our ancient heterosexual ideal and our imperative to safeguard the dignity of gay and lesbian Jews. We must dedicate significant efforts to education at all levels of our movement. Respectful disagreement on this subject is a sign of strength, not weakness, within Conservative Judaism.

However, we must emphasize that even those opposed to our halakhic reasoning and *piskei din* remain obligated to show compassion to their fellow Jews who are homosexual. What once seemed like a willful rejection of the Torah's ideal of heterosexual marriage is now understood to be a profound desire by gay and lesbian Jews to sanctify their lives and to establish faithful families guided by the light of Torah. In addressing this challenge, we have been determined to safeguard the integrity of both the halakhic system, which is our mechanism for following God's teaching, and also the dignity of our fellow men and women, who are created in the very image of God. We pray that our work will strengthen the Jewish people in its sacred task of establishing holy communities, raising Jewish children, and sharing the light of Torah with the entire world. May God prosper the work of our hands.

כי רוצה ה׳ בעמו יפאר ענוים בישועה:
יעלזו חסידים בכבוד ירננו על משכבותם. (תהלים קמט)

For the Lord favors His people; glorifying the humble with salvation.
The pious will rejoice in dignity; singing upon their couches. (Psalm 149)

Summary of Research on Select Issues in Lesbian, Gay, and Bisexual Psychology

Judith Glassgold, Psy. D.

Definition of Sexual Orientation

"Sexual Orientation is an enduring emotional, romantic, sexual, or affectional attraction to another person. It is distinguished from other components of sexuality including biological sex, gender identity (the psychological sense of being male or female) and the social gender role (adherence to cultural norms for feminine and masculine behavior)." (American Psychological Association, 2005).

"Sexual orientation exists along a continuum that ranges from exclusive homosexuality to exclusive heterosexuality and includes various forms of bisexuality. Bisexual persons can experience sexual, emotional, and affectional attraction to both their own sex and the opposite sex" (APA, 2005). However, the degree, type, and amount of attraction can vary. "Sexual orientation is different from sexual behavior because it refers to feelings and self-concept. Persons may or may not express their sexual orientation in their behaviors." (APA, 2005). Thus, though someone may feel either opposite-sex or same-sex attraction, they might not act on those feelings.

Estimates of the number of people who experience same-sex and opposite-sex attractions have been studied in the United States (Laumann et. al, 1994; Kinsey, 1948, 1953). However, each study has significant limitations and exact numbers are difficult to assess due to the fact each study focuses on different areas, such fantasies, feelings, behaviors, and/or identities. Further, these topics are difficult to study due to social stigma; many individuals do not wish to discuss such issues. Initial results show that the vast majority of individuals identify as heterosexual; the incidence of exclusive homosexuality in men is about 3% (Laumann et. al., 1999) to 4% (Kinsey, 1948), with the incidence in women approximately half that of men 1–2% in women (Laumann, 1994; Kinsey, 1953). Some individuals indicate having same-sex fantasies, feelings, attractions or behaviors. There is no evidence that changes in social attitudes and law have changed the incidence of homosexual sexual orientation.

(Adapted from "Answers to Your Questions about Homosexuality and Sexual Orientation" American Psychological Association).

Causes of Sexual Orientation

"Sexual orientation is most likely the result of a complex interaction of environmental, cognitive, and biological factors" (including genes, brain differences, and hormones). In most people, sexual orientation is shaped at an early age and children become aware of these feelings during in adolescence. It is important to recognize that there are probably many reasons for a person's sexual orientation and the reasons may be different for different people" (APA, 2005).

There is considerable recent evidence to suggest that biology, including genetic or inborn hormonal factors, play a significant role in a person's sexual orientation. Recent genetic studies in men find higher proportions of gay men in families with other gay male relatives.There have been studies that illustrate brain differences between heterosexual men and homosexual men. There has been limited study of lesbians and genetic variables, however other studies indicate early exposure to sex hormones may shape sexual orientation in women (Mustanski, B.S., Chivers, M., L., & Bailey, J.M., 2002; Rahman, Q., & Wilson, G.D., 2003).

Same-sex sexual orientation is not caused by knowing someone gay or lesbian. Sexual orientation does not evolve out of knowing someone else's sexual orientation or having an orientation modeled. This thesis is untenable, as since there are far more heterosexual individuals, it would follow that everyone should be heterosexual. Further, the vast majority of lesbian, bisexual, and gay individuals are raised by heterosexual parents and thus, too, given such logic should be heterosexual.

(Adapted from "Answers to Your Questions about Homosexuality and Sexual Orientation" American Psychological Association).

Is Sexual Orientation a Choice?

Human beings cannot choose their sexual orientation. Sexual orientation emerges for most people in early adolescence or late childhood without any prior sexual experience. The experience of sexual attraction and falling in love is one that individuals experience as outside their conscious control. Although we can choose whether to act on our feelings, psychologists do not consider sexual orientation to be a conscious choice.

(Adapted from "Answers to Your Questions about Homosexuality and Sexual Orientation" American Psychological Association).

Can Sexual Orientation Be Changed?

Psychologists do not consider that sexual orientation can be changed, either heterosexual, bisexual, or homosexual. The developmental process where someone comes to understand the meaning and importance of sexual orientation and love is a different process, which can take many years. Investigations of claims in some studies to change sexual orientation have found major problems (Carlson, 2003; Drescher, 2001; Forstein, 2001; Haldeman, 1994). Most studies that report change are plagued by bias, individuals who have a pre-existing assumption about outcomes when engaging in research, lack of objective measures and are of skewed samples. "Most studies do not include long-term measures of outcome that are necessary to test the validity of such a mental health intervention" (APA, 2005). Most recent studies suggest that only very few individuals may experience an alteration in attraction and that these individuals were members of religious groups advocating programs of sexual orientation change, limiting their reliability (Schroeder & Shidlo, 2001). Therapies that claim to change orientation have weak theoretical basis and are often plagued by stereotypes and inaccuracies about the causes of same-sex orientation (Drescher, 2001; Haldeman, 1994). Therapies that focus on the pathology of homosexuality are inconsistent with existing data that illustrate that homosexuality is not a mental illness or pathology (Gonsiorek, 1991). Further, many therapies seeking to alter orientation engage in unethical practices (Schroeder & Shidlo, 2001).

Homosexuality is not a mental Illness or emotional problem

"Psychologists, psychiatrists and other mental health professionals agree that homosexuality is not an illness (Conger, 1975), mental disorder, or an emotional problem. Over thirty-five years of objective, well-designed scientific research has shown that homosexuality, in and itself, is not associated with mental disorders or emotional or social problems" (Gonsiorek, 1991). "Lesbians, Gay men, and bisexual individuals are capable of leading healthy and productive lives" (APA, 2005).

(Adapted from "Answers to Your Questions about Homosexuality and Sexual Orientation" American Psychological Association).

Sexual Orientation and Perpetrators of Sexual Abuse

"There is no evidence that homosexual men are more likely to abuse children than heterosexual men" are. (APA, 2005). Individuals having an erotic interest in children are distinct from those with an erotic interest in adults. The vast majority of these individuals are male (over 90%), and the vast number of victims are female. Adults with homosexual and heterosexual orientation and an interest in adults are distinct from those with an erotic interest in children; this distinction is true of those of all sexual orientations. The evidence suggests, however, that homosexual pedophilia is most closely linked with heterosexual pedophilia; pedophiles differentiate less between males and females than do adults with erotic interest in adults when they receive a psychophysiological test of erotic preference (Freund & Langevin, 1976; Freund et al., 1991)" (Cantor, 2002).

"Although having a genuine erotic interest in children is the strongest predictor of sex offender recidivism (Hanson & Bussiere, 1998), some offenders engage in their behaviors for other reasons (Barbaree & Seto, 1997). Little is known about these other offenders. It is possible that at least some are pedophilic, but lie beyond the ability of psychophysiological tests to identify them. Other factors have been suggested as causing their sexual assaults on children, including alcoholism and anti-social personality (e.g., Marshall, 1997). It is well established, however, that sex offenses committed by non-pedophiles are largely associated with incest, while the extra-familial offenders are more likely to be genuinely pedophilic (e.g., Blanchard et al., 2001). Furthermore, very few incest victims are male. Estimates are typically 6–8 % (e.g., Carlstedt, Forsman, & Soderstrom, 2001; Langevin, Wortzman, Dickey, Wright, & Handy, 1988), substantially lower than the overall proportion of males among all victims (i.e., 20–30 %). Sex offenses may comprise two phenomena: genuine pedophilia producing offenses against either male or female, extra-familial children, and an incest pattern producing offenses against primarily female children. This latter population, girls assaulted by family and close friends constitutes the largest number of victims" (Cantor, 2002).

(Adapted from James Cantor (2002) "Male Homosexuality, Science, and Pedophilia." *Newsletter of the Society for the Psychological Study of Lesbian, Gay, & Bisexual Issues* 18 [3].)

Same-Sex Couples

"The human impulse for sexual intimacy, as well as the importance of this impulse to the self and to the development of close relationships with others, have been observed and chronicled for centuries. The mental health professions have also long recognized the importance of the desire for sexual intimacy in the development of the self, in the establishment of close relationships, and in the maintenance of family units. And the most recent study of the sexual behavior of the American population has found that sexual satisfaction in intimate relationships is linked to satisfaction with those relationships and with general satisfaction with life (Lauman, 1999)" (APA, 2002). Prohibiting sexual intimacy between same-sex individuals who experience an erotic attraction ot each other would be denying them one of the most special experiences of being a human being, that of a loving, committed relationship with another (APA, 2002).

"Research indicates that many gay men and lesbians want and have committed relationships. For example, survey data indicate that between 40 % and 60 % of gay men and between 45 % and 80 % of lesbians are currently involved in a romantic relationship (e.g., Bradford, Ryan & Rothblum, 1994; Falkner & Garber, 2002; Morris, Balsam, & Rothblum, 2002). Further, data from the 2000 United States Census (United States Census Bureau, 2000) indicate that of the 5.5 million couples who were living together but not married, about 1 in 9 (594,391) had partners of the same sex. Although the Census data are almost certainly an underestimate of the actual number of cohabiting same-sex couples, they indicated that a male householder and a male partner headed 301,026 households and that a female householder and a female partner headed 293,365 households" (APA, 2004b).

"Despite persuasive evidence that gay men and lesbians have committed relationships, three concerns about same-sex couples are often raised. A first concern is that the relationships of gay men and lesbians are dysfunctional and unhappy. To the contrary, studies that have compared partners from same-sex couples to partners from heterosexual couples on standardized measures of relationship quality (such as satisfaction and commitment) have found partners from same-sex and heterosexual couples to be equivalent to each other (see reviews by Peplau & Beals, 2004; Peplau & Spalding, 2000)" (APA, 2004b).

"A second concern is that the relationships of gay men and lesbians are unstable. However, research indicates that, despite the somewhat hostile social climate within which same-sex relationships develop, many lesbians and gay men have formed durable relationships. For example, survey data indicate that between 18 % and 28 % of gay couples and between 8 % and 21 % of lesbian couples have lived together 10 or more years (e. g., Blumstein & Schwartz, 1983; Bryant & Demian, 1994; Falkner & Garber, 2002; Kurdek, 2003). Researchers (e. g., Kurdek, in press) have also speculated that the stability of same-sex couples would be enhanced if partners from same-sex couples enjoyed the same levels of social support and public recognition of their relationships as partners from heterosexual couples do" (APA, 2004b).

"A third concern is that the processes that affect the well-being and permanence of the relationships of lesbian and gay persons are different from those that affect the relationships of heterosexual persons. In fact, research has found that the factors that predict relationship satisfaction, relationship commitment, and relationship stability are remarkably similar for both same-sex cohabiting couples and heterosexual married couples (Kurdek, 2001, Kurdek, in press)" (APA, 2004b).

(Excerpt from American Psychological Association (2004) Resolution on Sexual Orientation and Marriage)

Lesbian and Gay Parents

"Many lesbians and gay men are parents. In the 2000 U. S. Census, 33 % of female same-sex couple households and 22 % of male same-sex couple households reported at least one child under the age of 18 living in the home. Beliefs that lesbian and gay adults are not fit parents have no empirical foundation (Patterson, 2000, 2004a; Perrin, 2002). Lesbian and heterosexual women have not been found to differ markedly in their approaches to child rearing (Patterson, 2000; Tasker, 1999). Members of gay and lesbian couples with children have been found to divide the work involved in childcare evenly, and to be satisfied with their relationships with their partners (Patterson, 2000, 2004). The results of some studies suggest that lesbian mothers' and gay fathers' parenting skills may be superior to those of matched heterosexual parents. There is no scientific basis for concluding that lesbian mothers or gay fathers are unfit parents on the basis of their sexual orientation (Armesto, 2002; Patterson, 2000; Tasker & Golombok, 1997). On the contrary, results of research suggest that lesbian and gay parents are as likely as heterosexual parents to provide supportive and healthy environments for their children" (APA, 2004a).

(Excerpt from American Psychological Association (2004) Resolution on Sexual Orientation, Parents, and Children)

Children in Same-Sex Families

"As the social visibility and legal status of lesbian and gay parents has increased, three major concerns about the influence of lesbian and gay parents on children have been often voiced (Falk, 1994; Patterson, Fulcher & Wainright, 2002). One is that the children of lesbian and gay parents will experience more difficulties in the area of sexual identity than children of heterosexual parents. For instance, one such concern is that children brought up by lesbian mothers or gay fathers will show disturbances in gender identity and/or in gender role behavior. A second category of concerns involves aspects of children's personal development other than sexual identity. For example, some observers have expressed fears that children in the custody of gay or lesbian parents would be more vulnerable to mental breakdown, would exhibit more adjustment difficulties and behaviour problems, or would be less psychologically healthy than other children. A third category of concerns is that children of lesbian and gay parents will experience difficulty in social relationships. For example, some observers have expressed concern that children living with lesbian mothers or gay fathers will be stigmatized, teased, or otherwise victimized by peers. Another common fear is that children living with gay or lesbian parents will be more likely to be sexually abused by the parent or by the parent's friends or acquaintances" (APA, 2004c).

"Results of social science research have failed to confirm any of these concerns about children of lesbian and gay parents (Patterson, 2000, 2004a; Perrin, 2002; Tasker, 1999). Research suggests that sexual identities (including gender identity, gender-role behavior, and sexual orientation) develop in much the same ways among children of lesbian mothers as they do among children of heterosexual parents (Patterson, 2004a)" (APA, 2005). Studies of children raised by same-sex couples indicate that the vast majority identify as heterosexual in similar proportions as those raised by different-sex couples; however, the data sets are extremely small (Bailey et. al. 1995; Golombeck & Tasker, 1996; Patterson, 2004). "Studies of other aspects of personal development (including personality, self-concept, and conduct) similarly reveal few differences between children of lesbian mothers and children of heterosexual parents (Perrin, 2002; Stacey & Biblarz, 2001; Tasker, 1999). Evidence also suggests that children of lesbian and gay parents have normal social relationships with peers and adults (Patterson, 2000, 2004; Perrin, 2002; Stacey & Biblarz, 2001; Tasker, 1999; Tasker & Golombok, 1997). The picture that emerges from research is one of general engagement in social life with peers, parents, family members, and friends. Fears about children of lesbian or gay parents being sexually abused by adults, ostracized by peers, or isolated in single-sex lesbian or gay communities have received no scientificsupport. Overall, results of research suggest that the development, adjustment, and well-being of children with lesbian and gay parents do not differ markedly from that of children with heterosexual parents" (APA, 2004c).

(Excerpt from American Psychological Association (2004) Resolution on Sexual Orientation, Parents, and Children)

Advantage of Recognizing Same-Sex Relationships

Marriage has important psychological and social benefits to its participants. There is evidence that marriage has positive effects on selfesteem and mastery (Gove, 1990). Married women and men experience greater physical health and well-being than their counterparts. This comparison holds when individuals are compared to cohabitating couples (Kessler & Essex, 1992). Recognition by community and peers increases the success and stability of such relationships (Adams & Jones, 1997); this is especially important if the couple has children. There have been studies that the marital status of a couple affects the grieving process, where unmarried partners experienced a more complicated grief process (Weiss & Richards, 1997). Denying marriage to couples contributes to the stigma individuals feel; stigma has a negative impact on mental health (Meyer, 2003) by increasing stress and symptoms of distress

(Adapted and excerpted from APA, 2004. Brief of Amicus Curea to the Appellate Court of the State of New Jersey in the matter of Lewis v. Harris.)

Religious ceremonies and inclusion in the life of a religious community would provide many of the same benefits and social recognition given to heterosexual couples, particularly strengthening social support, support in raising children, and support in the grieving process that occurs during relationship loss (religious laws regarding who can mourn and participation in burial). For instance, individuals denied participation in the rituals of mourning have more difficulty in recovering from the loss (Weiss & Richards, 1997).

Psychological Rationale For Having Lesbian, Gay, and Bisexual Clergy

Prejudice against lesbians and gay men, and those perceived to be lesbian, gay, or bisexual is well-documented (Herek, 1998). Lesbians, gay men, and bisexuals often have higher rates of stress due to the stigmatization of their sexual orientation, termed minority stress and observed in other minority groups (Meyer, 2003). This stress can manifest itself in higher levels of depression and anxiety Research shows that when people know someone who is homosexual, they are less likely to be prejudiced against such a person (Herek, & Glunt, 1993). Having an individual with high status self-disclose, is effective in altering assumptions about homosexuals, reducing the stigma of homosexuality and reducing prejudice.

Adolescents who are questioning their sexual orientation, as well as those who are coming to terms with same-sex feelings often face oppression, bullying, and abuse due to their sexual orientation both in school and in larger society (D'Augelli, 1998). Some develop more serious problems such as depression and substance abuse (D'Augelli, 1998; Ritter & Terndrup, 2002). Even in situations where such negative stressors do not exist, having positive role models would aid such teenagers in their struggle as most adolescents who are homosexual do not have such role models.

Parents and family members of lesbian, gay, and bisexual individuals are also harmed by negative stereotypes and the stigma that their family members face. Having individuals within the religious community to support them would reduce the isolation and suffering faced by family members.

References

Adams, J. & Jones, W.H. (1997). The conceptualization of marital commitment: An integrative analysis. *Journal of Personality and Social Psychology*, 72, 1177.

American Psychological Association (2005). Answers to your questions about homosexuality and sexual orientation. On-line document, available at: www.apa.org/lgbc/

American Psychological Association (2004a). Brief of Amicus Curea to the Appellate Court of the State of New Jersey in the matter of Lewis v. Harris. Online. Available at: http://www.lambdalegal.org/binary-data/LAMBDA_PDF/pdf/320.pdf

American Psychological Association (2004b). Resolution on Sexual Orientation and Marriage. On-line. Available at: www.apa.org/lgbc/

American Psychological Association (2004c). Resolution on Sexual Orientation, Parents, and Children. On-line. Available at: www.apa.org/lgbc/

American Psychological Association (2002). Brief of Amicus Curae to the Supreme Court of the United States in the matter of Lawrence v. Texas (02–102).

Armesto, J.C. (2002). Developmental and contextual factors that influence gay fathers' parental competence: Are view of the literature. *Psychology of Men and Masculinity*, 3, 67–78.

Bailey, J.M., Bobrow, D., Wolfe, M., & Mikach, S. (1995). Sexual orientation of adult sons of gay fathers. *Developmental Psychology*, 31, 124–129.

Barbaree, H.E., & Seto, M.C. (1997). Pedophilia: Assessment and treatment. In D.R. Laws & W. O'Donohue (Eds.), *Sexual Deviance: Theory, assessment, and treatment* (pp. 175–193). New York: Guilford.

Blanchard, R., Klassen, P., Dickey, R., Kuban, M.E., & Blak, T. (2001). Sensitivity and specificity of the phallometric test for pedophilia in nonadmitting sex offenders. *Psychological Assessment*, 13, 118–126.

Blumstein, P., & Schwartz, P. (1983). *American couples: Money, work, sex*. New York: William Morrow and Company, Inc.

Bradford, J., Ryan, C., & Rothblum, E.D. (1994). National lesbian health care survey: Implications for mental health care. *Journal of Consulting and Clinical Psychology*, 62, 228–242.

Bryant, A.S., & Demian. (1994). Relationship characteristics of gay and lesbian couples: Findings from a national survey. *Journal of Gay and Lesbian Social Services*, 1, 101–117.

Cantor, J. (2002). Male Homosexuality, Science, and Pedophilia. *Newsletter of the Society for the Psychological Study of Lesbian, Gay, & Bisexual Issues*, 18 (3).

Carlson, H.M. (2003). A Methodological Critique of Spitzer's Research on Reparative Therapy. *Archives of Sexual Behavior*, 32 (5), 425–427.

Carlstedt, A., Forsman, A., & Soderstrom, H. (2001). Sexual child abuse in a defined Swedish area 1993–1997: A population-based survey. *Archives of Sexual Behavior*, 30, 483–493.

Conger, J.J. (1975). Proceedings of the American Psychological Association, Incorporated, for the year 1974: Minutes of the Annual meeting of the Council of Representatives. *American Psychologist*, 30, 620–651.

D'Augelli, A.R. (1998). Developmental implications of victimization of lesbian, gay, and bisexual youths. In G.M. Herek (Ed.), *Stigma and sexual orientation: Understanding prejudice against lesbians, gay men, and bisexuals* (pp. 187–210). Thousand Oaks, CA: Sage.

Dorff, E.N., Nervins, D.S., & Reisner, A.I. Reisner (2006). *Homosexuality, Human Dignity & Halakhah*. Approved by the CJLS in 2006. http://www.rabbinicalassembly.org/docs/Dorff_Nevins_Reisner_Final.pdf (15.12.2008)

Drescher, J. (2001). Ethical concerns raised when patients seek to change same-sex attractions. Journal of Gay and Lesbian Psychotherapy, 5 (3/4), 181–210.

Falk, P.J. (1994). Lesbian mothers: Psychosocial assumptions in family law. *American Physchologist*, 44, 941–947.

Falkner, A., & Garber, J. (2002). *2001 gay/lesbian consumer online census*. Syracuse, NY: Syracuse University, OpusComm Group, and GSociety.

Forstein, M. (2001). Overview of ethical and research issues in sexual orientation therapy. *Journal of Gay and Lesbian Psychotherapy*, 5 (3/4), 167–179.

Freund, K., & Langevin, R. (1976). Bisexuality in homosexual pedophilia. *Archives of Sexual Behavior*, 5, 415–423.

Freund, K., Watson, R., Dickey, R., & Rienzo, D. (1991). Erotic gender differentiation in pedophilia. *Archives of Sexual Behavior*, 20, 555–566.

Golombok, S., and Tasker, F. (1996). Do parents influence the sexual orientation of their children? Findings from a longitudinal study of lesbian families. *Developmental Psychology*, 32, 3–11.

Gonsiorek, J.C. (1991). The empirical basis for the demise of the illness model of homosexuality. In J.C. Gonsiorek & J.D. Weinrich (Eds.). *Homosexuality: Research implications for public policy* (pp. 115–136).

Gove, W.R. et. al. (1990). The effects of marriage on the well-being of adults: A theoretical analysis. *Journal of Family Issues*, 4 (16).

Haldeman, D.C. (1994). The practice and ethics of sexual orientation conversion therapy. *Journal of Consulting and Clinical Psychology*, 62 (2), 221–227.

Hanson, R.K., & Bussiere, M.T. (1998). Predicting relapse: A meta-analysis of sexual offender recidivism studies. *Journal of Consulting and Clinical Psychology*, 66, 348–362.

Herek, G.M. (2006). *Legal Recognition of Same-Sex Relationships in the United States: A Social Science Perspective*. American Psychologist, Sept. 2006, 607–621.

Herek, G.M. (Ed.). (1998). *Stigma and sexual orientation: Understanding prejudice against Lesbian, Gay Men, and Bisexuals*. Thousand Oaks, CA: Sage.

Herek, G. M. & Glunt, E. K. (1993). Interpersonal Contact and Heterosexual Attitudes Towards Gay Men: Results from a national survey. *Journal of Sex Research*, 30, 239–244.

Kessler, R.C. & Essex, M. (1982). Marital status and depression: The importance of coping resources. *Social Forces*, 61, 484.

Kinsey, A.C., Pomeroy, W.P., & Martin, C.E. (1948). *Sexual Behavior in the Human Male*. Philadelphia: Saunders.

Kinsey, A.C. & Gebhard, P.H. (1953). Sexual Behavior in the Human Female. Philadelphia: Saunders.

Kurdek, L.A. (2001). Differences between heterosexual non-parent couples and gay, lesbian, and heterosexual parent couples. *Journal of Family Issues*, 22, 727–754.

Kurdek, L.A. (2003). Differences between gay and lesbian cohabiting couples. *Journal of Social Personal Relationships*, 20, 411–436.

Kurdek, L.A. (in press). Are gay and lesbian cohabiting couples really different from heterosexual married couples? *Journal of Marriage and Family*.

Langevin, R., Wortzman, G., Dickey, R., Wright, P., & Handy, L. (1988). Neuropsychological impairment in incest offenders. Annals of Sex Research, 1, 401–415.

Laumann, E.O. et al., *Sexual Dysfunction in the United States: Prevalence and Predictors*, 281 JAMA 537 (1999) (reporting findings from NHSLS Survey).

Laumann, E.O., Gagnon, J.H., Michael, R.T., & Michaels, S. (1994). *The social organization of sexuality: sexual practices in the United States*. Chicago: University of Chicago Press.

Marshall, W.L. (1997). Pedophilia: Psychopathology and theory. In D.R. Laws & W. O'Donohue (Eds.), *Sexual Deviance: Theory, assessment, and treatment* (pp. 152–174). New York: Guilford.

Meyer, I.H. (2003). Prejudice, social stress, and mental health in lesbian, gay, and bisexual populations: Conceptual issues and research evidence. *Psychological Bulletin*, 129, 674–697.

Morris, J.F., Balsam, K.F., & Rothblum, E.D. (2002). Lesbian and bisexual mothers and nonmothers: Demographics and the coming-out process. *Developmental Psychology*, 16, 144–156.

Mustanski, B.S., Chivers, M., L., & Bailey, J.M. (2002). A critical review of recent biological research on human sexual orientation. *Annual Review of Sex Research*, 13, 89–140.

Patterson, C. J. (2004). Lesbian and gay parents and their children: Summary of research findings. In *Lesbian and gay parenting: A resource for psychologists*. Washington, DC: American Psychological Association.

Patterson, C. J., Fulcher, M., & Wainright, J. (2002). Children of lesbian and gay parents: Research, law, and policy. In B. L. Bottoms, M. B. Kovera, and B. D. McAuliff (Eds.), *Children, Social Science and the Law*, (pp. 176–199). New York: Cambridge University Press. Patterson, C.J. (2000). Family relationships of lesbians and gay men. *Journal of Marriage and Family*, 62, 1052–1069.

Patterson, C.J. (2004a). Lesbian and gay parents and their children: Summary of research findings. In *Lesbian and gay parenting: A resource for psychologists*. Washington, DC: American Psychological Association.

Peplau, L.A., & Beals, K.P. (2004). The family lives of lesbians and gay men. In A.L. Vangelisti (Ed.), *Handbook of family communication* (pp. 233–248). Mahwah, NJ: Erlbaum.

Peplau, L. A., & Spalding, L. R. (2000). The close relationships of lesbians, gay men, and bisexuals. In C. Hendrick & S. S. Hendrick (Eds.), *Close relationships: A sourcebook* (pp. 111–123). Thousand Oaks: Sage.

Perrin, E. C., and the Committee on Psychosocial Aspects of Child and Family Health (2002). Technical Report: Coparent or second-parent adoption by same-sex parents. *Pediatrics*, 109, 341–344.

Rahman, Q., & Wilson, G. D. (2003). Born gay? The psychobiology of human sexual orientation. *Personality & Individual Differences*, 34, 1337–1382.

Ritter, K. Y. & Terndrup, A. I. (2003). *Handbook of Affirmative psychotherapy with Lesbians and Gay Men*. NY: Guilford.

Schroeder, M. & Shildo, A. (2001). Ethical issues in sexual orientation conversion therapies: Am empirical study of consumers. *Journal of Gay and Lesbian Psychotherapy*, (3/4), 131–166.

Stacey, J. & Biblarz, T. J. (2001). (How) Does sexual orientation of parents matter? *American Sociological Review*, 65, 159–183.

Tasker, F. (1999). Children in lesbian-led families – A review. *Clinical Child Psychology and Psychiatry*, 4, 153–166.

Tasker, F., & Golombok, S. (1997). *Growing up in a lesbian family*. New York: Guilford Press.

United States Census Bureau. (2000). *Summary File 1: 2000 Census of Population and Housing*. Washington, DC: US Census Bureau.

Weiss, R. S., & Richards, T. A. (1997). A scale for predicting quality of recovering following the death of a partner. *Journal of Personality and Social Psychology*, 72, 885–891.

Quellenangabe: http://www.rabbinicalassembly.org/teshuvot/docs/20052010/dorff_nevins_reisner_dignity.pdf in einer durch die Autoren überarbeiteten Fassung

The Halakhah of Same-Sex Relations in a New Context

Rabbis Myron S. Geller, Robert E. Fine and David J. Fine

The following paper was submitted as a dissent to the decisions of the CJLS on December 6, 2006. Concurring and dissenting opinions are not official positions of the Committee on Jewish Law and Standards. This paper was declared a takkanah by a vote of twelve in favor, nine opposed, and four abstaining (12-9-4) which is a majority of those present and voting. It failed by a vote of six in favor, seventeen opposed and two abstaining (6-17-2).

שאלה

Are intimate relations permitted between two men or two women? May members of the Rabbinical Assembly or the Cantors Assembly officiate at same-sex unions? May openly gay or lesbian Jews who are otherwise qualified be ordained and serve as rabbis or cantors?

תשובה

We will address the questions in the following sections:

1. Introduction 242
2. Essential Halakhic Sources 243
3. The CJLS on Homosexuality 246
4. Reading *Parashat Arayot* 253
5. The Term תועבה 257
6. Our Changed Societal Context 259
7. The Systemic Question 262
8. Responding to an Alternative Approach 267
9. The Requirement of Consecration 270
10. פסק דין – Conclusion 272

Section One: Introduction

The present reopening of formal discussion on homosexuals and their sexuality in Conservative Judaism does not vitiate the importance of our earlier *teshuvot* on this subject. In a series of responsa by Conservative writers in 1992 and since, some approved by the Committee on Jewish Law and Standards, others rejected, some submitted in reaction to approved *teshuvot* and others never having come before the CJLS at all, traditional halakhic sources about those who engage in same-gender sex relations have been fully identified and explored, recorded and debated. These sources are already inplain view and there is little that new teshuvot will uncover in the halakhic canon to impact the outcome of our current effort.

There is not much disagreement about what the halakhah was, only whether it is now possible and necessary to decriminalize gay sexuality and allow homosexuals equal participation in our religious life from the present time forward. Some of us are restrained by the assumption that the halakhah is immutable. They see Scripture's sexual ethic as unchallenged by the passage of time and sufficient for the contemporary Jewish community. Others, in response to a shift in their own and society's perception of homosexuality, would reinterpret the halakhah. Given the transformation in our understanding of the subject in recent decades, that is, widespread agreement that "sexual orientation is most likely the result of a complex interaction of environmental, cognitive and biological factors…shaped at an early age,"[1] and its "enduring" character, they no longer view homosexuality as a choice or gay sexual behavior as deviant or unnatural and would remove some or all restraints to which homosexuals have been subjected heretofore.

As we deliberate on this matter we must in our view balance our obligation to the halakhic record and its method against the uncertain but insistent claim of contemporary sexual ethics. The *posek* should consider the impact of social, ethical and scientific change in the interpretation and development of halakhah. A *teshuva* should be more than a look at sources and precedents, it must reread them in light of current circumstances, perceptions, and realities. The historical and evolutionary character of halakhah is not unique to Judaism, it is a significant element in any vital legal system. It presupposes a creative role for the posek as well as an archeological one. This has been true since the earliest days of halakhic debate and decision making.

The tension between past and present has created an open flexibility in the Jewish legal system that has sometimes encouraged the emergence of diametrically opposed views of halakhah. This will no doubt be a feature of our present undertaking and will demonstrate once again that Jewish law does not express the unambiguous thundering voice of God, only the limited attempts of limited human beings to discover God's will and to express it in their own formulations.

Section Two: Essential Halakhic Sources

The Torah prohibits a male from engaging in sexual relations with another male, as he might with a female, and criminalizes it. ואת זכר לא תשכב משכבי אשה תועבה היא "Do not lie with a male as one lies with a woman; it is an abhorrence" (Lev. 18:22).

1 Judith Glassgold, "Summary of Research on Select Issues in Lesbian, Gay and Bisexual Psychology," appendix to Elliot Dorff, Daniel S. Nevins and Avram Israel Reisner, "Homosexuality, Human Dignity and Halakhah," above, pp. 186–241.

This act along with some twenty other sexual relationships plus infanticide are prohibited as תועבות.

The chapter in which this passage is found opens with a general admonition against mimicking behavior common in the lands of Egypt and Canaan, that is, in the past and future lands of residence and historical experience of the Israelites then attending to God's voice. כמעשה ארץ מצרים אשר ישבתם בה לא תעשו וכמעשה ארץ כנען אשר אני מביא אתכם שמה לא תעשו ובחוקתיהם לא תלכו. "Do not follow the practices of the land of Egypt in which you have dwelt, do not follow the practices of the land of Canaan to which I bring you, and do not observe their laws" (Lev. 18:3).

The term תועבות is repeated four times in the chapter's summary statement which again urges Israelites to imitate the deeds of neither Egyptians nor Canaanites among whom the specified abhorrent behaviors were considered to be common practice. A punishment of כרת is imposed for violations (Lev. 18:24–30).

The prohibition and criminalization of משכב זכר is repeated in a second list of proscribed acts, mainly sexual, where emphasis is placed on creating distinctions between טהר and טמא in order to achieve a life of sanctity. ואיש אשר ישכב את זכר משכבי אשה תועבה עשו שניהם מות יומתו דמיהם בם "If a man lies with a male as one lies with a woman, the two of them have done an abhorrent thing; they shall be put to death – their blood guilt is upon them" (Lev. 20:13).

Here the term תועבה appears only a single time, to describe משכב זכר, and while the Egyptians are overlooked, the identification of the entire list of prohibited acts with the practices of the unnamed nation inhabiting *Eretz Yisrael* before the arrival of the Israelites is repeated (Lev. 20:22–24). Moreover, both lists include the threat of expulsion of the Israelite nation from its anticipated territorial patrimony, should it engage in the prohibited practices (Lev. 18:28, 20:22).

Although Scripture refers only to משכב זכר, the Sifra expands the biblical prohibition to forbid female homosexual relations also. The point of departure is the prohibition against mimicking Egyptian practices: ומה היו עושים האיש נושא לאיש והאישה לאישה, "What did they do? A man would marry a man and a woman a woman" (Sifra, Aharei Mot 9:5).

The Mishnah rules: הבא על הזכור ועל הבהמה והאישה המביאה את הבהמה בסקילה. "He who commits sodomy with a male or a beast and the woman who commits bestiality are stoned" (M. Sanhedrin 7:4). The Gemara identifiesLeviticus 18:22 and 20:13 as the source of the prohibition and its punishment while elaborating on the mishnah:

> ת"ר: "איש" (ויקרא כ:יג) פרט לקטן. "אשר ישכב את זכר" (שם) בין גדול בין קטן. "משכבי אשה" מגיד לך הכתוב ששני משכבות באשה. א"ר ישמעאל הרי זה בא ללמד. "מות יומתו" בסקילה.
>
> Our sages teach: "[If a] man [lies with a male, Lev. 20:13], to exclude a minor. [That is, since the word "man" is used rather than "male" we learn that a minor is exempt from culpability if he is the active partner. The Torah continues:] "Lies with a male" [teaching that, since here the word "male" is used rather than "man," there is no difference] whether [the passive partner is] an adult or a minor. [That is, even if the passive partner is a minor, the active partner is still culpable assuming that he is an adult. The Torah continues:] "As one lies with a woman." Scripture teaches that there are two types of sexual in-

> tercourse with a woman [i.e., vaginal and anal]. Rabbi Yishmael says: Behold this comes to teach [regarding male-male relations] and goes to teach [a general rule that is applied in other cases, that anal intercourse is equivalent to vaginal intercourse in all cases of sexual infractions. The Torah continues:] "They shall sure be put to death" by stoning (B. Sanhedrin 54a).

Elsewhere the Gemara, like the Sifra, adds sexual relations between women to the list of prohibitions in the following discussion: דא"ר הונא נשים המסוללת זו בזו פסולת לכהונה. "Rav Huna said: Women who engage in sexual practices with one another are forbidden in marriage to a kohen." That is to say, the stigma of זונה, a prostitute, is invoked upon these women and a kohen is forbidden to marry them. Rashi explains the term מסוללת to mean a very specific form of lesbian sexual relations דרך תשמיש זכר ונקבה משפשפות נקבתן זו לזו. "In the way that a male and a female engage in intercourse they rub their genitalia against each other" (B. Yevamot 76a). The opposing opinion of Rabbi Elazar is also cited. He distinguishes between the unmarried male and female who engage in promiscuous sexual relations without an intention of marriage, where the male is not culpable or stigmatized but the woman becomes a very much stigmatized זונה, and two women who engage in sexual relations which is considered פריצותא בעלמא, merely licentiousness, because there has been no actual intercourse, hence no prostitute status and the women are not prohibited from marrying a kohen. The Rabbis disagree only about invoking the זונה designation when women are sexually active together but not about the forbidden nature of what they are engaged in. And that has been defined very precisely by Rashi.

Maimonides codified the criminalization of משכב זכר in these words:

> הבא על הזכר או הביא זכר עליו כיון שהערה אם היו שניהם גדולים נסקלים שנאמר ואת זכר לא תשכב בין בועל או נבעל.
>
> A male who penetrates another male or who causes a male to penetrate him, from the moment of penetration, if they are both adults they are both subject to stoning. As the Torah says, "Do not lie with a male… neither as the penetrator nor as the penetrated" (Hilkhot Issurei Biah 1:14).

Maimonides also codified the prohibition against female sexual relations:

> נשים המסוללת זו בזו אסור וממעשה מצרים הוא שהוזהרנו עליו שנאמר כמעשה ארץ מצרים לא תעשו אמרו חכמים מה היו עושים איש נושא איש ואישה נושאת אשה ואישה נושאת לשני אנשים אע"פ שמעשה זה אסור אין מלקין עליו שאין לו לאו מיוחד והרי אין שם ביאה כלל לפיכך אין נאסרת לכהונה משום זנות ולא תיאסר אשה על בעלה בזה שאין כאן זנות וראוי להכותן מכת מרדות הואיל ועשו איסור.
>
> Women are forbidden to engage in sexual relations with one another and it is among the Egyptian practices about which we were warned, as the Torah says, "Do not imitate the practices of the land of Egypt." The Rabbis said: "What did they do? A man would marry a man, a woman would marry a woman, or a woman would marry two men." Although this act is forbidden, lashes are not imposed because there is no specific prohibition and there is no actual intercourse. For that reason women who do this are not prohibited in marriage to a kohen as harlots and are not forbidden to their husbands be-

cause there is no prostitution. Nevertheless, it is appropriate to impose lashes for rebellion because they violated a prohibition" (Hilkhot Issurei Biah 21:8).

Rationales for the prohibitions of same gender sexual relations are varied. The Talmud offers the opinion of Bar Kappara that the biblical term תועבה is a contraction of תועה אתה בה, "You are lost because of her/this" (B. Nedarim 51a). Some believed that the word בה "her" referred to the entire list of sexual violations with various women enumerated in the Bible text rather than משכב זכר alone.[2] However, Tosafot, Rosh and Ran viewed the antecedent of בה translated as "this" to be משכב זכר, using almost identical phrases to explain the scriptural prohibition. In the words of Tosafot, שמניחין נשותיהן והולכין אצל משכב זכור, "They abandon their wives to pursue sex with men." This somewhat ambiguous concern may possibly have been about the preservation of family and the tragedy of an abandoned wife. Or the Torah's prohibition of משכב זכר could have been over a rejection of the mitzvah of procreation and that is what Tosafot and other Rishonim pointed to.

This much is clear, Bar Kappara was understood by the Rishonim to read the Torah verse to apply to married males and it was about the neglect of two specific mitzvot that devolve upon them, rather than any abhorrence with homosexual activity as a despicable, repugnant or unnatural act. If the concern was indeed about procreation, one may well wonder if the prohibition of משכב זכר should include married men whose wives are pregnant or who have already fulfilled the mitzvah of procreation. The prohibition would hardly seem applicable to those unmarried males who, because of their homosexuality, are unlikely and possibly unable ever to take wives in marriage to procreate. And Bar Kappara was silent about sexual relationships between women, who are not bound by the mitzvah of פרו ורבו.[3]

Section Three: The CJLS on Homosexuality

In 1992, the CJLS adopted the following Consensus Statement on Homosexuality:

> The Committee on Jewish Law and Standards of the Rabbinical Assembly affirms the following policies:
> (A) We will not perform commitment ceremonies for gays and lesbians.
> (B) We will not knowingly admit avowed homosexuals to our rabbinical or cantorial schools or the Rabbinical Assembly or the Cantors Assembly. At the same time, we will not instigate witch hunts against those who are already members or students.
> (C) Whether homosexuals may function as teachers or youth leaders in our congregations and schools is left to the rabbi authorized to make halakhic

2 A lengthy analysis of the Bar Kappara passage can be found in Joel Roth, "Homosexuality," in Kassel Abelson and David J. Fine, eds., *Responsa 1991–2000* (New York: Rabbinical Assembly, 2002), pp. 623 ff.

3 See Hilkhot Ishut 5:2.

> decisions for a given institution within the Conservative Movement. Presumably, in this as in all other matters, the rabbi will make such decisions taking into account the sensitivities of the people of his or her particular congregation or school. The rabbi's own reading of Jewish law on these issues, informed by the responsa written by the Committee on Jewish Law and Standards to date, will also be a determinative factor in these decisions.
> (D) Similarly, the rabbi of each Conservative institution, in consultation with its lay leaders, will be entrusted to formulate policies regarding the eligibility of homosexuals for honors within worship and for lay leadership positions.
> (E) In any case, in accordance with the Rabbinical Assembly and United Synagogue resolutions, we hereby affirm gays and lesbians are welcome in our congregations, youth groups, camps and schools.[4]

It is possible that the anomalous last paragraph of the CJLS statement was an accommodation to two resolutions, one adopted in 1991 by the United Synagogue, the other a year earlier by the Rabbinical Assembly. The latter read:

> THEREFORE BE IT RESOLVED that we, the Rabbinical Assembly, while affirming our tradition's prescription for heterosexuality,
> (A) Support full civil equality for gays and lesbians in our national life, and
> (B) Deplore the violence against gays and lesbians in our society, and
> (C) Reiterate that, as are all Jews, gay men and lesbians are welcome as members in our congregations, and
> (D) Call upon our synagogue and the arms of our movement to increase our awareness, understanding and concern for our fellow Jews who are gay and lesbian.[5]

The CJLS Consensus Statement opposed gay participation in community life far more strongly than the two resolutions would have warranted, only its last paragraph reflecting their welcoming tone, the rest at odds with them. The consensus that was achieved was contradictory. It was not possible to welcome gays and lesbians to Conservative synagogues at the same time that gay and lesbian rabbis and cantors were excluded from employment and synagogue honors were withheld from lay people. The Consensus Statement exposed a fault line of disagreement within the CJLS between those who would restrict gays and those who preferred their full inclusion. Consensus was reached to prevent what Rabbi Elliot Dorff saw as "a disaster for the Movement if the Committee on Jewish Law and Standards approved opposing papers on a topic as central to people's lives as their sexuality; it would mean that we are totally incoherent."[6] Instead, the incoherence was formalized in a contradictory Consensus Statement.

It seems to us that homosexuality as a general condition, or "orientation," need not be a halakhic problem. While certain sexual types such as the castrated male

---

4 "Consensus Statement on Homosexuality," *Responsa 1991–2000*, p. 612.

5 *Proceedings of the Rabbinical Assembly* 52 (1990), p. 275.

6 Elliot Dorff, "Jewish Norms for Sexual Behavior: A Responsum Embodying a Proposal," in *Responsa 1991–2000*, p. 710.

or the androginos are identified as unique categories in halakhic parlance, the homosexual or the lesbian is not. There exists, in fact, no Hebrew word for "homosexual" other than the transliteration, evidence that such a category never existed in Jewish law. It is conceivable that a kohen gadol who met all other requirements and was willing to participate in a heterosexual marriage but was by our contemporary understanding homosexual, could nevertheless enter the Holy of Holies on Yom Kippur to seek absolution for his own sins and those of his people.

It seems wrong to us, therefore, that the Consensus Statement on Homosexuality adopted by the CJLS in 1992 which remains our Movement's policy to this day, should far exceed what the halakhah required. The statement not only bars commitment ceremonies for homosexuals, it also opposes the admission of 'avowed homosexuals' to Conservative rabbinical and cantorial schools and to the Rabbinical Assembly. It urges congregational rabbis to use policies set down by the CJLS in considering employment of gays as teachers or youth leaders and even in the formulation of policy regarding synagogue honors. In these latter concerns, no distinction is made between "avowed" and other homosexuals. Therefore, the Consensus Statement reads as restricting the participation of gays and lesbians in general within Conservative Judaism, and that restriction went beyond the requirement of halakhah. The Statement should have clarified that these restrictions do not apply to all gay and lesbian Jews, but rather only to those who are known to engage in same-sex intimate relations.[7] Furthermore, it is generally the case that beyond greater expectations of clergy, the Conservative movement hardly limits the participation of lay public sinners of any type. It is inconceivable that restrictions on the study or teaching of Torah or receiving synagogue honors would be imposed by those who would enforce the halakhic ban on gay sexual activity upon gays who should enjoy a presumption of innocence that they do not violate the law at all and if they are in violation of halakhah are doing so only in private.

The CJLS also considered the use of placement services by a homosexual rabbi already a member of the RA and ruled, "In accord with the apparent intent of the consensus statement, the Joint Placement Commission should not recommend 'avowed homosexuals' for placement in congregations."[8] An opposite conclusion was also accepted thanks to an argument based not on halakhic but organizational grounds.[9] It seems to us that the decisions reached by both sides in this

7 Rabbi Joel Roth's 1992 responsum on homosexuality made this distinction quite clear: "We have asserted that halakhah does not prohibit homosexual attractions or arousals. Its exclusive concern is with homosexual behavior, primarily homosexual intercourse. As a result, it follows that one who is of homosexual orientation, but affirms that the lifestyle that usually accompanies that orientation is halakhically unacceptable and therefore chooses to live a celibate life, suffers no halakhic restriction of any kind whatsoever. Such a person could serve in any position of religious leadership, professional or lay, including the rabbinate and the cantorate" (Joel Roth, "Homosexuality," in *Responsa 1991–2000*, p. 667).

8 Kassel Abelson, "Placing Homosexual Rabbis in Congregations," *Responsa 1991–2000*, p. 723.

9 Arnold M. Goodman, "Placing Homosexual Rabbis in Congregations," Responsa 1991–2000, pp. 724–725.

discussion were extra-halakhic, disregarding the actual limits placed by tradition on homosexual behavior. These have nothing at all to say about gays as rabbis and cantors or their placement in congregations. We recognize that the adjective "avowed" may have indicated that the reference is only to gays and lesbians who avowedly engage in activities that violate halakhah as per the CJLS's determination.[10] We further recognize that there might be a general assumption that someone who is avowedly gay or lesbian would be engaged in intimate same-sex relations. And yet, we are perplexed why the CJLS would assume that all gays and lesbians are engaging in intimate relations. Would we automatically assume that all heterosexual rabbis are sexually active, even if they are not married? Does "avowal of homosexuality" apply only to gays and lesbians in committed relationships? What about a rabbi who is openly gay but single? The precedents appear to be discriminatory against gays and lesbians because of their sexual orientation and with no regard to the context of their personal relationships. This perception of broad discrimination is unfortunate.

Regardless of whether the *issur* is defined broadly or narrowly, the prohibition of משכב זכר ought not to become the basis for the exclusion of homosexuals from Jewish life and leadership. The enforcement of the biblical prohibition in our day, if it is to be enforced, should not justify the elevation by the Conservative movement of משכב זכר above every other *issur* and its violators should not be singled out for restrictions and exclusions never imposed on those who do not live in accord with other demands of halakhah.

In addition to the Consensus Statement, four teshuvot were also adopted in 1992 that provided differing philosophical and legal rationales for it.

1) Rabbi Elliot Dorff proposed a delaying posture because he did not believe that the Conservative movement was prepared to embrace total parity between gay and straight sexual activity and unions despite the RA and United Synagogue resolutions supporting full civil equality for gays. Rabbi Dorff distinguished between homosexual sex and anal sex, the former he believed was not under prohibition at all, the latter banned by a decree of the Torah that might eventually be eased. He hoped that the Bible text would not be the sole authority in determining the halakhah but that contemporary views on homosexuality, that it is neither a disease nor reversible, could counterweigh the halakhic record in future CJLS deliberations. Rabbi Dorff, feeling that there was not sufficient evidence then available for the Conservative movement to come to a definitive conclusion about homosexuality, sought the creation of a commission to study all aspects of the issue.

10 This is a charitable reading. The 1993 responsa on placement of avowed homosexual rabbis (*Responsa 1991–2000*, pp. 722–729) consistently refer to avowal of "homosexuality," not of any form of behavior. Additionally, one of the papers specifically identifies the case that brought about the שאלה: "A colleague, having been 'outed,' has avowed his homosexuality" (Arnold M. Goodman, "Placing Homosexual Rabbis in Congregations" ibid., p. 725). While the facts of the case may have been otherwise, the presentation in the responsa refer to avowal of sexual orientation, not to forbidden behavior.

2) Rabbi Reuven Kimelman was satisfied that halakhic issues were being dealt with in other teshuvot so he addressed only the public policy aspects of homosexuality. He was fearful that "the approval of a priori non-procreative marriages as a class could tend to devalue the type of sexuality that leads to procreation" and "to equalize the status of the two especially in the eyes of children."[11] He was also concerned that "same sex activity has the potential of undermining the whole idea of sexual prohibitions." He therefore favored retaining traditional restraints on homosexuality, rejected homosexuals as suitable Jewish role models and supported the imposition of additional limits on their acceptance in public life.

Rabbi Kimelman was anxious about the very problem perceived by the Rishonim who applied Bar Kappara's exegesis of the term תועבה to a married man engaging in gay anal sex to avoid procreativity with his wife. But Rabbi Kimelman also perceived a threat to the procreative ideal in marriage when unmarried gays engage in non-procreative sex. In fact, procreative potential is not an entry requirement for Jewish marriage and its absence is no hindrance to heterosexual unions. Non-procreative marriages and non-procreative sexual relations within marriage are not prohibited in Jewish law and are not deemed a threat to equalize procreative and non-procreative marriages in children's eyes. Nevertheless, Rabbi Kimelman feared negative effects upon heterosexual procreativity if homosexual non-procreative unions were not stigmatized. He asserted, without proof, that gay sex undermines the idea of sexual limits in human behavior.

While the Jewish community is certainly dependent for its continuity on heterosexual marriage and procreative sexual unions, Rabbi Kimelman offered no proof text at all that the Jewish tradition prohibits non-procreative sex except in the specific circumstance described by Tosafot and he provided no sociological evidence for his assertion that a Gresham's Law of human sexuality exists, the bad, which he defined as homosexual, driving out the good, which he defined as heterosexual.

Rabbi Kimelman's public policy concern for encouraging procreative sex and the danger to it that he senses if gay non-procreative sex were permitted seems to us to be overstated. We cannot imagine any heterosexual couple refusing to have children because their next door neighbors are childless homosexuals. That is too preposterous a scenario to be the basis for determining the status of gays in our community. Rather, we believe that the public policy issue is a different one entirely. Firstly, contemporary reproductive technologies, as well as adoption, provide same-sex couples with options to raise children that they never had before. But more importantly, we do not condemn the infertile heterosexual couple, nor do we insist that they take advantage of contemporary reproductive technologies.[12] Moreover, the prophet Isaiah was mindful of the pain experienced by the childless eunuch who might be feeling like an עץ יבש, a dried out stick, and was sympathetic. He reassured those without offspring, ונתתי להם בביתי

11 Reuven Kimelman, "Homosexuality and the Policy Decisions of the CJLS" in *Responsa 1991–2000*, pp. 676–685.

12 See Elliot Dorff, "Artificial Insemination, Egg Donation and Adoption, "*Responsa 1991–2000*, p. 509: "Infertile couples are not required to engage in these procedures to have children."

ובחומתי יד ושם טוב מבנים ומבנות שם עולם אתן לו אשר לא יכרת, that the keeping of the Sabbath, choosing what God wishes and affirming the covenant may bring rewards better and more lasting than sons and daughters. What Isaiah seems to us to be saying is that because God has a house for all, it is good public policy to include the minority who are physically unable to engage in procreative sex in the ברית. It is reasonable to speculate about the position Isaiah might take on gays who for reasons beyond their control may be childless.

3) Rabbi Mayer Rabinowitz determined that עקירת דבר מן התורה, abrogating biblical law, would be the only way to change the halakhah on homosexuality, that abrogation "had to be done for the betterment of the Jewish people as a whole, not simply for the benefit of a minority of the people," and that therefore, it was inapplicable in this instance. He ruled that homosexuals who advocate homosexuality as an acceptable alternative Jewish lifestyle are prohibited from holding leadership positions in our synagogues, institutions and schools.[13]

Rabbi Rabinowitz did not allow that any alternative way to address the biblical prohibition of משכב זכר may be available and he imposed an additional prohibition to exclude gays from leadership in the Jewish community. Since the CJLS has ruled that we do not accept testimony about illegitimacy,[14] Rabbi Rabinowitz's teshuvah and others could lead to the ironic circumstance that a mamzer, biblically excluded from the Jewish community, may become a rabbi while a gay person may not.

Rabbi Rabinowitz, aware of the proportional distribution of the largely heterosexual majority and the small homosexual minority, did not allow redress of the biblical criminalization of gay sex. He believed that only a minority would benefit from doing so. He did not consider that there was another way to define the majority, that is the majority of Conservative Jews who, as demonstrated by approved resolutions of the Rabbinical Assembly and United Synagogue, had rejected limits on the participation of homosexuals in our religious and communal life. Those resolutions seemed to indicate that changes in the halakhah regarding homosexuals would in fact address the ethical and sociological needs of the majority of the Conservative community and reflect their wishes.

Nor did Rabbi Rabinowitz explain why only homosexuals advocating homosexuality as an acceptable alternative Jewish lifestyle should be subject to censure. According to his reasoning, heterosexuals who do so should also be excluded from our seminaries, from the rabbinate and from teaching in our schools because they too project undesirable behavior as licit, if not by example then by advocacy. Moreover, they cannot make the mitigating claim that they are אנוסים, acting under compulsion, as gays might. Should members of the CJLS who support them be censured? We do not believe that Rabbi Rabinowitz would support such action against heterosexuals and we cannot agree with the conclusions reached in his teshuvah.

---

13 Mayer Rabinowitz, "On Homosexuality," *Responsa 1991–2000*, p. 689.

14 See Elie Kaplan Spitz, "Mamzerut," *Responsa 1991–2000*, p. 558.

4) Rabbi Joel Roth read Leviticus 18:22 and 20:13 to "posit some type of prohibition against homosexuality."[15] That was a surprisingly loose reading of the texts because they actually refer only to משכב זכר but not to homosexuality.[16] He asserted that "the Torah defines homosexuality as תועבה," a too broad and, we believe, inaccurate reading of Scripture. Rabbi Roth claimed that lesbianism is forbidden based on the Sifra's understanding of Leviticus 18:3. While his assertion was accurate that the prohibition against נשים מסוללות is דאורייתא, he translated the phrase to mean "lesbianism" when Rashi had a decidedly narrower and very precise understanding of it. Rabbi Roth may have used the terms homosexuality and lesbianism to refer to gay sexual relations, but that was inaccurate, unfortunate and misleading. His use of these terms was confusing and unnecessary particularly since he acknowledged "that the Torah does not prohibit homosexual attraction-orientation."

Rabbi Roth's conclusions were based on the Bible text and many halakhic sources that ban משכב זכר as תועבה and he included other physical expressions of gay sex in the prohibition. Although this expansive understanding of the halâkhah was not the only way in which it might be understood or applied, it would be very hard, we think, to refute the fact that the entire weight of halakhic evidence to this point takes this view. But when he evaluated various rationales for the Torah's attribution of תועבה to homosexuality (actually, only to משכב זכר and possibly to other gay sexual acts as well), Rabbi Roth acknowledged that there may not be a single adequate explanation for it but should be used as an argument to determine that the prohibition was irreversible. Had there been a clear rationale it might be refuted to permit or compel a change in the law, as we will suggest below. But when there is only the unexplained and unambiguous Bible text, Rabbi Roth concluded and has continued to argue that nothing could overturn that text or the halakhic pattern that followed in its wake. It seems strange to us that Rabbi Roth empowered the text with unalterable control over our practice when text interpretation is the very basis of Jewish law and the halakhic system. Our own view of halakhah as a historically based religious/legal system that reflects the values, ethics and circumstances of the Jewish people at any particular period and whose evolving judgments, including those recorded in Scripture, are expressions of Jewish ideals in a given place and time, compels us to disagree.

We recognize that positions taken in these teshuvot do not result from any animus toward or fear of gays or lesbians, what is generally called "homophobia," but rather out of theological or halakhic concerns. Nevertheless, we reject their conclusions that oppose the normalization of Jewish gays and lesbians in the community, for reasons articulated below.

15 Joel Roth, "Homosexuality," *Responsa 1991–2000*, p. 624.

16 Some claim that the Torah's prohibition is specific to anal sex between men. See the paper approved by the CJLS by our colleagues Rabbis Dorff, Nevins and Reisner for an elaboration of this.

Section Four: Reading Parashat Arayot

The prohibition of homosexual behavior originates in the Rabbinic understanding of the term משכבי אשה in Leviticus 18:22 and 20:13. As is evident from the gemara in Sanhedrin (54a-b),[17] the phrase משכבי אשה teaches us that anal sex is legally considered to be real sex, and that it is so when it is performed either with a man or a woman. What the phrase means is that anal intercourse with a man has the legal status of intercourse with a woman. One might have thought that the gender of the passive partner makes a difference. The Torah tells us that it does not, as far as constituting sexual relations.[18]

It might be argued that the prohibition of homosexual behavior derives from Deuteronomy 23:18 (the prohibition of the קדש, usually understood as cult prostitute) or from Genesis 19 (the story of the men of Sodom, and its parallel in Judges 19). But the Genesis and Judges sources are clearly concerned more with rape than homosexuality *per se*.[19] The Deuteronomy source is concerned more with what is permitted in the Temple rather than with purity of sexual life in general. Some scholars argue that the concern with the cult prostitute was an issue throughout the First Temple period (see 1 Kings 14:24; 15:12; 22:47; 2 Kings 23:7), perhaps only eradicated with the Deuteronomic reforms under King Josiah. Only later did Leviticus address itself beyond cultic concerns.[20] Whether or not

---

17 See above, p. 3.

18 Jacob Milgrom goes even further in arguing that "it may be plausibly suggested" that the term משכבי אשה is only used in relation to forbidden sexual relations, specifically those enumerated in Lev. 18, and that "sexual relations occurring with males outside these relations would not be forbidden" (Jacob Milgrom, *Leviticus 17–22: A New Translation with Introduction and Commentary* [New York: The Anchor Bible, Doubleday, 2000], p. 1569, s. v. "as one lies with a woman"). While Milgrom offers this interpretation as a mere "plausible suggestion" and does not follow through with it in his general interpretation of the verse (as we discuss below in this section), his argument here on the meaning of the phrase is important. He claims that the context of the verse is not homosexuality *per se*, but rather that male-male sexual relations are just as much forbidden as male-female sexual relations when the relationship is incestuous or adulterous as enumerated in Lev. 18 and 20.

19 Interestingly, there is no known prohibition against homosexual behavior from the ancient Mesopotamian cultures. However, there are Assyrian laws against homosexual rape. See David F. Greenberg, *The Construction of Homosexuality* (Chicago: University of Chicago Press, 1988), p. 126; James B. Pritchard, ed., *Ancient Near Eastern Texts Relating to the Old Testament* (Princeton: Princeton University Press, 1969), p. 181; G. R. Driver and John C. Miles, eds., *The Assyrian Laws* (New York: Oxford University Press, 1935), pp. 71, 391. Some interpret Genesis 9:21–24 as narrating a homosexual encounter between Ham and Noah when Noah was drunk. But the text frowns upon Ham because he was inappropriate towards his father, not because of homosexual behavior *per se*. If it was just that he uncovered *his father's* nakedness, then the crime is that he uncovered *his father's* nakedness. If it really means incest, then the essence of the crime is that it was incest, not the sexual act itself. Interestingly, the only Hittite prohibitions of homosexual behavior are incestuous ones. See Pritchard, *ANET*, p. 196; Greenberg, *Construction of Homosexuality*, pp. 124–125.

20 Louis Epstein writes: "Sodomy in the Temple was not eradicated until the vigorous reforms of the righteous King Josiah. It was then followed up by the deuteronomic legislator, who set down the specific prohibition, 'There shall be no *kedeshah* among the daughters of Israel nor shall there by any *kadesh* among the sons of Israel.' This prohibition, it should be noted, differed from the later

this can be accepted as a historical sketch, the halakhah sees the Leviticus verses as the heart of the prohibition. Since the halakhah is rooted in those verses, it is upon those verses we focus.

Recent efforts have attempted to understand Leviticus 18:22 and 20:13 in ways that limit or exclude their applicability in our time. For example, it has been suggested that the *issur* applies only to cultic, coercive or exploitative sex.[21] We find these efforts unconvincing because they do not fit the context of פרשת עריות. We believe that context is the sanctity and purity of sexual relations.

According to פרשת עריות, real sex requires sanctification, codified later by halakhah as קידושין. There is strong opposition in halakhic literature to sexual relations outside of marriage. According to most views it is forbidden.[22] The Torah, in פרשת עריות, lists a series of forbidden relations that include incest, adultery, homosexual acts and bestiality. They are forbidden because there is not any chance of them becoming "sanctified" through קידושין. Even though it was the Rabbis and not the Torah who fully developed the concept of betrothal, the Torah surely had a sense of marriage, and recognized marriage as sacred.[23] Adultery is a capital offense since it offends the sanctity of marriage and the union cannot be sanctified as a marriage because society would not permit it (hence the halakhah: אסור לבעל אסור לבועל). Incestuous relationships could not be sanctified through marriage since society would not permit close relatives to marry. Of course, one

---

levitical law in two ways. First, it stressed the crime of sodomy not as a sexual crime but as a form of idolatry, saying nothing concerning secular sodomy. Second, it prohibited it on the same level as prostitution but did not consider it a capital crime. The levitical law went the whole way" (Louis Epstein, *Sex Laws and Customs in Judaism* [New York: Bloch, 1948], p. 136. See also, on the homosexual cult in the ancient world in general, Greenberg, *Construction of Homosexuality*, pp. 94 ff.).

21 See Bradley S. Artson, "Gay and Lesbian Jews: An Innovative Jewish Legal Position," *Jewish Spectator* (winter 1990).

22 The prohibition against nonmarital relations is not entirely clear from the halakhic literature, although Maimonides does state clearly in his introduction to Hilkhot Ishut in the Mishneh Torah that it is forbidden for a man to engage in relations with a woman without *ketubbah* and *kiddushin*. While there is no specific verse in the Torah forbidding nonmarital relations in general, one could argue that such a verse was unnecessary since the prohibition was surely known. In any case the category of a פילגש was developed in the Middle Ages to permit a man to engage in relations with a woman without *kiddushin*. The halakhic controversy, and the fact that the category is no longer invoked, shows that the tradition surely frowned on nonmarital relations in general. On the halakhic controversy, see Eliakim Ellinson, נשואין שלא כדת משה וישראל (Tel Aviv, 1982), pp. 25–79. See also Robert Gordis, *Love and Sex: A Modern Jewish Perspective* (New York: Women's League for Conservative Judaism, 1978), pp. 167–168; and Robert Gordis, *Sex and the Family in Jewish Tradition* (New York: Burning Bush Press, 1967), pp. 54–55, n. 56. He concludes: "Judaism maintains the principle that sexual relations are proper only within the marriage bond" (ibid., p. 41). The Rabbinical Assembly has clearly taken the position that "Judaism would have us refrain from sexual intercourse outside of marriage." See Elliot Dorff, *This Is My Beloved, This Is My Friend: A Rabbinic Letter on Intimate Relations* (New York: Rabbinical Assembly, 1996), p. 31. See also the responsum by Pesach Schindler in *Responsa of the Vaad Halakhah of the Rabbinical Assembly of Israel*, vol. 4, 5750–5752 (Jerusalem: Rabbinical Assembly of Israel and the Masorti Movement, 1992), pp. 81–90.

23 See now Michael L. Satlow, *Jewish Marriage in Antiquity* (Princeton: Princeton University Press, 2001), for the Rabbinic construction of "Jewish marriage."

could not marry an animal. And a man could not marry another man. It would seem that the sexual transgressions of פרשת עריות are primary transgressions because they lack even the possibility of marriage. However, non-marital sex, while prohibited, is not an ערווה since it can lead to marriage. The punishment, therefore, would be much less severe. What is noteworthy is that all the עריות lack the possibility of fulfilment because of societal standards. Sometimes societal standards change, as we are seeing today with same-sex domestic partnership and marriage. But from the perspective of the Torah and the Rabbis, there was clearly no possibility for same-sex marriage. From that perspective, same-sex relations meant only sex. And the Torah teaches, then, that gay sex is real sex and is forbidden as are the other עריות.

Jacob Milgrom as well, in his recent comprehensive commentary on Leviticus, argues that Leviticus 18:22 and 20:13 must be understood within the context of the list of forbidden relations, the עריות. However, he understands the concern of the chapter(s) to be procreation rather than marriage. "The common denominator of all the prohibitions, I submit," he writes, "is that they involve the emission of semen for the purpose of copulation, resulting in either incest and illicit progeny or, as in this case, lack of progeny (or its destruction in the case of Molek worship, v. 21). In a word, the theme (with Ramban) is procreation."[24] Milgrom goes on to explain that nocturnal emissions require purificatory rites (Lev. 15:16–18) because of the wasting of seed, but that the Torah nowhere explicitly forbids masturbation and, Milgrom infers, would permit birth control "as long as the couple reproduced itself."[25] Female-female sexual relations are ignored by the Torah, Milgrom argues, since there is no exchange of seminal fluids and hence no destruction of seed. What is extraordinary about the lists of forbidden relations in chapters 18 and 20 is that they can only hope to produce illicit children (through incest or adultery), no children (through male-male relations and bestiality), or dead children (through Molek worship). While Milgrom's approach is slightly different from our suggestion in focusing on procreation and the emission of semen rather than on marriage, he agrees that it is the licit or illicit nature of the relationship that permits or forbids the exchange of fluids. A non-marital heterosexual union would not be an ערווה because unlike incest or adultery, the potential progeny would not be illegitimate, and unlike male-male relations and bestiality, the potential for procreation does exist.

We are now in a position to consider the underlying rationale of פרשת עריות. The Torah's concern is the sanctity of marriage, as we formulate it; Jacob Milgrom understands the concern as the importance of procreation. These two views are, in fact, the two understandings among the Rishonim of Bar Kappara's statement in Nedarim 51a (discussed above on p. 243 f) on the meaning of "abomination." Bar Kappara said: מאי תועבה: תועה אתה בה, what is *to'evah*? You go astray through it (a Hebrew play on words). The Rishonim understand this as meaning either de-

24 Milgrom, *Leviticus 17–22*, p. 1567.
25 Ibid., p. 1568.

structive to the family or non-procreative.[26] The *meaning* of the Torah was to prohibit male-male anal intercourse. Its rationale, however, was to protect against non-procreative relations or non-marriageable unions.

The intent of the Torah, we have argued, was to teach that gay sex is real sex. This is not a lesson with which many today would disagree. But whereas the context of the Torah was to forbid such an activity to Israelite men lest they think that sex with a man was not real sex and hence permitted, today we are faced with a very different context. Our שאלה relates to committed Jews who wish to form marital bonds, the very bonds that the Torah and the Rabbis were so concerned to preserve and keep pure through the sexual purity rules of Leviticus. In the past, same-sex unions were not a societal option.[27] They are today. If the concern is procreation, then our times also offer new options.

Today, both male and female same-sex couples have various means of raising children, including adoption.[28] We need only point to recent CJLS decisions on adoption, artificial insemination, in vitro fertilization and surrogate motherhood to indicate the many options available to couples who wish to raise children.[29] What should be clear is that both primary concerns of the Torah, marriage and

---

26 See the discussion of these sources in Joel Roth, "Homosexuality," *Responsa 1991–2000*, pp. 627, 635.

27 This is clearly true despite the statement of the Sifra (Aharei Mot 9:5) cited above (p. 3) that in ancient Egypt men married men and women married women. The Sifra is polemical. The Rabbis are projecting onto ancient Egypt practices they wish to prohibit. There is no evidence for same-sex marriage in ancient Egypt. If there were, it would certainly be trumpeted by the many studies of homosexuality in the ancient world that have been written in recent decades. Any real example from the ancient world of same-sex marriage (as opposed to general homosexual behavior), such as the emperor Nero's marriage to his young male lover, is clearly aberrational and does not represent societal acceptance. (Caligula made his horse a senator. Does that mean that Roman society accepted animals as senators?) The effort to interpret the wall paintings discovered in the necropolis of Saqqara outside Cairo in 1964 as a gay couple has certainly not achieved scholarly consensus. "Over the years, the tomb's wall art has been subjected to learned analysis, inspiring considerable speculation. One interpretation is that the two men are brothers, probably identical twins, and this may be the earliest known depiction of twins. Another is that the men had a homosexual relationship, a more recent view that has gained support among gay advocates… Most Egyptologists accept the normal-twins interpretation advanced most prominently by John Baines, an archaeologist at the University of Oxford in England" (John Noble Wilford, "A Mystery Locked in Timeless Embrace" *The New York Times*, December 20, 2005. Cf. John Baines, "Egyptian Twins" *Orientalia* 54(4) [1985], pp. 461–482).

28 As Milgrom writes following his elucidation of the meaning of Leviticus 18:22: "Finally, it is imperative to draw the logical conclusion of this discussion for our time. If my basic thesis is correct that the common denominator of the entire list of sexual prohibitions, including homosexuality, is procreation within a stable family, then a consolatory and compensatory remedy is at hand for Jewish gays…If gay partners adopt children, they do not violate the intent of the prohibition. The question can be asked: Why didn't the biblical legist propose this remedy? The answer simply is that this option was not available, since ancient Israel did not practice adoption" (Milgrom, *Leviticus 17–22*, pp. 1568–1569).

29 See papers by Elliot Dorff, Aaron Mackler and Elie Kaplan Spitz, *Responsa 1991–2000*, pp. 461–557.

procreation, can be fulfilled today by same-sex couples in ways that did not exist in earlier times. This is a clear case of שינוי העיתים, of changing times and contexts.

Section Five: The Term תועבה

Any discussion of שינוי העיתים in this context must address the meaning of the term תועבה. We are convinced that the term תועבה as used in the Torah was not absolute but relative to society, to culture, to individuals and to time. It was attributed to same gender sexual relations in the distant and recent past but generally no longer reflects the attitude of most members of the Jewish community. The halakhah is now at odds with the legal status of gays and their sexual habits in Jewish society both in Israel and in the United States because gay sex is no longer considered תועבה or criminal by most Jews and by others.

We begin by examining the meaning of the term תועבה in the Torah, where it appears a number of times and is generally translated as "abhorrent." The translation implies an aesthetic or moral judgment although that is not how תועבה was viewed by some Rabbis in the prohibition of anal sex among males. It was understood to be a rationale for prohibiting a husband from violating his sexual responsibility to his wife or his obligation to have children.

The word תועבה is also used in the Torah to describe objects that Israelites are urged to abhor, such as idols[30] and non-kosher food[31] or actions such as idolatry[32] or the use of false weights and measures in business transactions.[33] The Torah generally deems only the object or action a תועבה but not the sinner. While an idol or non-kosher meat are identified as abhorrent, the idolater, the consumer of *treif* meat and one who engages in משכב זכר are not. Not so the unscrupulous merchant who is personally abhorrent to God.

Rabbi Joel Roth correctly claims that תועבה as used in the Torah is an attributed quality rather than an inherent one. One people's תועבה may be another's means of gaining a livelihood or celebrating its deliverance. Sheep herding[34] and lamb[35] are תועבות מצרים but they are favorably considered by Hebrews, the former as a desirable occupation, the latter for an offering to God. Egyptians may not sit at a dining table with Hebrews, they call it a תועבה,[36] while the Torah forbids משכב זכר, from the perspective of the Torah an acceptable and widespread practice among Egyptians, as תועבה. The term is not used to describe the inherent or universal quality of an item or human action, it expresses its culturally or religiously deter-

30 Deut. 7:26: ולא תביא תועבה אל ביתך והיית חרם כמהו שקץ תשקצנו ותעב תתעבנו כי חרם הוא.

31 Deut. 14:3: לא תאכל כל תועבה.

32 Deut. 13:15, communal, and Deut. 17:4, individual idolatry.

33 Deut. 25:16: כי תועבת יי א-להיך כל עשה אלה כל עשה עול.

34 Gen. 46:34.

35 Exod. 8:22.

36 Gen. 43:32.

mined value in a given society and identifies specific material objects or behaviors that are denied to its members.

Scripture views some תועבות, however, as abhorrent not only to a given society but to God. The falsifying of weights and measures is an inequity that places the violator in this category although other forms of commercial cheating do not. Most often the phrase is used to describe idols and idolatry as abhorrent to God[37] but so is cross-dressing,[38] while homosexual intercourse is not identified in this way. And even when an object or action is designated in the Torah as a תועבת יי, there is the recognition that non-Israelite societies may not react with the abhorrence felt by Israelites or their God.

Abhorrence is not only relative to society and its values. The Torah believes that individuals may experience תעוב based on their historical experience. Israelites are warned against abhorring Edomites or Egyptians despite any cultural or personal inclination that may impel them in that direction.[39] Abhorrence it seems is something that the Torah believes can be controlled and there are occasions when it ought to be.

Behavior that is not deemed תועבה in one generation may be so in another. The Torah includes among the sexual practices enumerated as תועבות in Leviticus 18 marriage to one's half sister[40] or to two sisters[41] yet a few generations earlier, the Patriarchs Abraham[42] and Jacob[43] had consummated such marriages. Of course the Torah was not yet promulgated and the Patriarchs were not obligated to observe its sexual prohibitions. But does this mean that in the biblical view they engaged in sexual relations that God deemed abhorrent at the time but God, remaining silent, without a word of admonition to the Patriarchs, established the covenant with them and with the descendants born out of these abhorrent relations nevertheless? Or does the Bible mean that God did not consider their marriages abhorrent at all before the Torah was given at Sinai? These Leviticus prohibitions are not identified as תועבת יי and perhaps they are not to be perceived in that way at all.

These are instances in which permitted actions were subsequently banned as תועבות. An example of something prohibited as תועבה being permitted at a later time is to be found in the Talmudic discussion about the permissibility of meat from stabbed animals brought to Eretz Yisrael during the period of the Israelite conquest. Rabbi Jeremiah b. Abba cites Rav that based on the biblical promise that the conquerors would discover בתים מלאים כל טוב, "houses full of all good

37 Idols in Deut. 7:25 and 27:15; infanticide in Deut. 12:31 and 18:9–12 where augering, hidden sorcery, divining, enchanting, magical knot tying, seeking ghosts and spirits and inquiries of the dead are added; the wages of female and male prostitutes, probably in connection with a cult in Deut. 23:19.

38 Deut. 22:5.

39 Deut. 23:8.

40 Lev. 18:9 and repeated in 20:17.

41 Lev. 18:19.

42 Gen. 20:12.

43 Gen. 29:18–28.

things," even כתלי דחזרי that Rashi helpfully explains are חזירים יבישים שקורין בקינ"ש, "dried pigs that are called bacons," were permitted at that time and surely בשר נחירה, "stabbed meat."[44] The assertion that pig meat, a forbidden תועבה, was permitted for a time goes unchallenged because in the view of the Rabbis, the תועבה designation was subject to suspension. Even more remarkable, perhaps, is that something considered תועבה by Scripture should be located by Rav under the rubric of "all good things." Most remarkable is that he was prepared to accept the consumption of meat that is תועבה by our ancestors through text interpretation alone, without concluding that it was one of the *takkanot* ascribed by tradition to Joshua.

What is clear to us is that the use of the תועבה term in the Bible may apply only to a specific society and within that society to a specific and limited period of time in its history, and the rabbinic tradition was at peace with that. Moreover, the transition from licit to abhorrent could take place in the Torah's telling, over a very short span of time.

Since תועבה is an attributed characteristic rather than an inherent one, it is proper to ask if the attribution, once made, is unalterable. Is the biblical prohibition of משכב זכר along with the halakhic record in its wake fixed for all time or is change possible? The Torah does not suggest that homosexual relations are תועבת יי so they would not seem to fall into the permanent category that would include idolatry. We believe that the Torah's תועבה attribution to same gender sexual relations is entirely accurate to the biological facts and sexual morality as understood and practiced in ancient and even in more modern times but not as they are today. The general state of scientific knowledge about homosexuality does not sustain that perception nor does the Jewish community in the Diaspora or in Israel still consider same-gender sex relations תועבה or subject to capital punishment.

It may be an incidental but not insignificant point that contemporary sexual morality is egalitarian in ways never contemplated in the Torah. Engaging in promiscuous premarital heterosexual intercourse has no subsequent social implications for a male but according to halakhah transforms a Jewish women into a זונה, a prostitute. Because our sexual ethic has evolved from patriarchal to more nearly egalitarian, this is a morally unacceptable distinction for us and we dare say to very many Jews today. One cannot fault the Torah or the halakhic tradition for not being aware of contemporary sensibilities. But we are not and need not be limited by ancient sensibilities.

Section Six: Our Changed Societal Context

At the present time, it is almost universally accepted in the scientific community that homosexuality occurs naturally in a given percentage of the population, is neither a sickness nor a personal choice and is irreversible. In 1974, the American

44 B. Hullin 17a. Stabbed meat refers to the flesh of kosher animals not dispatched according to the requirements of kosher slaughter.

Psychiatric Association removed homosexuality from its list of mental disorders, followed closely by the American Psychological Association and the National Association of Social Workers. At the 2004 CJLS retreat in Baltimore, where the issue was addressed by several psychiatrists and psychologists, it became clear that modern scientific thinking does not consider a homosexual orientation as one of choice. It certainly is not a "lifestyle" chosen from a shopping list of alternatives.

Particularly telling was the statement by Dr. Abba Borowich, a psychiatrist who has worked for more than two decades to reverse homosexuality in the Orthodox community where he is affiliated. He reported that although intensive therapies may be able to exert some movement on the Kinsey scale to make it possible for some gays to marry and have children, he has abandoned all efforts toward that end. Despite his religious commitment and professional history of some success, Dr. Borowich's experience with reversion and the creation of unhappy individuals and families has moved him to terminate his efforts to make it possible for homosexuals to live as heterosexuals. This is consonant with what we believe is the broader scientific consensus that not only do homosexuals not choose their sexual orientation but that it is essentially irreversible.[45]

In Israel the treatment of homosexuals has been transformed by legislation that decriminalizes homosexual intercourse, prevents discrimination based on sexual orientation in employment or the military and provides eligibility to same sex partners for various social and monetary benefits. The Knesset also passed the Prevention of Sexual Harassment Law that includes provision for civil and criminal relief to victims.[46] This transformation in the conservative social environment of Jewish society in Israel, despite its setting in the Middle East, its population's roots and the influence of Orthodox rabbinic authority, has resulted in a gap between the halakhah and public law that invites attention. How much more so should Conservative Jews in the United States and other parts of the West attempt to bring halakhah, their sexual morality and the law into agreement!

The changes that have occurred and continue to occur in public law in Western societies as more and more jurisdictions are acknowledging same-sex couples are the result of a process undertaken by legal authority. In Israel the amelioration of the legal standing of gays is reflected in the law as written by Jews and under which they live of their own choice. That is a powerful message to us that the halakhah, if it is not merely to be a frozen historical record but offer direction for contemporary Jews wherever they reside, must be impacted by this transformation in public law. This has been true in the past and efforts to block considered

45 These arguments are presented forcefully and compellingly, with all the supporting scientific evidence, by Rabbis Dorff, Nevins and Reisner in their paper, "Homosexuality, Human Dignity and Halakhah," above, pp. 186–241.

46 Alon Harel, "The Rise and Fall of the Israeli Gay Legal Revolution," *Columbia Human Rights Law Review* (spring 2000). The author's conclusion that the liberalization of the law has provoked a reaction in an essentially conservative society that will make further changes more difficult seems obvious. It does not alter the fact that discrimination in Israeli society against gay sexuality is no longer tolerated according to the law.

(due process) change in halakhah at this time only diminish its authority and render it irrelevant. To maintain in this day that gays who engage in same gender sex are criminals who deserve to be executed by stoning will in our view bring no glory to God, Torah or כלל ישראל.

It seems to us that a remarkable change has taken place in the attitude of the Jewish community towards gays in recent times and this must cause an evolution in the halakhah. We are left, therefore, with the burden of finding are solution within the Conservative movement that is theologically and morally consistent with a reasonable and acceptable concept of Jewish law.

More than a decade has passed since the Conservative movement through the United Synagogue and the Rabbinical Assembly has expressed its opposition to restrictions on homosexuals and welcomed them to the community. Despite that, the consensus reached by the CJLS in 1992 imposed limits on the roles gays may play in our community. That should be corrected at this time.

Why? What has changed since the 1992 CJLS deliberations? While "commitment ceremonies" were a part of the discussion, they were not the central focus. Since then, the movement for recognition of same-sex unions has been waged across the globe and political efforts to achieve rights for gay and lesbian partners, be it through actual marriage, health care, inheritance, etc., have flourished. Recently, courts in Canada, as well as California, Connecticut, Massachusetts, Hawaii, Maine, New Jersey, Vermont, and the District of Columbia, and a growing number of governments including Andora, Argentina, Belgium, Brazil, Croatia, the Czech Republic, Denmark, Finland, France, Germany, Iceland, Israel, Luxembourg, the Netherlands, New Zealand, Norway, Portugal, Slovenia, South Africa, Spain, Sweden, Switzerland and the United Kingdom have ruled that either same-sex unions or marriages must be civilly recognized. Some American municipalities have begun to offer same-sex marriages, although this is an ongoing legal debate. The category of "domestic partnership" has become widely accepted. A proposed constitutional amendment in the United States banning same-sex marriage acknowledges this changed reality. Opposition to same-sex marriage has been surprisingly combined with acceptance of domestic partnerships. And in a landmark case, the United States Supreme Court's 2003 decision in *Lawrence v. Texas*,[47] overturning *Bowers v. Hardwick*, struck down the "sodomy laws." This is a profound transformation of society, and much of it has taken place after 1992. Again, this is what halakhists call שינוי העיתים.

The idea of a same-sex couple living comfortably in society and having the option of raising children was not as pervasive in 1992 as it is today. Through the popular media of television and film the general culture has become accustomed to same-sex couples and their families in ways that were not imagined only a decade ago. Many newspapers now regularly includes same-sex couples with the marriage announcements in the society pages. Additionally, we know much more about the viability of same-sex family life and child-rearing. Gays and lesbians have, in the last decade, been more active in suing for custody of children

47 539 U.S. 558 (2003).

and the courts have examined (and commissioned) social-scientific studies concerning family relationships of gays and lesbians. These studies have shown that lesbians and gays are at least as successful as heterosexuals in forming stable relationships, that they are as interested in forming strong unions and raising children as heterosexuals, and that the children born to or raised by gay or lesbian parents are no less "normal" that those born to or raised by heterosexual parents.[48]

In summary, the CJLS could not envision in 1992 that the *ideal* of the Jewish family could be fulfilled in a gay or lesbian context. Rather, it struggled with exempting those who could not fulfil that ideal from the responsibilities of our general expectations. The CJLS decided that concerns for marriage and children outweighed the needs of gay and lesbian Jews. The Consensus Statement itself was only intended to be temporary until further study could take place, as argued strongly by Rabbi Dorff at the time. It no longer reflects the needs of our community, nor our reading of halakhah and God's will.

In our view, the Torah prohibitions of same-gender male or female sexual relations as תועבה, abhorrent acts, are not consistent with current knowledge almost universally accepted in the scientific community about the origins of homosexuality, its natural occurrence in a given proportion of the population, its essential irreversibility and that it is neither a sickness nor a choice. The תועבה designation and subsequent halakhic prohibitions no longer reflect the legal treatment of gays in Israel or in most other Western countries and do not represent the perception of them in most of the Jewish community. This disparity between what the law allows and what halakhah has heretofore denied, between the halakhah and general perceptions about same gender sexuality, should be a cause for concern to everyone who would live according to a code of Jewish religious law.

Section Seven: The Systemic Question

We have suggested a way of reading פרשת עריות where the reasons for the prohibition would no longer apply today. We have argued that the context of same-sex relations in our time is not the same as that known by the Torah and the Rabbis, and that the criminalization that the Rabbis codified can no longer be maintained. This conviction is driven by the overwhelming consensus of scientific and sociological findings on homosexuality. And yet we recognize that the precedented view of the Rabbis has been that the Torah meant to prohibit all acts of

48 Some argue that gay and lesbian families are statistically safer environments for children since there is a lower reported incidence of domestic abuse in same-sex families. See, for example, Charlotte J. Patterson, "Family Relationships of Lesbians and Gay Men," *Journal of Marriage and the Family* 62 (November 2000), pp. 1052–1069, for a thorough overview of recent studies through 2000, including an extensive bibliography. See also, though now dated, Laura Benkov, *Families We Choose: Lesbians, Gays, Kinship* (New York: Columbia University Press, 1991).

משכב זכר, and that it is a bold step to suggest a limitation or the non-applicability of what the Rabbis understood to be דאורייתא.

We agree that the text of the Torah is unchangeable, but the meaning that the text holds, that is, its halakhic meaning, is explained by the rabbis. An analogy from American constitutional law is that while the judiciary cannot amend the Constitution, it can reinterpret its meaning. The duty of the judiciary to determine the legal meaning of the Constitution is as basic to American constitutional law as is the duty of the rabbis to determine the meaning of the Torah. We fully understand that a change in understanding of the Torah's halakhic meaning is a major change in precedented rabbinic law. Only a significant difference in historical circumstances, such as the case before us, could merit such a change. We believe, however, that in this case the change in historical circumstance is adequate to justify a change in the halakhah.

The systemic question arises whether we, as modern-day rabbis, have the authority to offer our own readings or limitations of the Torah if they are at variance with the precedented interpretations of the Sages. One must usually follow precedent in order to retain the integrity of the legal system. But there are circumstances when precedent can be overturned. Rabbi Joel Roth defines those circumstances as "compelling reason," that is, when, in the judgment of the decisor, there is sufficient justification for overturning precedent.[49] We feel there is ample compelling reason in this case.

Throughout the history of Jewish law, rabbis have found it necessary over and over again to limit or exclude the applicability of ancient legislation when faced with changed circumstance or "compelling reason." A classic example is the limitation of the law of the rebellious son (Deut. 21:18–21) by means of interpretive exclusion. The *mi'utim* offered by the Rabbis in this discussion go so far as to depart from the obvious *pshat* of the text. Specifically, the Rabbis argue that the phrase איננו שמע בקלנו (he does not listen to our voice), since קל is singular rather than plural, excludes any child whose mother and father do not have voices identical in tone and timber. The Rabbis themselves recognize that this virtually eliminates the law when they say immediately after: בן סורר ומורה לא היה ולא עתיד להיות, the stubborn and rebellious son never was and never will be.[50]

The Rabbinic treatment of the law of the apostate city (Deut. 13:13–19) similarly renders it inoperative through the process of *mi'ut*.[51] Yet another example is the mishnaic treatment of the man who had suffered a seminal emission, a *zav* (Lev. 15:1–18). Rabbi Akiva rules that if a man has eaten or drunk anything prior

49 See Joel Roth, *The Halakhic Process: A Systemic Analysis* (New York: Jewish Theological Seminary, 1986), ch. 4.

50 Sanhedrin 71a. The statement of Rabbi Jonathan in the gemara that disagrees with this conclusion stating that he saw a בן סורר ומורה and sat on his grave does not mitigate the gemara's conclusion. R. Jonathan's statement is appended as a minority voice against the gemara's bold conclusion. Alternatively, it is a way of saying that although we do not adjudicate this law, there are indeed people who deserve the punishment of בן סורר ומורה. And even assuming that R. Jonathan is referring to an actual adjudicated case, subsequent Jewish law has completely disregarded this legislation.

51 Sanhedrin 71a.

to seeing the signs of *zivah*, the flow can be attributed to that and exempt him from the necessary purification rites. He maintains his view even when challenged that this eliminates the possibility of anyone ever being considered a *zav*.[52]

An example of rabbinic limitation of an explicit Toraitic law due to cultural change is the treatment of the proscription of the Canaanites (Deut. 20:15–18). The Torah says: "Thus [referring to the previous legislation about offering terms of surrender] you shall deal with all the towns that do not belong to nations hereabout. In the towns of the latter peoples, however, which the Lord your God is giving you as a heritage, you shall not let a soul remain alive. No, you must proscribe them – the Hittites and the Amorites, the Canaanites and the Perizzites, the Hivites and the Jebusites – as the Lord your God has commanded you, lest they lead you into doing all the abhorrent things (תועבתם) that they have done for their gods and you stand guilty before the Lord your God." The Rabbis limited the application of this law because they could not believe that God would have commanded genocide of the native populations. And so the Sifrei teaches: אם עושים תשובה אין נהרגים, if they repent, we do not kill them.[53] That is, only unrepentant Canaanite idolaters are to be killed. The Torah's legislation is quite clear. But the Rabbis looked at the context of the law, and saw that the concern of Deuteronomy was with the danger of idolatry in the midst of ancient Israel. They reasoned that if that concern were mitigated by repentance on the part of the Canaanites, then the Torah's command of proscription would not apply. That is, if circumstances changed so that the practices of the Canaanites were no longer considered תועבה, and therefore their continued existence no longer posed a threat to the spiritual security of ancient Israel, then the legislation would no longer apply.[54]

This is precisely the type of *mi'ut*, based on a changed cultural context, that we are proposing here. Casual or promiscuous sex, whether heterosexual or homosexual, does indeed threaten the values of the Torah. However, consecrated societally recognized same-sex unions, which did not exist in the ancient world but do in ours, are not a threat to the Torah's values; on the contrary, such unions support them.

These *mi'utim* cited above were not considered to be *takkanot* in the framework of the halakhic system.[55] They derived their authenticity from the interpretive powers of the Rabbis to reread and rework an earlier understanding of the text

52 Mishnah Zavim 2:2.

53 Sifrei Deuteronomy to ch. 20, siman 102. For a discussion of the modern critical approach to this passage as well as that of rabbinic literature, see Excursus 18 in Jeffrey Tigay, *The JPS Torah Commentary: Deuteronomy* (Philadelphia: Jewish Publication Society, 1996), pp. 470–472.

54 Cf. also the discussion on Hullin 17a of stabbed meat that had been considered תועבה, discussed above pp. 12–13.

55 See ישראל שציפנסקי, התקנות בישראל (Jerusalem, Mosad Harav Kook, תשנ"א) for a fuller discussion of the subject. For example, the abandonment of the מים המאררים by Rabbi Yohanan b. Zakkai is not considered a *takkanah* because his decision was based on a verse from Scripture (p. שסז). The examples cited here are not included in Schepansky's comprehensive list of *takkanot*. See also Menachem Elon, "Takkanot," (*Enclyclopaedia Judaica* 15:714) and "Interpretation," (*Encyclopaedia Judaica* 8:1414) where he distinguishes between legislation derived from exegesis or midrash and *takkanot*.

in their effort to hear God's voice in their time.[56] The *mi'ut* that we offer in this paper is far less bold.

Two further examples of rabbinic limitation (*mi'ut*) of an explicit Toraitic law due to cultural/societal change (*shinui ha'itim*) are presented in Mishnah Sotah 9:9:

> משרבו הרצחנים בטלה עגלה ערופה-משבא אלעזר בן דינאי ותחינה בן פרישה היה נקרא, חזרו לקרותו בן הרצחן. משרבו המנאפים פסקו המים המרים.
>
> When murderers increased they cancelled the breaking of the heifer's neck. This was when Elazar ben Dinai came, who was at first called Tehinah ben Perishah but was then called ben Harazhan (son of the murderer). When adulterers increased they stopped the [ritual of the] bitter waters.

Deuteronomy 21:1–9 commands the breaking of a heifer's neck in a ceremony to relieve a town of blood-guilt when the identity of a murderer is unknown. The Mishnah limits the applicability of the command so that it does not apply in a society, such as the Rabbis' knew, where the number of murderers has increased. The Torah envisioned a circumstance where there was no one in the world who knew who the murderer was. The Rabbis recognized that their world was a different world from that of the Torah. They even date the sociological change to the time of Elazar ben Dinai, who they note became known as Son of the Murderer. Elazar ben Dinai is remembered by Josephus as an active first century Zealot.[57] The Rabbis reflected on the experience of the Great Revolt as a period of great bloodshed that changed the nature of society. In their world, the mitzvah of the Torah could not apply. It was limited to a different historical circumstance.

The second example from the mishnah in Sotah addresses the ritual of the sotah itself, the bitter waters that an accused adulterous had to drink, as commanded by Numbers 5:11–31. The Mishnah teaches that the ritual of the bitter waters applies in a societal circumstance where adulterers were rare. As explained in the Gemara (Sotah 47b), the efficacy of the ritual could only apply where men were free from guilt, based on a non-contextual interpretation of Numbers 5:31: "The man shall be clear of guilt." The Rabbis argued that in their day men committed adultery in greater numbers, and in such a changed societal context the Torah's law of the Ordeal could not apply. This example is particularly interesting because the assumption that in their day adultery was more common than in the Torah's day is a difficult claim to prove, since adultery, by nature, is usually concealed. An increase in violence, as in the first case in the Mishnah, should be more readily apparent. Nevertheless, the Rabbis still assumed the discretion to make a sociological judgment, both about their own times, as well as the Torah's time. That judgment is an extra-legal factor, which they chose to consider in order to limit the application of Torah commands in their time.

---

56 As Rabbi Roth has explained: "The scope of rabbinic authority is, in theory, unbounded. The meaning of the Torah in every generation, and with it the determination of the will of God for that generation, is entrusted to the hands of that generation. Rabbinic interpretation of the law is, as it were, the never-ending revelation of the will of God" (Roth, *Halakhic Process*, p. 133).

57 Ant. 20:2–4,121,161; War 2:235, 253.

Two rabbinic "legal fictions" that limit the applicability of biblical laws because of changed societal circumstances are the *prosbul* and the *heter iska*. Deuteronomy 15:2 orders the remission of loans in the sabbatical year. The basic principle behind the law is relief of the poor. However, by the time of the Rabbis, society was no longer barter-based but currency-based. In a currency-based economy, automatic remission of debts every seven years had an adverse effect on the poor, since no one would grant them credit in the sixth year of the cycle. The *prosbul,* instituted by Hillel, is a device whereby the court is a party to the loan, and the court's action is not cancelled by the sabbatical year. The intent of the Torah's command to remit debt was to protect the poor. In order to preserve the Torah's intent, the *prosbul* limits, indeed defeats, the Torah's law.

Similarly, the Torah forbids lending (at least to other Israelites) at interest (Exodus 22:24, Leviticus 25:35–37, Deuteronomy 23:20–21). Again, the basic principle is protection of the poor, that lenders not bleed them for interest in their time of need. However, in a barter-based economy like the Torah's, where lending was only practiced when there was a need, but not as a business of its own, the charging of interest could be considered an oppression of the poor. However, in a currency-based economy such as that known by the Rabbis, money itself was a commodity, bought and sold. Various halakhic solutions were developed over time to limit the applicability of the prohibition of lending at interest, since in such a world, lending at interest was not considered "usury." The most famous of these solutions is the *heter iska,* which establishes a partnership between lender and borrower so that the interest is considered as common profits. The application of the *heter iska* was extended by the CJLS in 1988, by a vote of eleven to one, so that a constructive *heter iska* was considered as operative in all transactions between Jews, and a specific document to that effect is no longer required.[58] Here we have a case of לא תעשה, a biblical prohibition, limited so completely as to have no practical application.

Two broad examples which might be deemed more philosophical are sacrifices (*korbanot*) and slavery. The Torah commands an elaborate system of sacrificial worship. Maimonides famously states in the Guide that sacrifices served a more primitive stage in relation to the Divine, but would not be appropriate in an age of philosophical thinking. While we do not know if that would be Maimonides' halakhic position were a Third Temple established, and while it is true that he treated the sacrificial code in full detail in the Mishneh Torah, nevertheless, we cannot but respect Maimonides' appreciation that the Torah addressed a particular time and society, even while it transmits eternal truths.

A major change in societal values was experienced in the nineteenth century when slavery was abolished in most of the civilized world. Although the Torah allows for slavery, Rabbi Sabato Morais, the founding president of the Jewish Theological Seminary of America, was a leading abolitionist voice in Philadelphia before and during the American Civil War. His absolute rejection of slavery was not inconsistent with his loyalty to the sanctity of the Torah. Rabbi Morais

58 Ben Zion Bergman, "A Question of Great Interest: May a Synagogue Issue Interest-Bearing Bonds?" *Responsa 1980–1990,* pp. 319–323.

understood that the Torah's regulations regarding slavery were driven by the principle of the recognition of all human beings as images of the Divine. The Torah sought to regulate slavery, which was a societal given. No one living in the time of the Torah could envision a society without slavery. However, in Morais' time, the surrounding society was rejecting slavery. Therefore, the regulations permitting slavery ought not apply.

Just as the ancient Israelites could not envision a world without slavery, so could they not imagine a society where two men or two women could live together in a recognizable consecrated relationship and raise children. Just as the Rabbis understood that monetary interest could no longer be considered usury in a currency-based economy, so do we understand that same-sex relationships can no longer be considered תועבה. And just as the Rabbis limited the application of biblical laws (such as the proscription of the Canaanites, the *eglah arufah* and the *sotah* ordeal) because of changed societal circumstances, so are the rabbis of today able to limit the prohibition of משכב זכר and related laws in a society such as ours where same-sex couples are able to fulfil the intentions of the Torah, that is, to strive to achieve holiness in their relationships and to build families.

Section Eight: Responding to an Alternative Approach

We have discussed the halakhah of משכב זכר and the grounds for excluding its applicability. An alternative approach to the question, argued by our colleagues Rabbis Dorff, Nevins and Reisner, makes a distinction between משכב זכר, understood strictly as anal intercourse between men, and other means of homosexual intimacy. They argue that only anal intercourse is forbidden by the Torah, while other forms of homosexual intimacy, while forbidden דרבנן, by the Rabbis, should be permitted today.[59]

The Talmud itself, in a fascinating gemara, discusses different forms of homosexual behavior. The Rabbis lived in the Greco-Roman world, and in that world anal intercourse was not the generally preferred means of male-to-male sexual contact. The more preferred, or more "honorable" means was what K. J. Dover describes as "intercrural intercourse," that is, through the thighs.[60] The Rabbis clearly recognized intercrural intercourse, as seen in the following passage from Niddah 13b:

---

59 See Dorff, Nevins and Reisner, "Homosexuality, Human Dignity and Halakhah." This view was earlier presented by our colleague Rabbi Simchah Roth in "Dear David: Homosexual Relationships – A Halakhic Investigation." Though not formally submitted to the CJLS, this responsum was distributed to its members for informational purposes. Dated 2003, it can be accessed on the internet at: http://www.bmv.org.il/ab/dd.asp.

60 Dover writes: "When courtship has been successful, the erastes [active partner] and the eromenos [passive partner] stand facing one another; the erastes grasps the eromenos round the torso, bows his head onto or even below the shoulder of the eromenos, bends his knees and thrusts his penis between the eromenos's thighs just below the scrotum" (K. J. Dover, *Greek Homosexuality* [Cambridge: Harvard University Press, 2004], p. 98).

ת"ר: הגרים והמשחקין בתינוקות מעכבין את המשיח..."משחקין בתינוקות" מאי היא? אילימא משכב זכר-בני סקילה נינהו. אלא דרך אברים – בני מבול נינהו. אלא דנסיבי קטנות דלאו אולודי נינהו.

> Our Rabbi taught: Converts and those who make sport with children delay the coming of the Messiah... "Those who make sport with children" – who does that refer to? If you wish to say that it refers to *mishkav zakhur* (male-male anal intercourse), [then you would be incorrect since] they are included among those who are executed by stoning [and therefore they cannot fall in the category of those who merely delay the coming of the Messiah]. If rather [you wish to say that it refers to those men who engage in sexual acts] between the limbs, [then you would also be incorrect since] they are included among those [who merit destruction] in the Flood [since, as R. Eliezer said above (Niddah 13a), whoever takes hold of his penis and makes water is as if he brings a Flood upon the world]. Rather, [the phrase] includes those who marry minors who cannot bear children [because they are too young].

This gemara presents here a hierarchy of actions which are frowned upon, but by decreasing levels of legislative control. Anal intercourse is a capital offense. Sexual acts that do not constitute sexual intercourse but involve spilling of seed (which is the ultimate effect of "between the limbs") are forbidden because they involve spilling of seed, an offense but not a capital offense. Reference is made to a statement of Rabbi Eliezer from the previous page in the Talmud: כל האוחז באמתו ומשתין כאילו מביא מבול לעולם, that one who takes hold of his penis and emits fluid/urinates is as though he had brought a flood upon the world. Rabbi Eliezer may have been simply referring to one who touches his penis during urination, but he is probably referring to masturbation, or is concerned that touching the penis during urination might lead to masturbation, and he is, thus, ultimately concerned with the spilling of seed. Finally, marrying young girls who will not be capable of having children for some time is not illegal, but discouraged as something that will delay the advent of the Messiah. That is not an actual spilling of seed, but it is still a waste of potential seed. The phrase דרך אברים is particularly interesting. It refers to what Dover describes as intercrural intercourse, a type of male-male sexual interaction that was not anal intercourse and includes the spilling of seed. This was not prohibited by the Torah, according to this gemara, but is prohibited by the Rabbis because of שכבת זרע.[61] One cannot imagine that the Rabbis would have made any real distinction between the prohibited nature of anal intercourse and intercrural intercourse. From the plain sense of the gemara,

61 The gemara in Niddah is concerned, in part, with the obligation to procreate. We understand the prohibition of שכבת זרע as driven by that concern. There are traditions in the halakhic literature that relax the concern for שכבת זרע when the man is not avoiding thereby a marital union where there is at least the possibility of procreation. See Tosafot to Yevamot 34b, s. v. ולא, for the opinion of the Ri, that when there is no intention to desist from the mitzvah of פרו ורבו, then any kind of seminal emission within marital relations is permitted. The decisions that same-sex couples make with respect to having children are not so dissimilar from the decisions that heterosexual couples make, especially infertile ones who also need to avail themselves of various modern technologies. We do not see שכבת זרע as a barrier to same-sex intimacy, especially within consecrated unions.

one knows that sexual activity, of any type, between men is forbidden. What is unclear is the source of the prohibition.

Female-female relations are not forbidden under the definition of משכב זכר as anal sex. The Talmud prohibits it as מסוללות, "lewdness," although, as we have seen, the Sifra suggests that this may also be a דאורייתא prohibition.[62] However, what constitutes מסוללות, lewd and licentious behavior, is a cultural judgment that is subject to change as culture and society evolve. Forms of male homosexual behavior other than anal sex should be understood in the same way. The Torah forbids משכב זכר because it saw it as a תועבה. Since we no longer see homosexual behavior as a תועבה, and since today same-sex couples may form legally recognized unions, the application of the Torah's prohibition should be limited. Since the basic prohibition does not apply, other forms of homosexual intimacy are no longer prohibited. The debate among our learned colleagues about whether or not female homosexual behavior and other forms of male homosexual behavior besides anal sex is אסור מדאורייתא or אסור מדרבנן becomes academic because the *mi'ut* of the chief prohibition applies to the other forms of intimate behavior as well.[63] Unlike our colleagues Rabbis Dorff, Nevins and Reisner, we are not compelled to waive certain prohibitions because of the concern for human dignity, כבוד הבריות. The prohibition itself does not apply.

We agree with the arguments put forward by our colleagues that homosexuality should not exclude Jews from full participation and acceptance in the Jewish community and the synagogue. However, we do not concur with their judgment that the prohibition of משכב זכר, narrowly defined as anal sex, ought to be preserved. We are troubled by the proposed limitation on the forms of intimacy in a couple's private life. Since Rabbis Dorff, Nevins and Reisner are prepared to accept the legitimacy of same-sex couples, we do not see how they can limit their forms of intimate expression. This approach seems to go against the precedented halakhic view that all is permitted between husband and wife. The Talmud, on Nedarim 20b, specifically rejects the view that anal sex is prohibited, concluding that, כל מה שאדם רוצה לעשות באשתו עושה. משל לבשר הבא מבית הטבח רצה לאכלו במלח אוכלו צלי אוכלו מבושל אוכלו שלוק אוכלו וכן דג הבא מבית הצייד – "A man may do whatever he pleases with his wife [at intercourse]. A parable: Meat, which comes from the abattoir may be eaten salted, roasted, cooked or seethed, so with fish from the fishmonger."[64]

Maimonides applies logic where the gemara applied pithy parable: אשתו של אדם מותרת היא לו. לפיכך כל מה שאדם רוצה לעשות באשתו עושה, "A wife is permitted to her husband. Therefore, whatever a man wishes to do with his wife he may do" (Hilkhot Issurei Bi'ah 21:9). Maimonides is doing more than simply quoting the gemara. He offers a logical argument for the law, as indicated by the word לפיכך, "therefore." Unrestricted intimacy is a logical consequence of the permittedness of the

62 Yevamot 76a. See *Mishneh Torah*, Hilkhot Issurei Biah 21:8, and S. A. Even HaEzer 20:2.

63 Rabbis Dorff, Nevins and Reisner argue that these forms of intimacy are all rabbinic prohibitions; Rabbi Roth argues that they may be Toraitic. See their respective responsa approved by the CJLS.

64 B. Nedarim 20b, translation from Michael Gold, *Does God Belong in the Bedroom?* (Philadelphia: Jewish Publication Society, 1992), p. 81.

relationship of husband and wife. If their intimacy is restricted, then they are not fully permitted to each other. Maimonides did not neglect to offer his own views, many from the gemara as well, about recommended and non-recommended forms of intimacy. But from the perspective of halakhah alone, there were no restrictions on intimate behavior.[65] Logic did not permit any other view.

The argument suggested by Rabbis Dorff, Nevins and Reisner, that heterosexual intimacy is restricted by the observance of *niddah*, is not convincing. The whole basis of *taharat hamishpahah* is the temporary restriction of what is usually permitted. That cannot be compared to the permanent restriction of one form of intimacy as suggested by our colleagues. We fear, as well, that a judgment involving a restriction of intimacy will not only be derided by the public as hypocritical, but will ultimately fail to answer the needs of our people that the Torah be explained in a way that is consistent with our understanding of God's will.

The practical difference between our approach and that of our colleagues Rabbis Dorff, Nevins and Reisner, is not restricted to the question of the permissibility of anal sex between men. We also differ on the question of the permission of intimate relations between Jews of the same-sex without a Jewish ceremony. Our colleagues specifically avoid ruling on the halakhic status of gay and lesbian relationships. We find, however, that one cannot consider the permissibility of a sexual act without reference to its context. Therefore, on the specific question of anal sex between men, Rabbis Dorff, Nevins and Reisner forbid in all circumstances whereas we permit in some circumstances. But on the more general question of intimate relations between Jews of the same sex, Rabbis Dorff, Nevins and Reisner permit without a ceremony whereas we require a sanctifying act. We elaborate on this requirement in the following section.

Section Nine: The Requirement of Consecration

What determines the permissibility of a sexual act, in our view, is not the nature of the act but its context. For a heterosexual couple who are married בקידושין, in a Jewish marriage ceremony, all sexual acts are permissible in traditional Jewish sexual ethics. Absent consecration, sexual intimacy is forbidden by most halakhic authorities. According to the Rabbinical Assembly's 1996 *This Is My Beloved, This is My Friend: A Rabbinic Letter on Intimate Relations* edited by Rabbi Dorff, "Judaism posits marriage as the appropriate context for sexual intercourse...Only marriages can attain the holiness and communal sanction of *kiddushin* because it is the marital context which holds out the most promise that people can live by those views and values [previously articulated in the document] in their intimate

65 Maimonides does restrict this permission to circumstances where there is no wasteful ejaculation. See above, n. 61, for our discussion of שכבת זרע. In our view, where there is no willful avoidance of procreation, there is no wasting of seed. However, whether or not ejaculation is permitted, it is clear that Maimonides and most of the major halakhic authorities permit all intimate contact between husband and wife.

relationships. Judaism would therefore have us refrain from sexual intercourse outside marriage."[66]

At the same time, the Rabbinic Letter acknowledges "that many Jews are engaging in sexual relations outside of marriage." Section C of the Letter addresses nonmarital intimate relations that are loving and committed. While nonmarital intimate relations are not given halakhic sanction, the individuals in such relationships are still bound by the sexual ethics and values, among them modesty, honesty, fidelity, concern for health and safety, that were already stated in the Letter in relation to married couples. In our view, this was the most important and controversial part of the document, that halakhic guidance was being offered for relations that were not halakhically validated. "Jewish norms in sexual matters, like Jewish norms in other areas," the Letter argues, "are not an 'all or nothing' thing. Certainly, failing to abide by Judaism's command that we restrict sexual relations to marriage does not excuse one from trying to live by the concepts and values that Judaism would have us use in all of our relationships, including our intimate ones."[67]

These same values are incumbent on same-sex couples according to the *Rabbinic Letter on Intimate Relations.* "Gays and lesbians," it says in conclusion to its discussion of homosexuality, "like heterosexuals, have the duty to strive to live by the values articulated in Section A [of the Letter] in all of their relationships, including their sexual ones."[68] Jewish sexual ethics require that both same-sex and heterosexual couples be subject to the same behavioral standard. Like adulterous, incestuous and coercive relations among heterosexuals, gay promiscuity and casual sexual encounters are to be condemned "since they involve little or no love or commitment."[69] Committed and long-term intimate relationships among gays and lesbians should be subject to the same values and principles that are incumbent upon heterosexual couples.

We further recognize, as guided by the *Rabbinic Letter,* that marriage is the halakhically valid context for intimate relations. The Letter acknowledges that unmarried couples "may care deeply for each other, especially in a long-term relationship, but their unwillingness to get married usually signifies that they are not ready to make a life-long commitment to each other."[70] In this view, it is precisely the consecration of a long-term commitment that establishes the context for permitted intimate relations. We call, therefore, for appropriate rituals of sanctification when same-sex individuals wish to live in an intimate relationship in accordance with halakhah.

At this point in time, the possibility of same-sex marriage is available in some jurisdictions, but not in others. Civil unions, however, are increasingly available as a way to recognize the legal, spiritual and intimate relationships of same-sex couples. Because of דינא דמלכותא דינא, the respect given to the law of the land, we

66 Dorff, *This Is My Beloved,* p. 31.

67 Ibid., p. 31.

68 Ibid., p. 42.

69 Ibid., p. 30.

70 Ibid., p. 31.

cannot authorize rabbis and cantors to solemnize same-sex marriages where the civil jurisdiction forbids. But we do authorize ritual celebration as far as civil law permits. Some form of Jewish ceremony will always be available.[71] The concept of שותפות (partnership) in Jewish law, on which there is an extensive literature, is available to structure same-sex unions and the responsibilities of contracting partners. The substance of the rites associated with same-sex commitment ceremonies and their dissolution is evolving. However, a Jewish ceremony is required to establish the consecration of the union. Without any consecration, the context to permit intimate relations has not been created.[72]

Same-sex couples should be encouraged to enter recognizable consecrated relationships and should be treated as married couples in Jewish law. Intimate relations are permitted in such contexts. Same-sex couples not in recognizable consecrated relationships are duty-bound to observe the many other requirements of Jewish sexual ethics as enumerated in the *Rabbinic Letter on Intimate Relations* of 1996.

Section Ten: פסק דין – Conclusion

Jewish law has prohibited intimate relations between two men or two women because intimate relations are traditionally permitted only within the context of marriage, and a societally recognized same-sex union was never an option before our time. It is now, because homosexual relations are no longer considered an abomination. The term תועבה as used in the Torah to describe many proscribed actions, including gay sex, was not absolute but relative to society and time. The halakhic system recognizes that certain realities change through time. The new contemporary reality of a same-sex couple in a recognizable consecrated relationship should be excluded from the Torah's and subsequent halakhic prohibitions. This "exclusion" is called a *mi'ut* in halakhic parlance. There are a number of examples where the Rabbis limit, through *mi'ut*, the application of legislation from the Torah, which we cite in our responsum. However, like heterosexual relations, same-sex relations are permitted in the context of a recognizable consecrated union. Not only does this reflect a changed reality; it also accords with traditional Jewish sexual ethics, especially as articulated

71 Whether the resultant union is called a "marriage" or something else is a matter that we defer to the civil jurisdictions.

72 The Mishnaic law of the androginos, one with both male and female genitalia, states that the androginos marries a woman but does not marry a man (Bikkurim 4:2 and Yevamot 8:6). This is because the androginos is ספק איש ספק אישה, possibly a man and possibly a woman. The possibility of a woman marrying another woman was preferable to the possibility of a man marrying another man, since in the latter case there would be a violation of משכב זכר while the prohibitions of female-female relations are, at worst, less severe. We learn from this that not only did the Mishnah not consider the possibility of celibacy for the androginos, but also that this constituted a circumstance where two people of the same gender, specifically women, could marry one another (נשא). The concept of "marriage" then, was not absolutely restricted to the unions of men with women by the Mishnah.

by the Rabbinical Assembly in its 1996 *Letter on Intimate Relations*. Consecrated unions establish the context where sexual intimacy can achieve holiness and be permitted by halakhah. The Torah's prohibition, then, does not apply in our new context.

In traditional midrashic parlance we might express our argument as follows:

את זכר לא תשכב...תועבה היא. מתי לא תשכב? בזמן שתועבה היא.

"Do not lie with a man...it is an abomination."

When does the prohibition apply? When it is considered an abomination. However, when societal perceptions have changed and homosexual relations are no longer considered abominations, the prohibition disappears.

Therefore:

Intimate relations between two men or two women are permitted within the context of a recognizable consecrated relationship.

Members of the Rabbinical Assembly and the Cantors Assembly may officiate at same-sex unions to the extent permitted by civil law.

Gay or lesbian Jews who are otherwise qualified may be ordained and serve as rabbis or cantors.

Quellenangabe: http://www.rabbinicalassembly.org/docs/Geller_Fine_Fine_Dissent_Final.pdf in einer durch die Autoren überarbeiteten Fassung

Abbildungen

Beispiele zeitgenössischer jüdischer Eheverträge

Mit den ausgewählten Abbildungen soll ein Einblick in die künstlerische und inhaltliche Gestaltungsvielfalt von jüdischen Eheverträgen heute gegeben werden. Viele der Designs sind in unterschiedlichen Textfassungen herstellbar.

Die Jewish National and University Library der Hebrew University Jerusalem bietet eine digitalisierte Sammlung von Eheverträgen mit historischen Beispielen aus vielen Ländern der Welt:

Link: http://www.jnul.huji.ac.il/dl/ketubbot/

Abbildungsnachweise

S. 277: Leah Sosewitz USA „Intertwined Trees"
Lithographie und Scherenschnitt
Liberaler Text
www.judaicartstudio.com

S. 278: Tamar Messer Israel „Many Waters"
Siebdruck
Konservativer Text
www.tamarsgallery.co.il

S. 279: Ardyn Halter Israel
Scherenschnitt
Konservativer Text
www.ketubaworld.com

S. 280: Ardyn Halter Israel „Menorah"
Lithographie
Liberaler Text
www.ketubaworld.com

S. 281: Debra Band USA „Dazzle Ketubah"
Lithographie und Scherenschnitt
Traditioneller Text
www.dbandart.com

S. 282: Pamela S. Feldman-Hill USA Erneuerung des Eheversprechens
Gouache und Tinte
Individueller Text
www.pearleditions.com

S. 283: Pamela S. Feldman-Hill USA American Conference of Cantors Design
Lithographie
Konservativer Text
www.pearleditions.com

S. 284: Pamela S. Feldman-Hill USA American Conference of Cantors Design
Gouache und Tinte
Liberaler Text
www.pearleditions.com

S. 285: Pamela S. Feldman-Hill USA
Gouache und Tinte
Liberaler Text
www.pearleditions.com

S. 286: Pamela S. Feldman-Hill USA
Gouache und Tinte
Traditioneller Text
www.pearleditions.com

S. 287: Pamela S. Feldman-Hill USA
Gouache und Tinte
Liberaler Text
www.pearleditions.com

S. 288: Izzy Pludwinski Israel „Wildscript Roundel"
Text der Allgemeinen Rabbinerkonferenz Deutschlands
Giclée
Liberaler Text
www.pearleditions.com

אני לדודי ודודי לי
I am my beloved's and my beloved is mine

ON THE DAY OF THE MONTH OF
IN THE YEAR 57 CORRESPONDING TO THE DAY OF
THE MONTH OF IN THE YEAR HERE IN
THE HOLY COVENANT OF MARRIAGE WAS ENTERED INTO BETWEEN THE
GROOM AND THE BRIDE
MAY WE GROW, OUR LOVE BRINGING US EVER CLOSER. LET US CREATE A
HOME BASED ON LOVE, ON TORAH AND ON JEWISH TRADITION. MAY IT BE
A HOME FILLED WITH PEACE, WITH HAPPINESS AND WITH LOVE.
ALL THIS IS VALID AND BINDING
WITNESS : WITNESS :
BRIDEGROOM : BRIDE :
RABBI :

אני לדודי ודודי לי
בסימן טוב
במזל טוב
קול ששון וקול שמחה קול חתן וקול כלה

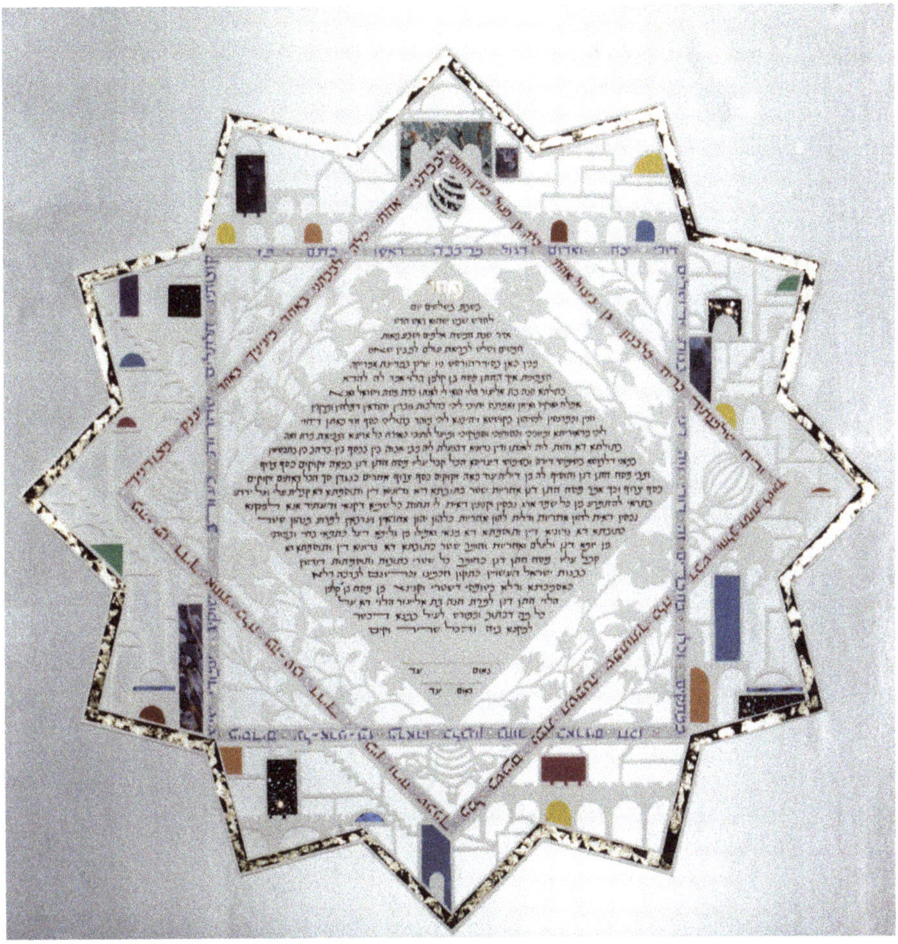

For, lo, the winter is past,
The rain is over and gone;
The flowers appear on the earth;
The time of singing is come,
And the voice of the turtle is heard in our land;
The fig-tree putteth forth her green figs,
And the vines in blossom give forth their fragrance.
Arise, my love, my fair one, and come away.
בי״ט בשבת לחדש סיון שנת חמשת אלפים שבע
מאות ארבעים ושמונה לבריאת העולם למנין שאנו מונין
כאן בקולומבוס במדינת אוהיו בד״ יוני, 1988 למנין אומות
העולם, נכנסו החתן יעקב בן יצחק ויונית והכלה לאה בת
אברהם ושרה לברית קידושין: הנה, אנו חגגים את יובל
הבדלח שלנו בשמחה וחוזרים ומחדש על הבטחתנו, איש
ואשה, הנאמנים למסורת משה וישראל, לאהוב ולדאג זה
לזה משתפים השמחים כמו גם הנוגים, לטפח לכבד זה בזה
ולחלוק את הגיגינו וחלומותינו: אנו מבטיחים לעמוד נוכח
אתגר החיים באורך רוח ובחיוך ולקים בית מלא אהבה ושלום,
בית המונחה לאור תורה, גמילות חסדים: אנו מאשרים שנית
את הבטחתנו בנוכחות מרים בת יעקב ולאה ויוסף
בן יעקב ולאה ובנוכחות העדה הזאת שנכנסה לביתנו.
יעקב בן יצחק ויונית לאה בת אברהם ושרה
On the nineteenth day of the month Sivan in the year five thousand seven hundred and forty eight in Columbus, Ohio, corresponding to June 4, 1988, a sacred covenant was entered into between Arthur J. Isaac III and Alisa Audrey Cox.
Now, in happy celebration of our 15th wedding anniversary, we renew our promise, as husband and wife, according to the tradition of Moses and Israel, to love and care for each other, sharing all sorrows and joys; to nourish and respect each other, sharing our thoughts and dreams; to face life's challenges with patience and optimism; and to maintain a loving, peaceful home, guided by the teachings of Torah and acts of lovingkindness.
We reaffirm our promise in the presence of Helen Hazelwood Isaac and Duncan Davies Isaac, and all who come into our home.
Arthur J. Isaac III
Alisa Audrey Cox
Her children rise and acclaim her, and her husband praises her:
"Many daughters have done valiantly, but you surpass them all."
Grow old along with me! The best is yet to be, The last of life, for which the first was made: Our times are in His hand
Who saith, "A whole I planned, Youth shows but half; trust God: see all, nor be afraid."

On the first day of the week, the twenty-ninth day of the month of Sivan in the year 5763, in the city of Columbus, Ohio, corresponding to the secular date June 29, 2003, a sacred covenant was entered into between
Steven M. Steinberg
and Beth Ann Payne
"Behold we are consecrated unto each other in love and affection. We will stand under the chuppah together as partners and say, 'I take you to be mine.' We shall honor and cherish each other, respect and support each other throughout our lives. We promise to maintain a home filled with love, generosity and peace, a home in which the seasons are celebrated according to the ways of our people. We will strive to face life's challenges together with patience and optimism.
All this we will take upon ourselves to uphold to the best of our abilities."
This document has been signed in the presence of witnesses.
Witness
Witness
Officiant

The voice of joy and happiness
קול ששון וקול שמחה
On the sixth day of the week, the eleventh day of the month of Iyar in the year 5765 in the city of New York, New York, corresponding to the secular date, May 20, 2005 a sacred covenant was entered into between Eric Matthew Diamond and Kathleen Alexis Gordineer.
"Behold we are consecrated unto each other in love and affection. We will stand under the chuppah together as partners and say, 'I take you to be mine.' We shall honor and cherish each other, respect and support each other throughout our lives. We promise to maintain a home filled with love, generosity and peace, a home in which the seasons are celebrated according to the ways of our people. We will strive to face life's challenges together with patience and optimism.
All this we will take upon ourselves to uphold to the best of our abilities."
This document has been signed in the presence of witnesses.
Bride
Groom
Witness
Witness
Officiant
The voice of the groom and bride
קול חתן וקול כלה

From every human being there rises a light that reaches straight to heaven. And when two souls that are destined to be together find each other, their streams of light flow together and a single, brighter light goes forth from their united being. ~ Baal Shem Tov
On the first day of the week, the twenty fifth day of the month Tishri in the year five thousand seven hundred and sixty five in the city of Boca Raton, Florida, corresponding to the ninth day of the month of October, 2004, the holy covenant of marriage was entered into between the groom David Joel Pollay and the bride Dawn Lynn Pollay
The bride, Dawn, vowed to the groom: Behold you are consecrated unto me with this ring according to the law of Moses and Israel. And I shall honor and cherish you, and support you as is customary among the daughters of Israel.
The groom, David, vowed to the bride: Behold you are consecrated unto me with this ring according to the law of Moses and Israel. And I shall honor and cherish you, and support you as is customary among the sons of Israel.
The groom and bride have also promised to advance the heritage of Judaism and of the Jewish people in their home, in their family life, and in their community.
In accordance with the traditions of Judaism, the bride Dawn Lynn Pollay and the groom David Joel Pollay have signed this document in the presence of witnesses.
It is valid and binding
Bride
Groom
Witness
Witness
Rabbi

באחד
בשבת ששה ועשרים
יום לחדש סיון שנת חמשת אלפים
ושבע מאות וששים וחמש לבריאת עולם
למנין שאנו מנין כאן קאלומבוס א׳הייא
במדינות אמריקא הצפונית איך החתן לוי פייול בן
בנימין אמר לה להדא גיורתא דבורה בת אברהם
אבינו ע״ה הוי לי לאנתו כדת משה וישראל ואנא
אפלח ואוקיר ואיזון ואפרנס יתיכי ליכי כהלכות גוברין
יהודאין דפלחין ומוקרין וזנין ומפרנסין לנשיהון בקושטא
ויהיבנא ליכי מהר גיורתיכי כסף זוזי מאה דחזי ליכי
מדרבנן ומזוניכי וכסותיכי וסיפוקיכי ומיעל לותיכי כאורח כל
ארעא וצביאת מרת דבורה גיורתא דא והות ליה לאנתו ודין
נדוניא דהנעלת ליה בין בכסף בין בזהב בין בתכשיטין
במאני דלבושא בשימושי דירה ובשימושא דערסא הכל קבל
עליו לוי פייול חתן דנן בחמשים זקוקים כסף צרוף וצבי
לוי פייול חתן דנן והוסיף לה מן דיליה עוד חמשים זקוקים כסף צרוף
אחרים כנגדן סך הכל מאה זקוקים כסף צרוף וכך אמר לוי פייול
חתן דנן אחריות שטר כתובתא דא נדוניא דן ותוספתא דא קבלית
עלי ועל ירתי בתראי להתפרע מן כל שפר ארג נכסין וקנינין דאית
לי תחות כל שמיא דקנאי ודעתיד אנא למקנא נכסין דאית להון
אחריות ודלית להון אחריות כלהון יהון אחראין וערבאין לפרוע
מנהון שטר כתובתא דא נדוניא דן ותוספתא דא מנאי ואפילו מן
גלימא דעל כתפאי בחיי ובתר חיי מן יומא דנן ולעלם ואחריות
חומר שטר כתובתא דא נדוניא דן ותוספתא דא קבל עליו לוי פייול
חתן דנן כחומר כל שטרי כתובות ותוספתות דנהגין בבנות ישראל
העשויין כתקון חכמינו זכרונם לברכה דלא כאסמכתא ודלא
כטופסי דשטרי וקנינא מן לוי פייול בן בנימין חתנתו
למרת דבורה בת אברהם אבינו ע״ה גיורתא דא
על כל מה דכתוב ומפורש לעיל במנא דכשר
למקניא ביה והכל שריר וקים
נאום עד
נאום עד

I am my beloved's and my beloved is mine
On the first day of the week the eighth day of the month of Tammuz in the year 5764 in the city of San Francisco corresponding to the secular date of the twenty seventh of June, 2004 a sacred covenant was entered into between William Jonathan Gray and Kathy Lynn Hibbs. Standing under the Chuppah, in the presence of God and our loving family and friends, we declare to each other: As beloveds and friends we choose to walk life's path together. We promise to share our joys and our sorrows, to talk and to listen; to love, appreciate and respect each other, with trust and faith. ~ In honor of our love, we two sparks of the divine pledge to be equal partners, loving friends and supportive companions through all of the days of our lives. We will value and revere each other with honor and integrity as we create a life together. ~ We will build a home and fill it with faith, laughter, imagination, kindness, compassion, friendship and love. A home in which holidays and heritage are celebrated in accordance with Jewish culture and tradition, and respect is fostered for the cultures of both our families. ~ We joyfully enter into this covenant before witnesses and solemnly accept its obligations as binding.
Bride
Groom
Officiant
Witness
Witness
May there be peace in their home, happiness and serenity in their hearts
בשבת ח
לחודש תמוז שנת
חמשת אלפים שבע מאות
ששים וארבע לבריאת העולם
למנין שאנו מונין כאן בסן פרנסיסקו
במדינת ארה״ב, עמדו הכלה קתי לין בת
הכלה
החתן
מסדר(ת)
עד
עד
יהי שלום בביתם
ושלוה והשקט
בלבותם

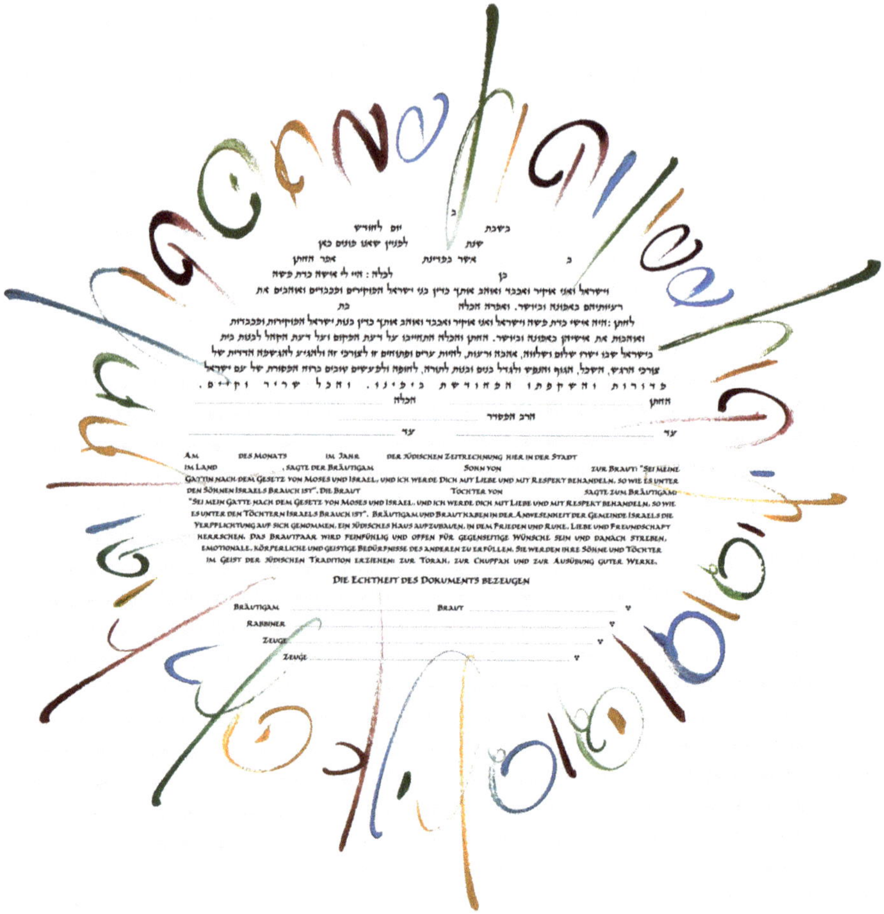
החתן הכלה
הרב המסדר
עד עד
Am des Monats im Jahr der jüdischen Zeitrechnung hier in der Stadt
im Land , sagte der Bräutigam Sohn von zur Braut: "Sei meine
Gattin nach dem Gesetz von Moses und Israel, und ich werde Dich mit Liebe und mit Respekt behandeln, so wie es unter
den Söhnen Israels Brauch ist". Die Braut Tochter von sagte zum Bräutigam:
"Sei mein Gatte nach dem Gesetz von Moses und Israel, und ich werde dich mit Liebe und mit Respekt behandeln, so wie
es unter den Töchtern Israels Brauch ist". Bräutigam und Braut haben in der Anwesenheit der Gemeinde Israels die
Verpflichtung auf sich genommen, ein jüdisches Haus aufzubauen, in dem Frieden und Ruhe, Liebe und Freundschaft
herrschen. Das Brautpaar wird feinfühlig und offen für gegenseitige Wünsche sein und danach streben,
emotionale, körperliche und geistige Bedürfnisse des anderen zu erfüllen. Sie werden ihre Söhne und Töchter
im Geist der jüdischen Tradition erziehen: zur Torah, zur Chuppah und zur Ausübung guter Werke.
Die Echtheit des Dokuments bezeugen
Bräutigam Braut
Rabbiner
Zeuge
Zeuge

Glossar zum Jüdischen Eherecht

Aaronide siehe Kohen.

Acheronim siehe Posekim.

Aggada (aram. „Erzählung"), nicht-gesetzliche rabbinische Schriften einschließlich Bibelkommentare, Parabeln, Anekdoten etc. Hebräisch „Haggada".

Aguna (hebr. „Gebundene"), Frau, deren Ehemann verschollen ist oder dessen Tod unbestätigt ist, sodass sie als „gebunden" oder „angekettet" gilt, d. h. nach dem Religionsgesetz nicht erneut heiraten kann.

Almenor (arab. „Kanzel"), umgrenzter Platz in der Mitte der Synagoge (nach Dtn 31:11: „Du sollst die Tora vorlesen in der Mitte der Kinder Israel"); siehe auch Bima.

Amoräer („die Sagenden"), Überlieferer und Kommentatoren der rabbinischen Lehrtraditionen Palästinas und Babyloniens seit Abschluss der Mischna.

Apostasie, Abfall vom Judentum.

Arajot, auch Giluj Arajot („unziemliche Beziehungen"); Bezeichnung für Personen(gruppen), mit denen nach Lev 18:24–25 in Abgrenzung von ägyptischen und kanaanitischen Bräuchen keine eheliche Beziehungen gestattet sind; schließt das Inzest-Verbot mit ein.

Aharon ha-Kodesch („heilige Lade"), Toraschrein, ein Wandschrank oder eine Nische in der Synagoge an erhöhter Stelle, wo die Torarollen aufbewahrt werden.

Aschkenasim, seit dem Mittelalter in der rabbinischen Literatur die Bezeichnung für Juden aus dem deutschsprachigen Raum sowie Mittel- und Osteuropa (abgeleitet von der biblischen Bezeichnung eines Volks im Norden in Gen 10:3) im Gegensatz zu den Sefardim, den Juden spanisch-portugiesischer Herkunft.

Asmachta (aram.), 1. die im Nachhinein hergestellte Ableitung einer im Grunde rein mündlichen Tradition aus einem Schriftvers; 2. ein nicht ernst gemeintes, bedingtes Versprechen, das im Vertrauen darauf abgegeben wird, dass eine wirkliche Verpflichtung aus ihm nicht hervorgeht.

Augsburger Synode, die Zweite Israelitische Synode, die im Juli 1871 im Anschluss an die Leipziger Erste Israelitische Synode von 1869 eine Reihe von Reformen verabschiedete: Beteiligung der Braut und gegenseitiger Ringwechsel beim Trauritus; Wegfall von für Trauungen verbotenen (Trauer-)Tagen; Gültigkeit einer von staatlichen Behörden ausgestellten Todeserklärung bei Verschollenen zur Befreiung einer Aguna; die Zeugnisfähigkeit von Frauen vor Gericht; Abschaffung der Chaliza; Erlaubnis des Fahrens am Schabbat zu religiösen oder karitativen Zwecken; höhere Gewichtung von Chanukka im jüdischen Festkalender.

Bannfluch siehe Cherem.

Bar mitzwa, Bat mitzwa („Sohn / Tochter des Gebots"), Zeremonie für Jungen und Mädchen im Alter von 13 bzw. 12 Jahren, bei der sie erstmals zur Toralesung aufgerufen werden und die so ihre religiöse Mündigkeit markiert. Auch Bezeichnung für den Jungen bzw. das Mädchen selbst.

Berit, Brit („der Bund"), biblischer Ausdruck für ein Treueverhältnis, insbesondere zwischen Gott und dem Volk Israel.

Bet din (Pl. Bate dinim), Gerichtsstätte, das rabbinische Gericht und Gerichtskollegium, das sich heute vor allem mit Statusfragen wie Konversionen, Adoptionen und Scheidungen beschäftigt. Der Aw bet din steht dem Gericht vor.

Bet din chaschuw, übergeordnetes rabbinisches Gericht von besonderer Autorität, dessen Mitglieder alle über eine Smicha (eine rabbinische Ordination), verfügen (nach einer Lesart über eine Smicha aus dem Land Israel) und das berechtigt ist, Gerichtsgebühren einzuziehen.

Bigamie (lat.-griech.), das Eingehen einer weiteren Ehe, bevor eine bereits bestehende Ehe aufgelöst worden ist.

Bima (von griech. *bema*, „Stufe"), das Lesepult für die Toralesung; siehe auch Almemor. Die traditionell zentrale Position der Bima inmitten des Synagogenraums ist seit Mitte des 19. Jh. Kennzeichen orthodoxer aschkenasischer Synagogen – im Gegensatz zur Praxis liberaler jüdischer Gemeinden, die die Bima nach dem Vorbild der Sefardim an der Ostseite des Synagogenraums platzieren.

Birkat erussin, der Segen im ersten Teil des Antrauungsritus.

Bogeret (hebr. „die Reife"), Mädchen, das das Alter von 12 ½ Jahren erreicht hat und damit vollständig rechts- und handlungsfähig ist; siehe auch Gedola.

CCAR, die Central Conference of American Rabbis, 1889 von Rabbiner Isaac Mayer Wise gegründet, ist der Dachverband von über 1800 Rabbinern der Reformbewegung in den USA und Kanada. Ihre Mitglieder sind die Absolventen des Hebrew Union College – Jewish Institute of Religion, aber auch des Abraham Geiger Kollegs an der Universität Potsdam und des Leo Baeck College in London sowie diejenigen Rabbiner, die sich nach ihrer Ordination am konservativen Jewish Theological Seminary of America oder am Reconstructionist Rabbinical College der Reformbewegung angeschlossen haben. Die CCAR gibt auch Responsen zu Fragen des jüdischen Religionsgesetzes heraus.

Chalal (von hebr. *chol*, „profan", „krank"), Entweihung, Sakrileg, auch Verlust der Seele; eine Chalala ist nach Lev 21:6 eine entweihte Frau.

Chaliza („[Das] Ausziehen [des Schuhs]"), Zeremonie, mit der ein Mann seine Weigerung bekundet, die kinderlose Witwe seines verstorbenen Bruders im Sinne der Leviratsehe zu heiraten. Die Zeremonie bezieht sich auf Dtn 25:9.

Chanukka („Weihung"), achttägiges Fest, an dem die Wiedereinweihung des Tempels in Jerusalem durch die Makkabäer im Jahr 167 v. d. Z. gefeiert wird und damit auch das Überleben des jüdischen Glaubens; auch als „Lichterfest" bezeichnet.

Chanukkat ha-Bajit („Weihe des Hauses"), kurze Zeremonie, bei der die Mesusa an den Türpfosten einer neu bezogenen Wohnung angebracht wird.

Chatuna, die Hochzeit.

Cherem („Bann"), der Ausstoß aus der Gemeinde, Exkommunizierung von Ketzern, Abtrünnigen und Unbotmäßigen durch die Gemeinde oder durch Rabbinersynoden; die Androhung des Cherem diente der Bekräftigung neuer Gesetze, so der Cherem von Rabbi Gerschom ben Juda.

Chitunnim, die Brautleute.

Chol ha-Moed, die Halb- bzw. Zwischenfeiertage (von *chol*, „profan") vom dritten bis zum vorletzten Tag von Pessach und Sukkot, an denen das Arbeitsverbot erleichtert und die Liturgie verändert ist.

Chuppa, heute der Trauhimmel, unter dem Braut und Bräutigam zusammengegeben werden; im übertragenen Sinne auch die Trauung selbst.

Diaspora (griech. „Zerstreuung"), die Ausbreitung der Juden außerhalb von Eretz Jisrael. Die hebräischen Begriffe für Diaspora sind *galut* („Verbannung") und *tefutza* („Zerstreuung").

Din („Recht"), Norm für das Rechtsverhältnis der Menschen untereinander; bezeichnet im Plural (Dinim) Normen im Verhältnis der Menschen zu Gott. Din weist im Gegensatz zu Mischpat mehr auf den geschriebenen Rechtssatz hin. In Dtn 17:8 wird es auf die eigentliche zivile Rechtssache begrenzt; in Est 1:13 werden Religionssatzungen und Recht (*dat wa-din*) verbunden.

Edim („Zeugen"). Nach dem jüdischen Gesetz müssen zwei erwachsene Männer eine Ketubba unterschreiben. Im nichtorthodoxen Judentum sind auch Frauen als Zeugen zugelassen.

Emanzipation, in Bezug auf das Judentum der Erlass bzw. die Geltung gesetzgeberischer Akte, die die Gleichberechtigung der Juden zur Folge haben. Während der Französischen Revolution wurde von der Nationalversammlung die Gleichberechtigung der Juden verkündet (1790). In Preußen wurde das Emanzipations-Edikt vom 11. März 1812, das die Juden als Staatsbürger anerkannte, später rechtlich und praktisch wieder eingeschränkt. 1869 bzw. 1871 war die Emanzipation in Deutschland dann tatsächlich erreicht.

Endogamie (griech.), Heiratsregel, bei der Eheschließungen nur innerhalb einer bestimmten (der eigenen) Gruppe gestattet sind. Gegenteil von Exogamie.

Erus, Erusa, angetrauter Bräutigam, angetraute Braut.

Erussin, erster Teil des Antrauungsritus mit der Ankündigung der rechtswirksamen Eheversprechen.

Erwa, nach Lev 18–20 der Begriff für Scham, Blöße oder Schande. In bT Jeb 3b bezeichnet Erwa dann all jene Frauen, die zur Ehe verboten sind.

Erwat Dawar („irgendeine Blöße"); Scheidungsgrund (nach Dtn 24:1). Nach Hillel kann ein Mann kann seine Frau wegschicken, wenn sie etwa schlecht gekocht hat; nach Schammai darf sich ein Mann mit dem Verweis auf Erwat Dawar nur im Falle von Unzucht scheiden.

Exogamie (griech.), Heiratsregel, wonach die Heirat in der eigenen sozialen Gruppe verboten ist.

Gadol, Gedola, religiös mündiger Jugendlicher, religiös mündige Jugendliche nach der Bar / Bat Mitzwa.

Galut („Verbannung"), Bezeichnung für das Exil, für die Diaspora nach der Zerstörung des Zweiten Tempels im Jahr 70 n. d. Z.

Gaon („Exzellenz", Pl. Geonim), ein Oberhaupt der Gelehrtenschulen oder Akademien und geistiger Führer des Judentums in nachtalmudischer Zeit (gaonäische Zeit), der für die ganze Diaspora religionsgesetzlich richtunggebend war. Die ersten Geonim wirkten um 590 zu Sura und Pumbedita in Babylonien; der berühmteste Gaon war Saadia im 10. Jh., die letzten Geonim Scherira und Hai im 12. Jh., danach noch Ausläufer in Bagdad. In Mittelalter und Neuzeit ist der Gaon-Titel ein Ehrenname für rabbinische Autoritäten wie den Gaon Elia von Wilna im 18. Jh.

Gemara („das Erlernte", auch „das Vollendete"), die aramäischsprachigen Erläuterungen der Mischna durch die Amoräer („Sprecher", „Interpreten"), die etwa 3000 palästinischen und babylonischen Gesetzeslehrer, deren Diskussionen den Inhalt der beiden Talmude ausmachen.

Genisa („Aufbewahrungsort"), Magazin für unbrauchbar gewordene religiöse Schriften und Dokumente sowie Ritualgegenstände in Synagogen. In der Genisa von Fostat (Kairo) wurden ca. 100.000 Fragmente zur jüdischen Kultur und Geschichte insbesondere der gaonäischen Zeit gefunden.

Geruscha, die Geschiedene.

Get (Pl. Gittin), der Scheidebrief, Dokument, das die religiöse Scheidung eines Paares bezeugt und die Gelöbnisse der Eheschließung aufhebt. Der Ehemann überreicht der Ehefrau den Get und vollzieht so die Scheidung. Die biblische Grundlage ist Dtn 24:1. In Mischna und Talmud werden die Ehescheidung und ihre Formalien im Traktat Gittin behandelt.

Get al tanai, ein bedingter Scheidungsbrief.

Get kefia, ein durch ein Gericht erzwungener Scheidungsbrief.

Get kriut (wörtlich: „Urkunde über einen Schnitt" nach Dtn 24:1). Sowohl der Abschluss einer Übereinkunft als auch ihre Auflösung werden in der Hebräischen Bibel mit dem Begriff *kriut* umschrieben.

Get naschim (wörtlich „Frauendokument"), Synonym für den Scheidungsbrief.

Ge'ula („Erlösung"), etwa aus der Galut, dem Exil.

Goj (Pl. Gojim), biblische Bezeichnung für „Nation" oder „Volk" (Gen 12:2), später Synonym für lat. *gentilis*, „Heide", „Nichtjude".

Grand Sanhédrin (von griech. Synedrion, „Sitzung, Rat, Gerichtshof"), von Napoleon I. in Anlehnung an den Sanhedrin gegründete Gesamtvertretung der Juden in Frankreich. Das Gremium, das vom 9. Februar bis 9. März 1807 in Paris tagte, bestand aus Rabbinern und Laien. Mit seinen Beschlüssen zur Integration der jüdischen Bevölkerung in den Nationalstaat verband sich die Forderung, die religionsgesetzlichen Pflichten den staatsbürgerlichen Pflichten unterzuordnen.

Haftara („Verabschiedung"), Bezeichnung der Abschnitte aus den prophetischen Büchern, die als Abschluss der Toralesung am Schabbat nach dem jeweiligen Wochenabschnitt vorgetragen werden.

Halacha („der Wandel", von hebr. *halach*, „gehen"), der normative Teil der mündlichen Lehre im Gegensatz zur Aggada; das jüdische Religionsgesetz. Die Halachot (Pl.) sind die einzelnen im Talmud verstreuten verbindlichen Religionsgesetze, die von den Posekim in Kodizes vereinigt wurden, etwa die *Halachot Gedolot* („Große Halachot") im 9. Jh.

Halacha de-oraita, ein biblisches Gesetz.

Halacha de-rabbanan, ein rabbinisches Gesetz.

Halacha le-Mosche mi-Sinai, ein Gesetz der mündlichen Lehre, das Mose am Sinai gegeben wurde.

Hora, aus dem rumänischen Raum übernommener populärer Rundtanz im Dreiachteltakt.

Ikkar ketubba, die Mindestsumme der Ketubba.

Jamim nora'im („ehrfurchtsvolle Tage"), Rosch ha-Schana und Jom Kippur als die Tage, an denen man die im alten Jahr begangenen Sünden bereut und um Vergebung für das neue Jahr bittet. Bereits vor Rosch ha-Schana beginnt man mit den Selichot, Vergebungsgebeten aus dem Mittelalter, die auch an den zehn Tagen der Umkehr (Asseret Jemei Teschuwa) zwischen Rosch ha-Schana und Jom Jippur gebetet werden.

Jawam, Schwager.

Jeschiwa („Sitz"), talmudische Hochschule zur Gelehrten- und Rabbinerausbildung, im orthodoxen Judentum in der Regel ohne die Einbeziehung säkularer Fächer oder der historisch-kritischen Methode sowie die Beachtung akademischer Standards; Bezeichnung der Akademien im Altertum sowie der rabbinischen Lehrhäuser im Mittelalter und in der Neuzeit.

Jibbum siehe Leviratsehe.

Jichud („Alleinsein"), die Zeit, die Braut und Bräutigam unmittelbar nach ihrer Hochzeit alleine verbringen. Ursprünglich der Zeitpunkt des Vollzugs der Ehe.

Jom Kippur („Tag der Sühne"), der Versöhnungstag am 10. Tischri, ernster Fest- und strenger Fast- und Bußtag, Abschluss der zehn Tage der Umkehr, an dem das göttliche Urteil besiegelt wird.

Kabbalat kinjan („Zustimmung zum Erwerb"), früher allgemein (und heute noch in orthodoxen Kreisen) übliches Zeremoniell, bei dem der Bräutigam vor Gästen und Zeugen den in der Ketubba niedergelegten Verpflichtungen zustimmt.

Karäer, jüdische Sekte, deren Anhänger nur die Hebräische Bibel anerkennen, aber den Talmud ablehnen. Die Sekte entstand im 8. Jh. in Vorderasien und breitete sich bis nach Ägypten, Spanien und über das damalige Byzanz zur Krim sowie nach Polen und Litauen aus. Die Karäer haben ein vom Talmud unabhängiges Religionsgesetz entwickelt, das zum Teil strenger ist als das jüdische (etwa Ausdehnung des Inzest-Verbotes auf rabbinisch erlaubte Verwandtschaftsgrade). Die etwa 25.000 Karäer, die heute in Israel leben, werden dort als nichtreligiöse Juden eingestuft.

Kaschrut („Eignung"), Speisegesetze über verbotene und erlaubte Nahrungsmittel.

Katan, Ketana („der/die Kleine"), der/die Minderjährige vor der geschlechtlichen Reife und religiösen Mündigkeit im Alter von 13 bzw. 12 Jahren.

Kerowim (von hebr. *karow*, „nahe"), die Verwandten. Eine Grundregel lautet, dass gegen Verwandte nicht ausgesagt werden muss.

Kessut, nach Ex 21:10 die Kleidung, die der Ehemann der Ehefrau zur Verfügung stellen muss.

Ketubba („das Geschriebene"), der Ehevertrag, den Braut und Bräutigam unterschreiben und der während der Heiratszeremonie vorgelesen wird. Die Formel in aramäischer Sprache enthält die Verpflichtung des Ehemanns (vor allem auch seine finanziellen Verpflichtungen im Todes- oder Scheidungsfall) und wird vom Bräutigam sowie von den Zeugen unterschrieben. Im nichtorthodoxen Judentum kann die Ketubba auch auf Hebräisch oder in der Landessprache abgefasst sein.

Ketuwta, Grundbetrag in der Ketubba.

Kiddusche bia, Antrauung durch Beischlaf.

Kiddusche kessef, Antrauung durch Geld.

Kiddusche schetar, Antrauung mittels Dokument.

Kidduschin („Heiligungen"), der Vorgang der Antrauung der Frau durch den Mann, der den Erussin einschließt.

Kinjan, Erwerbsakt.

Kodizes, Sammlungen des jüdischen Gesetzes, die seit dem Abschluss des Talmuds von den Posekim immer wieder neu zusammengestellt wurden. Sie folgten ursprünglich der biblischen (*Sche'eltot* von Achai) oder der talmudischen Anordnung (*Halachot Gedolot*). Al-Fasi stellte die Halacha des Talmuds in einem großen Kompendium zusammen; eine völlig selbständige Anordnung trafen Maimonides (*Mischne Tora*) und Jakob ben Ascher (*Tur*), dem wiederum Josef Karo (*Schulchan Aruch*) folgte.

Kohen (Pl. Kohanim), Priester, Aaronide. Die Kohanim sind eine Untergruppe der Leviten, des priesterlichen unter den zwölf Stämmen Israels, und gelten als direkte Nachfahren Aarons, des Bruders des Mose, in der männlichen Linie. Seit der Zerstörung des Tempels im Jahr 70 n. d. Z. und dem Ende des Tempeldienstes sind die Aufgaben der Kohanim weitestgehend aufgehoben. Für Kohanim gelten aber traditionell noch besondere Regeln und Reinheitsgebote; so dürfen sie nur „jungfräuliche", also keine geschiedenen oder verwitweten Frauen heiraten und keine Friedhöfe betreten. Bei der Toralesung wird von ihnen auch die Birkat Kohanim gesprochen, der Priestersegen.

Kol Bo (wörtlich „Alles steht darin"), ein liturgischer Kodex, dessen Verfasser unbekannt ist. Möglicherweise stammt er von Rabbi Aaron Hakohen von Lunel (14. Jh.).

Korban, das Opfer in der Beziehung des Menschen zu Gott, von hebr. *lehitkarew*, „sich nähern", „näherkommen".

Koscher („recht", „tauglich"), der Ritualvorschrift genügend, zum Genuss erlaubt; siehe auch Kaschrut.

Lag ba-Omer, der 33. Tag der Omer-Zeit, Halbfeiertag am 18. Ijar im jüdischen Kalender; die Omer-Zeit sind die 50 Tage des *omer* („Garbe", das Feldfruchtopfer) zwischen Pessach und Schawuot, die mit der Darbringung der Erstlingsgarbe im Tempel begannen. Die Omer-Tage gelten mit Ausnahme des 33. Tages als Trauerzeit, in der Hochzeiten oder auch das Haareschneiden nicht gestattet sind.

Leipziger Synode, die Erste Israelische Synode, zu der sich 1869 unter dem Vorsitz von Hermann Lazarus in Leipzig Rabbiner, Wissenschaftler und führende Laien aus sechzig Gemeinden Deutschlands, Österreichs, anderen europäischen Staaten und den USA versammelten, um Reformbestrebungen im Judentum zu diskutieren. Die Leipziger Synode billigte beispielsweise den Gebrauch der Orgel in der Synagoge.

Leviratsehe (hebr. *jibbum*), bezeichnet die Ehe einer kinderlosen Witwe mit dem Bruder ihres verstorbenen Mannes. Sie gilt als Schutzbestimmung für die Erhaltung der erbberechtigten männlichen Nachkommenschaft und kommt beispielhaft erstmalig in Gen 38 vor, als Gesetz in Lev 18:16 und 20:21 sowie in Dtn 25:5–10. In Mischna und Talmud wird der Jibbum ausführlich im Traktat Jebamot (in der Ordnung Naschim) behandelt. Falls der nächste Bruder nicht in der Lage war, die Schwägerin zu heiraten, ging die Pflicht auf den folgenden Bruder über. Wenn der einzig mögliche Bruder noch nicht heiratsfähig war, musste die Witwe bis zu dessen Volljährigkeit warten. Ziel dieser Ehe war es, einen männlichen Nachkommen zu zeugen, der Namen und Rechtsstellung des verstorbenen

Gatten erhielt und rechtlich als dessen Sohn galt. Falls einer der beiden Beteiligten nicht einwilligte, wurde die Chaliza vollzogen.

Lieberman Clause, nach dem konservativen Rabbiner Saul Lieberman benannte Schlichtungsvereinbarung von 1954 in Form einer Bestimmung, die in die Ketubba aufgenommen wird und die festlegt, dass im Falle ernstlicher Differerenzen der Fall einem Bet din zum Zweck der Scheidung überlassen wird.

Mamona (aram. „das Sichere", in der Mischna auch hebr. *mamon*), eine finanzielle Einlage oder Sicherheit.

Mamser, Mamseret („illegitime Person", volkstümlich „Bastard"), Kind aus einer religionsgesetzlich verbotenen Beziehung zwischen zwei Juden, etwa einer ehebrecherischen Beziehung eines Mannes mit einer verheiraten Frau oder aus Inzest. Der Mamser-Status („Mamserut") ist über zehn Generationen und darüber hinaus erblich: Wessen Vater oder Mutter Mamser ist, gilt ebenfalls als Mamser. Mamserim gelten als Juden, dürfen aber keine Juden heiraten außer anderen Mamserim.

Mesadder (kidduschin), der Offiziant, der bei der Hochzeitszeremonie amtiert, gewöhnlich ein Rabbiner oder Kantor.

Mesusa („Türpfosten"), Bezeichnung einer Inschrift bzw. einer Metall- oder Holzkapsel am rechten Türpfosten eines jüdischen Haushalts gemäß der wörtlichen Auffassung des Mesusa-Gebots in Dtn 6:9: „… und schreibe sie [die Worte] an die Pfosten deines Hauses und an deine Tore". Das handbeschriebene Pergament enthält die Verse Dtn 6:4–9.11 und 13–21, die ersten beiden Abschnitte des Gebets *Schema Jisrael*: „Höre, Jisraël! Der Ewige ist unser Gott; der Ewige ist Einer."

Midrasch („Forschung, Deutung"), die eigentliche Literaturform der Aggada, neben dem Talmud ein Hauptbestandteil der nachbiblischen anonymen jüdischen Literatur; Sammlung der Auslegungen, poetischen Erweiterungen und homiletischen Erklärungen von Tannaiten und Amoräern zur Bibel. Man unterscheidet die sogenannten halachischen (tannaitischen) Midraschim zum Pentateuch von den eigentlichen aggadischen Midraschim.

Mikwa, Mikwe („Sammlung des Wassers"), Tauch- und Ritualbad; seit der Antike bis heute Bestandteil der jüdischen Gemeindeeinrichtungen. Das Ritualbad ist insbesondere für Frauen nach Geburt oder Menstruation vorgeschrieben (Lev 15:5; Num 19:19; Dtn 23:12). Die Mikwe darf nur „lebendiges" Wasser (Quell- und Flusswasser oder in Gruben gesammeltes Regenwasser) enthalten und muss mindestens 800 Liter umfassen.

Mila (auch Berit Mila), die Beschneidung jüdischer Knaben am 8. Tag nach der Geburt, ein Grundgebot des Judentums.

Minhag („Brauch"), die gewohnheitsrechtliche und liturgische Praxis der jüdischen Gemeinde eines Ortes oder einer Region; ergänzt die Halacha.

Mischna („Wiederholung, Lehre"), Kern der mündlichen Lehre des Judentums; kanonische Sammlung des Gesetzesschrifttums im 2. Jh., die von Jehuda ha-

Nasi redigiert wurde: Gesetz und Religionsgesetz in sachlicher Anordnung von sechs Hauptteilen („Ordnungen") und 63 Traktaten, auf Hebräisch geschrieben. Die Mischna wird von der aramäischen Gemara kommentiert und bildet zusammen mit ihr den Talmud.

Mischpat („Recht"), gegenüber Din wohl das ältere Recht, das zunächst nur mündlich überliefert wurde und auf das älteste Gewohnheitsrecht zurückgeführt wird. Die Quellen unterscheiden nicht streng zwischen beiden Rechtsbegriffen; allgemeinhin gilt „Din" als das geschriebene Gesetz und „Mischpat" als das ungeschriebene Gesetz. In Spr 2:9 wird „Recht und Gerechtigkeit" (*zedek u-mischpat*) gefordert; in Jer 21:12 werden Din und Mischpat verbunden.

Mitzwa („Gebot"). Das jüdische Gesetz umfasst 613 Gebote, die auf die Tora zurückgehen, davon 248 Gebote im engeren Sinne („Du sollst!", *mitzwot asseh* genannt) und 365 Verbote („Du sollst nicht!", *mitzwot lo taaseh*). Die Aufzählung und der Nachweis der Gebote machen eine besondere Literaturgattung aus, das *Sefer ha-Mitzwot* („Buch der Gebote"), so etwa das des Maimonides in arabischer Sprache oder das *Sefer Mitzwot Gadol* von Mose aus Coucy.

Mi'un, das Recht einer minderjährigen verwaisten Braut, die durch Verwandte arrangierte Ehe ohne Einwilligung des Ehemannes und ohne formelle Scheidung mittels ihrer erklärten Ablehnung aufzulösen.

Mohar, der Brautpreis.

Monogamie, die Ehe in Form ausschließlich einer Paarbeziehung und in ehelicher Treue.

Na'ara, nach M Qid 2:1 Mädchen in der Altersstufe zwischen zwölf und zwölfeinhalb Jahren.

Nedunia, die Mitgift, die die Ehefrau mit in die Ehe gebracht hat und die in der Ketubba aufgeführt wird.

Nichse milog, der Besitz der Frau, der nicht in der Ketubba festgelegt ist und originär ihr gehört. Er umfasst jegliches Eigentum, das sie in die Ehe mitbringt, mit Ausnahme der Mitgift, sowie jegliches Eigentum, das sie nachfolgend erwirbt.

Nichse zon barzel, das Vermögen der Frau, das nur aufgrund und während der bestehenden Ehe dem Paar gehört; im Falle der Scheidung erhält die Frau diesen Teil der eingebrachten Mitgift in Höhe des ursprünglichen Werts zurück.

Nidda („die Menstruierende"); der Traktat (in der Ordnung Toharot) behandelt die Reinigungsvorschriften für die Frau.

Nissuin, die Eheschließung.

Omer siehe Lag ba-Omer.

Ona, nach Ex 21:10 die Verpflichtung des Mannes gegenüber seiner Frau zum Geschlechtsverkehr. Daneben hat „Ona" auch die Bedeutung von „Wohnung".

Oweret al dat ha-jehudit („Sie verstößt gegen den jüdischen Glauben"), eine Ehefrau, die die Moralgesetze nicht einhält.

Oweret al dat Mosche („Sie verstößt gegen den Glauben des Mose"), eine Ehefrau, die ihren Mann absichtlich zur Nichteinhaltung der religiösen Anordnungen veranlasst.

Passul („beschädigt", „unbrauchbar"), ein für den rituellen Gebrauch untauglich gewordener Gegenstand.

Pessach ("vorübergehen"), Fest zur Erinnerung an den Auszug aus Ägypten vom 14. bis 21. Nissan; eines der drei Wallfahrtsfeste im jüdischen Kalender. Der Name bezieht sich darauf, dass der Engel bei der Tötung der ägyptischen Erstgeburt an den Häusern der Israeliten vorüberschritt.

Philadelphia Conference, Konferenz in Philadelphia, auf der die Vordenker des amerikanischen Reformjudentums, namentlich David Einhorn und Samuel Hirsch, 1869 ihre Prinzipien formulierten.

Pilegesch, Konkubine; auch der Status einer Frau ohne Ehevertrag in einer eheähnlichen Beziehung.

Polyandrie, eine Form der Polygamie, bei der eine Frau mit mehr als einem Ehemann verheiratet ist.

Polygamie, die Vielehe oder die Duldung von gleichzeitigen eheähnlichen Beziehungen.

Polygynie, eine Form der Polygamie, bei der es einem Mann gestattet ist, mehr als eine Frau zu heiraten.

Posekim, die Dezisoren oder „Entscheider", nämlich die rabbinischen Autoritäten vom Abschluss des Talmuds bis in die Gegenwart, die das für die religiöse Praxis verbindliche Gesetz (Halacha) erschließen und unter verschiedenen Überlieferungen und Lehrmeinungen die Entscheidung (Pessak) in Form von Kodizes und Responsen treffen. Einteilung: Kadmonim (die Frühesten) mit den Responsen der Geonim bis ca. 1050; Rischonim (die Ersten) bis zum 16. Jh. (Al-Fasi, Maimonides); Acharonim (die Letzten) seit ca. 1600 (Jakob ben Ascher, Josef Karo, Mose Isserles).

Prosbul, der Verwahrungsschein, der beim Gericht deponiert wurde, um der Verjährung von Forderungen im Erlassjahr (Schemittajahr) entgegenzutreten.

Pruta, kleine Bronzemünze des Königreichs Judäa.

Purim („Lose"), Freudenfest anlässlich der Errettung der jüdisch-persischen Diaspora vor dem Anschlag Hamans, wie sie im Buch Esther erzählt wird.

Rabbinen, Plural von *rabbi*, dem Titel ordinierter Tannaiten und Amoräer in Palästina (*raw* oder *mar* in Babylonien); Gelehrtentitel seit der Generation nach Hillel (Mt 23:7). Die Rabbinen legten die Tora in Halacha und Aggada aus und lehrten an den Akademien.

Rascha, ein Sünder, der aus freien Stücken eine Übertretung begeht, für welche die Tora eine schwere Strafe vorsieht.

Responsen, Responsa (hebr. *teschuwot*, „Antworten"; Sg. Responsum), Rechtsgutachten, Gattung der rabbinischen Literatur. Gemeinden richteten briefliche Anfragen (Sche'elot) an die großen talmudischen Gelehrten ihrer Zeit und erhielten in den Responsen autoritative Gesetzesentscheide. Von besonderer Bedeutung für die Entwicklung der Halacha sind die Responsen der Gaonen (*teschuwot ha-geonim*, mehrfach gesammelt), ferner die des Maimonides und des Salomo ben Aderet.

Rischonim siehe Posekim.

Rosch Chodesch („Anfang des Monats"), Neumond.

Rosch ha-Schana („Anfang des Jahres", das Neujahrsfest am 1. (und 2.) Tischri im jüdischen Kalender, der erste der zehn Bußtage (Asseret Jemei Teschuwa). Rosch ha-Schana ist als Jom Din der himmlische Gerichtstag und wird auch als Jom Hasikaron („Tag des Gedenkens") und Jom Trua („Tag der Posaune") bezeichnet.

Safek mamser, ein „zweifelhafter" Mamser bei unklarem Status der Eltern.

Sanhedrin (von griechisch *synedrion*, „Sitzung, Rat, Gerichtshof"), Bezeichnung des jüdischen Ältestenrats in Jerusalem in der griechisch-römischen Zeit; traditioneller Ursprung sind die 70 Ältesten der Mose-Zeit (Num 11:16); Vorgängerinstitution war die „große Versammlung" (*knesset gedola*) der Esra-Zeit. Das Sanhedrin bestand aus dem Hohepriester als Vorsitzendem, der Aw Bet Din (Leiter des Gerichtshofes) als dessen Stellvertreter sowie aus 70 Priestern und Laien. In seine Kompetenz fielen die allgemeine und die religiöse Gerichtsbarkeit. Der Sanhedrin wurde nach der Eroberung Jerusalems durch die Römer aufgelöst. Später bestand bis zum Übergang der geistlichen Hegemonie an Babylonien in Jawne ein neuer geistlicher Sanhedrin unter Vorsitz des sogenannten Patriarchen (Nasi).

Schabbat („Ruhe"), siebenter Tag der Woche, Tag der Ruhe und der Heiligung zur Erinnerung an die göttliche Weltschöpfung Ex 20:11 und Israels Befreiung aus der Sklaverei (Dtn 5:15).

Schabbatjahr (hebr. *schemitta*, „Erlass"), im pentateuchischen Gesetz Brach- bzw. Ruhejahr des Bodens, alle sieben Jahre wiederkehrend; zu den sozialen Satzungen des Schemittajahres gehören Schuldenerlass und Sklavenbefreiung. Auf sieben Schemittajahre folgt ein Jubeljahr.

Schawuot („Wochen"), das zweitägige Wochenfest am 6. und 7. Siwan, eines der drei Wallfahrtsfeste im jüdischen Jahr; traditionell als Tag der Sinai-Offenbarung gefeiert; Verlesung des Buches Ruth.

Schadchan („der [gut] Zuredende"), Heiratsvermittler, der einen Schidduch bewirkt.

Schalom bajit, der Hausfrieden.

Sche'er, nach Ex 21:10 die Kost, die der Ehemann der Ehefrau zukommen lassen muss.

Scheni Schel Galujjot („der Zweite im Exil"), die zur Zeit des Sanhedrins eingeführten Zweitfeiertage in der Diaspora, die auch nach der Fixierung des jüdischen Kalenders zur Zeit Hillels II. um 358 n. d. Z. beibehalten worden sind; im liberalen Judentum und im Staat Israel selbst wurde diese Tradition aufgegeben.

Schenijjot, diejenigen Verwandten, für die über die biblischen Gebote hinaus ein erweitertes Eheverbot gilt.

Schetar, Urkunde zur Begründung oder zum Beweis von Rechten und Rechtsverhältnissen.

Schewa berachot, die sieben Segenssprüche für die Eheschließung.

Schidduchin, Verlobung, Festlegung der Voraussetzungen für die Eheschließung.

Schema („Schema Jisrael" – „Höre Israel"), Bekenntnis der Einzigkeit Gottes, benannt nach seinen Anfangsworten (Dtn 6:4) und zusammengesetzt aus drei Abschnitten: Dtn 6:4–9, Dtn 11:13–21 und Num 15:37–41. Das Schema wir im Morgen- und Abendgottesdienst gelesen (Kri'at Schema).

Schowschewin, die Brautführer, die das Paar zur Chuppa führen.

Schulchan Aruch („der gedeckte Tisch"), Bezeichnung für ein von Josef Karo im 16. Jh. in Safed verfasstes halachisches Kompendium, das sich als verbindlicher Kodex durchgesetzt hat (Erstausgabe Venedig 1564/65). Das Kompendium ist eingeteilt nach dem vierteiligen Prinzip der Arba'a Turim (auch: Kodex Tur) des Jakob ben Ascher: Orach Chajim (Alltag, Schabbat, Feiertage); Joreh De'a (Ritualgesetz); Even ha-Eser (Eheschließung, Scheidung); Choschen ha-Mischpat (Zivil- und Strafrecht). Der *Schulchan Aruch* stellt in knapper Form aus der unüberschaubar gewordenen und oft widersprüchlichen halachischen Literatur die jeweils gültigen Gesetze bzw. das angenommene Brauchtum seiner Zeit zusammen; in den Entscheidungen folgt er den Autoritäten Al-Fasi, Maimonides und Ascher ben Jechiel. Charakteristisch für das als praktisches Handbuch angelegte Werk ist die thematische Gruppierung, die Beschränkung auf diejenigen Gesetze, die auch nach der Tempelzerstörung gelten, und seine stilistische Neufassung. Der *Schulchan Aruch* wurde durch Moses Isserles' *Mappa* („Tischtuch") um das aschkenasische Brauchtum ergänzt (Erstausgabe Krakau 1578). Der *Schulchan Aruch* ist bis heute der autoritative Kodex des orthodoxen Judentums.

Sefardim, Bezeichnung für die Juden aus Spanien und Portugal (abgeleitet von der biblischen Bezeichnung eines Volks im Süden in Gen 10:3), die im 14. und 15. Jh. im Zuge der Vertreibung der Juden von der iberischen Halbinsel über Europa, Nordafrika, Lateinamerika und den Orient zerstreut wurden und einen besonderen Ritus sowie eine reine Aussprache des Hebräischen bewahrt haben.

Sefer kriut (wörtlich „Urkunde über einen Schnitt"), Bezeichnung für den Scheidebrief in Dtn 24:1.

Simcha, „Freude", „freudiger Anlass".

Sofer („Schreiber"; Pl. Soferim), 1) Schriftgelehrter in der Nachfolge Esras, Vorgänger der Tannaiten und Verfasser „soferischer" Verordnungen. 2) Schreiber von Torarollen, Ketubbot, Tefillin (Gebetsriemen) und Mesusot.

Sona („Hure"), nach Lev 21:6 eine durch Ehebruch geschändete Frau.

Sukkot („Hütten"), Laubhüttenfest, Erntedankfest vom 15. bis 22. Tischri, das wohl älteste der drei Wallfahrtsfeste im jüdischen Kalender, das mit Simchat Tora, dem „Tag der Gesetzesfreude", endet; in biblischer Zeit auch „Wasserschöpferfest". Sein Charakteristikum ist der Aufenthalt in der Laubhütte (Sukka) in Erinnerung an das provisorische Hüttenleben der Israeliten während der Wüstenwanderung.

Sus (Pl. Susim), Währung im alten Israel; vier Susim sind ein Schekel. Ein Sus entsprach dem „gerechten Taglohn", 200 Susim waren gemäß der Mischna der „gerechte Brautpreis" für eine freie jüdische Frau, 100 Susim für eine freie nichtjüdische Frau oder eine jüdische Sklavin, die der Mann bereits besitzt, und 1 Sus für eine kanaanitische Sklavin. Der Preis ist in jedem Falle bei der Scheidung an die Frau auszuhändigen, ebenso der Freibrief bei einer Sklavin. Die Regelung hat heute nur noch historische Bedeutung.

Takkana („Verbesserung"), rabbinische Anordnung zur Ergänzung oder Begrenzung des pentateuchischen Gesetzes, so etwa die Takkanot von Gerschom ben Juda. Manche gebräuchliche Einrichtung wird als alte Takkana angesehen.

Talmid Chacham („Schüler eines Weisen"), Bezeichnung eines jüdischen Gelehrten.

Talmud („Belehrung, Studium"), neben der Hebräischen Bibel das Hauptwerk des Judentums, in dem die Mischna diskutiert wird. Der Talmud liegt in zwei großen Ausgaben vor: Nach Umfang und inhaltlichem Gewicht ist der Talmud Bavli, der Babylonische Talmud, das bedeutendere Werk. Er entstand in Sura und Pumbedita in Mesopotamien und gilt als Kanon schlechthin, anders als der weniger umfangreiche Talmud Jeruschalmi, der in Palästina entstand und daher Palästinischer oder Jerusalemer Talmud genannt wird. Der Talmud wurde zwischen dem 5. und dem 8. Jh. abgeschlossen. Anders als die einheitliche Mischna weichen die Fassungen der Gemara in der babylonischen und der palästinischen Version des Talmud voneinander ab. Der Babylonische Talmud wurde noch um mittelalterliche Kommentare insbesondere von Rabbi Schlomo ben Jitzchak (genannt Raschi) ergänzt. Die ständige Fortentwicklung der Tradition durch Diskussionen, Kommentare und Analysen prägt den durchgängig dialektischen Stil des Talmud. Das bevorzugte Mittel der Darstellung ist der Dialog zwischen verschiedenen rabbinischen Lehrmeinungen, der am Ende zu einer Entscheidung führt und den maßgeblichen Stand der Tradition wiedergibt.

Tannaiten (aram. *tanna'im*, „Lehrer"), die Rabbinen der mischnaischen Zeit. Ihre Lehre wurde mündlich durch ständige Wiederholung weitergegeben und später als autoritativ betrachtet. Namentlich bekannt sind über 250 Gelehrte, die alle in Palästina wirkten, angefangen von den Schulen Hilles und Schammais bis hin zu Jehuda ha-Nasi, dem Verfasser der Mischna, Tosefta, Baraita (tannaitische Fragmente im Talmud) sowie halachischer Midraschim.

Targum („Übersetzung"), aramäische Übersetzung bzw. Paraphrase der Bibel. Die Targumim zur Tora hatten ursprünglich ihren Platz in der synagogalen Toralesung.

Teki'at kaf, „Handschlag".

Tena'im („Bedingungen"), die Übereinkunft über die Bedingungen der Hochzeit zwischen zwei Familien; entspricht dem formellen Akt der Verlobung, dem Schidduchin; vom 12.–19. Jh. als Vorvertrag vor der Ehe gebräuchlich, bei dessen Nichteinhaltung eine Strafe (Knas) anfiel.

Teschuwot („Antworten") siehe Responsen.

Tewila, der Vorgang des vollständigen Untertauchens beim rituellen Bad in der Mikwe.

Tischa be-Aw, der 9. Tag im Monat Aw, Trauertag in Erinnerung an die Zerstörung Jerusalems 586 v. d. Z. und 70 n. d. Z. und an das Dekret zur Vertreibung der Juden aus Spanien 1492 n. d. Z.; strenger Fastentag mit Verlesung der Klagelieder. Traditionell gelten auch die drei Wochen vor Tischa be-Aw vom 17. Tammus an als Trauerzeit, in der in orthodoxen Kreisen keine Hochzeiten stattfinden.

Toledot („Geschichte"), die Überlieferung seit der Offenbarung am Sinai.

Tora („Lehre"), Bezeichnung für den Pentateuch, die fünf Bücher Mose. Für den gottesdienstlichen Gebrauch wird die Tora auf eine Pergamentrolle geschrieben und im Toraschrein (Aharon ha-Kodesch) verwahrt.

Tora sche-be-al pe, die mündliche Tora, die sich mit der Auslegung der schriftlichen Tota befasst.

Tosafot („Zusätze"), Sammlung von Erläuterungen, Exkursen und Ergänzungen zu Einzelstellen des talmudischen Rechtes, zusammen mit Raschis Kommentar den gedruckten Talmudausgaben beigefügt; hervorgegangen aus den Gelehrtenschulen der Tosafisten in Nordfrankreich und Westdeutschland im 12. und 13. Jh.

Tosefta, Tosefet ketubba, der Zusatzbetrag in der Ketubba.

Widdui, Sündenbekenntnis zu Jom Kippur; Bekenntnis vor sich selbst mit nichts beschönigender Aussage über Art und Folgen einer Verfehlung.

Zehn Bußtage, die Asseret Jemei Teschuwa von Rosch ha-Schana bis Jom Kippur.

Zimun, Aufforderung an die Tischgemeinschaft, die Segenssprüche zu rezitieren.

Abkürzungsverzeichnis

Zitierte biblische Bücher

1Chr = 1. Chronik
2Chr = 2. Chronik
1Kön = 1. Könige
2Kön = 2. Könige
1Sam = 1. Samuel
2Sam = 2. Samuel
Am = Amos
Dan = Daniel
Dtn = Deuteronomium
Esr = Esra
Est = Esther
Ex = Exodus
Ez = Ezechiel
Gen = Genesis
Hab = Habakuk
Hag = Haggaj
Hhld = Hohes Lied
Hi = Hiob
Hos = Hosea
Jer = Jeremia
Jes = Jesaja
Jo = Joel
Jon = Jona
Jos = Josua
Klgl = Klagelieder
Lev = Levitikus
Mal = Maleachi
Mi = Micha
Mt = Matthäus
Nah = Nahum
Neh = Nehemia
Ob = Obadja
Pred = Prediger
Ps(s) = Psalm(en)
Ri = Richter
Ruth
Sach = Sacharja
Spr = Sprüche
Zeph = Zephanja

Rabbinische Literatur

bT = babylonischer Talmud
M = Mischna
pT = palästinischer Talmud
T = Tosefta

Traktate aus Mischna, Tosefta und den beiden Talmuden

BB = Baba Batra
Bek = Bekhorot
Ber = Berakhot
BM = Baba Metsia
Chul = Chullin
Ed = Edujot
Er = Erubin
Git = Gittin
Hor = Horajot
Jad = Jadajim
Jeb = Jebamot
Ket = Ketubbot
Mak = Makkot
MQ = Moed Qatan
Ned = Nedarim
Pes = Pesachim

Qid = Qidduschin
RH = Rosch ha-Schana
Sanh = Sanhedrin
Schab = Schabbat
Schebu = Schebuot
Sof = Soferim
Toh = Toharot

Mittelalterliche und neuzeitliche Quellen

Arba'ah turim, EH = Arba'ah turim von Ja'aqov ben Asher. Arba'ah turim, Königsberg 1861–1864, darin der Abschnitt Even ha-Ezer.
ExR = Midrasch Exodus Rabba, in: Midrash rabbah. H. Freedman / Maurice Simon (Hrsg.), London/New York 1977.
HldR = Midrasch Hohes Lied Rabba, in: Midrash rabbah. H. Freedman / Maurice Simon (Hrsg.), London/New York 1977.
Kizur ShA = Kizzur Shulchan Aruch von Schelomo Ganzfried, neue verb. Ausg., Selig Bamberger (Übers.), Basel 2001.
Magid Mischneh = Magid Mischneh von Vidal di Tolosa, in: Maimonides [Mosche ben Maimon]. Mischneh Torah, Jerusalem o. J. [1972].
MT = Mischneh Torah von Maimonides [Mosche ben Maimon] und darin die Abschnitte wie folgt:
MT Ishut = Mishneh Torah, Hilkhot Ischut
MT Isure bi'ah = Mischneh Torah, Hilchot Isure bi'ah
MT Jibum = Mischneh Torah, Hilchot Jibum ve-Halizah
MT Mechirah = Mischneh Torah, Hilchot Mechira
MT Gerushin = Mischneh Torah, Hilchot Geruschin
MT Sota = Mischneh Torah, Hilchot Sota
MT Shabat = Mischneh Torah, Hilkhot Schabat
MT Edut = Mischneh Torah, Hilkhot Edut
MT Berachot = Hilchot Berachot
Otsar ha-Poskim = Otsar ha-poskim, 'al Schulchan 'aruch Even ha-'eser, Jerusalem 1950.
Shut le-Rosh = Sche'elot u-teschuvot le-Rabenu Asher ben Yehi'el, Jerusalem 1994.
ShA = Schulchan Aruch von Joseph ben Ephraim Karo und darin die Abschnitte wie folgt:
ShA, EH = Schulchan Aruch, Even ha-Ezer
ShA, YD = Schulchan Aruch, Yoreh De'ah
ShA, HM = Schulchan Aruch, Hoshen Mischpat
ShA, OH = Schulchan Aruch, Orach Hayim
Mek = Mekilta de-Rabbi Ishmael – A Critical Edition on the Basis of the Manuscripts and Early Editions, 3 Bde., Jacob Z. Lauterbach (Hrsg.), Philadelphia 1976 [Reprint der Ausgabe Philadelphia 1933–1935].

Lexika

EJ 1928 = Encylopaedia Judaica – Das Judentum in Geschichte und Gegenwart, Berlin 1928–1934.
EJ 1971 = Encyclopaedia Judaica, Jerusalem 1971–1972.
JE = Jewish Encyclopaedia, New York 1901–1904.
JL = Jüdisches Lexikon – Ein enzyklopädisches Handbuch des jüdischen Wissens in vier Bänden, Berlin 1930.

Institutionen

CCAR = Central Conference of American Rabbis
CJLS = Committee on Jewish Law and Standards der Rabbinical Assembly USA
JTS = Jewish Theological Seminary of America
UAHC = Union of American Hebrew Congregations (jetzt: Union for Reform Judaism URJ)

Literatur

Quellen

Albo, Joseph. Sefer ha-ikkarim – Book of Principles, Philadelphia 1946.

Asher ben Jehiel. Kitsur Piske ha-Rosh, in: Talmud Bavli, Wilna 1880–1891.

Asher ben Jehiel. She'elot u-teshuvot le-Rabenu Asher ben Yehi'el, Jerusalem 1994.

Bericht über die zweite Synode, in: Allgemeine Zeitung des Judentums 35,30 (1871), 591–594.

Birkat ha-Mason, Tischdank. In einer Übertragung von Franz Rosenzweig und der Übersetzung von Annette Böckler, Annette Böckler / Walter Homolka (Hrsg.), Berlin 2002.

Der babylonische Talmud, Lazarus Goldschmidt (Hrsg.), Königstein 1980 (ND der 2. Auflage).

Falk, Joshua ben Alexander. Bet Yiśra'el, in: Jakob ben Asher. Arba'ah turim, Königsberg 1861–1864.

Ganzfried, Solomon ben Josheph. Kizur Schulchan Arukh, Selig Bamberger (Übers.), Basel 2001 (Neuausgabe).

Die Heilige Schrift. Neu ins Deutsche übertragen, Naftali Herz Tur-Sinai (Übers.), Jerusalem 1954.

Isserles, Moses ben Israel. Darkhe Mosheh, in: Jakob Asher. Arba'ah turim…'im kol ha-perushim veha-hagahot, Jerusalem 1957–1960.

Isserles, Moses ben Israel. ha-Mapah, in: Joseph ben Ephraim Karo. Arba'at sifre Shulhan 'Arukh, New York/Berlin 688 [1927 oder 1928].

Jakob ben Asher. Arba'ah turim, Königsberg 1861–1864.

Jakob ben Asher. Arba'ah turim…'im kol ha-perushim veha-hagahot, Jerusalem 1957–1960.

Karo, Joseph ben Ephraim. Arba'at sifre Shulhan 'Arukh, New York/Berlin 688 [1927 oder 1928].

Karo, Joseph ben Ephraim. Bet Yosef, in: Jakob ben Asher. Arba'ah turim, Königsberg 1861–1864.

Karo, Joseph ben Ephraim. Shulhan Arukh, Wilna 1895.

Maimonides, Moses. The Code of Maimonides, New Haven 1949 (Yale Judaica Series 2–5, 8–9, 11–12, 14–16, 19, 21).

Megilat Rut – lefi minhag Yahadut Aram-Tsova (Haleb) ba-nusah ha-mekori betosefet targum Ivri, mavo me-et Menahem Yadid, tsiyurim mi-tokh megilat Rut me-et Yitshak Torg'man, osef Ya'akov ve-Rahel Gindi, Los Angeles/Tel Aviv 2004.

Meiri, Menahem ben Solomon. Bet ha-behirah 'al masekhet Yevamot, Jerusalem 1967.

Mekilta de-Rabbi Ishmael – A Critical Edition on the Basis of the Manuscripts and Early Editions, 3 Bde., Jacob Z. Lauterbach (Hrsg.), Philadelphia 1976 [ND der Ausgabe Philadelphia 1933–1935].

Midrash pesikta rabati, Meir Friedmann / Moritz Guedemann (Hrsg.), Tel Aviv 1963 [ND der Ausgabe Wien 1880].

The Midrash Rabbah – Translated into English with Notes, Glossary and Indices, H. Freedman / Maurice Simon (Hrsg.), London/New York 1977.

Mintz, Moses ben Isaac. Teshuvot Maharam Mints, Tel Aviv 1968.

Die Mischna, Dietrich Correns (Übers.), Wiesbaden 2005.

Mischnajot – die sechs Ordnungen der Mischa: Mishnayot – shisha sidrey mishneh, Basel 1968.

Mishnayot 'im perush 'Ovadyah mi-Bertinorah, New York 1926.

Nahmanides, Moses. Iggeret Hakodesh – Palestinians & Babylonians sent by Nachmanides to a Fellow, a Facsimile of Salonika Edition, 1595, Jerusalem 1971.

Nahmanides, Moses. Kitve Rabenu Mosheh ben Nahman, Jerusalem 1982.

Otsar ha-ge'onim – teshuvot ge'one Bavel u-ferushehem 'al pi seder ha-Talmud, Benjamin M. Lewin (Hrsg.), Haifa 1928–1962.

Otsar ha-poskim, 'al Shulhan 'arukh Even ha-'ezer, Jerusalem 1950.

Talmud bavli 'im perush Rashi, tosafot, ve-Tosefot yeshanim, u-piske tosafot, R. Asher, kitsur piske ha-Rosh, u-ferush ha Mishnayot leha-Rambam, perush R. Shimshon mi-Shants, u-ferush Rabenu Asher, mavo ha-Talmud le-R. Shemu el ha-Nagid ha-Levi [...], Wilna 1880–1891.

Die Tora nach der Übersetzung von Moses Mendelssohn mit den Prophetenlesungen im Anhang, Annette Böckler (Hrsg.), Berlin 2002.

Vidal di Tolosa. Magid Mishneh, in: Moses Maimonides. Mishneh Torah, Jerusalem o. J. [1972].

Forschungsliteratur

Abrahams, Israel. Jewish Life in the Middle Ages, New York 1958.

Address, Richard F. / Joel L. Kushner / Geoffrey Mitelman (Hrsg.). Kulanu: All of Us – A Program and Resource Guide for Gay, Lesbian, Bisexual and Transgender Inclusion, New York 2007.

Agudas HaRabbanim. Le'Dor Aharon, Brooklyn 1937.

Agus, Irving A. Rabbi Meir of Rothenburg – His Life, His Work as Sources for the Religious, Legal and Social History of the Jews in Germany in the Thirteenth Century, Philadelphia 1947.

Agus, Irving A. The Development of the Money Clause in the Ashkenazic Ketubah, in: Jewish Quarterly Review 30 (1939), 221–256.

Agus, Irving A. The Standard Ketubah of the German Jews and its Economic Implications, in: Jewish Quarterly Review 42 (1951), 225–232.

Amram, David W. The Jewish Law of Divorce According to Bible and Talmud with Some Reference to Its Development in Post-Talmudic Times, New York 1975.

Assemblée des Israélites de France et du Royaume d'Italie (1806–1807 – Paris, France) – Transactions of the Parisian Sanhedrim or, Acts of the Assembly of Israelitish Deputies of France and Italy, convoked at Paris by an Imperial and Royal Decree, dated May 30, 1806, London 1807.

Baeck, Leo. Fragen des jüdischen Ehegesetzes – Stenographischer Bericht der Verhandlungen der liberalen Rabbiner Deutschlands zu Berlin am 22. Mai 1929, in: Leo Baeck Werke, Albert H. Friedlander et al. (Hrsg.), Bd. 6, Gütersloh 2005, 504–507.

Balka, Christie / Andy Rose (Hrsg.). Twice blessed – On Being Lesbian or Gay and Jewish, Boston 1989.

Bamberger, Bernard J. Proselytism in the Talmudic Period, New York 1968 [zuerst Cincinnati 1939]

Bar-Ami. Jüdische Hochzeitsbräuche in alter und neuer Zeit, in Ost und West 11,11 (1911), 981–984; 11,12 (1911), 1109–1110; 12,1 (1912), 69–72.

Ben Aharon, Zadoq. Talmudlexikon – Alles, was Sie schon immer über den Talmud wissen wollten, Neu-Isenburg 2006.

Ben-Menahem, Hanina / Neil S. Hecht (Hrsg.). Selected Topics in Jewish Law, Tel Aviv 1988.

Bergel, Joseph. Die Eheverhältnisse der alten Juden im Vergleiche mit dem Griechischen und dem Römischen Recht, Leipzig 1881.

Berger, Ruth. Sexualität, Ehe und Familienleben in der jüdischen Moralliteratur (900–1900), Wiesbaden 2003.

Berkovits, Eliezer. Not in Heaven: The Nature and Function of Halakhah, New York 1983.

Berkovits, Eliezer. Jewish Women in Time and Torah, New York 1990.

Biale, David. Eros and the Jews – From Biblical Israel to Contemporary America, New York 1997.

Biale, Rachel. Women and Jewish Law – The Essential Texts, Their History, and Their Relevance for Today, New York 1995.

Blau, Ludwig. Die jüdische Ehescheidung und der jüdische Scheidebrief – Eine historische Untersuchung, Budapest 1911.

Bleich, J. David. Contemporary Halakhic Problems, Bde. 1–4, New York 1977–1983 (The Library of Jewish Law and Ethics 4, 10, 16, 20).

Bleich, J. David. Kidushei Ta'ut – Annulment as a Solution to the Aguna Problem, in: Tradition 31,1 (1997), 90–128.

Bleich, J. David. The Prohibition Against Intermarriage, in: Journal of Halacha and Contemporary Society 1 (1981), 5–27.

Borgolte, Michael. Kulturelle Einheit und religiöse Differenz – Zur Verbreitung der Polygynie im mittelalterlichen Europa, Vortrag vom 21. März 2003 im Centrum medievistických studií in Prag, http://www.flu.cas.cz/cms/old/borgolte.htm, 7.4.2008.

Boyarin, Daniel. Carnal Israel – Reading Sex in Talmudic Culture, Berkeley 1993.

Boyarin, Daniel. Unheroic Conduct – The Rise of Heterosexuality and the Invention of the Jewish Man, Berkeley 1997.

Breitowitz, Irving A. Between Civil and Religious Law – The Plight of the Agunah in American Society, Westport 1992.

Brody, Robert. The Geonim of Babylonia and the Shaping of Medieval Jewish Culture, New Haven 1997.

Broyde, Michael. Marriage, Divorce and the Abandoned Wife in Jewish Law – A Conceptual Problem of the Agunah Problem in America, New Jersey 2001.

Bulka, Reuven P. Jewish marriage – A Halakhic Ethic, New York 1986.

Central Conference of American Rabbis. Rabbi's Manual, New York 1961.

Central Conference of American Rabbis. Rabbi's Manual, New York 1988.

Cohen, Boaz. Law and Tradition in Judaism, New York 1959.

Cohen, Boaz. Jewish and Roman Law – A Comparative Study, New York 1966.

Cohen, Jonathan. On the Standard of Holiness in Jewish Law, in: Walter Jacob (Hrsg.), Beyond the Letter of the Law – Essays on Diversity in the Halakhah, Pittsburgh 2004.

Cohn, Haim H. Human Rights in the Bible and Talmud, Tel Aviv 1989.

Deming, Will. Paul on Marriage and Celibacy – The Hellenistic Background of 1 Corinthians 7, Cambridge 1995.

Deutsch, G. Divorce of Insane Husband [Responsum 163], in: Walter Jacob (Hrsg.), American Reform Responsa, New York 1983, 514–521 (zuerst in: Yearbook of the Central Conference of American Rabbis 29 [1919], 88–94).

Dorff, Elliot N. / Arthur Rosett. A Living Tree – The Roots and Growths of Jewish Law, New York 1988.

Dorff, Elliot N. The Unfolding Tradition – Jewish Law after Sinai, New York 2005.

Dorff, Elliot N. Jewish Law in the Conservative/Masorti Movement, in: Periodica de Re Canonica 96,3–4 (2007), 639–652 [Prima Consultazione Romana sul Diritto Ebraico e Canonico – Erste römische Konsultation zum jüdischen und kanonischen Recht, 9.–11.10.2006, Pontificia Università Gregoriana].

Dünner, Lazar. Der jüdische Scheidungsakt – Agende zum Gebrauch bei Ehescheidungen auf Grund des Schulchan Aruch, Köln 1927.

Duschak, Moritz. Das mosaisch-talmudische Eherecht mit besonderer Rücksicht auf die bürgerlichen Gesetze, Wien 1864.

Dykan, Paltiel. Dinei Nissu'in Wegeirushin [Law of Marriage and Divorce : according to the statutes of Israel and Precedents of rabbinical and civil courts], Tel Aviv 1956.

Eger, Denise L. Embracing Lesbians and Gay Men – A Reform Jewish Innovation, in: Dana Evan Kaplan (Hrsg.), Contemporary Debates in American Reform Judaism – Conflicting Visions, London 2001, 180–192.

Eichhorn, David Max. Jewish Intermarriages: Fact and Fiction, Satellite Beach FL 1974.

Elazar, Daniel J. / Rela Mintz Geffen. The Conservative Movement in Judaism – Dilemmas and Opportunities, Albany 2000.

Ellenson, David. Samuel Holdheim on the Legal Character of Jewish Marriage – A Contemporary Comment on His Position, in: Walter Jacob / Moshe Zemer (Hrsg.), Marriage and its Obstacles in Jewish Law – Essays and Responsa, Tel Aviv 1999.

Elon, Menachem. Hakikah datit be-huke medinat Yiśra'el uva-shefitah shel bate mishpat u-vate ha-din ha-rabaniyim, Tel Aviv 1968.

Elon, Menachem. Jewish Law – History, Sources, Principles (ha-Mishpat ha-Ivri), 4 Bde. Philadelphia 1994.

Elon, Menachem. Jewish Law (Mishpat Ivri) – Cases and Materials, New York 1999.

Elon, Menachem (Hrsg.). The Principles of Jewish Law, Jerusalem o. J.

Epstein, Louis. Hatza'ah Lema'an Takanot Agunot [Ein Vorschlag, um Agunot zu vermeiden], New York 1930.

Epstein, Louis M. Jewish Marriage Contracts – A Study in the Status of the Woman in Jewish Law, New York 1927.

Epstein, Louis M. Marriage Annulment, in: Rabbinical Assembly / Committee on Jewish Law and Standards (Hrsg.), Proceedings of the Committee on Jewish Law and Standards of the Conservative Movement 1927–1970, Jerusalem 1997, 1524–1536.

Epstein, Louis M. Marriage Laws in the Bible and the Talmud, Cambridge 1942.

Epstein, Mendel. A Woman's Guide to the Get Process, o. O. 1989.

Eron, Lewis John. Homosexuality and Judaism, in: Arlene Swidler (Hrsg.), Homosexuality and World Religions, Valley Forge 1993, 103–134.

Eschelbacher, Max. Vom Sinn der jüdischen Trauung, in: Der Morgen 6,5 (1930), 435–444.

Eschelbacher, Max. Zur Geschichte des biblisch-talmudischen Eherechts, in: Monatsschrift für Geschichte und Wissenschaft des Judentums 65,6 (1921), 299–322.

Falk, Ze'ev W. Marriage and Divorce – Reforms in the Family Law of German-French Jewry, Jerusalem 1961.

Falk, Ze'ev W. Hebrew Law in Biblical Times, Jerusalem 1964.

Falk, Ze'ev W. Jewish Matrimonial Law in the Middle Ages, London 1966.

Fassel, Hirsch Baer. Ueber Trauungen in der Synagoge, in: Wissenschaftliche Zeitschrift für jüdische Theologie 4,1 (1839), 36–39.

Fisch, Menachem. Legislation and Legal Norm Development in Jewish Law, in: Periodica de Re Canonica 96,3–4 (2007), 401–417 [Prima Consultazione Romana sul Diritto Ebraico e Canonico – Erste römische Konsultation zum jüdischen und kanonischen Recht, 9.–11.10.2006, Pontificia Università Gregoriana].

Fishman, Isidor. Introduction to Judaism, London o. J. [1958].

Frankel, Zacharias. Grundlinien des mosaisch-talmudischen Eherechts, in: Jahresbericht des jüdisch-theologischen Seminars, Breslau 1860, 1–17.

Freehof, Solomon B. Contemporary Reform Responsa, Cincinnati 1974.

Freehof, Solomon B. Current Reform Responsa, Cincinnati 1969.

Freehof, Solomon B. Modern Reform Responsa, Cincinnati 1971.

Freehof, Solomon B. Recent Reform Responsa, Cincinnati 1963.

Freehof, Solomon B. Reform Jewish Practice and its Rabbinic Background, 2 Bde., Cincinnati 1944/1952.

Freehof, Solomon B. Reform Judaism and the Legal Tradition – The Tintner Memorial Lecture (Association of Reform Judaism), New York 1961.

Freehof, Solomon B. Reform Responsa, Cincinnati 1960.

Freehof, Solomon B. Reform Responsa for Our Time, Cincinnati 1977.

Freehof, Solomon B. Today's Reform Responsa, Cincinnati 1990.

Freimann, Abraham Hayyim. Seder kidushin ve-niśuin ahare hatimat ha-Talmud – Mehkare histori-dugmati be-dine Yiśra'el, Jerusalem 1944.

Friedman, Mordechai A. Jewish Marriage in Palestine – A Cairo Geniza Study, Tel Aviv/New York 1980–1981.

Frimer, Norman E. / D. I. Frimer. Reform Marriages in Contemporary Halakhic Responsa, in: Tradition 21,3 (1984), 7–39.

Gaster, Theodor H. Festivals of the Jewish Year – A Modern Interpretation and Guide, New York 1953.

Gaster, Theodor H. The Holy and the Profane – Evolution of Jewish Folkways, New York 1955.

Geiger, Abraham. Das Judenthum und seine Geschichte, Bd. 1, Breslau ^{2}1865.

Geiger, Abraham. Die Stellung des weiblichen Geschlechtes in dem Judenthume unserer Zeit, in: Wissenschaftliche Zeitschrift für jüdische Theologie 3,1 (1837), 1–14; 3,3 (1837), 480.

Gittelsohn, Roland B. Love, Sex and Marriage – A Jewish View, New York 1976.

Goldfine, Yitzhak. Herkunft und Quellen des gegenwärtigen israelischen Rechts - Eine rechtshistorische und rechtsvergleichende Studie auf dem Gebiete der Rechtsrezeption, Frankfurt am Main 1967.

Goldfine, Yitzhak. Einführung in das Jüdische Recht – Eine historische und analytische Untersuchung des Jüdischen Rechts und seiner Institutionen, Hamburg 1973 (Hamburger Gesellschaft für Völkerrecht und Auswärtige Politik, Beihefte zu „Verfassung und Recht in Übersee" 2).

Goldfine, Yitzhak. Einführung in das jüdische und israelische Eherecht, Hamburg 1975.

Golinkin, David (Hrsg.). Jewish Law Watch – The Agunah Dilemma, Nr. 1–7, Jerusalem 2000–2003.

Gordis, Robert. The Dynamics of Judaism – A Study in Jewish Law, Bloomington 1990.

Gotham, Meike. Die Rechtsnation und ihr Staat – Die Geltung des jüdischen Ehe- und Scheidungsrechts in Israel, Hamburg 2004.

Gotzmann, Andreas. Jüdisches Recht im kulturellen Prozeß – Die Wahrnehmung der Halacha im Deutschland des 19. Jahrhunderts, Tübingen 1997.

Graßl, Ignaz. Das österreichische Eherecht der Juden, Wien 1848.

Greenberg, Steven. Same-Sex Civil Marriage, http://www.clal.org/coc38.html, 7. 4. 2008.

Grossman, Avraham. Hakhme Ashkenaz korotehem, darkam be-hanhagat ha-tsibur, yetsiratam ha-ruhanit – me-reshit yishuvam ve-'ad li-gezerot 856 (1096) (The early sages of Ashkenaz), Jerusalem 1988.

Grözinger, Karl Erich. Jüdisches Denken – Theologie, Philosophie, Mystik, Bd. 2: Von der mittelalterlichen Kabbala zum Hasidismus, Frankfurt am Main 2005.

Grunfeld, Isidor. The Jewish Law of Inheritance – Problems and Solutions in Making a Jewish Will, Oak Park/Jerusalem/New York 1987.

Gulak, Asher. Yesode ha-mishpat ha-'ivri – seder dine mamonot be-Yiśra'el 'al pi mekorot ha-Talmud veha-poskim, 4 Bde., Berlin 1922.

Hacohen, Aviad. Tears of the Oppressed – An Examination of the Agunah Problem: Background and Halakhic Sources, Jersey City 2004.

Haut, Irwin H. Divorce in Jewish Law and Life, New York 1983.

Hazan, Eliyahu ben R. Avraham, Ta'alumot Lev, Bd. 3, Livorno 1879.

Hecht, N. S. / B. S. Jackson / S. M. Passamaneck (Hrsg.). An Introduction to the History and Sources of Jewish Law, Oxford 1996.

Hertz, Joseph H. The Authorised Daily Prayer Book – Hebrew Text, English Translation, with Commentary and Notes, Rev. Ed., New York 1948.

Hertz, Joseph H. Pentateuch und Haftaroth, Bd. 3 (Leviticus), Berlin 1938.

Hertzberg, Arthur. Judaismus – Die Grundlagen der jüdischen Religion, Reinbek 1996.

Hezser, Catherine (Hrsg.). Rabbinic Law in Its Roman and Near Eastern Context, Tübingen 2003.

Holdheim, Samuel. Ueber die Autonomie der Rabbinen und das Princip der jüdischen Ehe – Ein Beitrag zur Verständigung über einige das Judenthum betreffende Zeitfragen, Schwerin 1843.

Homolka, Walter. Die Polygamie im Judentum – Nach Sitte und Recht, in: Cheschbon 3,4 (1982), 25–29.

Homolka, Walter / Jonathan A. Romain. Progressives Judentum – Leben und Lehre, München 1999.

Homolka, Walter / Gilbert Rosenthal. Das Judentum hat viele Gesichter – Die religiösen Strömungen der Gegenwart, Bergisch Gladbach 2006.

Homolka, Walter / Esther Seidel. Nicht durch Geburt allein – Übertritt zum Judentum, München 1995.

Hugenberger, Gordon P. Marriage as a Covenant – A Study of Biblical Law and Ethics Governing Marriage, Developed from the Perspective of Malachi, Leiden 1994.

Idelsohn, Abraham Zebi. Jewish Liturgy and Its Development, New York 1932.

Ilan, Tal. Jewish Women in Greco-Roman Palestine – An Inquiry into Image and Status Jewish Women in Greco-Roman Palestine, Tübingen 1995.

Jackson, Bernard S. Problems in the Development of the Ketubah Payment – The Shimon Ben Shetah Tradition, in: Catherine Hezser (Hrsg.). Rabbinic Law in Its Roman and Near Eastern Context, Tübingen 2003, 199–225 (Texte und Studien zum antiken Judentum 97).

Jacob, Walter. The Slow Road to Monogamy, in: Jacob, Walter / Moshe Zemer (Hrsg.). Marriage and Its Obstacles in Jewish Law, Tel Aviv/Pittsburgh 1999, 57–76.

Jacob, Walter (Hrsg.). American Reform Responsa – Collected Responsa of the Central Conference of American Rabbis, 1889–1983, New York 1983.

Jacob, Walter (Hrsg.). Beyond the Letter of the Law – Essays on Diversity in the Halakhah, Pittsburgh 2004.

Jacob, Walter (Hrsg.). Contemporary American Reform Responsa, New York 1987.

Jacob, Walter (Hrsg.). Conversion to Judaism in Jewish Law – Essays and Responsa, Tel Aviv/Pittaburgh 1994.

Jacob, Walter (Hrsg.). Liberal Judaism and Halakhah, Pittsburgh 1988.

Jacob, Walter (Hrsg.). Questions and Reform Jewish Answers – New American Reform Responsa, New York 1992.

Jacob, Walter / Walter Homolka (Hrsg.). Hesed and Tzedakah – From Bible to Modernity, Berlin 2006.

Jacob, Walter / Moshe Zemer (Hrsg.). Gender Issues in Jewish Law – Essays and Responsa, New York/Oxford 2001.

Jacob, Walter / Moshe Zemer (Hrsg.). Marriage and Its Obstacles in Jewish Law – Essays and Responsa, Tel Aviv/Pittsburgh 1999.

Jacob, Walter / Moshe Zemer (Hrsg.). Napoleon's Influence on Jewish Law – The Sanhedrin 1807 and Its Modern Consequences, Pittsburgh 2007.

Jacob, Walter / Moshe Zemer (Hrsg.). Progressive Halakhah and Application, Tel Aviv/Pittsburgh 1991.

Jacob, Walter / Moshe Zemer (Hrsg.). Sexual Issues in the Halakhah – Essays and Responsa, Pittsburgh 2006.

Jacobs, Louis. Jewish Law – A Synthesis (1957), in: Seymour Siegel (Hrsg.), Conservative Judaism and Jewish Law, New York 1977, 111–122.

Kahana, Kopel. The Theory of Marriage in Jewish Law, Leiden 1966.

Kaplan, Dana Evan (Hrsg.). Contemporary Debates in American Reform Judaism – Conflicting Visions, London 2001, 180–192.

Klagsburn, Francine. Jewish Days – A Book of Jewish Life and Culture Around the Year, New York 1996.

Klein, Isaac. A Guide to Jewish Religious Practice, New York 1979 (Moreshet Series 6).

Klein, Isaac. Responsa and Halakhic Studies by Isaac Klein, David Golinkin / Monique Susskind Goldberg (Hrsg.), Jerusalem 2005.

Kohler, Kaufmann. The Harmonization of the Jewish Law and Civil Laws of Marriage and Divorce, o. O. 1915.

Konner, Melvin. Unsettled – An Anthropology of the Jews, New York 2003.

Krauß, Samuel. Etwas von den jüdischen Hochzeitsbräuchen, in: Monatsschrift für Geschichte und Wissenschaft des Judentums 83,1 (1939), 469–480.

Küng, Hans / Walter Homolka. Weltethos aus den Quellen des Judentums, Freiburg i. Br. 2008.

Lamm, Norman. Judaism and the Modern Attitude to Homosexuality, in: Encyclopaedia Judaica Yearbook 1974, 194–205.

Lauterbach, Jacob Z. The Ceremony of Breaking a Glass at Weddings, in: ders. (Hrsg.). Studies in Jewish Law, Custom and Folklore, New York 1970.

Lazar, David. Partnerschaft ist heilig, in: Jüdische Allgemeine Berlin vom 5. Februar 2004.

Levy, J. B. Jüdische Hochzeitsbräuche im alten Frankfurt, in: Ost und West 14,6 (1914), 427–434.

Lewittes, Mendell. Jewish Law – An Introduction, Northvale/London 1994.

Lewittes, Mendell. Jewish Marriage – Rabbinic Law, Legend and Custom, Northvale/London 1997.

Lichtschein, Ludwig. Die Ehe nach mosaisch-talmudischer Auffassung und das mosaisch- talmudische Eherecht, Leipzig 1879.

Lifshitz, Berachyahu. The Age of the Talmud, in: N. S. Hecht / B. S. Jackson / S. M. Passamaneck (Hrsg.). An Introduction to the History and Sources of Jewish Law, Oxford 1996, 169–195.

Lubetsky, Judah. Ain Tnai Bnisuin, Wilna 1930.

Magonet, Jonathan. Jewish Exploring of Sexuality, Providence 1995.

Mangel, L. Ahouva. La formation du mariage en droit biblique et talmudique, Paris 1935.

Margolioth, Ephraim Zalman ben Menahem Mannes. Sefer Kitsur Mateh Efrayim kolel kol ha-dinim veha-hitnahagut me-r. h. Elul ve-Tishre mi-Sefer Mateh Efrayim, New York o. J.

Mattes, Barbara. Jüdisches Alltagsleben in einer mittelalterlichen Stadt – Responsa des Rabbi Meir von Rothenburg, Berlin 2003.

Mazie, Steven V. Israel's Higher Law – Religion and Liberal Democracy in the Jewish State, Lanham MD 2006.

Meiselman, Moshe. Jewish Women in Jewish Law, New York 1978.

Meyer, Michael A. Antwort auf die Moderne – Geschichte der Reformbewegung im Judentum, Wien 2000.

Mielziner, Moses. The Jewish Law of Marriage and Divorce in Ancient and Modern Times – and Its Relation to the Law of the State, Cincinnati ^{2}1901.

Moore, George F. Judaism in the First Centuries of the Christian Era, the Age of the Tannaim, 2 Bde., Cambridge 1927–1930.

Neubauer, Jakob. Beiträge zur Geschichte des biblisch-talmudischen Eheschließungsrechts – eine rechtsvergleichend-historische Studie, Leipzig 1920.

Neusner, Jakob. The Halakhah – An Encyclopaedia of the Laws of Judaism, Leiden 2000.

Neusner, Jacob. The Halakhah – Historical and Religious Perspectives, Leiden 2002.

Norden, Joseph. Grundlagen und Ziele des religiös-liberalen Judentums, Frankfurt am Main 1918.

Panken, Aaron D. The Rhetoric of Innovation – Self-Conscious Legal Change in Rabbinic Literature, Lanham MD 2005.

Philipson, David. The Reform Movement in Judaism, Rev. Ed., New York 1931.

Plaut, W. Gunther. The Growth of Reform Judaism – American and European Sources Until 1948, New York 1965.

Plaut, W. Gunther. The Rise of Reform Judaism – A Sourcebook of Its European Origins, New York 1963.

Plaut, W. Gunther. Die Tora in jüdischer Auslegung, Gütersloh 2000.

Protokolle der Rabbiner-Conferenz, abgehalten zu Philadelphia vom 3. bis zum 6. November 1869, New York 1870.

Rabbinical Assembly. Moreh derekh – The Rabbinical Assembly Rabbi's Manual, Perry Raphael Rank / Gordon M. Freeman (Hrsg.), New York 1998.

Rabbinical Assembly. Teshuvot – Marriage and Fertility; vgl. http://www.rabbinicalassembly.org/law/teshuvot_public.html, 7. 4. 2008.

Rabbinical Assembly / Committee on Jewish Law and Standards. Proceedings of the Committee on Jewish Law and Standards of the Conservative Movement 1927–1970, New York 1997.

Rabbinical Assembly / Committee on Jewish Law and Standards. Proceedings of the Committee on Jewish Law and Standards of the Conservative Movement 1986–1990, New York 2001.

Rakover, Nahum. A Guide to the Sources of Jewish Law, Jerusalem 1994.

Rayner, John D. Guide to Jewish Marriage, London 1975.

Rayner, John D. Jewish Religious Law – A Progressive Perspective, New York/ Oxford 1998.

Richtlinien zu einem Programm für das liberale Judentum nebst den Referaten und Ansprachen auf den Rabbinerversammlungen zu Berlin und Frankfurt am Main und auf der Delegiertenversammlung der Vereinigung für das liberale Judentum zu Posen, Frankfurt am Main 1912.

Riskin, Shlomo. Women and Jewish Divorce – The Rebellious Wife, the Agunah, and the Right of Women to Initiate Divorce in Jewish Law – A Halakhic Solution, Hoboken 1989.

Rituell bei Trauungen der Israeliten in der Synagoge zu Wien, in: Sulamith 7,1 (1825), 396–398.

Rosenberg, Samson Wolf. Über die Heiligkeit der Ehe – Eine Trauungsrede, in: Sulamith 7,2 (1825), 385–392.

Rosenthal, Gilbert S. / Walter Homolka. Das Judentum hat viele Gesichter – Die religiösen Strömungen der Gegenwart, Bergisch Gladbach 2006.

Roth, Joel. The Halakhic Process – A Systematic Analysis, New York 1986.

Schäfer, Peter. Jesus im Talmud, Tübingen 2007.

Schauss, Hayyim. The Jewish Festivals – From the Beginnings to Our Own Day, Cincinnati 1938.

Schauss, Hayyim. The Jewish Festivals – History and Observance, New York 1962.

Schauss, Hayyim. The Lifetime of a Jew – Throughout the Ages of Jewish History, New York 1960.

Schereschewsky, Ben-Zion. Dinei Mishpachah, Jerusalem 1984.

Schereschewsky, Ben-Zion. Agunah, in: Menachem Elon (Hrsg.). The Principles of Jewish Law, Jerusalem o. J., 412–413.

Schereschewsky, Ben-Zion. Dowry, in: Menachem Elon (Hrsg.). The Principles of Jewish Law, Jerusalem o. J., 390–394.

Schereschewsky, Ben-Zion. Mamzer, in: Menachem Elon (Hrsg.). The Principles of Jewish Law, Jerusalem o. J., 435–438.

Schereschewsky, Ben-Zion. Marriage, in: Menachem Elon (Hrsg.). The Principles of Jewish Law, Jerusalem o. J., 356–360.

Segal, Peretz. Jewish Law During the Tannaitic Period, in: N. S. Hecht / B. S. Jackson / S. M. Passamaneck (Hrsg.). An Introduction to the History and Sources of Jewish Law, Oxford 1996, 101–140.

Shapiro, M. B. Between the Yeshiva World and Modern Orthodoxy – The Life and Works of R. Jehiel Jacob Weinberg, London 1999.

Shetreet, Shimon. Justice in Israel – A Study of the Israeli Judiciary, Dordrecht/Boston/London 1994.

Shetreet, Shimon. Between Three Branches of Government – The Balance of Rights in Matters of Religion in Israel, Jerusalem 2001.

Shetreet, Shimon. The Relationship Between Religion and State from a Jewish Viewpoint in Comparative Perspectives – Selected Issues, in: Periodica de Re Canonica 96,3–4 (2007), 589–617 [Prima Consultazione Romana sul Diritto Ebraico e

Canonico – Erste römische Konsultation zum jüdischen und kanonischen Recht 9.–11. 10. 2006, Pontificia Università Gregoriana].

Shilo, Shemuel. Dina de-malkhuta dina, Jerusalem 1974.

Siegel, Seymour / Elliot Gerteil (Hrsg.). Conservative Judaism and Jewish Law, New York 1977 (Studies in Conservative Jewish Thought 1).

Siegel, Seymour. Ethics and the Halakhah, in: Seymour Siegel / Elliot Gerteil (Hrsg.). Conservative Judaism and Jewish Law, New York 1977, 123–132.

Sievers, Jonah. Hesed in the Halakhic Process and the Questions of the Validity of Civil Marriage, in: Walter Jacob / Walter Homolka (Hrsg.). Hesed and Tzedakah – From Bible to Modernity, Berlin 2006, 91–100.

Silbiger, Auriel. Die reine jüdische Ehe – Die Nidah-Vorschriften der jüdischen Ehe, die Schabbat- und Jom Tow-Lichter, das Absondern der Challa vom Teig, Basel o. J.

Soloveitchik, Joseph D. Halakhic Man, Philadelphia 1983 [zuerst erschienen in hebräischer Sprache: Ish ha-halakhah, New York 1944].

Spitz, Elie Kaplan. Mamzerut, in: Rabbinical Assembly / Committee on Jewish Law and Standards. Responsa of the CJLS, 1991–2000, New York 2002, 558–586 (EH 4.2000a); vgl. auch http://www.rabbinicalassembly.org/teshuvot/docs/1991 2000/spitz_mamzerut.pdf, 7. 4. 2008.

Starr, Joshua. The Jews in the Byzantine Empire, Athen 1939.

Stemberger, Günter. Einleitung in Talmud und Midrasch, München [8]1992.

Susskind Goldberg, Monique / Diana Vila. Za'akat dalot – pitronot halakhtiyim live'ayat ha-'agunot bi-zemanenu (Halakhic Solutions for the Agunot of Our Time), Jerusalem 2006.

Trachtenberg, Joshua. Jewish Magic and Superstition – A Study in Folk Religion, Philadelphia 2004 [zuerst New York 1939].

Der Trausegen – Verdeutschung des seit alters üblichen Rituals bei der jüdischen Trauung, in: Der Morgen 6,5 (1930), 445–446.

Verhandlungen der ersten israelitischen Synode zu Leipzig vom 29. Juni bis 4. Juli 1869, Berlin 1869.

Washofsky, Mark. Jewish Living – A Guide to Contemporary Reform Practise, New York 2001.

Washofsky, Mark. Against Method – Liberal Halakha Between Theory and Practice, in: Walter Jacob (Hrsg.). Beyond the Letter of the Law – Essays on Diversity in the Halakhah in Honor of Moshe Zemer, Pittsburgh 2004, 17–77.

Wechsler, Bernhard. Ueber religiöse Trauung und deren (historische) Bedeutung im Judenthume, in: Wissenschaftliche Zeitung für jüdische Theologie 3 (1839), 345–352.

Wegner, Judith Romney. Chattel or Person? The Status of Women in the Mishnah, New York 1988.

Wilke, Carsten. Der Freibrief des Despoten – Zum 200. Jahrestag der Lehrbeschlüsse des großen Sanhedrin, in: Kalonymos 10,1 (2007), 4–8.

Winer, Mark. The Law of the Land and Jewish Law, Conflict or Concurrence?, in: Periodica de Re Canonica 96,3–4 (2007), 499–523 [Prima Consultazione Romana sul Diritto Ebraico e Canonico – Erste römische Konsultation zum jüdischen und kanonischen Recht, 9.–11.10.2006, Pontificia Università Gregoriana].

Winkler, Gershon. Sacred Secrets – The Sanctity of Sex in Jewish Law and Lore, Lanham MD 1998.

Yaron, Reuven. The Restoration of Marriage, in: Journal of Jewish Studies 17 (1966), 1–11.

Zeitlin, Solomon. The Origin of the Ketubah, in: Jewish Quarterly Review 24,1 (1933), 1–7.

Zemer, Moshe. Jüdisches Religionsgesetz heute – Progressive Halacha, Neukirchen-Vluyn 1999.

Nachschlagewerke

Encylopaedia Judaica – Das Judentum in Geschichte und Gegenwart, Berlin 1928–1934.

Encyclopaedia Judaica[1]. Jerusalem 1971–1972.

Encyclopaedia Judaica, Detroit 2007.

Encyclopedia Talmudica, Jerusalem 1997.

Jewish Encyclopaedia, New York 1901–1904.

Jüdisches Lexikon – Ein enzyklopädisches Handbuch des jüdischen Wissens in vier Bänden, Berlin 1930.

Register

Das Register erschließt den Haupttext (S. 1–136) und das Glossar (S. 289–302). Im Sachregister wird außerdem auch auf Passagen im Anhang (S. 139–274) verwiesen, die mit dem jeweiligen Stichwort in einem besonders engen Zusammenhang stehen. Das Personenregister berücksichtigt die wichtigsten Personen. Die Basis der Auswahl war dabei der Haupttext.

Personenregister

Aaron 54, 56, 295
Aaron Hakohen von Lunel 86, 295
Abraham 32, 77, 141
Abraham ben David von Posquières 36
Achaj aus Schabbecha 9, 295
Ahab 53
Ahasja 53
Albo, Josef 19, 30 f, 306
Amazja 3
Ascher ben Jechiel 10–12, 36, 38, 300
Aschi (Rav Aschi) 7, 92

Aub, Joseph 86

Baeck, Leo 19, 28, 33 f, 94, 308
Band, Debra 276, 281
Belkin, Samuel 14
Berkowitz, Eliezer 129, 188 f, 209, 215
Blau, Ludwig 80 f, 87 f, 122, 153, 309
Boas 44, 51, 54, 70

Dorff, Elliot N. 20, 110, 139, 142, 186 f, 194, 205, 226, 239, 243, 247, 249 f, 252, 254, 256, 260, 262, 267, 269–271
Dunasch ben Labrat 97

Eilberg, Amy 112
Einhorn, David 132 f, 298
Eliahu ben Schlomo Zalman 9
Elkana 35
Ellenson, David 94, 310
Elon, Menachem 1 f, 7–12, 41, 47, 49, 114, 118, 126, 219, 264, 310, 317
Emden, Jacob 37 f, 129
Epstein, Louis M. 44, 47, 90, 126 f, 131, 253 f, 310 f
Eschelbacher, Max 71, 84, 95 f, 311
Esra 4, 50, 299
Ezechiel 48

Feinstein, Moshe 131
Feldblum, Meir Simchah 130
Feldman-Hill, Pamela S. 276, 282–287
Fine, David 110, 141, 147, 187, 198, 242, 246
Fine, Robert E. 110, 186, 198 f, 242
Frankel, Zacharias 19–21, 61, 311
Freehof, Solomon B. 15 f, 43, 51 f, 57 f, 75, 77, 81–84, 93, 133, 152–154, 165, 177, 311

Geiger, Abraham 19, 39, 45 f, 133, 312
Geller, Myron S. 110, 139, 142, 186, 198, 242
Gerschom ben Juda 23, 37–39, 115 119, 121, 291, 301
Gideon 35
Ginzberg, Louis 21 f
Gittelsohn, Roland B. 103, 115, 312
Glassgold, Judith 190–192, 231, 243
Golinkin, David 111, 218, 312, 314

Goodman, Arnold M. 139, 141 f, 147, 248 f
Gordis, Robert 22, 254, 312
Gotham, Maike 26–28, 97, 125, 312
Gottschalk, Alfred 107
Greenberg, Steven 105, 187, 199, 253 f, 312
Gumbiner, Abraham 75

Hai (Rav Hai) 9, 222, 292
Halevi, Avraham Elieser 131
Halter, Ardyn 276, 279 f
Hazzan, Eliyahu 129
Hertz, Joseph Hermann 42, 90, 313
Hillel 23, 96, 103, 115 f, 158, 266, 292, 298, 300
Hoffmann, David Zwi 23
Holdheim, Samuel 94, 132 f, 153, 310, 313
Hosea 33

Isaak ben Scheschet Perfet 129
Israel von Bruna 128
Isserles, Moses 11, 23, 36, 74–76, 86, 93, 180, 216, 298, 300, 306

Jacob ben Moses ha-Levi Molin 76
Jacob, Walter XIV, 17, 19 f, 34, 70, 81 f, 85, 94, 97, 117, 133, 205, 309 f, 313 f, 318
Jacobson, Israel 93
Jakob (Israel) 35, 199
Jakob ben Ascher (ha-Tur) 10–12, 295, 298, 300
Jakob ben Meir Tam 64, 74, 130
Jehoram 53
Jehoschua Falk Katz 12, 306
Jehuda (Rabbi Jehuda) 64
Jehuda ha-Nasi 4, 6, 296 f, 301
Jesebel 53
Jitzchak al-Fasi 10, 37, 295, 298, 300
Jochanan bar Nappacha 6
Jojada 35
Jonah ben Abraham Gerondi 64
Jonathan (Rabbi Jonathan) 127
Jose (Rabbi Jose) 64
Josef Albo *siehe* Albo
Josef Karo *siehe* Karo
Justinian I. 36

Karo, Josef 11, 75, 161, 200, 208, 295, 298, 300, 306
Klein, Isaac 46, 113, 121, 123, 125–127, 134, 139 f, 314
Kroloff, Charles 109

Lazar, David 11, 310, 315
Lea 35
Levy, Leonard 110 f, 186, 191
Loew, Leopold 19, 81

Maharil *siehe* Jacob ben Moses ha-Levi Molin
Maimonides, Moses 7, 10 f, 37, 69, 72, 98 f, 129 f, 141, 153 f, 163, 173, 199–208, 210 f, 215, 254, 266, 269 f, 295, 297–300, 304, 306 f
Maleachi 114
Mar bar Rabina 92
Margolioth, Ephraim Zalman 76, 315
Meiri, Menachem ben Solomon 36, 75, 307
Messer, Tamar 276, 278
Mielziner, Moses 43, 46, 52, 58, 69, 84, 86, 120, 124 f, 133, 135, 177, 315
Mintz, Moses Halevi 86
Mose 3, 8, 10, 13, 22, 31, 35, 56, 86, 117, 293, 295, 298 f
Mose ben Nachman *siehe* Nachmanides
Moses Isserles *siehe* Isserles
Moses Maimonides *siehe* Maimonides

Na'ama 53
Nachmanides 36, 64, 101, 207 f, 307
Naomi 51
Nehemia 50
Nevins, Daniel 110, 186 f, 224, 239, 243, 252, 260, 267, 269 f
Nissim (Rabbenu Nissim) 69
Norden, Joseph 95, 316

Panken, Aaron D. 13, 316
Papo, Eliezer 37

Pelavin, Marc 107
Petuchowski, Jakob J. 133
Plaut, W. Gunther 99, 133, 183, 316
Pludwinski, Izzy 276, 288
Priesand, Sally 112
Prouser, Joseph 111, 186, 226 f

Rabinowitz, Mayer 111, 139, 142 f, 186 f, 251
Rachel 35
Rama *siehe* Isserles, Moses
Rambam *siehe* Maimonides
Raschba *siehe* Solomon (Salomo) ben Aderet
Raschi *siehe* Schlomo ben Jitzchak
Rayner, John D. 17, 316
Rechabeam 53
Reisner, Avram I. 110, 139, 142, 186 f, 228, 239, 243, 252, 260, 267, 269 f
Ribasch *siehe* Isaak ben Scheschet Perfet
Rif *siehe* Jitzchak al-Fasi
Rosch *siehe* Ascher ben Jechiel
Rosenberg, Samson Wolf 79, 317
Roth, Joel 110 f, 147, 186 f, 192, 196–198, 201, 206, 221 f
Ruth 44, 51, 54, 70

Salomo ben Adret *siehe* Solomon
Salomon 53
Samuel (von Babylon) 23
Sanherib 51
Schammai 103, 115 f, 292, 301
Schechter, Salomon 21
Schlomo ben Jitzchak 9, 64, 301
Schmuel bar Nachmani 126
Schreiber, Moses 13
Shetreet, Shimon 25, 27, 317
Simcha von Speyer 131
Simon aus Kajara 9
Simon ben Schetach 88
Simson 82, 98
Sintzheim, Joseph David 39
Solomon (Salomo) ben Aderet 36, 38, 64, 70, 299
Soloveitchik, Joseph B. 14, 318
Sosewitz, Leah 276 f
Spector, Yitzchak Elchanan 131
Susskind Goldberg, Monique 125–131, 314, 318

Toledano, Jacob Mosche 129
Tucker, Gordon 111, 139, 142, 186

Vila, Diana 125–131, 314, 318

Washofsky, Mark 16, 53, 55, 81 f, 85, 87, 133, 183, 318

Yoffie, Eric 109

Zemer, Moshe 19, 23, 34, 38, 94, 126, 129, 131, 183, 310, 313 f, 318 f
Zippora 35

Sachregister

I

Aggada (Haggada) VII, 5 f, 10, 289, 293, 296, 298
aguna 32, 113, 124–132, 289
arajot 42, 47, 85, 289
asmachta 63–65, 289

bar mitzwa (bat mitzwa) 40, 53, 97, 290, 292
bet din 21, 38, 55, 65, 120, 124, 128, 290, 296, 299
birkat chatanim 82, 91, 93
birkat erussin 84 f, 78, 91, 99, 290
birkat ha-mason 97

chalal, chalala 56, 290
chaliza 45 f, 57, 125, 135, 289 f, 296

Chanukka 74, 289 f
Cherem de Rabbenu Gerschom 32, 37, 119, 121, 291
Chol ha-Moed 75 f, 291
chuppa 69 f, 76–78, 83, 111, 291, 300

derech kidduschin 130
din 1 f, 24, 30, 291, 297
Dina de-malchuta dina 23 f, 94

erus, erusa 61, 74, 88 f, 93, 291
erussin 61, 69, 93, 294
'erwa 34, 42, 116, 291
'erwat dawar 115 f, 292

Gemara 5 f, 9, 71, 102, 124, 292, 297, 301
ger 54
geruscha 56 f, 120, 142–147, 292
geruschin *siehe* Scheidung
get 21, 34 f, 52, 58, 72–74, 97, 113–115, 119–130, 132–134, 292, 300
  get kefia 39, 113, 115, 119–122, 130, 292
  get al tanai 124, 292

Halacha VII, XIII, 2,5,7 f, 10, 12, 14, 16–20, 22, 27 f, 31 f, 65, 95, 97, 99, 105, 110, 126, 293, 295 f, 298 f

jamim nora'im 76, 293
jibbum 44 f, 295
jichud 93 f, 97, 293
Jom Kippur 71, 76, 293 f, 302
jom tow scheni schel galujjot 76, 299

Kaschrut 18, 21, 294 f
kefiat get *siehe* get kefia
ketubba 40, 62, 69, 72, 84, 87–92, 100 f, 114, 118 f, 122, 127 f, 148–151, 275–288, 293 f, 296 f, 302
  ikkar ketubba 88, 100 f, 293
  tossefet ketubba 88
kidduschin 52, 61 f, 69–91, 96, 99, 104 f, 108–111, 152–156, 294, 296
  kidduscheے bia 72, 96, 294
  kiddusche schetar 62, 72 f, 294
  kiddusche kessef 73 f, 294
kinjan 65 f, 74, 90, 294
kohen 51, 56–58, 120 f, 134 f, 139–147, 295

mamserut (mamser, mamseret) 35, 42, 46–49, 55 f, 120, 123, 126, 132, 134, 136, 296, 299
Masorti *siehe* konservatives Judentum
messader (kidduschin) 78, 89 f, 296
mikwe, mikwa 36, 71, 103, 296, 302
minjan 70, 82
mischpat 1, 32, 291, 297
mitzwa 3, 14, 20–22, 30, 33, 101, 129, 297
mohar 84, 88, 297
mored, moredet 119 f

na'ara 41, 57, 297
nedunia 88, 297
nichse milog 100, 118, 297
nichse zon barzel 100 f, 118, 297
nissuin 61 f, 69–71, 76, 87–89, 91–94, 126, 297

Omer 75 f, 295
  Lag ba-Omer 75, 295
ona 99, 101, 297
Oweret al dat ha-jehudit 117 f, 297
Oweret al dat Mosche 117, 298

passul 80, 298
pilegesch (pilegschut) 36, 298
pruta 73, 84, 298
Purim 74, 298

reschut 70
Rosch ha-Schana 76, 293, 299, 302

safek mamser 48 f, 299
Schabbat 17 f, 21, 23, 70 f, 74–76, 100, 102, 289, 293, 299 f
schadchan 62, 299
Schawuot 59, 76, 295, 299
schenijjot 42 f, 47, 300

schewa berachot 69–71, 91–93, 97 f, 300, 302
schidduchin 61–67, 300, 302
schowschewin 82, 300
se'uda mitzwa 97
sona 56, 301

Sukkot 59, 75, 136, 291, 301

tena'im (tena'e schidduchin) 61, 63, 66, 302
Tischa be-Aw 75 f, 302

II

Aschkenasim 11, 23, 37–39, 45, 70 f, 89, 93, 289 f, 300
Alter *siehe* Heiratsalter
Antrauung *siehe* kidduschin
Antrauungssegen *siehe* birkat erussin
Apostaten 52, 128

Beischlaf (*siehe auch* ona) 72, 77, 81 f, 84, 96, 99, 101 f, 117 f, 121, 129, 131, 294, 297
Brautführer 82 f, 300

Diaspora 1, 24, 38, 49, 76, 125, 128, 134, 291 f, 298 f

Eheannullierung 32, 126 f, 129, 131 f
Ehebruch 34 f, 46 f, 116, 120 f, 132, 135, 301
Ehehindernisse 27, 40, 46, 56, 58, 120
  prinzipielle 42 f, 46–52, 56–58
  temporäre 58 f
Ehering 79, 83–86, 91, 131
Eheverbote *siehe* Ehehindernisse
Ehevertrag (*siehe auch* ketubba)
Eid 9, 65
Erbrecht 44, 101, 128
Exil 3, 23, 50, 53, 292, 299

Fasten 71, 75, 302
Feiertage 74–76
Fortpflanzung 33, 98, 103 f, 106, 135
Freiwilligkeit 42, 53, 121, 123, 125, 130
Fristen
  bei Wiederheirat 135

Geisteskrankheit 41, 114, 120, 129
Geschäftsfähigkeit 39, 114
Gewohnheitsrecht 12, 296 f
gleichgeschlechtliche Partnerschaft 104–112, 157–185, 242–273
Güterrecht (eheliches) 100 f, 126

Handschlag 65, 302
Heiratsalter 39–41
Hochzeitsmahl 70, 78, 91, 97 f
Hochzeitssegen *siehe* birkat chatanim
Hohepriester 36, 57, 135, 299
Homosexualität 104–112, 186–241

illegitime (uneheliche) Kinder 47–49
Inzest 42–44, 47, 289, 294, 296

Jungfräulichkeit 57, 69, 74, 88–90, 98, 116, 295

Karäer 26, 49 f, 294
Konkubinat (*siehe auch* pilegschut) 36 f, 94, 126 f, 129 f
konservativ (konservatives Judentum, positiv-historisches Judentum) XIII f, 13, 20–23, 26, 46, 48, 52 f, 55, 57, 77, 81 f, 86, 92, 103, 109–112, 126 f, 129, 132, 134, 276, 290, 296
Konvertiten 50–52, 54 f, 83, 134, 139–141
Krankheit (als Scheidungsgrund) 119 f

Landessprache 23, 87, 90, 128, 134, 294
Leviratsehe (*siehe auch* jibbum) 43–46, 57, 125, 127 f, 290, 293, 295

liberal (liberales Judentum, Reformjudentum) XIII f, 13, 15–20, 23, 26, 32, 41, 45 f, 48, 52 f, 55, 57 f, 76 f, 81–83, 86 f, 90, 92 f, 95 f, 103, 106–109, 112, 125 f, 132–135, 276, 290, 300

Menstruation 102 f, 296
Minderjährigkeit *siehe* Heiratsalter
Mischehe 27, 47, 50–53, 57
Motivirrtum 66

nichteheliche Lebensgemeinschaft 27 f, 130

Öffentlichkeit (der Eheschließung) 70, 79, 82
Ort
  der Eheschließung 76 f
  örtliche Gültigkeit einer Vorschrift 39
orthodox (orthodoxes Judentum) XIII f, 11, 13 f, 17–21, 23, 27 f, 33, 45, 48 f, 52 f, 55, 57 f, 71, 74–81, 89 f, 96, 103–106, 114, 124–127, 129, 131 f, 134,290, 293 f, 300, 302

Pflichten (eheliche) 98–104
Polygamie 32, 34–39, 44, 298
  Polyandrie 34 f, 298
  Polygynie 34–38, 132, 298
Priester *siehe* kohen
Proselyten 47 f, 51, 54 f, 57 f
Prostitution 121

Rabbinergericht (*siehe auch* bet din) 32, 38, 55, 97, 119–121, 126 f, 129, 131, 134

Schadensersatz 26, 63, 65–67
Scheidebrief *siehe* get
Scheidung
  Scheidungsgründe 115–120
  Scheidungsverfahren 121–123
Schwangerschaft 44, 58, 118, 135
Sefardim 23, 37 f, 45, 93, 129, 289 f, 300
Sieben Segenssprüche *siehe* schewa berachot
staatliches Recht 24–29, 33, 42–45, 81, 94–96, 101, 104, 124
Stellvertreter 46, 73, 113, 120, 135

Tageszeit (für die Eheschließung) 74
Taubstummheit 39, 41, 80
Tod (eines Ehegatten)
  Beweiskriterien 123–125
Treue 79, 99, 108 f, 114, 118, 131

Unterhalt 27 f, 38, 88, 99 f, 118–120, 128

Verdacht 49, 117, 119
Verlobung *siehe* schidduchin
Vermögensrecht *siehe* Güterrecht
Vermutung (Rechtsvermutung) 28, 63, 96, 124, 126
Verwandte *siehe* arajot, schenijjot
Vollzug (der Ehe) 69, 77, 91, 99, 134 f, 293

Zeugen 35, 41, 46, 70, 72 f, 79–83, 85 f, 89–91, 94, 96, 117, 122–124, 126 f, 135, 291, 294
Zeugungsunfähigkeit 40 f, 119
  Impotentia coeundi 119
  Impotentia generandi 119
Ziele (der Ehe) 33, 103
Zivilehe 27, 34, 40, 51, 94–97, 107 f, 125
Zwang *siehe* Freiwilligkeit

www.ingramcontent.com/pod-product-compliance
Lightning Source LLC
LaVergne TN
LVHW070907300926
849162LV00010B/1843